HRD

인적자원개발론

HRD 이론과 실제

이 찬 리상섭 신제구 이성엽 전기석 공저

FOUNDATIONS OF
HUMAN RESOURCE
DEVELOPMENT

YANGSEOWON
양서원

머리말

이 책의 구성은 다음의 4개의 부로 구성되어 있다. 제 1부는 HRD의 학문적 기초, 제 2부는 HRD 프로그램, 제 3부는 HRD 개발 영역, 제 4부는 HRD의 미래와 과제이다. 전체 4개의 부는 아래의 13개 장으로 구성되어 있다.

제 1장 HRD 패러다임(이찬 교수)에서는 HRD의 역사, 개념 및 정의와 HRD와 인접 영역 간 관계를 살펴본 후, HRD의 패러다임 변화에 대하여 논의한다. HRD는 주체와 사회 현상 간의 상호작용에 의해 이뤄지는 특성으로 인해 다학제적인 태생적 특성을 소개한다. 교육의 역사와 함께한 HRD는 산업혁명을 기점으로 조직 경영의 관점과 인간의 학습 및 교육의 관점, 인간 행동 변화 추구의 심리적 구인 구명의 관점에서 고려되었고, 이처럼 다양한 HRD 분야의 해석을 일관화 시키는 방안으로 이무근(2016)의 직업교육 개념도와 가라반(Garavan, 2007)의 전략적 HRD 개념도 등이 소개된다.

제 2장 인적자본(신제구 교수)에서는 급변하는 경영환경에서 생존하기 위해 개인에게 필요한 인적자본에 관한 초기 연구들부터 조직 차원으로 확대하여 다차원(unit-level)으로 바라보는 최근의 연구들까지 소개를 하고 있다. 조직 내부 구성원들 간에 개인차가 존재한다는 기본적인 단계에서부터, 조직의 궁극적인 목적인 성과달성과 경쟁우위를 확보하기 위한 수단으로써의 인적자본에 주목해야 한다는 관점에 이르기까지 논의를 전개한다.

제 3장 인적자원관리(전기석 교수)에서는 인적자원을 확보하고, 직무를 분석 및 설계하고, 인적자원을 개발하고 배치하며, 평가하고 보상 및 유지하는 활동 등을 체계적으로 노력하는 활동에 관하여 설명한다. 조직체는 우수한 인적자원을 모집하고 선발하기 위해서 마케팅적 접근과 과학적인 선발도구 활용에 관심이 많으며 선발된 인적자원의 조기 전력화를 위해서 입문교육과 멘토링 등을 실시한다. 우수 성과자를 준거로 하여 도출되는 역량은 제반 인적자원관

리인 선발, 경력개발, 평가 및 승진, 보상 및 역량개발 등에 근거로 활용될 수 있다는 관점 등도 소개된다.

제 4장 교육훈련 설계(리상섭 교수)에서는 효율적인 교육훈련 설계를 위해 교육훈련 설계에 조직 전략과 HRD 전략을 반영하여 조직의 전략과 HRD 전략을 한 방향으로 정렬시키는 방법에 대하여 논의한다. HRD 담당부서와 담당자는 HRD 전략 수립을 통해 연간 HRD 운영 계획을 작성한 후 도출된 HRD 해결방안 중 교육훈련을 통해 조직의 주요 비즈니스 이슈를 해결할 수 있는 경우 교수체제개발(Instructional Systems Development, ISD) 모형에 기반한 분석(Analysis), 설계(Design), 개발 (Development), 운영(Implementation), 평가(Evaluation)의 5단계에 따라 교육훈련 프로그램을 개발한다. 이 5단계의 교육훈련 프로그램 개발 모형은 각 단계의 앞글자를 따서 ADDIE 모형에 대해서도 설명한다.

제 5장 교육훈련 운영(이성엽 교수)에서는 학습자가 가장 효과적으로 학습할 수 있는 환경과 상황을 만들어 주는 교육훈련 운영에 대해서 논의한다. 성인학습자의 교육참여 특징을 고려하고, 집체교육 훈련 방법 측면에서 사례연구, 팀학습, 액션러닝 등이 소개되며, 현장 학습 관점에서 OJT, SDL(자기주도학습), 코칭, 멘토링 등이 설명된다. 최근의 플립러닝 등 스마티기기를 도구로 활용하며 학습의 효과를 높이기 위한 다양한 교육훈련 방법이 소개된다.

제 6장 교육훈련 공학(이찬 교수)에서는 환경 변화에 따른 학습 패러다임의 전환에 대해 살펴본 후, 스마트 러닝과 소셜러닝의 개념과 특징, HRD 분야에서의 실무적인 적용에 대하여 논의하였다. '참여', '공개', '대화', '커뮤니티', '연결' 등의 특성을 갖는 소셜 미디어의 등장 및 확산으로 학습은 개인의 능동성과 더불어 타인과의 관계성을 강조하는 방향으로 변화하기 시작하였다. 따라서, 기존의 교수자 중심의 일방향적 지식 전달형 학습에서 벗어나, 교수자-학습자 간 양방향적 지식 탐색, 공유, 생산이 이뤄지는, 학습자 중심의 학습 패러다임으로의 변화하기 위한 시도들에 대하여 소개된다.

제 7장 학습 측정 및 분석(리상섭 교수)에서는 다양한 HRD 해결방안 중 교육훈련 프로그램이 조직의 성과 창출에 어떠한 영향을 미치는지 파악할 수 있는, HRD 성과 관리 체제 구축과

ADDIE 모형의 연장 선장에서 교육 훈련 프로그램 성과 분석에 대하여 논의한다. 다양한 HRD 해결방안 중 교육훈련 프로그램이 조직의 성과 창출에 어떠한 영향을 미치는지 파악할 수 있도록, HRD 프로그램 성과 분석을 위한 새로운 평가 방법의 발굴 및 아이디어 창출을 위한 사례들을 공유한다.

제 8장 리더십 개발(신제구 교수)에서 리더십이란 '추종자들에게 투명하고 진정성 있는 비전을 제시하고 건강한 영향력을 발휘함으로써 추종자들을 동기부여시키고 그들의 자발적 추종을 유도하여 괄목할 만한 성과를 창출하는 힘'이라고 소개한다. 이 장에서는 리더십개발에 관한 연구의 흐름을 다음의 4가지로 분류되어 소개한다. 첫째, 관계중심의 리더십개발 강조, 둘째, 횡단적 관점보다 종단적 관점에 초점, 셋째, 리더십 정체성(leadership identity) 개발에 포인트, 넷째, 개인, 팀, 조직 차원의 리더십개발 등의 설명에 초점을 두었다.

제 9장 경력개발(이성엽 교수)에서는 개인의 성장과 발전을 위한 목표 수립, 개인의 적성과 흥미를 고려한 비전 설정 등 장기적 관점에서 개인의 성장욕구를 자극하고 지속적인 동기부여를 기대하는 HRD전략인 경력개발에 대해서 소개한다. 장기적인 관점에서 이루어지며 개개인의 전 생애에 걸쳐 이루어지는 경력개발은 성인발달단계를 고려하여야 하므로, 조직의 인사부서, 직속상사 및 개인의 지속적인 노력이 필요하기에, 개인이 주도적이고 책임감 있는 자세를 견지할 수 있도록 논의한다.

제 10장 조직개발(전기석 교수)에서는 조직개발의 궁극적인 목적이 조직의 효과성을 증진시키는 것으로 정의하며, 조직효과성은 재무적인 측면에서 매출 등과 같이 객관적 지표로 확인이 되거나 조직구성원들의 몰입도나 만족도 등과 같이 주관적으로 인식하는 태도변수 등으로 평가될 수 있음을 밝힌다. 또한 조직개발은 외부 환경 변화에 대해 비계획적이고, 통제할 수 없는 반응적인 접근이 아니라 행동과학이론을 기반으로 한 계획적인 개입활동을 의미한다는 관점에서 설명된다.

제 11장 수행공학과 성과관리(이찬 교수)에서는 퍼포먼스는 해석의 관점과 사건의 맥락에 따라 '수행' 및 '성과'로 비교하여 소개한다. 관리 측면의 '성과'는 행동의 결과, 업적 또는 성취

로 정의되며, 개발 측면의 '수행'은 개인과 환경의 상호작용을 통해 목적을 달성하고자 하는 행동으로 정의할 수 있으나, 수행과 성과는 결코 별개의 개념이 아니며, 조직이 이에 대해 통합적인 관점을 취할 때 효과적인 인적자원관리와 개발이 가능함을 역설한다.

제 12장 글로벌 HRD(리상섭 교수)에서는 한국 기업의 글로벌 HRD를 중심으로 논의하였다. 효율적인 글로벌 HRD 실행을 위해서는 한국 기업의 본사와 해외 법인의 유기적인 HRD 체제가 잘 구축되어 있어야 하므로, 글로벌 HRD 시스템 구축을 위해서는 HRD 제도, HRD 조직, HRD 담당자 등의 세 가지 관점에서의 접근을 강조한다.

제 13장 HRD 트렌드(이찬 교수)에서는 HRD 분야는 다학제적, 간학문적 성격으로 인해 인적자원의 내재적·외연적 특질을 탐구하는 심리학, 인간의 바람직한 변화를 꾀하는 교육학, 인적자원을 통한 경영의 효과성과 효율성을 제고하는 경영학의 영향을 받기 때문에, 각각의 학문에서 자기주도학습 및 자기조직학습환경, 긍정심리, 긍정조직 등 다양한 관점이 대두됨에 따라 등장하는 새로운 HRD 패러다임들을 소개한다.

조직과 국가의 발전을 위한 양적 팽창을 거듭해 온 인적자원개발(Human Resource Development: HRD)의 질적 성장을 함께 도모하고자, HRD와 HRM 분야의 박사학위를 갖고 계신 교수들 중 기업에서의 현업 실무 경험이 있는 다섯 분의 저자들이 공동으로 본 저서를 집필하게 되기에, 저자들의 다양한 컨설팅과 연구 경력을 바탕으로 저술한 『HRD 이론과 실제』가, 우리 HRD 분야 발전에 작은 초석이 되기를 바라는 마음이 간절하며 독자 여러분들의 기탄없는 피드백을 통해 보다 나은 교재로 거듭날 수 있기를 소망한다.

2017년 2월

저자 일동

차 례

PART 01
HRD의 학문적 기초

PART 03
HRD
개발 영역

PART ▶ 01

HRD의 학문적 기초

CHAPTER 01

HRD 패러다임(HRD Paradigm)

이 찬

1 HRD 역사 및 개념

1) HRD의 역사

인적자원개발(Human Resources Development, 이하 HRD)의 역사는 교육의 역사와 함께 하였고 인류가 존재하는 동안 교육은 계속되어 왔다. 그렇기 때문에 HRD의 역사는 인류의 역사와 함께 하였다고 볼 수 있다. 원시시대의 인류 생존을 위한 가장 간단한 훈련과 그리스·로마 시대의 학교 인프라 구축을 포함하여 중세시대의 도제제도까지 HRD는 인류 역사의 진보와 궤를 같이 하고, 역사의 발전양상에 따라 역동적으로 진화를 거듭해 왔다.

학자들은 산업혁명을 기점으로 하여 HRD를 조직 경영의 관점과 인간의 학습 및 교육의 관점, 인간 행동 변화 추구의 심리적 구인의 관점에서 고려하게 되었다. 산업혁명 이전 시대에서는 가정, 집단, 교회 등이 인간 학습에 중요한 영향을 미쳤다. 그러나 보다 잘 훈련된 노동자에 대한 요구가 증대됨에 따라 가정에서 학교로 학습 환경의 강조점이 옮겨갔다. 나아가 지식정보화 사회가 도래함에 따라 학습 환경이 다변화되고 일터, 개인학습, 미디어 등이 중요한 학습 매개체로 작동하기 시작했다(배을규, 2009).

19세기 말 테일러(Taylor)는 오늘날 '과학적 관리'로 알려진 관리 기법을 창안하여 근로자의 생산성과 효율을 극대화시키는 데 이바지했다. 그는 생산 현장의 일 처리과정도중 발생하는 낭비적 요소를 제거함으로써 생산성을 증가시킬 수 있다고 주장했다. 테일러의 이론은 직무 설계, 직원 선발과 훈련, 작업 계획 및 성과 측정 등 산업 현장의 직무 수행과 인적자원관리에 큰 영향을 주었다. 특히 테일러는 직무를 수행하는 데 최선의 한 가지 방법이 존재하고 그 이외의 방법은 비효율적이라 생각했다. 또한 그는 특정 과업을 완벽히 수행하는 데 요구되는 육체적이고 정신적인 능력이 규명되어야 하며, 그러한 요구 능력 조건을 갖추도록 노동자는 훈련 받아야 한다고 주장했다. 즉 노동자가 실제 직무를 수행하기 전에 완전한 준비를 갖추도록 할 필요가 있다는 것이다. 또한 조직의 관리자는 직무 설계, 선발 및 훈련, 인적자원 활용 계획 수립에 책임을 져야 한다고 하였다. 최선의 직무수행 방법에 맞게 직원들을 훈련해야 한다는 테일러의 사고는 HRD가 점차 영향력을 갖게 되는 출발점이 되었다.

메이요(Mayo)에 의해 실시된 '호손 연구'(Mayo, 1920)는 조직 이론 분야는 모든 조직들에는 공식집단 외에 비공식집단들이 존재한다는 것을 밝혔다. 또한 이러한 비공식 집단들이 조직구성원의 작업 효율성과 효과성에 영향을 미친다는 것을 밝혀냈다. 그리고 직원들에 대한 관심의 양과 질이 그들의 작업성과에 영향을 미친다는 것이다. 이로 인해 조직 이론에 인간관계가 강조되기 시작했고, 조직 관리와 함께 HRD 활동에도 영향을 미치게 된다.

1950년대와 1960년대에는 행동과학이 발전하면서 조직의 인적자원에 대한 관점이 달라졌다. 조직 구조 요인과 인간관계 요인으로 인해 발생하는 관리자와 근로자 간의 '긴장'은 조직 관리에서 중요한 이슈가 되었다. 관리자들은 이러한 긴장관계가 조직의 생산성과 효율성에 악영향을 미친다고 믿었고, 관리자들은 긴장을 완화하는 데 소모되는 노력을 잘 활용한다면 보다 건전한 효과를 낼 수 있을 것이라고 기대했다.

1970년대에 ATD[1]는 『교육훈련가를 위한 개발 매뉴얼(Professional Development Manual for Trainers)』을 발간하였고 교육담당자들은 교육요구, 교육평가, 동기부여, 훈련방법들

1) ATD는 Association for Talent Development(인재개발협회)의 약자, 前ASTD(American Society for Training and Development; 미국훈련개발협회)

에 대한 고민과 방법들을 개발하기 위한 노력을 시작하였다. 1970년대 주목할 만한 현상은 조직개발(Organizational Development: OD)로서 교육담당자들이 OD에 대한 관심을 가지고 그들에게 OD전문가가 되기 위한 동기부여가 되었던 시기이다. 교육공학적인 측면에서는 VTR과 카세트가 활용되고, 컴퓨터 프로그램 개발 등의 변화가 발생하였다(이홍민, 2013).

1980년대에는 행동과학(behavioral science)을 기본으로 한 경영관리에서 교육훈련이 전문가들에 의해 실시되었다. 특히 CDP(Career Development Program)와 관련된 새로운 견해가 등장하였으며, 이는 개인의 전 생애에 걸친 개발이 조직의 성과와 연관되면서 중요성이 부각되기 시작하였다. 경력개발프로그램이 등장하면서 개인과 조직의 측면에서 양립할 수 있는 인적자원개발이 가능하게 된 시기가 도래하였다.

1990년대 이후 HRD는 단순 훈련 및 개발(T&D)의 관점에서 탈피하여 학습(learning)과 성과(performance)라는 두 마리 토끼를 잡기 위한 논의로 옮아가면서 '조직에서 어떤 것을 우선시하여 HRD 활동을 전개할 것이냐'라는 패러다임 논쟁을 불러일으켰다. 이에 대해서는 'HRD 패러다임의 변화'에서 자세히 알아보도록 하자.

표 1-1. HRD에 대한 전통적 패러다임과 21세기 패러다임

변화의 관점	전통적 패러다임	21세기 패러다임
학습 목적	• 기술 습득 • 개인 역량의 강화	• 능력 개발 • 현업의 문제해결 • 인지과정 강화 및 기술 습득 • 고용가능성 강화
학습 초점	• 반응적, 전술적 • 비용 초점	• 사전적, 전략적 • 경쟁우위 초점
학습 접근	• 형식적, 주제중심적 접근 • 조직적으로 통제됨	• 경험적, 암묵적, 형식·무형식 혼합적 접근 • 개인적으로 통제됨
조직	• 계층적, 개인적, 집중적, 경직적 구조 • 경계가 정의되어 있음	• 팀 지향적, 구심적, 평등적, 유연적 구조 • 가상 조직 및 네트워크

변화의 관점	전통적 패러다임	21세기 패러다임
학습 장소	• 구체적 사건 • 과정 중심 • 특정 장소	• 상시학습 • 학습과정의 적시성 중심 • 가상학습
학습 빈도	• 일회적, 간헐적 학습과정	• 지속적인 학습과정
학습 수준	• 개인 · 직무 수준 위주	• 개인 · 직무, 팀, 조직 수준에서 다양
학습 절차	• 훈시적, 형식적	• 무형식적, 우연적, 체험적, 임기응변적, 사회교환적
학습방법론	• Learning by listening • 교실중심 학습 • 워크숍, 세미나, 강의 • 수동적인 학습자 • 제한된 참여 • 개인에 초점	• Learning by doing • Blended learning • 경험학습, 메타 학습, 맞춤형 학습 • 적극적인 학습자(실천중심 과제) • 대화 및 네트워크 형태의 참여 • 팀에 초점
학습 대상	• 광범위한 대상 • 공통역량 접근 • 제한된 깊이	• 요구별 대상 • 직군별 학습 • 폭넓고 깊은 학습
교원의 역할	• 외부 공급업체 및 사내 강사 • 내용전문가 • 외부 컨설턴트	• 학습자 팀, 학습자 네트워크 • 조직 내 관리자의 멘토 및 코치 활용 • 내부 컨설턴트 • 동료, 경쟁자, 고객, 관리자 등
테크놀로지의 역할	• 전달과정에서 미미한 역할	• 상시 해결책으로 활용

출처: Garavan, T. N., Morley, M., Gunnigle, P., & McGuire, D. (2002). Human resource development and workplace learning: emerging theoretical perspectives and organisational practices. *Journal of European Industrial Training, 26*(2/3/4), p.64 재구성.

2) HRD의 개념 및 정의

많은 기업은 기업경영에 있어서 경쟁력의 원천으로 '인적자원'을 중요시하고 있으며, 지속적이고 차별화된 경쟁우위의 원천은 사람에 의한 경쟁력(Pfeffer, 1994)이라는 사실에 동의하고 있다. 이에 따라 최근 기업에서는 변화에 능동적이고 창의성과 혁신능력을 발휘할 수 있는 조직구성원들을 선발하고 육성하는 노력을 기울이고 있으며, 이를 통해 경쟁력 창출을 가능하게 하는 조직구성원 개개인의 행동과 직무태도를 향상시키는 데 많은 관심을 기울이고 있다. 이러한 맥락에서 HRD 분야는 조직구성원들의 학습과 개발활동을 통해 인적자원의 역량을 향상시켜 개인, 팀, 조직의 성과를 제고시킨다는 점에서 주목받고 있다. 최근에는 기업이 성과를 창출하고 비전을 달성하기 위한 전략을 수행함에 있어서 다양한 개입기법(intervention)을 통해 개인 및 조직의 변화를 주도하고 지원하는 역할을 수행한다는 점에서 HRD분야의 중요성은 점점 커지고 있다고 할 수 있다.

HRD가 논의되면서 많은 학자들이 HRD를 정의내리고자 하였다. Nadler(1970)는 '정해진 시간 동안 진행되며 행동 변화를 목표로 한 일련의 조직화된 활동'으로 정의하였으며, McLagan(1983)은 '개인이 현재 또는 미래 직무를 수행하는 데 있어 인지해야 할 핵심 역량을 파악 및 평가하여 계획된 학습을 통해 개발할 수 있도록 돕는 활동'으로 정의하였다. Swanson(1987)은 '개인 능력을 통해 조직성과를 향상시키는 프로세스 직무설계, 적성, 전문기술, 동기를 다루는 활동'으로 정의하였고, Jacobs(1988)는 인간수행공학(HPT)에 주목하며 HRD를 '인적성과 시스템 개발이며, 시스템에 기인한 관리로서, 조직과 개인목표를 달성하기 위해 시스템 접근을 사용하는 것'으로 정의하였다. 또한, Gilley, Eggland 그리고 Gilley(2002)는 '조직의 효과성을 증진시키기 위한 역동적이고 발전적인 실천 활동'으로 정의하였고, Swanson과 Holton(2001)은 '조직의 전문성을 개발하고 발휘하여 개인 및 팀 성과, 업무 프로세스, 그리고 조직 시스템 등의 향상을 목적으로 하는 과정 '으로 정의하였다. 국내에서 이무근(1999)은 '고용주가 조직의 목적과 달성을 촉진시키기 위하여 피고용인에게 제공하는 모든 학습 경험'으로, 권대봉(2003)은 '개인의 성장 및 개발, 조직의 성과 향상, 지역사회의 개발 및 발전, 국가의 발전 및 국민복지 향상 등을 목적으로 한 학습 기반 조직화된 활동 또는 체계'로 정의한 바 있다.

2 HRD 관점 수용

HRD가 다양한 정의와 다양한 이해관계 분야를 갖고 있는 데에는 다학제적인 학문에서 파생되었다는 태생적인 이유가 있는데다, 다양한 주체와 사회 현상 간의 상호작용에 있기 때문이라고 할 수 있다. 이무근(2016)은 이러한 HRD 분야의 해석 다양성을 일관화시키는 한 가지 방안으로 직업교육 개념도를 활용하였는데 이에 대해 간략히 설명하면 다음과 같다.

첫째, 직업교육의 이해관계 주체는 개인, 사회, 국가로 나누어 볼 수 있다. 각각의 주체는 의도와 목표, 비전을 갖는다. 개인의 목표는 진로에 대해 교육받고 평생학습을 이어가는 것이며, 국가·사회의 목표는 우수 인적자원을 양성·배분·활용하는 것이다. 개인의 비전은 직업을 통한 자아실현에 있고, 사회의 목적은 능력중심사회를 구현하는 데에, 국가의 목적은 국가 경쟁력을 제고하는 데 있다.

둘째, 우수 인적자원을 양성·배분·활용하는 국가·사회의 목표는 인적자원개발(human resource development)라는 행위 즉, 산업인력개발(workforce development), 진로교육(career education), 직업교육훈련(vocational education & training) 등의 실천 행위로 옮아가며, 이러한 행위는 직업교육훈련 제공 시점과 인적자원의 진로발전단계 시점에 부합하여 다시 세부 실천 행위로 구분된다.

셋째, 국가·사회의 직업교육훈련 제공 시점에 따라 교양교육으로서의 직업교육, 직업준비교육 및 훈련, 평생직업능력개발훈련 및 진로 유지와 개선 등으로 구분된다. 교양교육으로서의 직업교육 단계에서는 실과(practical arts)와 기술·가정(technology, home economics)를 제공하고, 일의 세계 인지 및 진로 탐색(career awareness & exploration)을 도우며, 일부 직업기초능력개발(occupational key competency development)이 시작될 수 있도록 하는 기능을 한다. 직업준비교육 및 훈련 단계에서는 직업기초능력개발뿐만 아니라, 사무, 서비스, 판매, 농림어업, 기능직, 가사실업 분야 직무능력을 개발시키고 전문가 및 관련 종사자 직무 능력을 개발시킬 수 있는 산업교육, 직업·기술교육, 직업교육, 실업

교육 등을 실시한다. 한편, 평생직업능력개발훈련 및 진로 유지와 개선 단계에서는 직업능력을 개발 · 향상시키고 경력개발을 돕는다.

넷째, 개인의 진로발전 단계에 따라 진로인식 단계(career awareness), 진로탐색 단계(career exploration), 진로준비 단계(career preparation), 진로유지 및 개선 단계(career maintenance & improvement) 등으로 구분된다. 진로인식 단계는 주로 초등학교나 중등학교 교육에서 실생활에 필요한 실기능력을 배양함으로써 이루어진다. 진로탐색 단계는 같은 시기에 일의 세계를 인지하고 진로탐색이 이루어지며 직업기초능력을 배양하기 시작하면서부터 촉발된다. 진로준비 단계는 특성화고등학교 및 마이스터고등학교에서 이루어지는

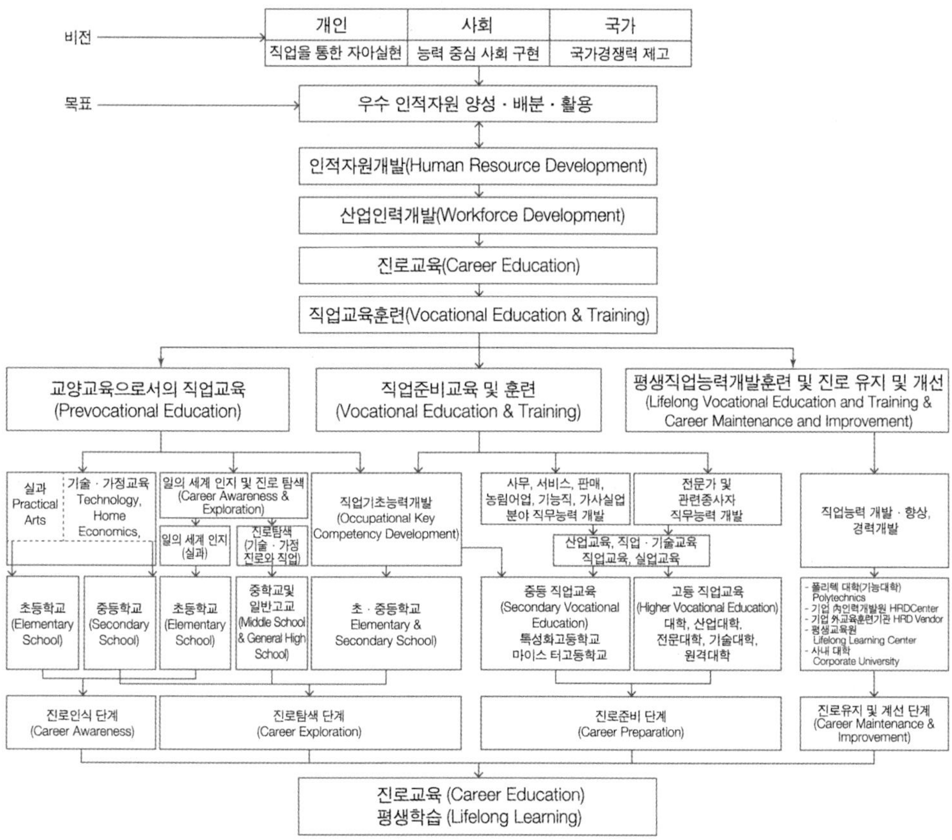

■ 그림 1-1. 직업교육의 개념도(이무근, 2016)

중등직업교육(secondary vocational education)과 대학, 산업대학, 전문대학, 기술대학, 원격대학 등에서 이루어지는 고등직업교육(higher vocational education)을 통해서 진행된다. 진로유지 및 개선 단계는 폴리텍대학(기능대학, polytechnics), 기업 내 인력개발원(HRD center), 기업 내 교육훈련기관(HRD vendor), 평생교육원(lifelong learning center), 사내대학(corporate university) 등을 통해 직업능력을 개발 또는 향상시킴으로써 경력개발이 진행된다.

가라반(Garavan, 2007)은 HRD를 조망하는 전략적 관점을 논하면서 전략적 HRD 개념도를 제시하였다. 첫째, 1수준은 글로벌 환경 수준으로 지역 환경, 국가적 환경, 다국적 환경 등으로 나누어 볼 수 있다. 지역 환경에서는 경제 및 정치 트렌드와 산업 특성을 반영하여 HRD 활동을 전개해야 한다. 국가적 환경에서는 기술 변화, 노동시장 특성, 국가문화, 국가의 HRD 시스템 등을 고려하여야 하며, 다국적 환경에서는 문화 차이와 국제법 및 규정에 대한 이해를 바탕으로 HRD 활동이 전개되어야 한다. 이러한 개념은 HRD가 더 이상 조직 내에서만 고려되는 개념이 아니라 글로벌 환경 속에서 각종 이해관계와 위험을 수반한 상태에서 진행되고 있음을 암시하고 있다.

둘째, 2수준은 전략, 구조, 문화와 리더십 등을 통해 전략적 HRD를 모색한다. 이때 전략적 HRD는 단기적, 장기적 관점에서 고려되어야 하고, HRM과의 통합을 꾀하며, 기능적, 프로세스적 관점의 통합을 이루어낼 수 있도록 초점을 잡아야 한다. 또한, 조직 내 전략, 구조, 문화와 리더십 등의 연계와 혁신의 가능성을 열어두고, 전략적 파트너로서의 역할을 담당하여야 하며, 이는 궁극적으로 조직변화 에이전트(organizational change agent)로서의 기능을 의미한다.

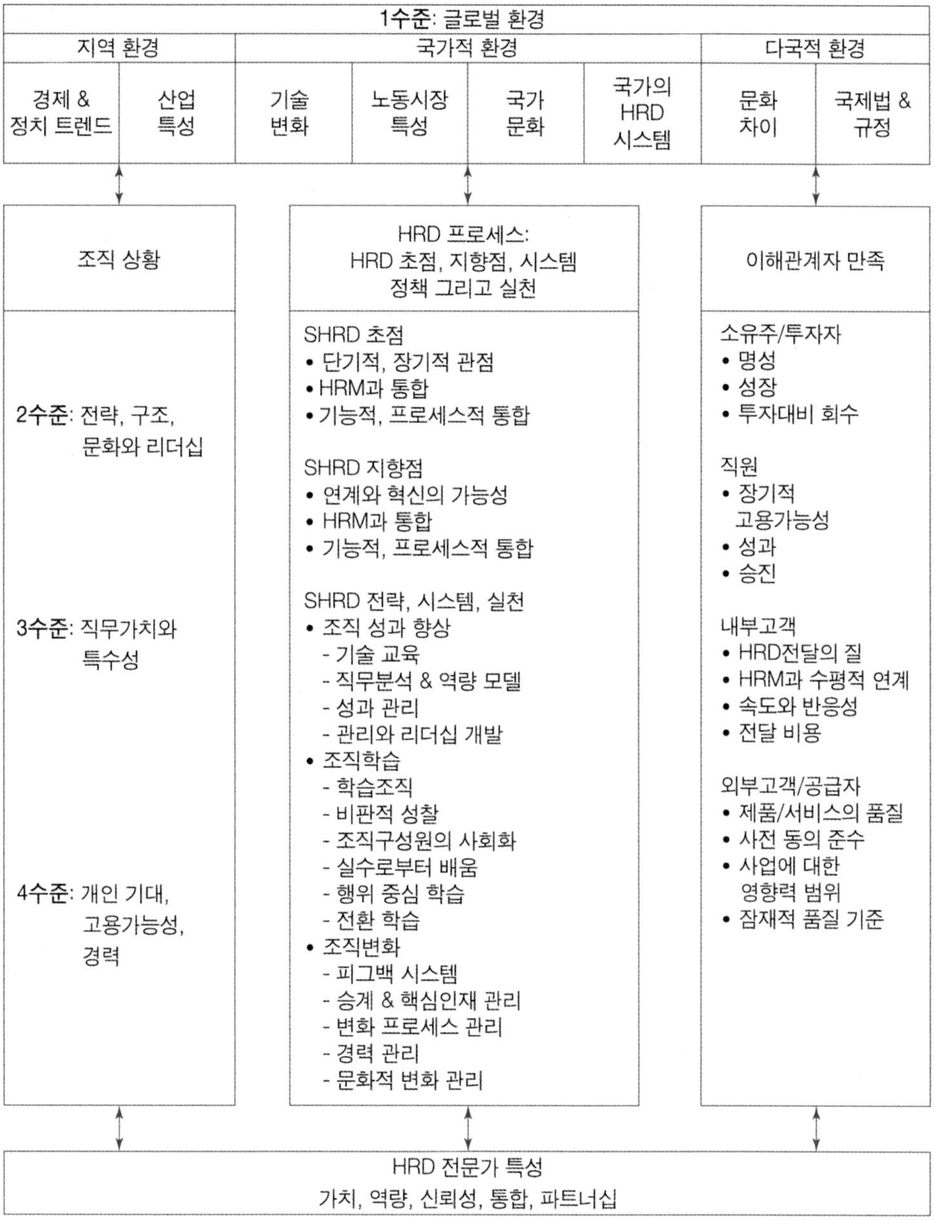

그림 1-2. 전략적 HRD 개념도

Garavan, T. N. (2007). A strategic perspective on human resource development. *Advances in Developing Human Resources, 9*(1), p.17.

셋째, 3수준은 직무 단위에서, 4수준은 개인 단위에서 전략적 HRD를 모색한다. 이때, 전략적 HRD는 실천적인 세 가지 영역을 갖는데, 조직성과(organizational performance), 조직학습(organizational learning), 조직변화(organizational)가 그것이다. 조직성과를 논함에 있어 기술 훈련, 직무분석과 역량모델링, 성과관리, 관리와 리더십 개발 등이 구체적인 개입방법으로 거론된다. 조직학습은 학습조직, 비판적 성찰, 조직사회화, 실수로부터의 배움, 행위 중심 학습, 전환학습 등의 개입방법이 고려될 수 있다. 마지막으로 조직변화를 위해서는 피드백 시스템, 승계 및 핵심인재관리, 변화프로세스 관리, 경력관리, 문화적 변화관리 등이 이루어져야 한다.

넷째, 이러한 일련의 영역과 활동들은 HRD 전문가 특성에 좌우된다. 즉, 조직의 HRD를 담당하고 있는 HRD부서 및 담당자의 가치, 역량, 신뢰성, 통합, 파트너십 등은 각 수준의 전략적 HRD활동을 강화시키거나 혹은 심각한 경우 저해할 수도 있는 요소가 된다.

이무근(2016)의 직업교육 개념도는 개인, 사회, 국가 등의 이해관계 주체와 HRD 객관물 사이의 관계를 국가 및 사회의 시야를 통해 거시적으로 조망하였고, 가라반(Garavan, 2007)의 전략적 HRD개념도는 이해관계의 주체를 개인 및 조직으로 상정하고 기타 이해관계 주체와 HRD 객관물을 위치시키면서 거시적으로 조망하였다.

HRD 패러다임을 논하기 위해서는 HRD 개념의 확립이 요구되며, 앞서 살펴본 바와 같이, 국가사회에 방점을 둔 HRD 개념과 개인조직에 방점을 둔 HRD 개념은 각각 해석의 차이가 존재한다. 따라서, 직업교육, 진로교육, 평생교육, 성인교육, 기업교육 등 영역 개념과 교육, 훈련, 개발, 학습 등의 용어 개념을 세부적으로 살펴볼 필요가 있다. 첫째, HRD의 인접 영역은 HRD의 대상이 되는 자의 직업생활을 논의거리로 했을 때 직업교육・진로교육, 생애를 논의거리로 했을 때 평생교육・성인교육, 일터를 논의거리로 했을 때 기업교육 등을 HRD와 관련된 영역으로 살펴볼 수 있다. 둘째, HRD의 핵심이 되는 용어는 교육, 훈련, 개발, 학습 등의 용어 설명을 통해 확인할 필요가 있다.

1) HRD의 인접 영역

(1) 직업교육·진로교육(Vocational education & Career education)

직업교육(vocational education)은 일반적으로 '개인이 일의 세계를 탐색하고, 자신의 적성, 흥미, 역량, 신체적 조건, 가치관 등에 알맞은 일을 선택하여, 그 일에 필요한 지식, 기술, 태도, 이해, 판단력, 일에 대한 습관 등을 개발하는 활동뿐만 아니라 이미 현업에 종사하고 있는 근로자가 자신의 일을 개선 · 유지할 수 있도록 학교교육, 사회교육 그리고 일터학습을 통해 능력을 개발하는 전체 교육의 일부'로 정의된다(이무근, 2003).

한편, 진로교육이란 교육과 일의 세계를 연관시키기 위한 것으로 개인이 일생동안 수행하게 되는 일을 준비하도록 하는 교육으로 개인에게 일이 가능하고(possible), 의미 있고(meaningful), 만족스럽게(satisfying) 하는 것이라고 할 수 있다. 이러한 진로교육의 개념은 진로교육의 목표에도 반영되어 개인이 왜 일을 해야 하는가에 대한 이유를 깨닫고 강한 동기를 갖게 하고, 명확한 기준을 바탕으로 자신이 수행하고자 하는 일을 목표로 설정하여 이에 적합한 직무수행능력을 향상시킬 수 있도록 한다. 더 나아가 일의 만족을 느끼고 행복한 삶을 영위하도록 하는 것이 진로교육의 목표로 설정되어 있다. 이러한 진로교육의 목표는 개인적인 목표와 사회적인 목표로 나눌 수 있는데, 개인적인 목표는 일생동안 일이 개인에게 가능하고, 의미 있고, 만족스럽게 하는 것이며, 사회적인 목표는 개인이 일을 원하고 일을 수행하는 데 필요한 기술을 습득하고, 일생동안 만족스러운 일에 종사할 수 있도록 개인을 도와주는 것이다.

(2) 평생교육 · 성인교육(Life-long education & Adult education)

우리나라 평생교육법에서는 평생교육(Life-long education)[2]을 학교에서 이루어지는 정규교육과정을 제외한 성인 문자해득교육, 학력보완교육, 문화예술교육, 인문교양교육, 시민참여교육, 직업능력 향상교육 등을 모두 포함하는 조직적이며 다양한 교육활동으

2) 평생교육법 제1장, 제2조(정의), 1항

로 규정하고 있다. 학계에서 좁게는 '교육대상을 분류 준거로 하여, 성인만을 대상으로 하는 모든 형태의 교육활동, 교육방법은 형식적, 비형식적 교육'으로, 넓게는 '학교교육을 포함하여 모든 이를 위한 그리고 교육기회의 균등화를 위해 그들이 일생 동안 학습활동을 전개해 나가도록 돕는 행위'로 정의하며, 궁극적으로 일정 연령층을 대상으로 하는 학교교육과 모든 이를 대상으로 하는 학교 밖의 비전통적 교육활동의 기능을 다 같이 개편, 강화시켜 나가고자 하는 교육체제이다.

성인교육의 개념은 성인인구 증가와 교육수준 상승을 비롯해 시대 변화에 따른 여성의 역할 변화, 생활 유형의 변화로 인한 사회의 변화 등으로 지식이 폭발적으로 증가하고, 기술이 변화되면서 대두되었다. 성인교육이라는 용어는 Hudson(1981)의 지서 『The History of Adult Education』에 처음 등장하였으며, Knowles(1971) 기존 교육개념(Pedagogy)에서 성인교육 분리 설명으로 본격화하였다. 또한, UNESCO에서 평생교육 중요성을 강조하면서 전 세계적으로 본격적인 관심을 받고 있는데, UNESCO(1976)에 따르면, 성인교육이란 내용, 수준, 방법에 관계없이 학교교육을 대체하거나 학교교육을 연장하는 등 성인에게 제공되는 조직화된 교육과정을 뜻한다.

(3) 기업교육(Corporate education)

기업교육은 '기업의 생산성 향상과 사원의 자기계발을 교육적으로 도모하기 위하여 기업이 의도적 · 계획적으로 실시하는 직무훈련(on-the-job training: OJT), 집합훈련(off-the-job training: Off-JT) 및 자기계발(self-development: SD)을 포함하는 기업의 연수 및 교육훈련 활동'으로 정의할 수 있다(나일주 외, 2003). 기업교육의 특징은 목적 측면에서 기업의 생산성을 향상시키는 것과 사원의 자기계발을 교육적으로 도모한다는 데 있다. 또한 방법적 특징은 직무에 관한 훈련인 OJT, 집합적으로 이루어지는 Off-JT, 개인이 자발적으로 하는 자기계발 등의 방법으로 이루어진다는 것이다.

현재에 이르러 기업교육이 다루는 영역은 일반적으로 훈련개발(training and development), 조직개발(organization development), 경력개발(career development) 등 HRD의 영역과

같다. 훈련개발은 '개인이 현재 또는 앞으로의 직무를 수행하는 데 필요한 핵심적인 역량(key competencies)을 찾아서 확인하고, 계획적인 학습을 통하여 개발하도록 돕는 일'에, 조직개발은 '단위조직 간, 단위조직 내의 건전한 관계를 갖도록 돕고, 조직이 변화를 주도함은 물론 관리할 수 있도록 돕는 일'에, 끝으로 경력개발은 '개인과 조직의 요구(needs)를 최적점에서 조화를 이룰 수 있도록 개인의 경력개발에 각각 초점을 두고 이루어지는 교육훈련 활동이며, 이들 세 가지 영역은 기본적으로 '개발'을 활동의 기본적인 절차로 사용하고 있다는 공통점이 존재한다.

2) HRD의 핵심이 되는 용어

(1) 교육(Education)

전통적으로 교육은 중・고등학교, 전문대학, 대학 등 학교 조직과 관련이 있었다. 교육은 훈련에 비해 덜 즉각적이고, 적용 분야 측면에서도 덜 구체적이다. 교육의 영역은 지식, 기술, 태도를 아우른다(Bloom et al., 1956). 유럽직업훈련연구센터(Cedefop)의 『교육과 훈련 용어사전』에 따르면 교육이란 제한된 영역의 활동과 관련된 지식과 기술보다는 삶의 모든 측면에서 요구되는 지식, 기술 및 도덕적 가치에 대한 개발을 돕는 활동이다. 교육의 목적은 아동과 성인들에게 그들이 살고 있는 사회에 영향력이 있는 생각과 전통에 대한 이해를 향상시키기 위한 그리고 그들이 사회에 공헌할 수 있게 만들기 위한 필수적인 환경을 제공하는 것이다. 교육은 그들의 고유문화와 다른 문화의 학문 그리고 자연의 법칙 및 언어의 습득 그리고 학습, 자기계발, 창의성, 의사소통에 기초가 되는 기술을 포함한다(Cedefop, 1996).

HRD와 깊은 연관을 갖고 있는 성인교육, 기업교육 등의 분야에서도 '교육'이라는 단어를 사용하고 있다. 성인교육이란 성인으로서 간주되는 사람들의 새로운 방향 전환, 기술적 전문적인 자격 향상, 지식의 풍부화, 능력 개발, 태도 및 행동 변화를 시켜주는 조직화된 교육 활동이며(UNESCO, 1976), 성인학습에 대한 과정으로서 구체적인 교육목적을 성취하기 위해 다양한 기관에 의해 수행되는 조직화된 활동이다(Knowles, 1980).

또한, 기업교육은 현재 기업체에 종사하고 있는 조직원의 직무능력 향상, 교양 함양, 건강 증진을 목적으로 실시하는 계획된 학습활동으로, 조직의 목적달성과 합치되어야 하는 직장 내 교육이며, 그 대상이 성인인 성인교육인 동시에 학교교육 후에 받는 계속교육으로 직장 내 성인계속교육을 의미하는 사회교육의 한 분야라고 정의할 수 있다(권대봉, 1998). 즉, 기업체의 생산력 향상과 직원의 자기계발을 교육적으로 도모하기 위해 기업체가 의도적으로 실시하는 기업체 연수 및 교육훈련이 여기에 속할 수 있다(한준상, 1995). Nadler(1984)는 조직에서의 교육을 교육, 훈련, 개발의 세 가지 개념으로 구분하려는 다양한 시도들을 업무성과 향상 및 성장의 가능성을 제고시키기 위해 일정 시간 내에 실행되는 계획적인 학습경험을 HRD라 정의함으로써 위의 세 가지 영역을 포괄적으로 나타내고자 하였다.

(2) 훈련(Training)

훈련의 역사적 뿌리는 도제(apprenticeship)에 있다. 도제 견습생이 명장의 관리 아래 수년의 기간 동안 일하는 것이 훈련의 목적인 중세의 공예 장인과 길드에서 유래된 것이다. 결국, 견습생은 그 직업에서 요구되는 기술을 배우고 그들이 훈련한 기술을 많이 포함하는 걸작(Masterpiece)[3]을 생산하는 방향으로 산업이 발전하였다. 훈련을 통한 기술의 습득은 도제 견습생이 길드의 일원이 되는 것을 가능하게 함으로써 훈련이 산업분야에서 갖는 중요성을 역설할 수 있게 된 것이다. 훈련은 산업현장 내의 활동에서 실질적인 성과를 달성하는 학습경험을 통해 지식, 기술, 태도를 익히는 계획된 절차의 총체를 말한다. 훈련의 목적은 근로 상황에서 개인의 역량을 개발하고 현재와 미래에 요구되는 조직적 필요를 충족시키는 것이다. 즉, 훈련은 특정한 작업에서 요구되는 지식과 기술을 가르치기 위해 설계된 활동 또는 프로그램이다. 훈련을 교육(education)과

3) 이러한 이유로 오늘날 우리는 어떠한 영역에 완전히 정통한 사람을 설명할 때 Master's degree란 용어를 사용한다.

비교해 볼 때, 교육은 학교기관에서 일어나는 반면 훈련은 일터에서 발생한다고 여기는 것이 일반적이다. 훈련은 보통 습득한 지식 및 기술의 즉각적인 활용을 전제로 하고, 일반적으로 교육보다 짧은 기간에 완료된다는 특징이 있다(Van Wart, Cayer, & Cork, 1993).

(3) 개발(Development)

개발은 사람들이 그들의 신체적이고 심적인 잠재력이 진전되는 것을 의미하는 향상된 상황으로 변화를 나타낸다. Lee(2001)은 개발(development)이라는 단어는 성숙(maturation), 형성(shaping), 경로(voyage), 발현(emergent)의 4가지 의미로 사용될 수 있다고 제안하였다. 따라서, 인적자원개발에서의 개발(development)은 의식적 · 비의식적 학습을 통해 개인 및 조직의 능력이 성장 또는 실현되는 것을 뜻한다. 개발 프로그램은 보통 계획된 학문 그리고 경험의 요소를 포함하고 코칭이나 카운슬링에 의해 자주 지원받는다는 특징이 있다(Wilson, 2012).

인적자원개발은 '인적자원'과 '개발'의 합성어인데, 이를 이해하기 위해서는 우선 '인적자원'에 대해 살펴볼 필요가 있다. 일반적으로 자원은 천연자원이나 자본, 토지, 건물, 시설 등 물질적 자원을 중심으로 이해되어 왔지만, 후기산업사회 이후 조직 내 인적자원도 점차 조직 발전의 주요 자원으로 인식되었다(Ginsberg, 1975). 인적자원은 크게 두 가지 관점에서 개념이 구분되는데, 조직구성원들이 조직의 부를 구성하는 주요 부분이라고 인식하는 자산(asset)으로서의 개념과 조직구성원들의 잠재적 능력을 개발하기 위해 투자함으로써 구성원의 가치를 높이는 동시에 조직의 부를 증가시킬 수 있다고 보는 투자(investment)로서의 개념으로 양분된다.

'인적자원'과 '개발'이 합성된 HRD의 특성은 ① 조직적인 학습 형태이고, ② 일정 기간 내에 이루어져야 하며, ③ 조직의 현재 또는 미래 직무 성과의 향상을 위하여 효과적인 방법과 내용을 중심으로 계획 추진되어야 하고, ④ 직무성과 향상 가능성을 증대시켜야 하며, ⑤ 개인과 조직의 성장 가능성을 증대시키는 것이다(황병수, 1996; Nadler, 1993).

Johns(1998)는 HRD를 '조직과 개인의 목표를 달성하기 위하여 구성원들의 직무능력을 조직적인 수준으로 확장하는 수단'으로 정의하였다. 미국의 McLagan International과 ASTD(1989)는 이러한 정의를 종합하여 HRD란 '개인과 집단, 그리고 조직의 효율 향상이 목적이 되는 개인개발(Individual Development: ID), 조직개발(Organization Development: OD), 경력개발(Career Development: CD)을 통합한 의도적, 계획적, 조직적 학습활동'이라고 정의하였는데, 현재 이러한 정의가 일반적으로 적용되고 있다.

(4) 학습(Learning)

훈련, 교육, 개발의 다양한 정의에서 찾을 수 있는 하나의 공통적인 측면은 그들이 학습이라는 단어를 포함하고 있다는 것이다(Wilson, 2012). Nadler와 Nadler(1990)는 이러한 용어들을 모아서 설명하였다.

- **훈련** = 현재 직무와 관련된 학습
- **교육** = 현재나 미래의 특정 직무와 관계없이 개인을 준비시키는 학습
- **개발** = 현재나 미래의 특정 직무와 관계없이 개인의 성장을 위한 학습

학습은 형식적인 교육, 훈련의 결과로서 또는 무형식적인 경험의 결과로서 발생하는 지식, 기술, 태도의 비교적 영구적인 변화를 말한다. 학습을 말하면서 빼놓을 수 없는 것이 교수이다. 교수는 종교행사, 군사훈련, 기업의 핵심가치 교육 등 다양한 영역에서 발견할 수 있다. 교수활동은 개인 및 조직이 특정한 심동적 모형에 적응하도록 의도하는 활동으로 학습에 있어 반드시 수반되는 것이다.

(5) 수행 또는 성과(Performance)

수행은 교육학에서 메이거(Mager)의 학습목표 진술에 포함되는 요소 중 하나로, 학습자가 학습의 성취를 증명해 보이기 위해 무엇인가 해 보이는 것을 말한다. 이러한 활동은 관찰가능하고 측정가능한 행동목표로 기술되어야 한다. 성과는 인간 수행의 결과를 뜻한다고 볼 수 있는데, 영단어 퍼포먼스(Performance)는 일반적으로 요건과 기대에

맞도록 행동하는 것, 또는 특정의 과제를 수행한 결과 등으로 해석되는 등 과정과 결과가 모두 포함된 개념이라고 설명할 수 있다. 특히, HRD 장면에서 퍼포먼스는 해석의 관점과 사건의 맥락에 따라 과정을 중시하는 퍼포먼스, 결과를 중시하는 퍼포먼스가 각각 다르게 표현되기 때문에, 그 해석이 수행 또는 성과로 혼재되어 있다. 예를 들어, Human Performance Technology는 인간수행공학으로 과정을 중시하는 관점에서 주로 해석되고, Performance Appraisal은 학교 장면이 아니라면 대부분 성과평가로 해석되고 있다.

3 HRD 패러다임의 변화

학문 분야로서의 HRD는 이제 막 유년기를 지나 청년기로 접어들었다고 할 만큼 그 유래가 짧다. 이러한 속성은 HRD 학문의 다학제적 특성을 유발하였고, 필연적으로 다패러다임적 접근을 가능하게 한다(Kuchinke, 1999; Lynham, 2000). 흔히 패러다임에 관한 담론을 일컬어 '논쟁'이라고 부르는데 이러한 무성의 싸움은 HRD의 학문적, 이론적 접근법을 세우기 위한 기초가 된다(장원섭, 심우정, 2005). 따라서, 여기에서는 HRD의 패러다임 변화를 시대적 관점, 역할과 기능의 관점 등 두 가지 관점을 준거로 해석해 보고자 한다.

1) HRD 패러다임의 변화: 시대적 관점에서

미국 펜실베이니아 주립대학교의 윌리엄 로스웰(William Rothwell) 교수에 따르면 HRD 패러다임은 과거 1세대부터 현재의 6세대까지 변화를 거듭해 왔다. 각각의 세대는 해당 분야에 어떤 사람이 종사해야 하는지, 해당 세대에서 역량이 어떻게 정의되는지, 성공을 어떻게 측정할 수 있는지 등의 기준에 따라 설정되었다. 각 세대별로 HRD 담당자의 역할도 변화하는데, 단순히 훈련가로서의 역할을 담당하는 수준에서부터 우리가 흔히 HRD 담당자라 부르는 역할, HPI 전문가로서의 역할, 수행컨설턴트로서의 역할, 조직개발 전문가로서의 역할 등으로 진화하여 왔다.

- **1세대** : Traning & Development (T+D)
- **2세대** : Human Resource Development (HRD)
- **3세대** : Human Performance Improvement (HPI)
- **4세대** : Workplace Learning and Performance (WLP)
- **5세대** : Workplace Learner
- **6세대** : Learning & Performance

그림 1-3. HRD 패러다임의 변화

1세대 HRD에서는 훈련개발(Training and Development)에 초점이 맞추어졌다. 1세대는 개인 수준의 활동인 훈련에 집중한 세대이다. 훈련은 개인이 직무를 성공적으로 수행하게 하는 데 도움이 되는 지식, 기술, 태도를 기를 수 있게 변화시키는 활동으로 적합했다. Pinto와 Walker(1978)의 역량 연구 및 McLagan(1983)의 역량 연구가 토대가 되어 개인의 역량 즉, 지식, 기술, 태도를 바람직한 방향으로 변화시키는 '훈련(training)'이 각광을 받았다. 이 시기에는 역량 연구를 훈련으로 연결시키는 기제로 체제적 교수설계(ISD)가 널리 활용되었다.

기업에서 교육을 시키는 이유로 개인의 자아실현과 역량개발을 꼽는데 이는 궁극적인 것은 아니다. 그것은 과정상에서 발생하는 것이고 궁극적인 목적은 훈련개발 외 경력개발(CD: Career Development), 또 그것을 통해 조직개발(OD: Organization Development)을 하려는 데 있다. 조직에서 교육을 시키는 이유는 개인 차원이 아니라 2세대 HRD에서 말하는 조직개발을 하려는 것이다. 2세대에 이르러 비로소 우리가 흔히 쓰는 인적자원개발(HRD)이라는 용어가 등장하였다. HRD의 논의 초기에는 훈련 및 개발(T&D), 조직개발(OD), 경력개발(CD) 등을 통합하여 활용하는 것을 HRD라고 칭하였다(McLagan, 1989). HRD가 훈련을 통해 현재의 개인을 변화시키고, 경력개발을 통해 미래의 개인을 변화시키며, 조직개발을 통해 일터를 변화시킬 수 있다고 믿었다. 훈련개발(T&D), 경력개발(CD), 조직개발(OD)은 후자 쪽으로 갈수록 HRD의 바람직한 발전 방향이라고 할 수 있다. 과거에는 몇 명이 몇 시간의 교육을 이수하였는가에 대해서 관심을 기울였다면, 지금은 교육에 대한 투자가 많은 만큼 교육 후에 나타나는 성과에까지 관심을 기울인다. 즉, 영업사원 100명이 8시간의 교육을 이수하여 다음 분기에 영업매출 1억 원을 올렸다면 도출된 1억 원에만 집중하는 것이 아니라, 교육훈련 비용투자와 대비했을 때 그 산출이 얼마나 효과가 있었는지를 측정하는, ROI까지 보는 시대가 된 것이다.

3세대 HRD는 조직구성원의 성과를 향상시키고자 하는 방안에서 고민이 이루어졌다. 3세대는 인간성과향상(HPI: Human Performance Improvement)의 단계로 인적자원 수행문제의 근본 원인을 확인하고, 해결안 또는 개입방안을 제시하는 일련의 절차를 뜻한다. HPI가 이전 세대와 구분되는 점은 활동 자체가 아닌 결과에 관심을 갖는다는 점이다. 또한, HPI는 HRD 분야에 퍼포먼스컨설팅(Performance consulting)을 도입하는 계기를 마련해 주었다. 지식과 기술의 라이프 사이클이 점점 줄어들면서 교육주기도 점점 짧아지다보니 '상시학습체제'라는 말까지 등장하게 되었다.

항상 학습한다는 것은 말은 좋지만, 일을 해야지 교육만 받다가 끝날 수는 없는 노릇이다. 그래서 나온 패러다임이 4세대 HRD 즉, 일터학습 및 성과(WLP: Workplace Learning and Performance)이다. 일터에서 학습하고 성과를 내놓으라는 것이다. WLP는 개인과 조직의 요구에 부합하는 학습 및 기타 개입기법의 통합적 활용으로 정의될 수 있다. 이는 개인, 팀, 조직의 성과이슈를 분석하고 대응하는 일련의 체계적 절차를 활용한다. WLP가 원활하게 형성된 조직은 인본주의적, 윤리적으로 고려해야 하는 사항들에 대해 균형 잡힌 시각을 제시함으로써 조직 내에 긍정적이고 진보적인 변화를 야기할 수 있다(Rothwell, Sanders, & Soper, 1999). WLP는 조직 상황에서 향상된 업무 성과를 얻을 수 있게 하는 도구로써 학습을 강조한다.

그 다음 5세대 HRD 패러다임의 초점은 '전 직원의 일터 학습자화(Workplace Learners)'에 있었다. 적극적인 일터학습자는 훈련이 아니라 학습을 통해 개인적인 변화를 일으키는 데 집중한다. 학습은 개인의 고용가능성을 제고시킨다. 이 세대에서의 관심사는 어떻게 하면 학습자의 역량을 극대화시킬 수 있는가에 집중되어 있다. 따라서 일터학습자는 인식하는 자, 정보를 수집하는 자, 분석가, 평가자 등의 역할을 수행할 수 있어야 한다. 이러한 관점에서는 잠재적 고성과자(high potential performers)가 될 수 있는 사람은 뛰어난 학습자(superior learners) 일수밖에 없다.

6세대에 와서는 학습에 따른 성과(Learning and Performance) 즉, 성과중심 HRD가 대두되기에 이르렀다. 1세대부터 6세대로 진행되어 오면서 가장 큰 키워드 변화는 '훈련(Training)'에서 '학습(Learning)'으로 바뀌었다는 것이다. 누군가가 교육을 시켜주던 방식에서 자기주도 방식으로 바뀐 것이다. 교육의 내용은 같은데 공급자에서 수요자 중심으로 무게중심이 옮겨간 것이다.

표 1-2. 훈련 패러다임 vs. 학습 패러다임

비교준거	훈련 패러다임	학습 패러다임
기본 관점	도구주의적, 엔지니어링 관점	구성주의적 관점
인간관	수동적 존재	자기주도적, 능동적 존재
철학적 사조	행동주의, 테일러주의, 인적자본론	인간관계론, 인본주의, 안드라고지
HRD 담당자 역할	프로그램 설계, 개발, 훈련	학습의 탐지, 인정, 촉진

자료: 장원섭, 심우정(2005). 기업교육의 패러다임 전환 - 훈련에서 학습으로, 그리고 성과에서 가치로. 직업교육연구, 24(1), p.95 재구성

패러다임 변화에 따라 기업 내 학습방식에 있어서도 획기적인 변화가 있었다. 먼저 1945년 Dooley가 제시한 '산업체 내 훈련(Training Within Industry: TWI)' 방식을 들 수 있다. 당시에는 제2차 세계대전으로 미국 내 군수산업이 크게 성장하면서 빠른 시간 안에 군수산업 인력을 키워내는 것이 급선무였다. 지금으로 보면 당연한 말처럼 들리지만, 당

시로서는 훈련을 산업체 내에서 실행한다는 것이 상당히 파격적인 내용이었다. 그 다음으로 나온 것이 OJT(On-the-Job Training)방식이다. 우리나라에서도 향후 OJT를 실시하는 기업에 대해 고용보험금을 환급해 교육비를 보조해 주는 방안이 검토되고 있다. 그만큼 현장직무훈련이 중요하다는 것을 국가에서도 인식하기 시작한 셈이다. 1999년에는 Rothwell에 의해 WLP(Workplace Learning and Performance)방식이 소개되면서 일터에서의 학습과 성과에 대한 고려가 연계되기 시작하였다.

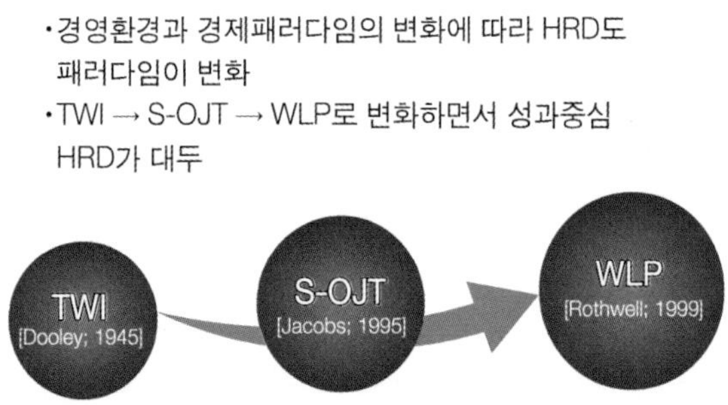

■■ 그림 1-4. 학습방식의 변화

1945년과 1980, 90년대를 거치며 용어는 바뀌었지만 교육은 모두 현장에서 시킨다는 것이 화두였다. 기업이 HRD 프로그램을 운영하는 이유는 많이 배우고 현업에 돌아가 열심히 활용하라는 것이다. 현업적용도를 높이는 지름길은 훈련 환경과 업무 환경 간 유사성을 높이는 것이다. 이를 위해 현장에서 직접 교육을 시키는 방식이 부각되었다. 이름이 무엇으로 바뀌었든지 HRD의 중심은 '현장에서의 교육체계'가 화두일 수밖에 없다. 과거의 HRD는 '알면 좋고 몰라도 상관없는 것'이었고 개인의 역량 향상이 주된 관심사였으나, 지금은'반드시 알아야 하는 것'이고 관심의 대상도 개인의 역량에서 조직의 성과로 무게중심이 변화하고 있다.

2) HRD 패러다임의 변화: 역할 및 기능적 관점에서

시대적 관점에서 살펴본 바와 같이, 산업사회의 태동 이후 조직의 인적자원은 조직의 성과에 직접적 영향 관계를 갖는 요인으로서 많은 연구가 이루어져 왔다. 특히, 노동, 토지, 자본 등 전통적 요소로부터 산업의 기반을 다졌던 초기산업사회보다 인적자원의 역량(지식, 기술, 태도 등), 전문성 등을 경쟁우위 창출의 결정적 요소로 치부하는 후기산업사회에서 인적자원의 경쟁력이 더욱 주목받게 되었다. 이는 노동력이라는 계량적 지표가 더 이상 일차원적이지 않고 역량, 전문성 등의 질적 수준에 따라 다차원적인 인적자원 지표로 변모했음을 나타낸다. 후기산업사회 이후로는 인적자원이 학습을 통해 역량, 전문성 등을 신장시킬 수 있고, 인간의 수행이 개인 및 조직의 성과에 직접적인 영향을 줄 수 있다는 사실을 인정받기 시작한 것이다. 이러한 와중에 HRD 분야에서 전통적으로 시스템을 통해서 인간의 수행을 관리하고 결과를 강조하는 성과 패러다임과 인간의 자율적인 의지와 학습을 통해 인간 수행을 관장하는 학습 패러다임, 두 패러다임이 등장한 이래 지속적으로 논쟁이 되어왔다(오헌석, 2009; 전정호, 2010; Swanson, 1995).

성과 패러다임을 대표하는 학자인 Swanson(1995)[4)]에 의하면, HRD는 개인, 팀, 조직, 업무 시스템 등 조직의 미션과 관련된 결과물 산출을 목적으로, 개인개발 및 조직개발을 포함한 조직적 차원의 전문성 개발과 잠재력 방출을 도모하는 일련의 과정이다. Swanson은 HRD를 오로지 조직의 HRD 부서에서 다루는 것과, HRD 인터벤션을 단기간의 비연속적인 이슈로 삼는 것을 지양해야 한다고 강조한다.

성과 패러다임은 조직 HRD의 양대 하위분야인 훈련 및 개발과 조직개발분야에서 개인 수준뿐만 아니라 조직 수준의 인터벤션이 필요하다고 주장한다(Cummings & Worley, 2001). 이는 개인이 유능하거나 수행이 증진되었다고 하여 조직의 유능함이나 성과향상이 이루어진다고 볼 수 있는 것은 아니기 때문이다(Cummings & Worley, 2001). 즉, 조직성

4) 성과 패러다임을 지지하는 대표적인 학자로는 Swanson이 있고, 학습 패러다임을 지지하는 대표적인 학자들로는 Watkins와 Marsick이 있다(이희수, 안동현, 2007; 조대연, 2006).

과에 영향을 주는 주된 요인은 개인의 역량 수준이 아닌 조직 내 업무 시스템이라는 것이다. 이에 따라 성과 패러다임은 조직의 시스템을 효율적으로 구축하는 것이 조직의 미션과 관련된 결과물을 산출할 수 있는 최상의 방법이라는 관점을 갖는다. 또한 학습 패러다임은 개인의 자율적인 학습, 수행증진이 핵심적인 목표가 되는 반면 성과 패러다임은 조직의 성과 달성이 핵심 목표가 된다는 점에서 상반되는 관점을 갖는다. (Swanson & Holton, 2009). 성과 패러다임은 개인을 조직의 성과창출을 위한 관리 대상으로 두고, 학습 패러다임은 개인이 성인학습자로서 자율적으로 학습을 할 수 있는, 스스로 자신의 수행을 관리할 수 있는 주체로 둔다. 학습자에게 자유를 제공하면 학습자는 스스로 잠재력을 신장시킬 것이며, 궁극적으로는 조직의 성과 향상에 기여할 것이라는 점을 가정하고 있는 것이다.

전통적인 학습패러다임은 학습의 주체를 개인으로 한정해왔으나, 1990년대 이후로는 조직 또한 학습의 주체가 될 수 있음을 인정하게 되면서, 조직학습(Organizational Learning)과 학습조직(Learning Organization)에 대한 논의가 확대되게 되었다(전정호, 2010). 조직학습은 조직과 이해 관계자들의 요구를 충족시킬 수 있는 조직변화를 이끌어내기 위해 개인, 집단, 시스템 수준에서 학습과정을 활용하는데, 이를테면 학습조직은 조직학습을 가능하게 하는 단서가 될 수 있다(Swanson & Holton, 2009). 학습조직이란 스스로 변화를 주도해나가는 조직을 의미한다. 즉, 조직구성원들의 자발적으로 지속적인 학습활동에 참여하고, 이를 통해 조직의 변화와 성과향상을 이루어내는 조직을 의미하는 것이다(Watkins & Marsick, 1993). 이에 따라 학습조직은 학습 패러다임의 궁극적인 목적으로 대두되고 있다.

그렇다면 성과 패러다임과 학습 패러다임 중 어떤 패러다임이 보다 바람직한 것이며, 우리는 성과와 학습 중 어떤 가치를 추구해야 하는 것일까? 보다 쉽게 답을 찾기 위해 자문을 해보는 것이 좋다. 조직 내에서 성과 창출을 위한 활동이 이루어지는가? 조직 내에서 학습이 이루어지는가? 두 가지 자문에 대하여 '그렇다'로 자답하였다면 성과와 학습 중 한 가치를 선택하여 추구할 것이 아니라, 조직의 상황과 요구에 기반하여 두 가치 사이의 균형을 유지하는 것이 중요하다는 것을 깨달았을 것이다. 따라서 경영진 및 HRD부서는 경영의 목표와 HRD의 비전, 미션 등을 일치시킴으로써 학습과 성과에 적절한 가치를 부여하고 조직구성원에게 그에 따른 다양한 개입을 실시할 수 있어야 할 것이다.

[사례] 크레듀의 Right HRD 패러다임

크레듀는 개인과 조직의 가치 향상과 목표 달성, 획기적인 사업 성장 지원을 위해 '제대로 하는 HRD, Right HRD'로의 새로운 패러다임을 구축하고 있다. 즉, 고유의 HRD 패러다임 구축을 통해 조직이 추구하고자 하는 궁극적인 HRD 비전 달성을 도모하고 있는 것이다. 이처럼 기존의 HRD 패러다임을 그대로 답습하지 않고 조직의 특성에 최적화된 진화된 패러다임을 구축하고 성과를 극대화시키기 위한 노력들이 증대되고 있다.

제대로 하는 HRD, Right HRD : 4S+

개인과 조직의 가치 향상과 목표 잘성, 획기적인 사업 성장을 지원하기 위해'제대로 하는 HRD, Right HRD' 철학을 기반으로 Total HRD Service를 제공합니다.

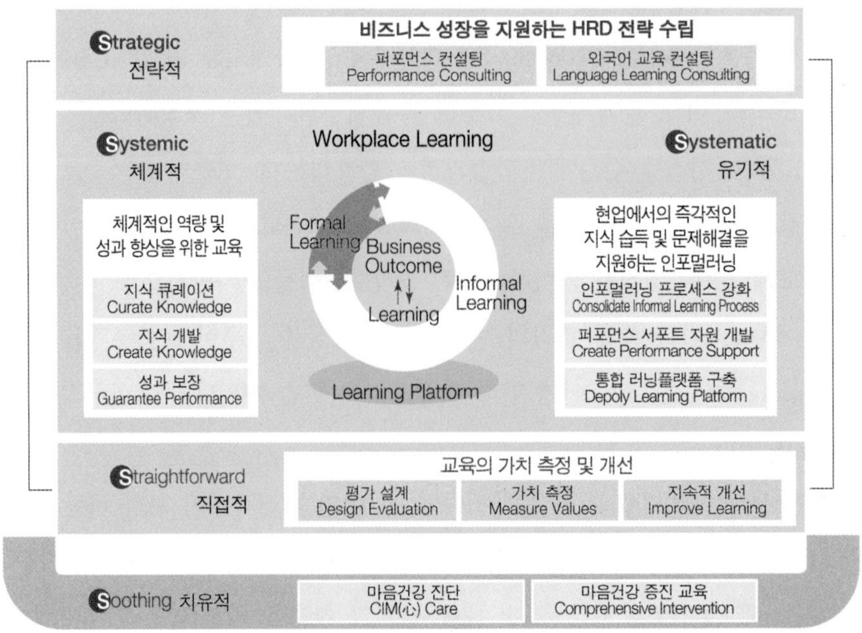

■■ 그림 1-5. 크레듀의 Right HRD 패러다임

요약 및 시사점

본 장에서는 HRD의 역사, 개념 및 정의와 HRD와 인접 영역 간 관계를 살펴본 후, HRD의 패러다임 변화에 대하여 논의하였다. HRD는 주체와 사회현상 간의 상호작용에 의해 이뤄지는 특성으로 인해 다학제적인 태생적 특성을 갖는다.

교육의 역사와 함께한 HRD는 산업혁명을 기점으로 조직 경영의 관점과 인간의 학습 및 교육의 관점, 인간 행동 변화 추구의 심리적 구인 구명의 관점에서 고려되었고, 이에 따라 많은 학자들은 HRD에 대한 다양한 정의를 내린 바 있다. 이처럼 다양한 HRD 분야의 해석을 일관화 시키는 방안으로 이무근(2016)의 직업교육 개념도와 가라반(Garavan, 2007)의 전략적 HRD 개념도를 살펴볼 수 있다. 이무근(2016)의 직업교육 개념도는 개인, 사회, 국가 등의 이해관계 주체와 HRD 구성요소 사이의 관계를 국가 및 사회의 시야를 통해 거시적으로 조망하였고, 가라반(Garavan, 2007)의 전략적 HRD는 이해관계의 주체를 개인 및 조직으로 상정하고 기타 이해관계 주체와 HRD 구성요소를 위치시킴으로서 전략적인 경영 관점을 도입하였다.

HRD개념은 국가사회에 방점을 두는지, 개인조직에 방점을 두었는지에 따라 해석의 차이가 존재하며, 이를 이해하기 위해 HRD의 인접 영역에 대해 살펴볼 필요가 있다. HRD의 인접 영역은 HRD의 대상이 되는 자의 직업생활을 논의거리로 했을 때 직업교육·진로교육, 생애를 논의거리로 했을 때 평생교육·성인교육, 일터를 논의거리로 했을 때 기업교육 등이 있다. HRD의 핵심 용어 개념으로는 교육, 훈련, 개발, 학습 및 성과 혹은 수행의 개념이 있다.

HRD의 패러다임 변화는 시대적 관점과 역할 및 기능적 관점에 나누어 살펴볼 수 있다. 시대적 관점에 따르면 HRD 패러다임은 6세대에 걸쳐 발전 및 진화해 왔으며, 1세대부터 6세대로의 진행되어 오면서 가장 큰 키워드 변화는 '훈련(Training)'에서 '학습(Learning)'으로의 변화라고 할 수 있다. 6세대에 걸친 변화에 따라 기업 내 학습방식도 변화하였는데, 이 방식들은 용어가 무엇으로 바뀌었든지 간에 '현장에서의 교육체계'를 주요한 개념적 기초로 상정한다는 공통점을 지닌다.

역할 및 기능적 관점에서 HRD 패러다임은 전통적으로 시스템을 통해서 인간의 수행을 관리하고 결과를 강조하는 성과 패러다임과 인간의 자율적인 의지와 학습을 통해 인간 수행을 관장하는 학습 패러다임으로 나뉜다. 성과 패러다임에 따르면 HRD는 개인, 팀, 조직, 업무 시스템 등 조직의 미션과 관련된 결과물 산출을 목적으로, 개인개발 및 조직개발을 포함한 조직적 차원의 전문성 개발과 잠재력 방출을 도모하는 일련의 과정이다. 학습 패러다임은 조직 또한 학습의 주체가 될 수 있음을 인정하게 되면서, 학습 조직을 궁극적인 목적으로 제시한다. 다만 성과와 학습이라는 두 가치를 구분지어 보기보다는, 조직의 상황과 요구에 기반하여 균형적으로 중시하는 관점이 필요할 것이다.

연습문제 / EXERCISE

01_ HRD(Human Resource Development)의 다양한 정의들을 바탕으로 본인만의 정의를 내려봅시다.

02_ 본인이 생각하는 HRD 인접 영역 간의 관계도를 마인드맵을 통해 나타내 봅시다.

03_ 훈련과 개발의 차이점은 무엇일지 생각해봅시다.

04_ 6세대 성과중심 HRD 패러다임에서 말하는 성과란 무엇을 의미하는 것일지 생각해 봅시다.

참고문헌 / REFERENCE

이홍민. (2013). **강한 조직을 만드는 학습기반의 HRD 전략 핵심인재 역량 개발**. 서울: 중앙경제.

배을규. (2009). **인적자원개발론**, 서울: 학이시습.

이무근. (1999). **21 세기 지식기반 사회구축을 위한 인적자원개발과 전망**. 교육부 해외 교육정보 확산을 위한 세미나.

권대봉. (2003). **인적자원개발의 개념 변천과 이론에 대한 종합적 고찰**. 서울: 원미사.

이무근. (2003). **직업교육학 원론** (제 3 판). 교육과학사.

황병수. (1996). Success leader. 서울: 영풍문고.

오헌석. (2009). **ASTD 인적자원개발 트렌드**. 서울: 학지사

전정호. (2010). 교육본위론의 관점에서 본 HRD의 두 패러다임. **교육원리연구**, 15(1), 149-166.

장원섭, 심우정. (2005). 기업교육의 패러다임 전환-훈련에서 학습으로, 그리고 성과에서 가치로. **직업교육연구**, 24(1), 89-109.

Bloom, B. S., Engelhart, M. D., Furst, F. J., Hill, W. H., & Krathwohl, D. R. (1956). *Handbook I: cognitive domain. Taxonomy of Educational Obiectives: The Classification of Education Goals*. New York: Longman.

CEDEFOP (1996), *Vocational Training Glossarium*, CEDEFOP, Thessaloniki.

Cummings, T. G., & Worley, C. G. (2001). *Organizational development & change* (7th ed.). Cincinnati, OH: South-Western College Publishing.

Garavan, T. N. (2007). A strategic perspective on human resource development. *Advances in Developing Human Resources*, 9(1), 11-30.

Garavan, T. N., Morley, M., Gunnigle, P., & McGuire, D. (2002). Human resource development and workplace learning: emerging theoretical perspectives and organisational practices. *Journal of European Industrial Training*, 26(2/3/4), 60-71.

Gilley, J. W., Eggland, S. A., & Gilley, A. M. (2002). *Principles of human resource development.* Basic Books.

Hudson, J. W. (1851). *The history of adult education.* Longman, Brown, Green & Longmans.

Jacobs, R. L. (1988). A proposed domain of human performance technology: Implications for theory and practice. *Performance and Instruction*, 1(2), 2-12.

Knowles, M. S. (1972). *Toward a Model of Lifelong Education.*

Knowles, M. S. (1980). *The Modern Practice of Adult Education: From Pedagony to Andrapogy*, 2nd edn, New York: Cambridge Books.

Kuchinke, K. P. (1999). Leadership and culture: Work related values and leadership styles among one company's US and German telecommunication employees. *Human Resource Development Quarterly*, 10(2), 135-154.

Lynham, S. A. (2000). Theory building in the human resource development profession. *Human Resource Development Quarterly*, 11(2), 159.

McLagan, P. (1989). Models for HRD Practice. Alexandria, VA: ASTD Press.

McLagan, P. A. (1983). *Models for excellence: The conclusions and recommendations of the ASTD training and development competency study.* American Society for Training and Development.

Nadler, L. (1970). *Developing Human Resources.*

Nadler, L. (1984). *The handbook of human resource development.* John Wiley & Sons.

Pfeffer, J. (1994). Competitive advantage through people. *California management review*, 36(2), 9-28.

Pinto, P. R., & Walker, J. W. (1978). What Do Training and Development Professionals Really Do?. *Training and development Journal*, 32(7), 58-64.

Rothwell, W. J., Sanders, E. S., & Soper, J. G. (1999). *ASTD models for workplace learning and performance: Roles, competencies, and outputs.* American Society for Training and Development.

Swanson, R. A. (1987). *Human Resource Development Definition*, St Paul: University of Minnesota, Training and Development Research Center.

Swanson, R. A. (1995). Performance is the key. *Human Resource Development Quarterly*, 6(2), 207-13.

Swanson, R. A., & Holton, E. F. (2001). *Foundations of Human Resource Development.* San Francisco: Berrett-Koehler.

Swanson, R., & Holton, E. F. (2009). *Foundations of Human Resource Development* (2nd ed.). San Francisco: Berrett-Koehler Pub. Inc.

VanWart, M., Cayer, N., & Cook, S. (1993). *Handbook of Training and Development for the Public Sector*. San Francisco: Jossey-Bass.

Watkins, K. E., & Marsick, V. J. (1993). *Sculpting the learning organization: Lessons in the art and science of systemic change*. Jossey-Bass Inc., 350 Sansome Street, San Francisco, CA.

Wilson, J. P. (2012). *International Human Resource Development. International Human Resource Development. Learning, Education and Training for Individuals and Organisations*. Third edition. London: Kogan Page.

CHAPTER 02

인적자본(Human Capital)

신제구

1 인적자본의 가치와 개념

1) 인적자본의 가치

최근 글로벌 경영환경의 급격한 변화 속에서 많은 조직이 새로운 먹거리를 찾기 위한 '신성장 동력' 개발에 사운(社運)을 걸고 있다. 그런데 문제는 이처럼 신성장 동력을 찾는 과정에서 많은 기업이 사라졌다는 사실이다. 신성장 동력을 찾기 위해 선행되었던 다양한 분석과 전략적 의사결정 과정에서 심각한 오류가 발생했다. 그만큼 불확실성이 높아졌기 때문이다.

요즘 회자(膾炙)되지 않는 단어가 있다. 바로 '재기(再起)'라는 말이다. 과거에는 좌절했다 할지라도 스스로의 힘이나 혹은 외부의 힘을 동원하여 새로운 기회를 찾아 재기하는 것이 조직이나 개인에게 가능했다. 그러나 요즘은 한 번 쓰러지면 재기하기란 여간 어려운 일이 아니다. 그만큼 미래에 대한 예측도 어렵고 변화의 속도가 너무 빨라 재기를 준비하는 과정에서 경쟁자와 너무나 큰 갭(gap)이 벌어질 수 있기 때문이다. 이 같은 실패를 초래하지 않기 위해서는 좌절을 직면했을 때 지혜롭게 극복하는 것보다는 이러한 상황을 사전에 만들지 않는 것이 더 바람직할 것이다.

그러나 이 부분도 쉽지 않다. 새로운 먹거리를 찾는 일의 성공률을 높이기 위해서는 사전에 많은 분석과 실험을 해야 한다. 그런데 이 또한 많은 비용이 소요된다. 인력과 자금력이 여유롭지 못한 현재 상황에서 실험이나 분석에 소요되는 비용을 투자한다는 것 자체가 어쩌면 사치로 보일 수도 있다. 현재에 집중하기도 어렵기 때문이다.

기업조직을 더 힘겹게 만드는 요인이 한 가지 더 있다. 그것은 바로 진입장벽이 낮아졌다는 것이다. 진입장벽이 낮아졌다는 것은 경쟁자의 시장진입이 보다 쉬워졌다는 의미다. 한 기업이 특정한 기술이나 정보 그리고 고객을 독점하기란 불가능해졌다. 고객들의 입맛은 더욱 까다로워졌고 진정한 차별화에 대한 절박함이 가중되고 있다.

그렇다면 이러한 상황을 어떻게 하며 극복할 수 있을까? 이에 대한 해답은 바로 '창조'에서 찾을 수 있다. 이젠 남의 것을 잘 배워서 경쟁력을 키우자는 소위 '벤치마킹(benchmarking)'의 매력은 사라졌다. 벤치마킹만으로는 현재의 경쟁위기를 극복하기 어렵기 때문이다. 그만큼 변화의 속도가 빨라졌다. 따라서 요즘은 '퓨처마킹(future-marking)' 해야 한다. 차별화된 경쟁력으로 미래를 준비해야 한다. 즉 창조만이 경쟁자와의 차별화를 이루는 유일한 방법이 되었다. 세상에 없던 것을 만들거나 기존의 것들을 새롭게 조합하는 재창조 능력이 절실히 요구된다.

그렇다면 이러한 '창조'는 어떻게 가능한 걸까? 창조적인 발상을 통해 세상 없던 것을 만들어 내는 것은 바로 '사람'이다. 창조적인 능력을 가진 사람이 창조적인 활동을 통해 창조적인 산출물을 만들어 낸다면 그것이 바로 차별화의 시작이 되는 것이다.

결국 생존을 보장해 주는 창조적 활동의 근본인 사람이 가장 중요한 자원이라고 할 수 있다. 즉 인적자원(human resource)이 바로 창조를 만들고 창조는 조직의 생존을 책임지는 것이다. 다시 말하면 인적자원이 조직 생존의 가장 중요한 자본이 된 것이고 이를 '인적자본(human capital)'이라고 할 수 있다.

즉 양질의 인적자본을 확보한 조직이 성과창출에 유리하고 시장에서의 경쟁우위를 차지할 수 있다는 점에서 인적자본의 확보는 모든 조직의 절박한 성공조건이라고 할 수 있다. 그런데 이러한 인적자본은 어떻게 확보될 수 있을까? 경영자가 마음만 먹으면 인적자본이 저절로 확보되거나 스펙이 좋은 직원들을 선발하기만 하면 조직의 성과를 창출하는 인적자본을 확보했다고 할 수 있을까?

인적자본을 확보하기 위해서는 여러 가지 조건이 수반되어야 한다. 조직의 구성원들이 인적자본으로서의 가치를 발휘하려면 그들의 자발적인 참여와 이를 자연스럽게 유도할 수 있는 건전한 기업문화가 확립되어야 가능하다. 그래야 직원들의 동기수준을 높이고 그들의 참여와 몰입을 이끌어 낼 수 있다.

물론 조직에서 직원들을 동기부여 시켜 업무에 몰입시키는 것은 힘겨운 일이지만 이 또한 리더의 몫이고 기업문화가 제공하는 이득이다. 예전에는 '보상'과 '승진'이라는 당근만으로도 어느 정도 직원들의 인내심을 달래며 이끌어 갈 수 있었다. 그러나 요즘 직원들의 충성심은 약해졌고 영리해졌다. 따라서 조직과 리더에 대한 저항의 행태도 다양해졌다. 더욱이 리더가 직원들로부터 신뢰를 얻고 그들의 자발적 추종을 이끌어 낸다는 것은 과거에 비해 턱없이 힘겨운 일이다.

이러한 상황에서 견딜 수 없이 가벼워진 직원들을 업무에 몰입하도록 동기부여 시킨다는 것은 거의 마술에 가깝다. 그렇다면 직원들을 효과적으로 동기부여 시킬 수 있는 비결은 과연 무엇일까? 바로 리더가 직원들과 마음과 행동을 함께하는 것이다. 그리고 조직 내 건전하고 공감할 수 있고 인적자본의 가치가 중시되는 기업문화를 만들어야 하는 전제가 필요한 것이다.

미국 스탠포드 대학 제프리 페퍼(Jeffrey Pfeffer) 교수는 선진기업의 성공비결이 '인적자본'에 있음을 일관되게 강조해 왔다. 그는 20여 년간 다수의 선진기업을 대상으로 성공비결을 분석한 연구결과를 통해서 장기적 성공에 이른 기업들은 공통적으로 경영상황이 어렵다 할지라도 구조조정이라는 극단적인 처방에 의존하기보다는 오히려 직원들의 고용을 안정화시키고 그들의 자발적인 몰입을 유도했다고 주장했다.

즉 직원들을 '비용'이 아닌 '투자'의 대상으로 인식하고 이들을 소중한 자본으로 존중하고 활용했던 것이다. 다시 말하면 기업 성공의 열쇠는 바로 '핵심인재 개발을 통한 직원들의 창조적 본능을 극대화'하는 것에 달려 있다는 것이다. 경영 여건에 따라 변동하는 기술이나 전략보다 기업의 경쟁력을 일관성 있고 지속적으로 확보할 수 있는 대안이 바로 '인적자본'이라고 페퍼 교수는 강조했다.

2) 인적자본의 개념

인적자본(human capital)은 1950년대 말부터 미국의 노동경제학자였던 슐츠(Schultz)와 베커(Becker) 등에 의하여 처음으로 도입된 개념으로써 조직의 성과를 창출하거나 문제를 해결할 수 있는 구성원 개개인 역량의 총합이라고 정의하였다. 즉 조직의 모든 개인의 능력, 지식, 기술, 경험 등이 인적자본에 포함되며 좀 더 포괄적인 의미로는 급변하는 경영환경 속에서 조직이 생존하고 적응할 수 있는 조직의 창조성과 혁신성의 원천이 되는 것이 바로 인적자본이라고 밝혔다.

이러한 인적자본은 교육이나 직업훈련 등으로 그 경제적 가치나 생산력을 높일 수 있는 자본을 뜻한다. 특히 1992년 노벨경제학상을 받은 베커(Becker)는 1964년에 출간한 『인적자본(Human Capital)』이란 그의 저서에서 "교육이나 훈련에 대한 개인의 투자는 기계나 공장 등에 대한 기업의 투자와 동일하다"고 주장했다.

그밖에 많은 학자에 의해 인적자본에 대한 다양한 정의가 제시되었다. 예를 들어 캠벨과 그의 동료들(Campbell, Coff & Kryscynski, 2012)은 조직의 가치를 창출하기 위해 구성원 개인(individual)의 능력을 개발하기 위한 투자의 개념으로 인적자본을 정의하였다. 또한 폴리하트와 몰리턴(Polyhart & Molitern, 2011)은 조직구성원 개인의 지식(knowledge), 기술(skills), 능력(ability) 그리고 그 외의 특성들(characteristics)로 구성된 다차원(unit-level)의 자원으로 인적자본을 정의하였다.

이처럼 인적자본에 관한 초기의 연구들은 대부분 개인의 능력에 대한 관점에 집중해 왔다. 그러나 최근 연구의 흐름은 인적자본의 영역이 조직 차원으로 확대하여 다차원으로 바라보는 시각이 지배적이다.

즉 인적자본을 개인수준(individual level)에 한정하기보다는 인적자본에 대한 확산적 관점이 증가하고 있다. 이들 연구의 방향을 살펴보면 첫째, 인적자본의 분석수준(level of analysis)을 개인수준, 집단수준, 그리고 조직수준으로 구분한 연구가 있다. 둘째, 인적자본의 구성요소를 기술(skills), 교육수준(education), 그리고 건강수준(health)으로 분류하기도 한다. 셋째, 구조적 차이로는 인적자본을 자원(resources)으로서의 관점과 개인의 지식, 기술, 능력(KSAOs) 그리고 인적자본과 성과 혹은 조직의 가치창출이라는 관점에서 인적자본의 개념적 범위를 확대하여 정의하기도 한다.

결국 인적자본은 조직의 목표를 달성하기 위한 조직구성원 개인의 지식, 기술, 그리고 능력과 그 외의 특성들의 개인 혹은 조직역량의 총합이라고 할 수 있다. 아래의 〈표 2-1〉은 인적자본을 연구하는 학자들의 정의를 나타낸 것이다. 인적자본에 대한 개념적 정의는 일반적으로 개인 차원의 정의와 조직 차원의 정의로 분류할 수 있다.

표 2-1. 인적자본의 정의

학자	정의	분석수준
Becker(2002)	인적자본은 개인의 지식, 정보력, 아이디어, 기술, 그리고 건강수준이다.	개인
Coff and Kryscynski (2011)	인적자본은 개인의 지식, 기술, 능력의 집합이다.	개인
Crook, Todd, Combs, Woehr, and Ketchen (2011)	인적자본이란 인간에게 내재된 지식과 기술 그리고 능력(KSAs)이다.	조직
Hitt, Biermant, Shimizu, and Kochhar(2001)	인적자본은 기업의 성과에 영향을 미치는 최고경영자의 교육수준, 경험, 그리고 기술이다.	조직
Huselid, Jackson, and Schuler(1997)	인적자본이란 조직구성원의 지식과 기술 그리고 능력의 총합이다.	조직
Kor and Leblebici(2005)	인적자본이란 기업의 전략적 역할을 수행할 수 있는 차별화된 지식과 전문성을 갖춘 인재를 의미한다.	조직
Ployhart and Moliterno (2011)	인적자본이란 개인의 지식, 기술, 능력 그리고 그 외의 특성(KSAOs)을 갖춘 다차원(unt-level) 자원이다.	조직
Somaya, Williamson, and Lornkova(2008)	인적자본이란 조직구성원의 축적된 지식, 기술, 재능, 그리고 노하우의 총합이다.	조직
Wright and McMahan (2011)	조직 차원에서 인적자본이란 조직의 가치를 창출할 수 있는 능력을 겸비한 구성원의 집합니다.	조직
Youndt and Snell(2004)	인적자본은 구성원 개인의 지식, 기술, 그리고 전문성이다.	개인

출처: Ployhart, R.E., Nyberg, A.J., Reilly, G., and Maltarich, M. A., Human Capital is Dead; Long Live Human Capital Resources, *Journal of Management*, Vol. 40 No.2, February 2014, 371-398.

〈표 2-1〉에서처럼 인적자본의 개념을 개인 차원과 조직 차원으로 구분하여 정의할 수 있겠지만 보다 중요한 사실은 인적자본의 개인 차원과 조직 차원의 개념은 별개의 것이 아니라 순차적이고 매우 깊은 관련성을 갖고 있다는 관점이 지배적이다. 즉 조직 내부 구성원 개인들의 개인차가 존재한다는 가장 기본적인 단계에서부터 조직의 궁극적인 목적인 성과달성과 경쟁우위를 확보하기 위한 중요한 수단으로서의 인적자본에 주목해야 한다는 것이다. 그래서 인적자본을 조직구성원 개개인의 역량의 총합이라는 주장이 설득력을 갖는다.

이와 관련하여 인적자본을 분석하는 두 가지 전제가 있다. 즉 미시적(micro) 전제와 거시적(macro) 전제다. 즉 미시적 차원에서는 인적자본을 개인 차원에서의 지식, 기술, 능력 그리고 그 외의 특성에 한정된 시각이고 거시적 차원에서는 인적자본을 조직의

표 2-2. 인적자본의 미시적 전제와 거시적 전제

인적자본의 미시적 전제(Micro Premies)	인적자본의 거시적 전제(Macro Premies)
(1) 개인은 지식, 기술, 능력 그리고 그 외의 특성(KSAOs)과 같은 고유의 잠재력을 갖고 있다. 그 외의 특성으로는 믿음, 감정, 심리적 상태, 개인 특성, 그리고 신체적 특성 등을 의미한다(Guion, 2011; Murphy, 2012).	(1) 조직구성원은 조직의 전략적이고 기본적인 요소이다(Barnard, 1938).
(2) 조직구성원의 다양한 KSAOs는 조직의 성과를 창출하는 데 기여한다(Guion, 2011; Ployhart, 2004).	(2) 조직의 성과와 실행은 괄목할 만한 성과를 달성하기 위한 구성원들의 능력과 실행력에서 비롯된다(Felin & Foss, 2009).
(3) 인적자본은 조직의 성과를 창출하는 중요한 근본이다. 예를 들면 생산성, 차별화, 미래지향성 등을 실현하는 출발점이다(Fisher, 1906; Schultz, 1961).	(3) 조직의 성과는 전략적 역량과 비전략적 역량으로 구분된다. 전략적 역량은 조직의 경쟁우위를 창출하고 비전략적 역량은 조직의 성과달성의 기반이 된다(Varadarajan, 1985).
(4) 인적자본은 개인의 KSAOs의 총합이다(Becker, 2002).	(4) 조직의 경쟁우위를 창출할 수 있는 인적자원은 조직의 성과에 기여하는 그 어느 자원보다 강력하다(Barney & Wright, 1998).
(5) 인적자본은 개인에게만 존재하는 특별한 능력이다(Becker, 2002).	(5) 인적자본의 다양성은 조직성과의 다양한 결과를 산출한다(Barney, Ketchen, & Wright, 2011).

출처: Ployhart, R.E., Nyberg, A.J., Reilly, G., and Maltarich, M. A., Human Capital is Dead; Long Live Human Capital Resources, *Journal of Management*, Vol. 40 No.2, February 2014, 371-398.

성과와 연계한 시각을 유지한다고 볼 수 있다. 인적자본에 대한 미시적 전제와 거시적 전제를 살펴보면 〈표 2-2〉와 같다. 결국 인적자본에 대한 연구의 흐름은 조직의 성과에 실제적으로 기여하는 조직수준에서의 관점과 거시적 전제에 집중되고 있음을 알 수 있다.

2 인적자본의 분석수준과 경쟁우위

1) 인적자본의 분석수준

모든 조직은 성과를 달성하기 위해 수많은 세부목적과 계획을 갖고 있다. 이처럼 모든 조직은 치열한 경쟁에서 승리하고 주주와 직원들의 가치실현을 위해 필요한 모든 방법을 동원하여 경쟁우위를 확보하기 위해 노력하고 있다.

경영활동이라는 것은 결국 조직의 성과를 높이기 위한 일련의 활동을 말한다. 생산성을 향상시키거나 효율성을 극대화하는 것 혹은 비용을 절감하고 이익을 창출하는 것 등의 활동이 한 예가 될 수 있다. 시장에서 이러한 경영활동의 성공적인 수행을 위해서는 경쟁자와 차별화된 경쟁우위가 반드시 요구된다.

이러한 경쟁우위의 원천이 바로 인적자본이라고 앞에서 언급한 바 있다. 크룩과 그의 동료들(Crook, Todd, Combs, Woehr, & Ketchen, 2011)은 조직의 성과를 결정해 주는 가장 중요한 자원은 고품질의 인적자본에서 비롯된다고 했다. 즉 조직의 경쟁우위를 확보하기 위한 방안이 바로 인적자본을 확보하는 것이라는 의미다.

그렇다면 개인수준의 능력과 조직수준의 능력은 별개의 것인가 아니면 순차적인 것일까? 앞에서도 몇몇 학자들의 연구결과를 밝힌 바 있지만 인적자본을 연구해 온 많은 연구자들은 인적자본에 관한 초기 연구들이 개인수준에 국한된 것과는 달리 다차원적 접근을 시도하고 있다. 즉 개인수준의 능력과 조직수준의 능력을 별개로 구분하는 것이 아니라 인적자본의 영역을 개인수준에서 조직수준으로의 발전적 과정으로 해석하고 있다.

개인수준과 조직수준 등의 분석수준(level of analysis)에 따른 인적자본의 개념적 차이는 다음의 [그림 2-1]에 제시하였다. 궁극적으로 인적자본의 분석수준은 개인수준의 능력개발에서 조직수준으로 발전해 가는 확산성을 보여주는 것이다.

[그림 2-1]을 구체적으로 설명한다면 먼저 조직 내 구성원들의 개인차(individual different)가 존재하는 단계가 바로 개인수준에서의 인적자본 초기 단계라고 할 수 있다. 즉 조직 내 구성원들이 각자의 학력과 경험 그리고 개인적 특성이 개인별로 보유하고 있는 고유한 능력이 '존재'하는 수준이다. 그러나 조직의 성과를 달성하기 위해 의도되거나 조정된 능력이 아닌 수준을 의미한다. 즉 개인별 능력은 존재하지만 조직을 위해 발휘되지 않고 있는 단계이다. 즉 개인의 능력에 대한 체계적인 분석이나 구분은 이루어지지 않은 단계라고 할 수 있다.

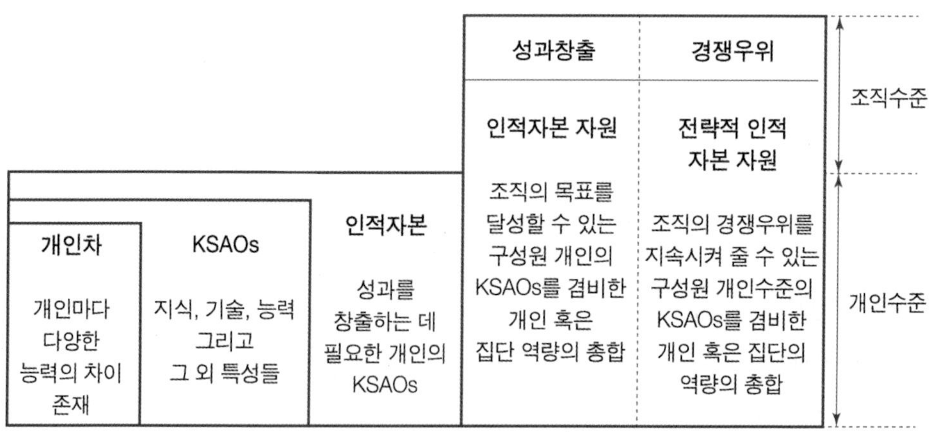

그림 2-1. 인적자본의 분석 수준

출처: Ployhart, R.E., Nyberg, A.J., Reilly, G., and Maltarich, M. A., Human Capital is Dead; Long Live Human Capital Resources, *Journal of Management*, Vol. 40 No.2, February 2014, 371-398.) 내용 일부 수정

두 번째 단계는 개인이 보유하고 있는 다양한 능력 가운데 조직이 필요로 하는 가장 기본이 되는 KSAOs 즉, 지식(knowledge), 기술(skills), 능력(abilities) 그리고 그 외의 특성들(characteristics)을 '구분'하는 단계다. 즉 개인이 보유하고 있는 다양한 능력 가운데는 조직과 관계가 없는 것들도 많기 때문에 다양한 능력 가운데 활용가치가 있고 활용이 가능한 능력의 조건에 따라서 지식, 기술 그리고 능력과 그 외의 특성들로 구분되어 있는 단계라고 할 수 있다. 조직성과와의 직접적인 관련성은 적은 편이지만 활용할 수 있는 수준에 혼합되어 있는 능력의 종합이라고 볼 수 있는 단계다.

세 번째 단계는 조직의 성과를 달성하기 위해 구체적으로 요구되는 지식, 기술, 능력 그리고 그 외의 특성들을 '개념화'하는 단계이다. 이 단계가 바로 인적자본의 형태를 제대로 갖춘 모습이라고 할 수 있다. 즉 조직의 목표를 달성하기 위해 필요한 구성원 개인의 능력을 효과적으로 확보하는 단계이다. 1단계에서 3단계까지는 개인수준에서의 인적자본을 구성하고 활용할 수 있는 수준으로 정리된 단계라고 할 수 있다.

다음으로 네 번째 단계에서는 조직수준의 단계로 넘어간다. 조직수준은 '조직의 성과창출(relevant for performance parity)'을 위한 단계와 '경쟁우위 확보(relevant for competitive advantage)'를 위한 단계로 구분된다.

먼저 '조직의 성과창출 단계'에서는 구성원 개인 혹은 집단이 보유하고 있는 지식, 기술, 능력과 그 외의 특성들의 총합을 이끌어 내어 조직의 성과에 직접적인 영향을 미치는 방향으로 인적자본을 적극적으로 활용하는 단계를 의미한다. 이 단계에서는 인적자본이 '성과창출의 직접적인 자원'이 되는 것이다.

조직의 성과창출 단계가 완성되면 장기적으로 조직의 경쟁우위를 확보하기 위한 최종 단계로 이어진다. 경쟁우위 확보단계는 조직의 성과창출을 지속화할 수 있는 경쟁우위를 확보하는 데 반드시 필요한 개인 혹은 집단의 지식, 기술, 능력과 그 외의 특성들의 총합을 유지하는 것이다.

결국 인적자본은 조직의 성과창출과 경쟁우위를 확보하기 위한 발전적 확산성을 갖는 중요한 요소로 진화하고 있는 것이다. 즉 인적자본의 발전적 확산성은 개인수준을 포함한 조직수준으로의 발전을 의미하는 것이다.

따라서 조직은 조직 내부 직원들이 보유하고 있는 다양한 능력을 파악하고 이를 조직의 성과창출과 관련된 지식, 기술, 능력 그리고 그 외의 특성들로 개념적 정의를 내리는 것을 시작으로 이들을 구체화하고 활성화할 수 있는 상태로 발전시키고 관리하는 것이 무엇보다 중요하다고 할 수 있다. 결국 조직의 경쟁우위는 구성원 개인의 인적자본에 의해 가능하다는 점에서 인적자본이 조직의 성공을 예측가능하게 하는 결정적인 요인이 된다는 것을 보여주는 것이다.

2) 인적자본과 경쟁우위

인적자본이 기업이 경쟁우위를 확보할 수 있는 조직수준의 자원이라는 전략적 관점에서의 연구는 지난 90년대부터 관심을 받기 시작했다. 이러한 노력은 인적자본을 조직의 성과와 경쟁우위에 기여할 수 있는 중요한 자원으로서의 가치를 부여하는 자원기반이론(Resource-Based Theory: RBT)의 관점에서 연구가 이루어졌다.

자원기반이론은 1980년대 이후 하버드 대학의 마이클 포터(Michael Porter) 교수를 중심으로 경영학분야에서 산업조직론적 전략이론의 단점을 보완하고자 하는 시도에서 발전되어 왔다. 산업조직론적 전략이론은 기업의 외부 요인인 고객, 경쟁자, 대체품, 공급자 등에 의해 기업 내부의 전략이 결정된다는 논리다. 즉 조직의 외적 요인에 의해 경쟁력이 결정된다는 논리다. 그러나 이러한 논리는 조직 내부의 요인들에 관해서는 상대적으로 소홀하게 다루게 되는 결과를 초래했다. 이러한 한계점들을 보완하기 위한 대안으로 제시된 것이 바로 자원기반이론이다. 즉 자원기반이론에 근거하여 조직 내부의 자원을 활용해야 기업의 경쟁우위가 높아진다는 논리를 제시함으로써 전략경영 분야는 보다 균형 잡힌 관점을 취할 수 있게 되었다.

내부자원 분석에 관한 연구는 80년대 중반부터 시작되었는데, 90년대 들어서는 전략이론의 주요 이론으로 등장하게 되었다. 이렇게 기업의 내부적인 자원이나 강・약점을 강조하는 전략이론을 통칭해서 자원기반이론이라고 표현한다. 자원기반이론은 전략적 분석을 할 때 기업 내부의 강·약점 분석과 활용이 필요하다는 논리를 잘 보완해 주는 이론 모델이 되었다.

베커(Becker, 1964)를 중심으로 한 인적자본의 초기 연구자들은 인적자본을 개인수준에 한정하여 연구를 집중했지만 자원기반이론(RBT)적 관점을 지향하는 학자들은 인적자본을 개인수준을 초월하여 조직수준으로의 확산에 집중하였다. 물론 인적자본을 개인수준 관점에 집중한 학자나 조직수준으로 해석하는 학자나 개인의 능력개발에서 출발점을 찾고 있다는 점에서는 동일한 관점을 갖고 있다.

그런데 자원기반이론(RBT)적 관점은 '일반적' 인적자본과 '특별한' 인적자본을 구분하고 있다. 즉 어느 조직에나 범용적으로 적용가능한 인적자본이 있고 특수한 조직에만 적용할 수 있는 인적자본이 따로 있다고 보는 것이다. 이러한 관점은 인적자본이론의 관점에서는 보상수준을 결정해 주는 요인이라고 주장한다.

그러나 전략경영을 연구하는 학자들은 일반적 인적자본과 특별한 인적자본 모두를 조직의 경쟁우위를 확보하는 데 필요하다고 주장한다. 단, 일반적 인적자본을 경쟁우위의 자원이 아니라는 주장도 있다. 그 이유는 일반적인 인적자본은 경쟁자들도 모방이 가능하기 때문이다. 그러나 특별한 인적자본은 노동시장에서 쉽사리 찾을 수 없기 때문에 일반적인 인적자본이 아니라 특별한 인적자본이 조직의 경쟁우위와 깊은 관련성을 갖는다고 주장한다(Barney, 1986). 즉 인적자본에 근거한 경쟁우위 확보라는 의미는 일반적 인적자본의 개념보다는 특별한 인적자본의 개념에 좀 더 가깝다고 볼 수 있는데 이 점은 조직의 경쟁우위는 개인이 보유하고 있는 능력의 차이에서 근본적인 차이를 인정하고 조직수준에서 체계적으로 분석할 필요가 있음을 시사해 준다고 볼 수 있다.

결국 경쟁우위란 단순히 경쟁자보다 우월한 능력을 갖는 것이 아니라 완전한 차별화를 의미하는 것이라는 관점에서 본다면 조직이 보유하고 있는 자원은 이러한 경쟁우위를 결정해 주는 필수불가결한 성공요인인 동시에 지속성을 갖는 중요한 원동력이 될 수 있다(Barney, 1991). 자원기반이론(RBT)에서는 조직의 경쟁우위란 우수한 능력을 가진 인적자본을 선발하고 개발하는 것과 이를 효과적으로 활용하는 일련의 과정이 조직의 지속적인 성장을 보장해 줄 수 있는 잠재적 가치라고 정의하고 있다.

3 분석수준에 따른 인적자본 개발

인적자본은 단지 보유하고 있는 것만으로는 그 가치를 실현하기 어렵다. 조직의 성과와 긴밀한 관련성을 가지는 특별한 인적자본에 대한 개념이 커지고 있는 현재의 실정에서 인적자본의 개발과 관련된 연구노력이 강력히 요구된다고 볼 수 있다. 따라서 인적자본의 발전적 개발에 관하여 개인수준과 조직수준에서 모범적인 연구들을 살펴보고자 한다.

1) 개인수준(individual level)의 인적자본 개발

폴리하트와 몰리턴(Polyhart & Molitern, 2011)은 심리학적 기반의 개인차를 조직의 전략적 자원으로 확산시킬 수 있는 이론적 틀을 개발했다. 그들은 인적자본을 '개인의 지식, 기술, 능력 그리고 그 외의 특성들(KSAOs)을 통해 창출되는 다차원 수준(unit-level)의 자원'이라고 정의했다. 즉 인적자본이란 개인수준의 KSAOs가 조직수준의 개념으로 확산될 수 있음을 주장하는 것이다. 그 근거로는 과업환경의 복잡성(complexity)에서 출발한다. 조직의 과업환경은 조직 내 구성원 간 상호작용과 협력을 요구하기 때문이다. 즉 조직의 성과를 달성하기 위해서는 구성원 간의 인지적 교류와 신뢰 및 응집력 그리고 협력적 활동이 절대적으로 필요하기 때문이라는 것이다. 따라서 개인의 KSAOs 차이를 조직의 전략적 차원에서 적용하고 활용해야 한다고 주장하였다. 이처럼 조직 내 개인의 KSAOs 차이를 조직의 전략적 차원에서 활용하여 인적자본을 조직자본으로 개발하고자 하는 연구들이 활발히 이루어지고 있다. 특히 조직이 보유하고 있는 인적자본이 효과적으로 조직의 성과와 연결된다는 증거는 조직구성원들의 조직에 대한 몰입(engagement)수준으로 예측해 볼 수 있다. 즉 조직구성원들이 업무에 대한 몰입도가 높다는 것은 보유하고 있는 능력을 충분히 발휘하는 것으로 해석할 수 있기 때문이다. 따라서 인적자본의 효과적인 개발을 위한 조직의 노력은 구호성이 아니라 시스템적인 접근을 시도해야 할 것이다. 그렇다면 조직구성원 개인수준에서 그들의 몰입을 효과적으로 이끌어 낼 수 있는 방법은 무엇일까?

런던 비즈니스 스쿨 고피(Goffee) 교수와 존스(Jones) 교수는 지난 2015년 하반기에 『그들은 왜 일하는가?(Why should anyone work here?)』란 책을 통하여 불확실성 높은 시대에 직원들의 몰입을 극대화할 수 있는 진성조직(authentic organization)의 조건에 대한 실증적 연구의 결과를 제시했다. 일하고 싶은 조직을 만들어야 일 잘하는 직원을 만들 수 있고 진성조직을 만들어야 진성 리더를 만들어 낼 수 있다는 것이 그들의 논리다.

그들은 직장인 대상으로 4년에 걸친 인터뷰를 통하여 몰입을 창출하는 '진성조직'의 조건으로 'DREAMS' 개념을 제시했다. 다음의 [그림 2-2]는 'DREAMS' 내용을 간략히 도식화한 것이다. 즉 이들이 주장하는 DREAMS 개념은 바로 조직 내 인적자본의 가치를 극대화할 수 있는 개인수준의 몰입을 용이하게 해준다.

D(Difference)는 '조직에서 차별화된 경쟁력을 키울 수 있는 문화를 구축하라!'이다. 직원 개인의 차별화된 경쟁력을 키울 수 있도록 창조와 혁신을 권장하고 지원하는 조직문화를 구축하는 조직을 만들어야 한다는 것이다. 단순히 다양한 경험을 학습하는 것만이 아니라 조직에서 자신의 경력과 역량에 적합한 차별화 요소를 학습하고 성장하기를 직원들은 원하기 때문이다. 직원들은 자신이 왜 이 조직에서 일하는가에 대한 확신과 기대감 그리고 이 조직이 자신을 얼마나 차별화된 경쟁력을 지원하는가로 판단한다는 것이다. 즉 자기 조직에 대한 믿음을 자기경쟁력 달성가능성에 대한 믿음으로 판단하며 이러한 판단이 직원들의 몰입수준을 결정한다고 보았다.

R(Radical honesty)은 '투명한 조직을 만들라!'는 것이다. 조직이 현재 어떻게 돌아가고 있는가를 직원들이 전혀 모르고 있다면 얼마나 답답할까? 조직에서 직원들이 가장 힘

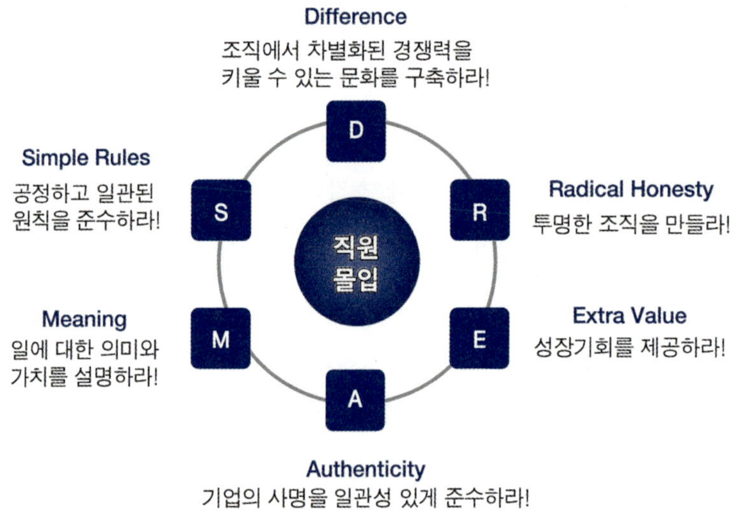

그림 2-2. 인적자본의 몰입을 유도하는 진성조직의 조건: 'D.R.E.A.M.S.'

출처: Rob Goffee & Gareth Jones, 2015, Why should anyone work here?, London Business School

겨워하는 일 가운데 하나는 바로 조직의 상황에 대한 정보가 차단되었을 때다. 소통장애가 생기면 직원들의 불안감은 커지기 마련이고 불안한 만큼 몰입하기 어려워진다. 조직이 어떻게 될지 그리고 현재 어떤 상태에 있는지가 궁금한데 일이 손에 잡힐 리 없다. 따라서 조직 내 다양한 소통 채널을 확보를 통한 투명성을 확보해야 직원들이 자신의 업무에 몰입할 수 있다는 것이다.

E(Extra value)는 '성장기회를 제공하라!'이다. 조직은 단순히 먹고 살기 위한 터전이 아니라 삶의 가치와 자기성장의 장이란 믿음이 있어야 직원들은 몰입한다. '성취'보다 '성장'에 대한 관심이 더욱 커진 것이 사실이다. 과거와 같이 조직의 규모가 매력적인 부분이 아니라 100세 시대를 살고 있는 현 시점에서 장기적 관점에서 보상 외 다양한 가치를 얻을 수 있을 때 몰입한다. 역량이 뛰어난 직원은 조직에서 견제 받거나 왕따 당하는 것이 아니라 자신의 능력을 충분히 발휘할 수 있도록 도와주고 다소 능력이 부족한 직원들은 그들의 능력을 키워주는 직원개발에 대한 관심과 지원이 현실화된 조직일 때 직원들은 진정성 있게 몰입을 한다는 것이다.

A(Authenticity)는 '기업의 사명을 일관성 있게 준수하라!'이다. 조직은 직원에게 있어서는 하나의 간판이고 버팀목이기 때문에 자신의 조직이 추구하는 사명은 조직에 대한 자부심을 결정해 주는 중요한 요소가 된다. 자신의 조직이 사회적으로 존경을 받는다는 것 자체가 직원들에게는 몰입의 명분이 되고 그 자체가 용기를 준다. 우리 조직이 왜 존재하는지 그리고 조직의 사명에 얼마나 집중하고 실천하는가는 조직에 대한 직원들의 자부심과 신뢰의 수준을 결정짓는 중요한 요인이 된다.

M(Meaning)은 '일에 대한 의미와 가치를 설명하라!'이다. 눈과 귀를 막고 월급날만 기다리며 일만 하는 직원은 존재하지 않는다. 조직보다 현재 자신이 하고 있는 일이 얼마나 의미있으며 자신의 미래에 도움이 되는가에 직원들은 민감하다. 무작정 일만 해서 조직 좋은 일만 된다면 누가 자신의 일에 몰입하겠는가? 아무리 단순한 일도 의미가 없으면 지루하고 힘겨운 법이다. 그러나 자신의 일에 대한 의미 그리고 직업에 대한 의미는 몰입 그 자체의 다른 표현이 될 수 있다.

S(Simple rules)는 '공정하고 일관된 원칙을 준수하라!'이다. 직원들이 조직에서 견디기 힘들어 하는 부분 가운데 하나가 바로 불공정한 차별이나 원칙 없는 의사결정이다. 특히 공정하지 못한 조직은 능력에 관계없이 모든 직원들의 조직을 떠나는 이유가 되기도 한다. 직원들은 조직 내 불평등과 불공정성에 대해 분노하고 분노한 만큼 몰입은 어려워진다.

이상과 같이 고피 교수와 존스 교수는 조직구성원들의 몰입을 이끌어 낼 수 있는 진성조직의 6가지 조건에 대하여 간략히 소개했다. 조직의 인적자본을 개인수준에서 효과적으로 개발하기 위한 조건에 대하여 충분한 해답이 될 것으로 사료된다. 결국 유능한 인적자본을 확보만 하는 것보다는 유능한 인적자본을 효과적으로 개발하고 지원해 주는 진정성 있는 조직의 기능이 더 중요하다고 볼 수 있다.

2) 조직수준(organizational level)의 인적자본 개발

바릭과 그의 동료들(Barrick, Smith, & Courtright, 2015)은 조직구성원들의 몰입(employee engagement)에 관한 연구를 통하여 개인수준에 머물고 있던 몰입의 개념을 조직수준으로 확대하여 '집단적 조직몰입(Collective Organizational Engagement)'이란 개념을 처음으로 제시하였다.

본래 몰입(engagement)의 개념은 칸(Kahn, 1990)이란 학자에 의해 정의된 개념으로 개인수준에서 '자신의 업무에 기꺼이 자기 자신을 신체적, 감성적, 그리고 인식적으로 투자하고자 하는 행위'로 몰입을 정의하였다. 이러한 몰입은 조직 내 인적자본의 가치를 가장 효과적으로 대표하는 개념이라고 할 수 있다. 특히 조직 내 개인들의 몰입을 조직수준의 집단적인 몰입으로 이끈다는 것은 인적자본의 가장 실천적인 '특별한 인적자본'의 모습이라고 할 수 있다.

집단적 조직몰입 개념을 처음으로 제시했던 바릭과 그의 동료들(Barrick, Smith, & Courtright, 2015)은 다음의 [그림 2-3]과 같이 실증적 연구를 통하여 집단적 조직몰입의

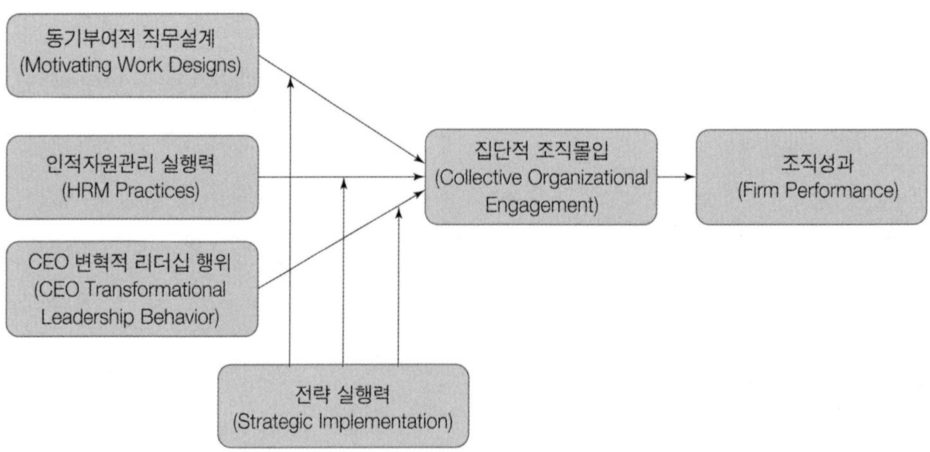

그림 2-3. 집단적 조직몰입 모델

출처: Barrick, M.R., Smith, T.A. & Courtright, S. H., 2015, Collective organizational engagement: linking motivational antecedents, strategic implementation, and firm performance, *Academy of Management Journal*, Vol. 58, No. 1, 111-135.

개념적 모델을 제시하였다.

[그림 2-3]에 제시된 집단적 조직몰입 모델은 미국에 소재하는 83개 비영리조직을 대상으로 설문조사를 실시한 결과이다. 집단적 조직몰입 모델을 살펴보면 집단적 조직몰입에 영향을 미치는 선행변수로 동기부여적 직무설계, HRM(Human Resource Management) 실행력, CEO의 변혁적 리더십 행위를 설정하였고 집단적 조직몰입의 결과변수로는 기업성과를 설정하여 분석한 것이다.

본 모델에서 동기부여적 직무설계는 핵크만과 올담(Hackman & Oldham, 1976)의 직무특성이론(Job Characteristics Theory) 변수를 활용하였다. 즉 조직구성원은 자신이 수행하는 직무의 특성에 따라 동기수준이 달라진다는 이론이다. 간략히 살펴보면 직무의 자율성(autonomy), 기술 다양성(skill variety), 직무 의미(task significance), 직무 정체성(task identity) 그리고 피드백(feedback) 수준이 높을수록 직무에 대한 동기부여 수준은 높아진다는 것이다.

인적자원관리 실행력(HRM Practices)은 조직이 구성원들에게 약속한 원칙과 기준을 합리적으로 실행하는가의 여부가 조직구성원들이 조직에 몰입하는 계기가 된다는 관점이다. 즉 조직구성원의 조직에 대한 기대감에 따라 몰입의 수준이 결정된다는 것이다.

CEO의 변혁적 리더십 행위는 최종의사결정자인 CEO가 조직의 비전을 제시하고 조직구성원들에 대한 개별적 배려 그리고 지적인 자극을 통한 성장을 도모하는 수준에 따라 조직구성원의 조직에 대한 몰입수준을 결정한다는 것이다.

설문조사 결과 앞서 밝힌 동기부여적 직무설계와 인적자원관리 실행력 그리고 CEO의 변혁적 리더십은 집단적 조직몰입에 긍정적인 영향력을 갖는 것으로 나타났다. 물론 집단적 조직몰입이 조직성과에 미치는 영향도 긍정적인 것으로 나타났다.

결국 아무리 우수한 인적자본을 확보하고 있다 할지라도 집단적 조직몰입을 통한 인적자본의 효과적인 개발은 직무 가치와 공정한 인적자원관리 그리고 CEO의 합리적인 리더십에 의해 결정된다고 할 수 있다.

이상과 같이 인적자본의 개발 관점에서 개인수준과 조직수준에 따른 이슈들에 대하여 살펴보았다. 인적자본은 인적자원개발의 가장 근본적이고 밑천이 되는 개념인 동시에 개발대상이라고 할 수 있다.

물론 이외에도 인적자본을 개발하기 위한 다양한 방법은 존재할 것이다. 특히 인적자본에 관한 논의는 인적자원개발(human resource development) 분야에서 관련된 이론들을 중심으로 조직성과에 기여하는 실제적인 방법론과 함께 광범위하고 지속적인 연구들이 진행될 것이다.

4 인적자본 개발을 위한 제언

경제상황이 어려워지면 조직은 가장 먼저 비용을 줄이기 위한 방법에 집중하기 마련이다. 구조조정을 하거나 정리해고를 서슴지 않는 것이 현실이다. 조직구성원들은 마음이 안정될 리 없다. 자신들의 능력을 조직을 위해 발휘하는 것은 더더욱 힘겨운 일이 되고 만다. 자신의 조직과 리더를 더 이상 믿기 어려워졌다. 승진도 싫다 한다. 그냥 내버려 두라 한다. 일만 하고 싶어 한다. 일이 좋아서가 아니라 먹고는 살아야 하기 때문이다. 그 대신 간섭 받기 싫고 머리를 조아리는 건 더 싫어한다.

직원들이 너무 이기적인 걸까? 그렇다면 그런 이기적인 직원을 왜 뽑은 걸까? 잘못 뽑았다면 뽑은 사람이 잘못한 것이다. 만약 뽑기는 잘했는데 어느 순간 변한 것이라면 조직도 책임은 있다. 특히 그들의 리더는 책임을 피할 수 없다.

좀 거칠게 표현하면 예전 직원들은 당나귀 같다. 당근과 채찍만 있으면 움직이는 존재로 인식되고 그들을 다루는 방식도 당나귀를 잘 다루는 기술을 다양하게 진화시켜 왔다. 그런데 그 당나귀들이 어느덧 사람으로 변한 것이다. 당근과 채찍 따위로는 움직이지 않는다. 그렇다면 조직이 변해야 하고 리더가 변해야 한다. 이유는 간단하다. 직원이 변했기 때문이다.

인적자본이 조직의 성과를 달성하고 경쟁우위를 확보하기 위해 가장 중요한 자원이 되었다는 점은 누구도 부정하기 어렵다. 그러나 이제는 조직이 더욱 구체적인 인적자본을 활용하기 위한 노력에 집중해야 한다. 물론 많은 조직은 구성원들의 역량개발을 위해 지속적인 노력을 기울여 왔음을 인정한다. 그러나 과거와는 다른 보다 체계적이고 구체적인 방안을 마련해야 한다.

개인수준에서는 조직구성원 개인이 원초적으로 갖고 있는 지식과 기술 그리고 능력에 대한 분석과 가치를 분석하고 이를 조직의 목표달성을 위한 방향으로 이끌어야 한다. 즉 조직의 성과를 달성하고 시장에서 경쟁우위를 차지하기 위한 방법론을 인적자본의 가치와 연결해야 한다. 또한 간과해서는 안 될 점은 조직구성원들의 자발적인 참여와 몰입을 유도해야 한다는 것이다. 이를 위해서는 조직과 리더의 역할이 무엇보다 중요해졌다. 조직수준에서는 조직구성원들이 자신의 조직에 대한 가치를 흡수할 수 있는 좋은 조직문화를 형성해야 한다.

리더들 또한 이러한 조직문화에 본인부터 솔선수범하며 조직구성원들에 대한 일관성 있고 지속적인 교육과 훈련을 통해 조직에 대한 헌신과 몰입을 이끌어야 한다. 인적자본이야말로 조직의 생존을 책임져 주는 가장 강력한 조직의 최종병기이기 때문이다.

요약 및 시사점

인적자본은 급변하는 경영환경에서 생존하기 위해 반드시 필요한 가장 중요한 자원이 되었다. 이러한 인적자본에 관한 초기의 연구들은 대부분 개인의 능력에 대한 관점에 집중해 왔다. 그러나 최근 연구의 흐름은 인적자본의 영역을 조직 차원으로 확대하여 다차원(unit-level)으로 바라보는 시각이 지배적이다. 즉 인적자본을 개인수준(individual level)에 한정하기보다는 조직수준(organizational level)으로 인적자본에 대한 확산적 관점이 증가하고 있는 것이다. 아울러 인적자본의 개인 차원과 조직 차원의 개념은 별개의 것이 아니라 순차적이고 매우 깊은 관련성을 갖고 있다는 관점이 지배적이다. 조직 내부 구성원 개인들의 개인차가 존재한다는 가장 기본적인 단계에서부터 조직의 궁극적인 목적인 성과달성과 경쟁우위를 확보하기 위한 중요한 수단으로서의 인적자본에 주목해야 한다는 것이다. 그래서 인적자본을 조직구성원의 개개인의 역량의 총합이라는 주장이 설득력을 갖는 이유다.

따라서 조직에서 인적자본을 확보하거나 개발할 때에는 미시적 관점에서 개인의 지식, 기술, 능력 그리고 그 외의 특성(KSAOs)에 집중하기보다는 조직이 나아가고자 하는 전략적 방향과 과정에서 요구되는 거시적 차원에서의 인적자본에 대한 고려가 선행되어야 한다.

하버드 경영대학원 린다(Linda. A. Hill) 교수는 자신의 저서 『집단천재성(Collective Genius)』을 통해서 우수한 인적자본을 확보하기만 해서는 경쟁력을 유지하기 어렵다고 했다. 조직구성원 개개인의 우수한 능력과 몰입을 이끌어내야 한다는 점을 강조했다.

결국 진정한 인적자본이란 조직의 전략과 목표에 적합한 능력을 보유한 인력을 확보하고 이들간의 협력과 몰입을 유도하는 데 의미가 있다고 할 수 있다.

연습문제 / EXERCISE

01_ 인적자본(human capital)의 가치와 개념에 대하여 생각해 봅시다.

02_ 인적자본의 분석수준은 조직성과와 어떤 관련성을 갖는가를 생각해 봅시다.

03_ 개인수준에서의 인적자본 개발의 방향성에 대하여 생각해 봅시다.

04_ 조직수준에서 인적자본 개발의 방향성에 대하여 생각해 봅시다.

참고문헌 / REFERENCE

Barney, J. B. (1986). Strategic factor markets: Expectations, luck, and business strategy. *Management Science*, 32: 1231-1241.

Barrick, M.R., Thurgood, G. R., Smith, T.A., & Courtright, S.H.(2015), Collective organizational engagement: linking motivational antecedents, strategic implementation, and firm performance, *Academy of Management Journal*, Vol. 58, No. 1, 111-135.

Becker, G. S. (1964). *Human capital*. New York, NY: Columbia University Press.

Coff, R. W., & Kryscynski, D. (2011). Drilling for micro-foundations of human capitalbased competitive advantages. *Journal of Management*, 37: 1429-1443.

Crook, T. R., Todd, S. Y., Combs, J. G., Woehr, D. J., & Ketchen, D. J., Jr. (2011). Does human capital matter? A meta-analysis of the relationship between human capital and firm performance. *Journal of Applied Psychology*, 96: 443-456.

Goffee, R. & Jones, G.(2015), Why should anyone work here? what it takes to create an authentic organization, Harvard Business Review Press.

Hitt, M. A., Biermant, L., Shimizu, K., & Kochhar, R. (2001). Direct and moderating effects of human capital on strategy and performance in professional service firms: A resource-based perspective. *Academy of Management Journal*, 44: 13-28.

Ployhart, R.E., Nyberg, A.J., Reilly, G., Maltarich, M.A., (2014), Human capital is dead; long live human capital resources, Journal of Management, Vol. 40 No. 2, 371-398.

Schultz, T. W. (1961). Investment in human capital. *American Economic Review*, 51: 1-17.

Schmidt, F., & Hunter, J. (1998). The validity and utility of selection methods in personnel psychology: Practical and theoretical implications of 85 years of research findings. *Psychological Bulletin*, 124: 262-274.

CHAPTER 03

인적자원관리(Human Resource Management)

전기석

최근 산업현장에서 벌어지고 있는 글로벌 초경쟁 환경에서 조직이 지속적으로 생존하고 성장하기 위해서 조직에서 가장 중요한 자산은 사람이라는 목소리를 많이 들어볼 수 있다. 사람의 중요성을 잘 표현하는 말이 인사가 만사(萬事)라는 이야기일 것이다. 이렇게 조직체는 조직의 목적을 달성하기 위해서 계획과 실행의 주체인 인적자원을 확보하고, 직무를 분석 및 설계하고, 인적자원을 개발하고 배치하며, 평가하고 보상 및 유지하는 활동 등을 체계적으로 진행하기 위해 노력하고 있는데 이러한 활동을 종합적으로 인적자원관리 활동이라고 볼 수 있다. 인적자원관리 활동의 결과는 인적자원의 생산성(productivity)과 임직원이 느끼는 직장에서의 직장생활의 질(quality of work)로 나타난다. 이것은 임직원이 단지 상품과 서비스를 생산해 내는 효율성과 경제적인 관점에서만 바라보는 것이 아니라 조직구성원들이 인간으로서 자신이 하는 일에 만족과 보람을 느끼고 그 직무를 통해서 자신의 성장을 추구하는 존재라는 믿음하에 임직원의 인간성을 존중하는 관점이 균형을 이루는 것을 말한다. 인적자원관리 활동은 조직의 성과창출과 조직구성원의 근로생활의 질을 위해서 통합적인 시각을 기반으로 운영되어야 하는 것이다.

1 인적자원관리 개념

조직 내 인적자원의 관리에 관한 용어는 직원들에 대한 행정업무를 의미하는 인사관리라는 용어로부터 최근에는 인적자원관리의 전략적인 중요성을 강조하는 전략적 인적자원관리라는 용어로 발전해 왔다. 인사관리(Personal Management)는 인사기록, 급여, 복지, 노무관리 등 주로 일상적인 인사 관련 서비스와 행정업무에 치중하였다. 이후 단순한 행정업무를 하는 기능적인 인사관리에서 탈피하여 1970년대 들어 인적자원관리(Human Resource Management)라는 용어가 인사관리라는 용어를 대체하기 시작하였다. 80년대 이후부터 본격화된 전략적 인적자원관리(Strategic Human Resource Management) 는 사람관리에 대한 기능적 관점이 아닌 통합적이고 전략적인 관점을 채택함으로써 인적자원관리 연구와 실무에 새로운 패러다임을 제공하였다(이학종, 양혁승, 2012). 인적자원관리의 전략적 중대성에 대한 강조는 1980년대 개념 정립과 이론화 작업을 거치며 1990년대에는 이론 및 실증 연구가 폭발적으로 증가하면서 인적자원관리의 전통적 기능의 강조가 아닌 전략적 인적자원관리라는 용어가 학계와 실무에 자리 잡게 되었다(Becker & Huselid, 2006). 전략적 인적자원관리와 전통적인 인적자원관리의 가장 큰 차이점은 전통적 인적자원관리가 개인과 팀 단위에서 직원들의 만족도와 태도, 업무수행 등에 대해 관리적 관점을 가진다면, 전략적 인적자원관리는 전략단위인 조직에 초점을 맞추어서 조직의 경영성과와 비교경쟁우위 확보에 관점을 둔다는 것이다. 전략적 인적자원관리는 조직의 전략과의 일관성을 강조하며 조직의 전략적 목적을 효과적으로 달성하도록 돕는 데 중점을 둔다. 이로 인하여, 조직의 경영전략과의 연계성, 사업수행과의 연계성을 강조하며, 궁극적으로는 남이 모방할 수 있는 기술이나 마케팅 등이 아닌 조직의 지속적인 경쟁우위 확보를 위해 인적자원을 조직의 핵심역량화 함으로써 조직경쟁력의 핵심원천으로 하고자 하는 것이다(이학종, 양혁승, 2012).

2 인적자원관리의 주요기능

1) 인적자원의 모집과 선발

성장하는 조직은 지속적으로 새로운 조직구성원을 모집하고 선발하는 활동을 하게 되며 선발된 인원에 대해서 신입사원 교육이나 경력사원 교육 등을 통해 조기 적응에 필요한 사항을 제공한다. 구직자들은 공통적으로 경제적 보상이나 복지 또는 성장가능성이 높은 조직들에 입사하는 것을 선호하므로 해당 기업들의 모집과 선발에 대한 정보에 많은 관심을 가지고 있고 우수한 성적을 얻기 위해서 노력하며 기업 입장에서는 인적자원의 선발에서 변별력이 높은 선발도구를 활용하기 위해서 많은 노력을 하고 있다.

조직의 인력수요는 퇴직이나 이직 등과 같은 자연적인 감소, 그리고 새로운 사업영역의 준비 등에 따라서 변하며 내부의 기존 인력의 조정이나 외부에서 경력을 가진 우수한 사용을 채용하게 된다. 기업들은 우수한 지원자 모집에 영향을 미치는 채용브랜드를 향상시키기 위해서 다양한 대외 홍보활동을 실시한다. 우수한 인재 선발의 선행조건은 모집활동의 성공 여부에 달려 있기 때문이다. 특히, 한국에서는 IMF 사태 이후 노동시장의 변화와 함께 기존의 신입 공채 위주의 채용에서 경력사원 채용이 활발하게 진행되고 있다.

내부인력중심의 모집과 선발은 내부 조직구성원에게 새로운 직무기회와 경력개발을 통해서 조직만족도뿐 아니라, 조직 내의 기업문화에 익숙한 직원들로 인해서 조기에 업무성과 창출에 기여할 수 있는 장점이 있다. 그러나 또한 내부인력중심으로 모집과 선발을 할 경우에는 내부 조직구성원의 역량이 노동시장에서 어느 정도 수준인지 비교하기 어려우며 조직체의 관료화 경향과 승진을 위한 경쟁이 과열될 수 있다는 약점을 가지고 있다.

외부인력 모집과 선발은 기존 조직구성원들에게서 획득하기 어려운 새로운 관점과 역량을 보유한 인원들을 확보함으로써 단기간 내에 인적역량을 확보할 수 있는 장점이 있다. 이는 전문인력을 양성하기 위해서는 많은 시간과 비용이 소요되는 상황에서 특정 전문역량을 갖춘 인력을 단기간 내에 선발함으로써 인력개발의 비용이 절감되고 경쟁사의 기술 등을 따라 잡을 수 있는 기회가 된다. 한편으로 조직문화에 조기에 적응하지 못하고 떠나게 되는 또 다른 손해를 가져올 수 있다는 약점이 있다.

모집은 지원자들을 리쿠르팅하는 단계라면 선발은 지원한 후보자들 중에서 최적의 후보자라고 생각하는 인원을 선택하는 과정이다. 한국의 수많은 구직자들은 대기업에 취업하기 위해서 경쟁력 있는 스펙을 쌓기 위해서 많은 노력을 하고 있는데 이러한 스펙과 학력중심의 선발기준은 새로운 접근으로 대체되고 있다. 학력중심의 선발보다 해당기업의 특성과 선발하는 직무에서 필요한 역량중심으로 선발기준 등이 정착화 되어가고 있다. 서구에서는 대규모 공채 방식이 아닌 특정 직무에 필요한 경력사원 위주의 채용정책으로 인해 채용 시 일반적인 역량을 고려하여 선발하기보다 특정 직무에 필요한 특정 역량을 기준으로 선발하는 경향이 있다. 그러나 한국 기업들은 대규모 신입공채 위주의 선발로 인하여 신입사원으로서 갖추어야 할 일반적인 역량중심으로 선발되고 있다고 보아야 한다. 그러나 선발절차에 있어서 인사부서중심의 선발보다 인사부서 면접은 물론 해당부서의 실무면접과 임원면접 등의 복합적인 선발절차를 활용하는 등 선발에 있어서 많은 노력과 시간 등이 사용되고 있다.

지속적으로 선발도구에 대한 관심이 높아지는 이유는 우수하다고 선발된 직원이 실제 업무에서 성과가 높을 것이라는 연관성 때문이다. 성과에 기여하는 특성들이 무엇인지 분석해 내고 이러한 특성을 측정할 수 있는 도구를 개발하여 활용하고자 하는 것이다. 선발방법과 선발된 인원의 성과와의 연관성을 높이는 것이 선발에서의 중요한 요소이다.

선발도구의 가장 일반적이며 기초적인 형태는 이력서나 입사지원서 등의 검토이다. 지원자의 특성과 역량을 지원자 본인이 작성한 이력서와 입사지원서를 기반으로 판단하는 것인데, 정보의 신뢰성이 제한적일 수밖에 없다.

다음으로는 기업이 직접 필기시험이나 인성검사 등을 실시하는 것이다. 많은 비용이 수반됨에도 불구하고 기업들은 신뢰도와 타당도가 검증된 선발도구를 활용하고자 한다. 더불어 면대면 면접은 전통적인 선발방법인데 발표면접, 토론면접, 역량면접 등을 통해서 지원자의 태도와 문제해결능력 등을 직접 보고 평가할 수 있는 장점이 있다. 최근에는 인턴사원제도가 활발히 시행되고 있는데, 과학적인 선발도구의 활용뿐 아니라 해당기업에 적합한 인재들을 선발하기 위해서 정식 입사 전에 해당직무에 대한 경험 부여를 통해 쌍방 간에 서로를 이해하고 탐색할 수 있는 기회를 제공하는 것이다.

신입사원은 실무에 배치되기 전에 기업문화와 기본적인 업무소양을 향상하기 위해서 신입사원 입문교육을 실시하는 경우가 많다. 국내 그룹사의 경우 그룹 차원에서의 교육과 개별 회사 차원의 교육을 순차적으로 실시하기도 한다. 입문교육 시에는 조직의 경영이념과 핵심가치 등 기업 고유의 DNA를 전수하는 것과 직장예절과 기본적인 비즈니스 이해을 구비하기 위한 내용으로 구성된다.

최근에는 경력사원의 대폭적인 증가로 인하여 그룹 차원이나 개별 회사 차원에서 경력사원 입문교육을 실시하는 경우가 보편화되어 있다.

신입사원의 경우는 입문교육 이후 현업에 배치된 이후에 멘토링 프로그램을 통해서 일정기간동안 조직에 적응할 수 있도록 지원을 받기도 한다.

선배 멘토는 신입사원이 조직에 적응할 수 있도록 업무방식이나 업무지식을 가르치기도 하고 개인적인 고민에 대한 상담자 역할을 하기도 하는 등 신입사원이 성공적으로 해당조직에 사회화되도록 돕는 역할을 한다.

2) 성과평가와 보상

성과평가는 성과관리 활동의 한 영역인데 성과관리란 조직구성원들이 주어진 성과목표를 달성하도록 체계적으로 관리하는 활동이다. 성과평가는 이러한 성과목표의 달성 여부에 대해 검토하고 평가하는 활동이다. 관련된 용어로는 판단, 고과, 평정, 평가 등이 있는데 대체로 포괄적인 의미는 평가이며 평가라는 용어는 인사고과와 혼용되고 있다.

성과관리의 목적은 궁극적으로 전사의 사업목표 달성과 전략의 실행력을 향상시키기 위한 것이며 또한 조직구성원의 역량을 개발하기 위한 것이다. 이러한 성과관리가 없다면 본인이 어떤 업무를 해야 하는지 불명확할 수 있고 비록 할 일이 명확하다고 해도 본인의 업무가 회사 및 조직의 성과와 어떤 관계가 있는지 모를 수 있다. 또한 성과결과에 대한 평가활동을 체계적으로 진행하지 않는다면 인정과 보상 등을 공정하게 진행하기 어렵게 된다. 이것은 조직구성원들을 동기부여하는 데 저해요소가 되며 결국은 조직의 지속적인 성장을 저해하게 될 가능성이 높다. 성과평가는 다음 [그림 3-1]과 같이 크게 업적에 대한 평가와 역량에 대한 평가로 구분될 수 있다.

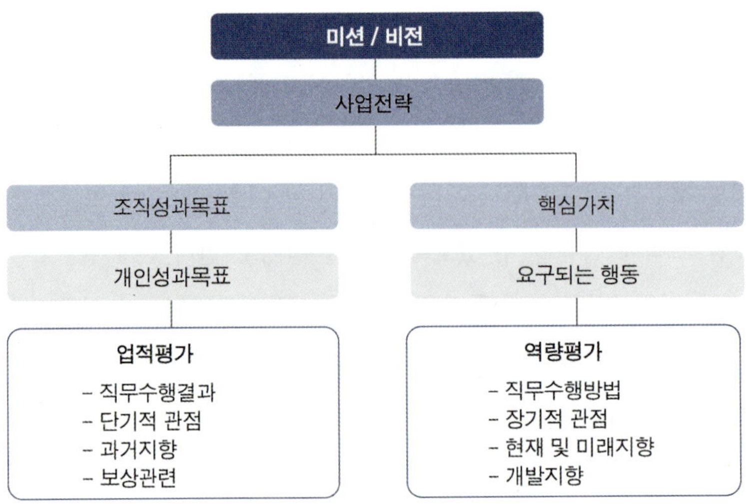

그림 3-1. 성과평가 체계

업적평가는 성과평가지표에 의해 관리되는데 성과평가지표란 성과를 구체적이고 측정가능한 형태로 정의함으로써 달성수준을 평가할 수 있는 도구인데 정량적 기준과 정성적 기준으로 구분된다. 정량적 기준은 기업들에서 핵심성과지표라고 불리는 KPI(Key

Performance Indicactor)가 전사 차원에서부터 팀, 개인 차원까지 규명되어 활용된다.

역량평가는 탁월한 업무성과를 이루기 위해서 필요한 행동요소들에 대한 평가로서 금전적 보상보다는 개발과 승진 등에 활용되고 있다. 직책을 수행하는 리더들에 대한 리더십 역량평가나 또는 모든 조직구성원이 갖추어야 할 기본적이고 보편적인 행동으로서의 핵심역량(핵심가치)평가 등도 여기에 포함된다.

성과평가시점과 빈도는 조직마다 특성에 따라 다르게 실시되고 있는데, 분기단위, 반기단위, 1년 단위 등이 주로 활용되고 있으며 성과관리 프로세스에 의해 목표수립부터 중간평가, 연말평가 등으로 실시되고 있다. 그러나 조직 현장에서는 평가에 대한 고민과 논의가 끊임없이 진행되고 있다. 조직에서는 평가의 완전성을 추구하고 있지만 시스템의 문제, 조직문화의 문제, 평가자의 문제 등으로 인해 평가 당사자들이 만족하지 못하는 경우가 많기 때문이다.

시스템상의 주요이슈로는 평가내용과 조직의 미션, 비전, 그리고 전략 등과 연계성이 부족하다는 것이다. 해결하기 위한 주요 노력들로는 BSC(Balance Score Card)와 KPI 등의 활용을 통해 조직의 전략과 주요 성공요인과 각 개인별 업무와 연계성을 강화하기 위한 것들이다.

다음으로 성과측정도구의 신뢰성 및 타당성과 관련한 이슈인데 특히 역량평가의 신뢰성과 타당성 확보 이슈이다. 역량평가지표를 자사 특성에 맞지 않는 일반적인 내용을 활용하거나 역량평가를 위해 구체적인 행동지표가 도출되지 않아 평가기준에 대한 해석기준이 평가자마다 달라짐으로 인해 평가에 대한 타당도에 부정적인 영향을 미치는 경우가 있다. 신뢰성과 타당성을 높이기 위해서 일반적인 역량 활용보다 해당조직에 특화된 역량을 도출하여 활용하거나 구체적인 행동지표와 평가기준을 제시하고자 하는 등의 노력이 필요하다.

또한 평가 시에는 여러 평가오류가 나타나고 이에 대한 해결책을 강구하게 되는데 대표적인 평가오류로는 후광오류, 관대화 경향, 중앙집중화 경향이 있다.

후광오류(Halo error)는 평가자가 부하에 대해 전반적인 느낌에 기반을 두어 평가할 때 발생한다. 평가자는 특정 부하직원에 대해서 호의적인 태도를 가질 수 있는데 이것이 모든 평가에도 영향을 미칠 수 있다. 특정 부하직원이 특정 업무에 대해 성공적으로 수행한 것에 대해 강한 느낌을 가지고 있고 이것이 이후 다른 업무수행에 대한 평가에도 영향을 미쳐 해당 특정 부하직원이 하는 일들에 대해 계속해서 잘한다고 또는 못한다고 평가하게 된다. 즉, 평가자가 피평가자의 업무수행에 대해 제한적인 지식을 가지고 있음에도 불구하고 다른 업무수행에 대해서 획일적으로 좋게 평가하거나 나쁘게 평가하는 평가오류이다.

관대화 경향은 평가자가 피평가자의 실제 업무수행성과와는 상관없이 대다수의 피평가자를 높게 평가하는 경우이다. 이것은 평가자의 개인 성향에 영향을 많이 받으며 어떤 평가자는 매우 후하게 평가를 하고, 어떤 평가자는 매우 박하게 평가를 하게 되면 전체적으로 평가결과의 공정성은 떨어지게 되는 것이다. 이를 해소하기 위해서 인사부서에는 전사 차원에서 평가결과를 통계(표준편차)를 활용하여 재등급을 부여하는 경우가 많이 있다. 중앙집중화 오류는 좋은 게 좋은 것이라는 생각 가운데에 대다수의 피평가자를 보통 점수에 집중화시키는 것으로서 특정 피평가자를 높게 평가하거나 낮게 평가하지 않는 것이다. 이렇게 되면 실제 업무수행이 우수한 피평가자가 손해를 보게 되며, 낮은 성과자가 혜택을 보게 되는데 이를 해소하기 위해서 A, B, C 평가등급에 따라서 특정 비율을 지정하여 강제 할당하는 제도를 활용하게 된다.

위에서 알아본 바와 같이 평가오류를 개선하기 위해서 많은 기업은 평가자 훈련을 실시하고 있다. 특히 신임 리더들에 대한 교육과정에서는 평가에 대한 교육이 반드시 실시되어야 하며 이를 통해 신임 리더들이 평가기준, 평가방법, 피드백 방법과 시기 등에 대해 숙달되도록 하는 것이 필요하다. 신임자가 아니더라도 주기적으로 기존의 리더들에 대해 평가자 훈련을 실시하게 되는데 평가 과정에서 여러 가지 오류를 범하지 않도록 오류 사례와 오류를 발생시키게 되는 원인과 해결방안에 대해 인지하는 것이 필요하며 무엇보다도 평가오류를 최소화 하겠다는 평가자의 의지가 중요함을 강조하는 것이 필요하다. 평가기준과 평가오류를 몰라서 평가에 있어서 공정성을 저하시키는 것이 아니라 평가자가 기존의 연공서열 등에 의해 평가를 하겠다는 생각으로 인해 평가오류가 지속된다고 볼 수 있다.

평가자 훈련 이외에 시스템적으로 필요한 평가방법 중 하나로는 다면평가의 활용이다. 조직에서 상사에 의한 부하직원에 대한 하향식 평가 이외에 부하에 의한 평가, 더 정확하게는 특정 개인에 대하여 상사 및 부하, 동료, 직원들이 참여하는 360도 다면평가가 활발히 시행되고 있는데 이것은 상사에 의해서만 진행되는 평가로 인한 오류를 극복하는 대안으로 인식되고 있다. 이때 주의할 것은 다면평가에 참여하는 평가자와 피평가자의 업무관계가 직접적인 지시, 협조, 지원 등의 관계가 없는 경우에는 평가의 신뢰성이 떨어진다. 또한 익명성과 비밀은 철저히 보장되어야 한다. 특히 부하들이 상사를 평가하게 되므로 비밀이 보장되지 않으면 평가결과의 신뢰도는 보장하기 어렵게 된다. 이러한 다면평가는 개인의 역량개발이나 리더십 개발 등을 위해 피드백을 제공하는 것이 매우 중요하며 단순히 평가목적만으로 활용하게 될 때는 조직문화에 부정적인 영향을 미칠 수 있으므로 주의가 필요하다.

3) 직무분석과 직무설계

(1) 직무분석

우리나라는 집단적인 문화특성과 연공서열에 의한 조직문화특성, 그리고 조직성장을 이끌 사람중심으로 인사관리가 진행되다 보니 체계적인 직무분석과 직무설계에 관심을 가지고 인적자원관리가 시행되지 못한 측면이 있어 왔다. 그러나 최근에는 직무분석은 인적자원관리의 중요한 기능이라는 인식과 함께 많은 조직이 직무분석과 직무설계를 실시하고 있다. 직무분석이란 조직 내의 다양한 직무를 대상으로 그 안에서 수행되는 직무내용과 직무에 대한 정보를 수집, 분석, 정리하고 직무 수행자가 갖추어야 할 자격요건 등에 관한 정보를 수집, 분석, 정리하는 일련의 과정이다(Noe, Hollenbeck, Gerhart, & Wright, 2010). 직무는 조직 내 개인의 역할을 규정하는 기본적 단위이며 직무관련하여 빈번히 사용되는 용어들은 다음 〈표 3-1〉과 같다(황규대, 2007).

표 3-1. 직무관련 용어

용어	정의
직군(job family)	직무들의 집단. 일반적으로 기능에 따라 분류 예) 생산, 재무, 연구개발 등
직종(job category)	직군 내 혹은 직군 간에 있는 포괄적인 분류 예) 관리직, 영업직, 기술직, 생산직
직무(job)	과업 혹은 과업 차원이 유사한 직위들의 집단
과업(task)	동작요소들로 구성된 일의 작은 단위

직무분석 결과는 인적자원관리 기능들을 효과적으로 수행하기 위한 기초자료로 활용된다. 직원을 선발하는 기준과 급여를 지급하기 위한 직무의 가치를 평가하는 것과, 교육훈련을 위한 기준, 인력계획수립의 기준, 그리고 경력개발과 인사평가 등의 기준을 제공한다. 이로 인해 직무분석을 통해 조직 내 직무별 작업내용과 자격요건 등의 기초자료를 확보하지 않으면 인적자원관리 기능에 부정적 영향을 미치게 된다. 직무분석과 인적자원관리 기능과의 관계성에 대해 [그림 3-2]에 요약하여 제시되었다(이학종, 양혁승, 2012).

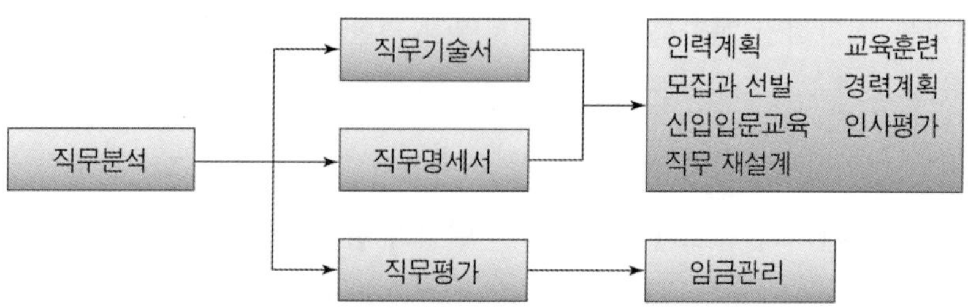

■■ 그림 3-2. 인적자원관리기능을 위한 기초자료로서 직무분석

직무분석을 통해서 최종적으로 정리된 자료는 직무기술서와 직무명세서로 정리된다. 직무기술서는 직무의 목적과 주요 작업내용, 표준성과기준, 책임과 보고관계 등을 명시한 공식문서이다. 이 자료는 직무수행평가와 교육훈련, 그리고 조직구조분석과 설계 등의 기초자료로 활용된다(<표 3-2> 참조). 직무명세서는 직무를 수행하는 데 필요한 지식, 기술, 능력 등 필요역량 또는 자격요건을 명시한 문서인데 이러한 내용을 직무기술서에 통합해서 작성하는 경우도 있다.

직무분석을 수행하기 위해서는 다양한 정보 수집방법이 활용될 수 있다. 이를 시행하기 위해서는 사전에 관련정보를 획득할 필요가 있는데 선행연구에서 실시한 유사직무분석을 활용하거나 국가에서 운용하는 직업정보망 등을 활용할 수 있다(예, 미국 O*NET: Occupational Information Network 또는 한국의 NCS 직무체계 등).

표 3-2. 직무기술서(예시)

직무명	전략기획		
직군명	경영지원	직렬명	경영기획
소속팀	경영전략팀		

- 직무개요
- 직무내용
- 직무책임
- 직무요건
- 학력과 전공
- 역량 및 지식/기술 요건
- 직무 경험

특정 조직을 대상으로 직무분석을 구체적으로 실시하기 위한 몇 가지 주요 방법을 요약하면 〈표 3-3〉과 같다.

표 3-3. 직무분석방법

구분	내용
인터뷰	• 업무 담당자 대상으로 개별 인터뷰나 FGI로 면접하여 필요한 정보 획득 • 분석자가 사전에 직무에 대한 지식과 이해 필요 • 기존의 참고할 만한 자료인 평가자료, 조직도, 업무흐름표, 업무분장표 등 필요 • 일련의 구조화된 인터뷰 실시
관찰	• 훈련된 분석자가 업무수행자를 직접 관찰 • 대화, 체크리스트 등으로 기록함 • 직무의 물리적 환경에 대한 이해가 필요한 직무에 적합
질문지	• 질문지가 잘 설계되어 있고 업무 담당자들이 정확한 직무관련 자료를 제공하는 경우 효과적임 • 이미 개발되어 있는 표준질문서를 활용할 수 있으며 조직 특성에 맞게 자체 작성가능 – 직위분석 설문서(Position Analysis Questionnaire: PAQ) – 직무분석 설문서(Fleishman Job Analysis Survey: F-JAS) – 직무요소법(Job Element Method) 등
중요사건	• 매우 성공적인 직무수행 사례들을 통해 어떤 상황에서, 어떤 업무에 대해, 어떻게 행동했으며, 결과는 어떠하였는지 도출 • 매우 극단적인 업무처리(최상위 처리)와 관련되므로 보통 수준에서 기본적으로 수행하는 직무내용이 누락될 수 있음 • 교육용 사례 등으로 활용하기에 용이

직무분석을 효과적으로 실시하기 위한 몇 가지 유의사항은 다음과 같다.

첫째, 직무기술서의 내용이 너무 애매하거나 모호한 것을 피해야 한다. 개인마다 직무기술서에 기재하는 내용의 위계가 다르거나 행동 등이 분명치 않게 기술될 경우가 많다.

둘째, 직무분석이 지나치게 정확성과 구체성을 추구하면 업무 담당자들이 직무기술서에 기재된 업무만 자신의 업무라고 여기게 되어 이기적이고 협조성이 약화될 수 있다. 기업의 특성과 문화에 따라서 융통성 있는 직무분석이나 매우 구체적인 직무분석 등의 수준을 결정하여야 한다.

셋째, 통상 업무 담당자들은 직무분석 시에 자신의 업무를 과장하여 묘사하거나 기술할 수 있어서 이들의 상사에 의한 검토가 필요하다.

넷째, 직무분석이 현재 수행하는 업무 내용중심으로 분석되다 보니 앞으로 기대되는 변화 추세에 따라서 중요해질 직무내용들이 누락될 수 있는데 이 부분을 보완하여 실시할 필요가 있다.

다섯째, 직무분석의 결과를 지속적으로 업데이트할 필요가 있다. 종종 최초로 직무분석한 내용을 수정하지 않아서 사문화 되는 경우가 있다.

(2) 직무분석과 역량모델

전통적인 직무분석 방법과 더불어 최근에는 많은 조직이 역량모델을 기반으로 인적자원관리를 실시하고 있다. 한국은 IMF 위기 이후 인적자원관리의 선진화 경향에 따라서 역량모델이 적극적으로 활용되게 되었다. 역량모형이 선발, 평가, 교육훈련 등의 기준으로 광범위하게 활용되고 있으나 기존에 정착한 직무분석도 나름대로의 장점이 있어 오랜 역사 동안 활용되고 있기 때문에 역량모델이 직무분석의 모든 것을 대체하거나 부정하고 있는 것은 아니다. 전통적인 직무분석은 서구에서 많이 활용되고 있는데 고용과 관련하여 절차의 과학성으로 인해 법률소송에 근거가 될 수 있는 장점도 있기 때문이다. 직무분석은 과학적 관리 관점에서 직무단위를 작게 보고 정교하게 분석하는 미시적 경향을 가지는 반면, 역량모델은 업무 단위를 크게 보며 조직수준의 비전이나 전략 등과의 연계성을 강조하는 거시적 경향을 가지고 있다. 직무분석은 전통적인 교육프로그램 개발 방법론인 DACUM(Developing A Curriculum)의 기본방법론으로 교육훈련 분야에서 널리 활용되고 있다. 역량모델은 단기적 직무중심보다 장기적인 조직의 방향과 미래 요구수준 등에 초점을 맞추고 있고 훈련과 개발에 적용이 우수하지만 이것이 모든 것을 해결하는 것이 아님을 유의해야 한다. 일의 분석이라는 측면에서 그리고 다양한 활용 측면에서 직무분석과 역량모델이 각각의 장단점이 있으므로 이에 대한 올바른 이해를 바탕으로 현장에서 선택하여 활용할 수 있어야 하며 각각의 특징에 대해서는 〈표 3-4〉를 참조 바란다.

표 3-4. 직무분석과 역량모델의 비교

구분	직무분석	역량모델
관심	수행되는 과제(일)	직무(일)을 수행하는 사람의 노하우
정의	어떤 직무를 맡은 사람이 수행해야 하는 일련의 기능 및 과제를 밝히는 일	어떤 직무를 최고로 수행하기 위해 발휘하는 지식, 기술, 태도, 능력의 조합을 밝히는 일. 고성과자가 일관되게 보여주는 행동특성/양식
주요 용어	• 임무(Duty): 관련된 과제들을 임의로 모아놓은 것(직무당 약 8~12개) • 과제(Task): 구체적으로 관찰 가능한 일의 단위(임무당 약 6~30개) • 스텝(Step): 하나의 과제를 수행하는 데 필요한 특정요소 또는 활동	• 역량(Competency) : 특정한 상황이나 직무에서 준거에 따른 효과적이고 우수한 수행의 원인이 되는 개인의 내적인 특성(underlying characteristics) • 행동사건면접(Behavioral Event Interview, BEI) : 과거 실제로 성공했던 일에서 어떤 행동, 어떤 마음상태에 있었는지, 결과는 어떠하였는지에 대한 구체적인 사실정보를 수집하는 인터뷰

출처: 오인경, 최정임. (2005). 수정

(3) 직무설계

직무설계(job design)란 조직 목표달성과 개인 욕구충족을 위하여 구조적 및 인간관계 측면을 고려하여 조직구성원의 직무관련 활동을 설계하는 과정이다(황규대, 2007).

개인과 조직이 설정하는 관계는 개인이 수행하는 직무를 통해서 이루어지기 때문에 직무설계는 직무 담당자 개인의 자아실현욕구와 직무만족도뿐 아니라 조직성과와도 직결된 문제이다. 또한 경영전략과 이를 실현하기 위한 조직구조는 직무설계라는 세부사항과 밀접한 관계가 있는데 조직의 경영전략을 무엇에 중점을 두느냐에 따라서 조직구조가 변하고 이에 따라서 세부적인 직무내용의 설계 즉 직무설계 또한 변화하는 것이다. 직무설계방법은 잘 알려져 있는 테일러의 과학적 관리법으로부터 동기요인을 강화하는 것에 초점을 두고 있는 직무확대, 직무충실화 등이 있다.

먼저, 과학적 관리기법은 작업요소의 단순화, 표준화, 전문화를 직무관리의 핵심요소로 보고 작업을 최소의 작업단위로 세분화하고, 세분된 작업단위를 수행하기 위해서 작업절차와 방법을 규격화하고, 그리고 업무수행자가 한 가지의 작업만 수행하도록 하여 작업의 성과를 향상시키려는 것이다. 그러나 과도한 단순화, 표준화, 전문화는 업무수행자로 하여금 업무수행과정에서 일의 의미를 찾지 못하게 하고 불만과 소외감을 갖게 하는 요인이 생김으로 인해 능률과 성과보다 결근율과 이직률, 불량률을 올리는 부정적인 결과를 가져오게 되었다. 과학적 관리기업은 직무의 경제적 · 기술적 요소만을 강조한 것인데 부정적인 결과로 인해 직무설계 대안들인 직무확대와 직무충실화 개념이 제시되었다.

직무확대는 직무내용의 수평적 측면에서 작업의 수와 종류를 증가시킴으로 인해 반복적인 단순업무로 인한 지루함을 극복하게 되고 직무 자체로부터 성취감과 완결성을 느끼게 된다.

직무충실화는 직무내용의 수직적 측면을 강화하여 작업의 수를 증가시키기보다 직무의 기술수준을 더 깊게 하여 직무 자체의 정체성과 중요성을 강화하는 것이다. 이로 인해 고도의 지식과 기술이 증대되고 분석능력 등이 향상될 수 있다.

헤크만(Hackman)과 올드햄(Oldham)은 직무특성모형(Job Characteristic Model)을 통해 직무설계에서 특히 동기부여적 측면을 강조하고 있고 이는 직무설계에 많은 영향을 미쳤다. [그림 3-3]과 같이 핵심직무특성은 업무수행자의 심리상태에 영향을 미친다. 업무수행자의 심리상태는 핵심직무특성과 작업결과를 매개하는 역할을 한다. 예를 들어 기술의 다양성과 과업의 정체성, 중요성이 높은 경우 업무수행자는 직무에 대해 높은 보람을 가지게 된다. 또한 업무수행자의 성장욕구의 강도는 심리상태의 영향을 조절하는 역할을 한다. 성장욕구의 강도는 업무수행자가 복잡하고 도전적인 업무를 열망하는 정도를 의미한다. 다시 말해 업무수행자가 어느 정도의 성장욕구를 갖는가에 따라 핵심직무 특성이 업무수행자의 심리상태에 미치는 영향은 달라진다. 또한 심리상태가 결과에 미치는 영향도 달라진다.

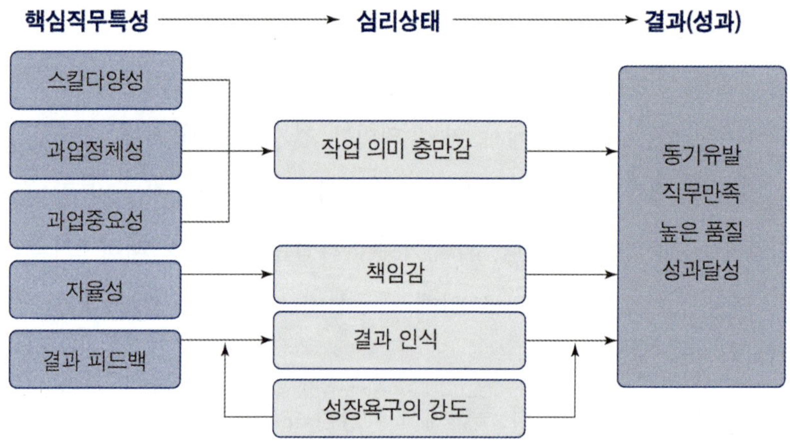

■■ 그림 3-3. 직무특성 모형

4) 경력개발

경력이란 한 사람이 평생동안 일과 관련하여 얻게 되는 경험이라고 할 수 있다. 경력개발은 조직의 요구와 개인의 성장요구에 의해 진행되기 때문에 인적자원관리의 제반 활동인 인력소요계획과 교육훈련, 그리고 직무분석과 인사평가 등과 밀접한 관련이 있다. 경력개발이란 한 개인이 자신의 직업적 관심사와 능력이 무엇인지를 인식하고 미래에 자신의 경력경로를 계획하고 개인의 성장을 위한 욕구와 조직의 욕구를 조화시켜 가도록 하는 과정이다. 즉 경력개발이란 조직의 요구와 개인의 요구가 일치할 수 있도록 개인의 경력목표를 설정하고 이를 달성하기 위한 경력계획을 수립하여 각 개인의 경력을 개발하는 활동이다. 경력개발이 회사의 책임이냐 개인의 자율적인 책임이냐는 경력개발의 목적에 따라 달라지는데 〈표 3-5〉와 같이 3가지 정도의 경력개발 모형을 고려해 볼 수 있다.

표 3-5. 경력개발모형

구분	회사주도형	회사-개인 타협형	개인주도형
개요	회사 조직 차원에서 경력개발을 주도하는 방식	회사 차원의 요구와 개인 차원의 요구가 일치하는 방향으로 추진하는 방식	직원 개인 차원에서 경력개발을 주도하는 방식
내용	정기 및 수시 인사를 통한 일방적인 인사부서이동	회사 차원에서의 인력소요와 개인의 요구가 수렴되는 수준에서 경력개발(job posting 등)	개인의 요구에 따라 완전 경쟁시장 방식(open career market 시스템 등)

한국의 대다수 기업은 회사주도형 방식이나 회사와 개인 타협형 경력개발 방식을 주로 활용하고 있다. 회사주도형 개발방식은 회사가 중요한 사업수행에 필요한 핵심인재나 임원 및 관리자 이상 등에 적합하고 시행이 매우 신속할 수 있다는 장점이 있다.

회사와 개인 타협형 방식은 원활한 제도 운영을 위해 제반 인프라 구축이 필요하다. 개인주도형 방식은 개인들이 자신의 경력개발을 위해 적극적으로 참여할 수 있기 때문에 직무 및 조직만족도 향상에는 크게 기여할 수 있으나 조직 요구 반영이 어려움으로 인해 실패할 가능성도 있다.

경력개발의 주체 측면에서 보면 조직목표와 개인목표가 통합되기 위해서는 인적자원 수요 측면에서 채용과 이동 배치, 승진관리 등의 활동과 근로자 개인에 의한 경력진단과 상사와의 경력개발상담과 계획수립, 그리고 직무역량이나 리더십역량을 개발하기 위한 교육경력개발활동이 복합적으로 이루어져야 한다.

인사부서는 조직구성원의 인적자료를 확보하고 분석하며, 직무분석과 인력소요 등을 산정하여 현업부서와 인력소요계획 등을 협의한다.

근로자 개인은 스스로 경력목표를 설정하고 상사 또는 인사부서와 경력상담을 실시하고 직무경험과 교육을 통한 경력개발을 계획한다.

관리자는 부하직원 개인들에 대한 장단점을 파악하고 개인별 경력개발 욕구를 이해하고 있어야 하며 면담을 통해서 개인들의 경력목표 설정에 조언과 가이드를 실시해야 한다. 많은 경우 관리자들은 해당부서 업무성과에 기여도가 큰 직원들이 직무순환을 위해 해당 팀을 떠나거나 교육을 통한 경력개발을 위해 장시간 교육프로그램에 참여하는 것에 적극적이지 않을 수 있다. 해당직원이 자리를 비우게 되면 중요한 현안업무가 잘 수행되지 않는다는 이유에서이다. 이로 인해 경력개발 활동은 일선 관리자들의 적극적인 관심과 협조 없이는 원활한 실행이 어렵다고 볼 수 있다. 관리자들은 장기적인 조직의 발전과 부하직원의 개인 발전을 추구하는 경력개발에 대한 확고한 믿음이 필요하며 부하직원들의 경력개발을 상담해 줄 수 있는 상담역량 또한 필요하다.

경력개발과 관련하여 중요이슈 중 하나는 경력개발을 통한 핵심인재 육성인데 핵심인재의 중요성에 대한 인식이 점점 확산되면서 기업 간에 인재 확보를 위한 활동이 치열하며, 또한 내부의 핵심인재 육성에 많은 투자가 이루어지고 있다. 핵심인재란 보유인력 중에서 성과와 역량이 탁월하여 장기적이며 선제적으로 육성하고 체계적으로 관리하는 소수의 우수 인력을 말한다. 많은 조직이 핵심인재 육성에 대한 교육프로그램을 가동하고 있는데, 핵심인재의 전문성과 경영자로서의 역량개발을 위한 지식 습득과 문제해결역량향상에 중점을 두고 있다. 선진기업에서의 핵심인재 관리는 교육 이외에 직무순환이나 프로젝트, 그리고 테스크포스 활동 등을 통해서 직무에 대한 직접 경험을 통한 육성을 강조하고 있다. 핵심인재들은 이러한 경력개발 활동을 통해서 자신의 업무경험을 벗어나 전사적인 관점을 습득하는 기회를 갖게 되고 직무나 조직만족도 등이 향상되는 기회를 갖게 된다.

경력개발활동이 성공하기 위해서는 먼저 조직 차원에서 체계적인 경력개발제도가 구축되어야 하며 제도가 실제 시행되어서 조직구성원들에게 제도에 대한 신뢰가 있어야 한다. 즉 제도적인 체계와 이를 시행하는 인사부서원들의 전문적인 역량 또한 중요하며 아무리 훌륭한 제도일지라도 현장에서 실제로 체감하지 못한다면 조직구성원으로부터 냉소적인 반응을 얻게 된다.

개인 차원에서는 조직구성원들이 너무 자기중심적인 경력개발만을 원함으로 해서 조직의 원활한 업무수행이 어려워지면 곤란하다. 자신의 높은 수준의 개발욕구를 추구하는 것은 좋지만 이것은 어디까지나 조직의 비즈니스 성공을 위하고 조직의 미래 경쟁력 제고를 전제로 한다는 것을 잊지 말아야 한다. 관리자 측면에서는 앞서 논의한 바와 같이 부하 개인의 경력개발 욕구를 이해하고 당장의 업무수행보다 장기적인 관점에서 우수인력의 경력개발에 대한 상세한 내용은 본 서의 9장 경력개발편을 참고하기 바란다.

5) 노사관계

노사관계는 고용관계와 노조와의 관계 또는 노조가 없는 경우 종업원의 대표조직과 관련된 업무를 포함한다. 인적자원관리 또는 인사관리를 의미할 때 노사관계업무를 포함하여 다루는 경우가 많이 있다. 모두 인적자원을 주된 관심사로 다룬다는 것이 공통점이 있지만, 약간의 차이가 있는데 인적자원관리는 조직 및 산업심리학 등에 영향을 강하게 받았지만, 노사관계는 학문적 배경에서 보면 경제학의 영향을 많이 받았다고 볼 수 있다(신수식, 김동원, 이규용, 2002). 노조가 추구하는 목적은 경영층과 근본적으로 다른데 경영자의 관점에서는 기업의 효율성을 높이는 것을 목적으로 하지만 노사관계는 피고용인의 공정한 보상과 처우 등 형평성을 강조하며 사용자와 노동조합 등 피고용인 집단 간의 관계에 주된 관심을 가지고 있다. 노조는 피고용인의 경제적, 사회적 욕구를 충족시키기 위한 활동을 하게 되는데 이로 인해 노사관계는 조직의 인적자원관리에 많은 영향을 줄 수 있다(이학종, 양혁승, 2012).

노동조합과 회사대표는 주기적으로 임금협상 또는 단체협약 등을 통해 해당조직의 요구사항을 협의해 나가게 되는데 상대방의 욕구와 상황을 존중하고 상호 간에 협조를 잘 이루어가면 조직에 많은 발전을 가져올 수 있지만, 노사 간 협력이 원활하지 않을 경우 조직에 부정적인 영향을 가져올 수 있다.

일반적으로 경제적 보상과 혜택, 그리고 직무조건에 불만족할 경우 노조를 결성하고 가입하는 경향이 높은데 근로자들이 노조에 가입하는 이유를 다섯 가지로 설명될 수 있다(Bakke, 1961).

- **집단에의 소속감** : 공통된 신분이나 목적을 중심으로 집단을 형성하게 됨으로 인해 서로 존중하고 상호 협력하기 원함
- **경제적 안정감** : 노조단체를 통해 경제적 보상과 개선을 기대
- **자율성과 독립성** : 자신들의 일과 문제를 스스로 해결해 나가기 원하는 독립된 위치와 주체성을 원함
- **공정한 인간적 대우** : 근로자를 경영층이 임의적으로 다루거나 생산도구로서만 인정하는 것을 원하지 않고 공정한 판결과 대우를 원하는데 이것은 근로자 개개인의 힘으로는 어렵다고 생각함
- **노조원의 압력과 리더십 기회** : 기존 노조원의 압력과 유니온숍 규정 등은 노조 가입의 이유가 될 수 있으며 일부 노조조직에서의 리더십 역할을 통해 자아실현의 기회로 활용할 수 있음

3 역량에 대한 이해와 인적자원관리 적용

1) 역량에 대한 이해

역량에 대한 정의는 학자마다 활용하는 조직마다 다양하게 제시하고 있으나 역량의 사전적 의미는 '어떤 일을 해낼 수 있는 힘'이다. 역량의 개념은 1959년에 화이트(R.W. White)에 의해 처음 제시 되었다고 알려지나 1973년도에 미국 하버드대의 심리학자인 데이비드 맥클러랜드(David McClelland)가 미 국무성의 해외 공보요원 선발에 대한 연구를 통해서 역량의 성과예측성을 구체화한 이후 널리 알려지게 되었고 현재까지 산업체에 폭넓게 활용되고 있다.

맥클러랜드는 기존의 개인 지능검사가 실제 직무성과를 예측하지 못한다고 주장하

였으며 개인이 직무를 수행하여 실제 성과로 나타내는 역량을 강조하였는데 평범한 성과를 내는 직무수행자와 우수한 성과를 내는 직무수행자를 구분짓는 행동양식의 특성에 초점을 두어 역량을 설명하고 있다.

역량에 대한 정의는 크게 사람중심 접근과 직무중심 접근이 있으며 사람중심의 정의는 역량을 '효과적이고 우수한 수행에 인과적으로 영향을 미치는 개인의 행동특성' 또는 '효과적이고 우수한 수행기준에 인과적으로 영향을 미치는 개인의 내적 특성'이라는 접근이다. 반면 직무중심의 정의는 '특정 직업이나 직무에서 기대되는 수준의 수행을 가능하게 하는 능력' 또는 '직업에서 요구되는 기능을 수행하는 능력'이라는 정의인데, 일반적으로 인적자원관리 분야에서 역량이라 함은 전자의 사람중심의 정의를 활용하는 경우가 다수이다.

스펜서와 스펜서(spencer & spencer, 1993)에 의하면 우수한 성과를 내는 개인의 내적 특성이란 다양한 상황에서 비교적 장시간 지속되는 행동 및 사고방식이며, 구성요소로는 지식(knowlege), 기술(skill), 자기개념(self-concept), 특질(trait), 동기(motive)를 제시한다. 지식은 특정 분야에 대한 정보이며, 기술은 특정한 신체적 또는 정신적인 과제를 수행할 수 있는 능력이며 정신적 또는 인지적 기술도 여기에 포함된다. 지식과 기술은 개발하기가 비교적 쉬우며 가시적이라는 특징이 있다. 자기개념은 태도(attitudes), 가치(values), 또는 자아상(self-image)을 의미하며, 동기는 개인이 특정한 행위나 목표를 향해 행동하도록 촉발시키고 방향을 지시하며 선택하도록 작용하는 것이며, 특질은 신체적인 특성, 상황 또는 정보에 대한 일관적인 반응성을 의미하는 것으로서 감정적 자기통제, 주도성, 신속한 반응 등 신체적 · 정서적 특질을 의미한다. 역량은 우수성과자와 저성과자를 구분할 수 있으며 우수성과자는 같은 직무를 성공적으로 수행할 수 있는 무엇인가 개인 내적 특성이 있다고 보는데 이것을 역량이라고 보는 것이다.

역량과 지능의 차이를 살펴보면 지능은 검사상황에서 요구되는 인지적 측면의 능력만을 강조한 반면에, 역량은 실제 수행상황에서 구체적인 삶의 문제들을 해결하는 능력이라는 점에서 차이가 있다.

역량과 기술의 차이 측면에서 기술은 규칙이나 알고리듬으로 절차화되고 단계별로 구분할 수 있는 기법을 강조한 개념인 반면에, 역량은 기법적인 측면이 아닌 특정 업무를 성공적으로 수행하기 위해 필요한 인간 자질의 복합적 측면인 동기, 윤리, 의지와 같은 사회적 요소를 모두 포함하는 개념이다.

역량의 종류는 고정되어 있지 않으며 활용하는 조직의 특성에 따라서 다양한 분류체계가 가능하지만 기업 현장에서는 일반적으로 크게 핵심역량, 리더십역량, 직무역량 3가지로 구분한다. 핵심역량은 핵심가치라고도 하며 기본역량(foundation competency)이라고도 하는데 회사의 경영목표와 전략을 달성하기 위해서 모든 조직구성원이 공통적으로 갖추어야 하는 공통역량을 의미한다. 리더십 역량은 팀장이나 임원 등 관리 직책을 맞은 리더들에게 요구되는 역량으로서 관리자역량이라고도 하며 임원, 팀장 등으로 세분화가 가능하다. 직무역량은 특정 직무나 개인이 업무를 성공적으로 수행하기 위해서 필요한 직무관련 기술적 성격의 역량이며 직군공통역량, 직무기술역량 등으로 세분화할 수 있으나 절대적인 것은 아니다.

2) 역량기반 인적자원관리

역량모델은 선발, 평가, 보상, 개발, 이동 등 다양한 인적자원관리 활동을 하나로 묶을 수 있는 기준으로 활용되고 있다.

역량기반의 인적자원관리는 조직이 추구하는 미션과 비전 및 전략을 달성하기 위해 조직구성원들에게 필요한 역량을 규명하고 이를 기반으로 하여 채용, 교육, 평가 및 보상 등 인적자원관리의 하위체계를 전략적 관점에서 통합적으로 설계 운영하는 것을 말한다. [그림 3-4]에서 보는 바와 같이 역량모델은 선발, 보상, 개발 등의 영역에서 객관적 판단근거를 제공하고 인적자원관리의 제 기능의 통합성과 효율성을 향상시키는 데 기여할 수 있다.

첫째, 신규 인력의 선발 및 채용과정에서 직무의 성공적 수행을 예측할 수 있는 역량에 의한 채용방식을 활용해야 하며 내부 임직원의 각 직무와 직위의 역량요건을 기반으로 직무와 사람을 연결하는 인사이동과 경력개발이 이루어져야 한다. 또한 개인별 보유 역량을 기반으로 직무별·직책별로 최적의 역량 보유자를 선발 및 배치하여야 한다. 특정 직무에서 요구하는 능력의 기대수준을 설정하여 사내공모 시나 외부 경력사원 공모 시 능력요건으로 역량을 명시하여 활용하는 기업들이 늘어나는 추세이다.

둘째, 조직구성원의 역량을 승진 및 보상체계와 적절히 연계할 수 있는 인적자원관리 시스템의 구축이 필요하다. 역량모델은 성과창출에 직접적으로 연계되어 있는 행동특성이므로 역량중심의 평가시스템 구축은 관찰가능한 행동지표를 통해 성과기준을 제공해 주므로 객관성을 제고해 주는 장점이 있다. 역량평가결과는 보상보다는 승진의 요소로 활용되고 있으며 앞서 살펴본 바와 같이 보상은 업무성과평가에 기반하여 이루어지고 있다.

마지막으로 역량에 기반하여 교육훈련체계를 수립하고 각 직책과 직무에서 요구되는 역량과 비교하여 차이가 나는 역량에 대해 자기개발계획을 통해 스스로 부족한 역량을 개발하기 위한 노력을 실시하고 있다. 또한 교육과정들에는 역량이 활용되는 다양한 사례중심의 교육을 통해서 교육생들이 해당역량이 발휘되는 맥락을 이해하고 현장에 적용할 수 있는 장점을 제공하고 있다.

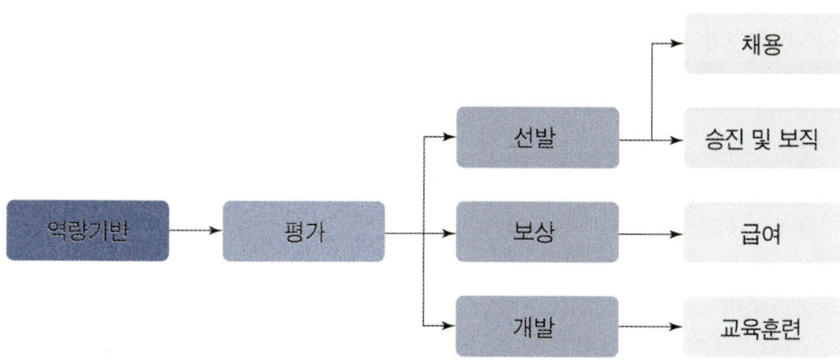

그림 3-4. 역량기반 인적자원관리

4 인적자원관리와 인적자원개발

인적자원(Human Resource)은 대표적으로 인적자원관리(Human Resource Management)와 인적자원개발(Human Resource Development)의 2개의 영역으로 구성되어져 있다(Swanson & Holton, 2001). 일반적으로 인적자원관리를 설명할 때 교육훈련을 채용, 평가, 보상 등과 같이 인사관리 활동의 한 영역으로 이해하는 경우가 있는데 이것은 인적자원개발을 인적자원관리의 하위 활동으로 간주하는 경우이다. 기업경영을 연구하는 경영학에서는 인적자원관리를 소개 시 인적자원개발 또는 교육훈련을 하위영역으로 간주하여 설명하고 있다.

그러나 맥라간(McLagan, 1989)은 HR Wheel 모델을 통해 인적자원관련 활동을 인적자원관리와 인적자원개발 활동으로 대등한 관계 속에서 구분하고 있다. 맥라간의 구분을 바탕으로 인적자원관리와 인적자원개발에 대한 정의와 주요 영역에 대하여 비교하여 보면 〈표 3-5〉와 같이 제시할 수 있다. 인적자원관리 활동은 조직/직무설계, 인력자원계획수립, 선발과 직무배치, 인력자원 정보체제, 보상, 노사관계 등을 포함하며, 인적자원개발활동은 3개의 대표적 영역인 개인개발, 경력개발, 조직개발 영역으로 제시된다.

표 3-5. 인적자원개발과 인적자원관리 비교

구분	HRD 인적자원개발	HRM 인적자원관리
정의	개인, 집단, 조직의 효과성을 증진하기 위한 훈련, 개발, 경력개발, 그리고 조직개발의 통합적인 과정	인적자원의 획득, 개발에 관한 활동으로 기업의 장래 인적자원의 수요를 예측하여, 기업전략의 실현에 필요한 인적자원을 확보하기 위하여 실시하는 일련의 활동
영역	개인개발(Training & Development) 경력개발(Career Development) 조직개발(Organization Development)	조직/직무설계, 인력자원계획, 선발과 직무배치, 인력자원 정보체제, 보상, 종업원 지원, 노사관계

학문적으로 연구하는 주체 측면들을 살펴보면 먼저 인적자원관리는 경영대학(Business School)이나 경영대학원에서 경영전략, 마케팅, 생산관리, MOT, 재무회계, 조직행동 등과 같이 경영학의 한 영역으로 다루어지고 있는 반면 인적자원개발을 연구하는 전공들은 교육대학(College of Education)에 속한 경우가 많다.

실제로 미국의 최대 인적자원개발관련 학회인 AHRD에서 2014년 조사한 HRD academic dictionary(Robert, 2014)에 기재된 106개의 HRD 학위 프로그램의 다수가 교육학 관련 프로그램에 속해 있다. 반면, 미국, 영국, 독일 등 서구사회의 일부 경영대학에서는 인적자원개발을 리더십개발 또는 조직개발 등과 함께 경영학 석사와 박사 전공으로 제공하고 있으므로 인적자원개발분야가 교육학 소속이다라고 일반화 하기는 어렵다고 볼 수 있다. 한국의 경우는 미국과 비슷하게 HRD 관련 학문 주체는 대학의 교육/사범대학 소속으로 되어 있는 경우가 다수이며 인적자원관리는 경영학과(경영학부) 등 경영관련 프로그램에서 가르쳐지고 연구되고 있으나 최근 인적자원개발 전공 박사들이 경영관련 전공에 임용되어 가르치는 사례가 증가하고 있는데 이는 인적자원관리와 인적자원개발이 매우 밀접한 관계를 가지고 있는 인접학문이기 때문으로 이해된다.

다음으로 기업 현장에서 운영되는 측면을 살펴보면 부서 구성에 있어서 인적자원관리 부서와 인적자원개발부서는 가장 밀접한 관련성을 가지고 있다. 기업의 규모와 성격, 상황 등에 따라 다르지만, 일반적으로 규모가 작은 조직에서는 인적자원관리부서에 인적자원개발기능이 통합되어 있는데 이런 경우는 소수의 HRD 담당인원이 교육훈련중심으로 인적자원개발기능의 일부분만 제공하는 경우이다.

한편으로, 대규모 그룹이나 대기업에서는 인적자원관리와 인적자원개발을 담당하는 책임임원과 부서 등을 별도로 두고 있는 경우도 있고 부서와 조직은 별도로 편성하되 인적자원관리 담당 임원이 인사분야와 인적자원개발분야를 총괄하는 경우도 있다. 그러나 업무협업에 있어서는 인사부서에서 신입사원과 경력사원을 채용하면 인재개발부서에서 신입/경력사원 입문교육을 실시하고, 인사부서에서 승진과 직책자 보직명령을 낸 인원들에 대해 승진자교육과 직책자 리더십 교육을 실시하며, 인사부서에서 선정한 핵심인재들에 대해서 인재개발부서에서 핵심인재 교육 프로그램을 기획하고 운영하게 되는데 이와 같이 인사부서와 인재개발부서는 긴밀한 협조 가운데 업무를 수행한다. 인적자원개발부서가 과거의 인적자원관리 시스템의 하위 영역으로 인식되었던 측면이 있으며 기업현장에서도 인적자원관리 담당 임원이나 팀장이 인적자원개발기능을 책임지는 구조였으나 최근에는 인적자원개발부서의 기능이 전통적인 교육훈련을 벗어나 경력개발과 조직개발과 조직문화 등의 업무영역을 포함하게 되고 수행공학을 기반으로 한 컨설팅 서비스를 제공하는 기능 등을 포함하면서 인적자원관리 기능과 구분된 별도의 기능으로 활동하는 경우가 증가하고 있다. 하지만, 기업이 처한 상황과 특성에 따라서 인적자원관리와 인적자원개발 기능을 담당하는 조직의 편성이 상이해지기 때문에 어떠해야 한다고 규범적으로 방향을 제시하거나 일반화 하기는 곤란하다.

무엇보다 중요한 것은 앞서 말한 바와 같이 인적자원관리와 인적자원개발의 제반 영역이 기업의 전략과 시스템에 따라서 통합적으로 운영되어야 한다는 것이다. 두 개의 활동 모두 사람을 통해서 조직의 성과 창출과 증진을 목적으로 하기 때문에 서로가 자신의 영역의 우위를 주장하기보다 제반 경영활동에 있어서 인적자원의 관리와 개발의 통합적인 시각을 기반으로 운영되는 것이 바람직하다.

요약 및 시사점

인적자원관리란 인적자원을 확보하고, 직무를 분석 및 설계하고, 인적자원을 개발하고 배치하며, 평가하고 보상 및 유지 등을 체계적으로 노력하는 활동이다.

조직구성원을 바라보는 관점이 성과를 창출해 내야 하는 존재로서 뿐 아니라 인간성을 존중받아야 하는 존재로서의 관점을 유지하는 것이 매우 중요하다.

개인과 팀 단위에서 직원들의 만족도와 태도, 업무수행 등에 대해 관리적 관점을 가지는 전통적 인사관리로부터 최근에는 전략단위인 조직에 초점을 맞추어서 조직의 경영성과와 비교경쟁우위 확보에 기여하고자 하는 전략적인 인적자원관리 개념이 강조되고 있다.

조직체는 우수한 인적자원을 모집하고 선발하기 위해서 마케팅적 접근과 과학적인 선발도구 활용에 관심이 많으며 선발된 인적자원의 조기 전력화를 위해서 입문교육과 멘토링 등을 실시한다. 조직체에서 직무를 분석하는 활동은 다른 인적자원관리 활동을 위한 가장 기본적인 정보를 제공해 주는 중요한 활용이며 조직구성원의 성과를 공정하게 평가하고 보상하기 위한 활동 또한 조직구성원의 동기부여와 직무만족에 매우 큰 영향을 미치는 중요한 활동이다. 우수수행자를 준거로 하여 도출되는 역량은 제반 인적자원관리인 선발, 경력개발, 평가 및 승진, 보상 및 역량개발 등에 근거로 활용된다.

경영학에서 연구하고 있는 인적자원관리 관점에서는 인적자원개발활동을 하위의 영역으로 보고 있으나, 맥라간(McLagan, 1989)과 같은 인적자원개발 학자들은 인적자원관리와 개발 활동을 대등한 영역으로 제시하고 있으며 경영학보다 신생학문이라고 볼 수 있는 인적자원개발 분야는 최근 많은 전문가들의 양성에 따라서 별도의 학문분야로 발전해 오고 있다. 그러나 인적자원관리와 인적자원개발활동은 조직체 내에서 가장 가까이 인접한 기능이며 인적자원의 생산성과 근로생활의 질을 위해서 양 조직의 전문가들은 통합적인 시각을 가지고 긴밀하게 상호 연계하여 업무를 수행하는 것이 필요하다.

연습문제 / EXERCISE

01_ 조직에서 이루어지는 인적자원관리의 주요기능들에 대해 설명해 봅시다.

02_ 체계적인 인적자원관리 활동을 위해 진행되는 직무분석과 역량모델접근에 대해 비교 설명해 봅시다.

03_ 직무설계 시의 주요한 접근방법인 직무확대와 직무충실화에 대해 설명해 봅시다.

04_ 역량에 대한 개념에 대해 설명해 봅시다.

05_ 역량기반 인적자원관리의 활동에 대해 설명해 봅시다.

06_ 인적자원관리와 인적자원개발의 관계에 대해 설명해 봅시다.

참고문헌 / REFERENCE

신수식, 김동원, 이규용 (2010). **현대고용관계론**. 서울: 박영사

오인경, 최정임 (2005). **교육프로그램개발방법론**. 서울: 학지사

이학종, 양혁승 (2012). **전략적 인적자원관리(개정판)**. 서울: 오래(한글학회, 2006)

황규대(2007). **전략적 인적자원관리**. 서울: 박영사

Bakke, E. W. (1961). *The human resource function. Management International*, (March-April), 16-24.

Becker, B. E., & Huselid, M. A. (1998). High performance work systems and firm performance: A synthesis of research and managerial implications. *Research in Personal and Human Resources Management*, 16, 53-101.

McLagan, P. (1989). *The models*. VA:ASTD.

Noe, R. A., Hollenbeck, J. R., Gerhart, B., & Wright, P. M. (2010). *Human resource management: Gaining a competitive advantage* (7th ed.). NY: McGraw-Hill.

Spencer, L. M., & Spencer, S. M. (1993). *Competency at work: Models for superior performance*. NY: John Wiley & Sons.

Swanson, R. & Holton, E. (2001). *Foundations of human resource development*. CA: BK.

PART ▶ 02

HRD 프로그램

CHAPTER 04

교육훈련 설계(Training Design)

리 상 섭

본 장에서는 효율적인 교육훈련 설계를 위해 교육훈련 설계에 조직전략과 HRD 전략을 반영하여 조직의 전략과 HRD 전략을 한 방향으로 정렬시키는 방법을 알아보고자 한다. 이를 위해 본 장에서는 HRD 전략 수립을 위한 전략적 HRD 기획과 교육훈련 프로그램 개발을 위한 분석, 설계, 개발, 실행, 평가의 5단계인 ADDIE 모형에 대하여 알아보고자 한다.

1 HRD 전략 수립

1) 조직전략과 HRD 전략 정렬

조직 내부에서 HRD 전문성을 인정받고 고성과를 창출하기 위해서는 HRD 담당부서와 담당자가 조직 최고경영층의 전략적 파트너가 되는 것이 매우 중요하다. 최고경영층의 전략적 파트너는 단순히 HRD 담당부서와 담당자가 전략적 파트너가 되고 싶다고 해서 되는 것은 아니며, 이를 위해 HRD 담당자는 사업에 대한 이해를 바탕으로 최고경영층의 대화를 이해하고, 동시에 최고경영층과 공감대를 형성해야 한다. 이를 기반으로 HRD 담당자는 최고경영층에게 조직의 전략에 대한 HRD 전략과 해결방안을 제시하여 사업의 성과창출에 직·간접적으로 기여해야 한다. 이를 통해 최고경영층의 HRD 담당부서와 담당자에 대한 신뢰와 만족도를 높여 궁극적으로 최고경영층의 전략적 파트너가 될 수 있다.

그러므로, 최고경영층과 HRD 담당부서의 전략적 파트너 관계 형성은 단순히 HRD 담당자가 멋진 정장을 입고 전문적인 HRD 컨설턴트를 흉내 내는 것으로 완성되는 것이 아니라 개인의 실력을 바탕으로 지속적으로 조직 내 HRD 담당부서에 대한 신뢰를 높여 중·장기적으로 구축해야 하는 관계이다. 이를 통해 HRD 담당부서와 담당자는 최고경영층의 요구를 더 잘 이해할 수 있게 되고, 이를 바탕으로 최고경영층의 요구를 예측하고 요청된 요구에 지속적으로 잘 응답할 수 있는 선순환의 관계를 형성할 수 있다. 따라서 조직전략과 일치된 교육훈련을 설계하기 위해서는 [그림 4-1]과 같이 최고경영층의 요구와 조직의 주요 이슈를 파악하고 이에 따른 HRD 주요 업무를 파악하여 이를 바탕으로 HRD 해결방안 중 다양한 비교육훈련을 통해 이룰 수 있는 해결방안을

조직 주요 이슈	HRD 주요 업무
사업가 역량강화	1. 사업 본부장 역량개발 2. 사업 본부장 후계자 역량개발 3. 사업 부장 역량개발 4. 사업 부장 후계자 역량개발
핵심가치에 기반한 리더십 개발	1. 팀장 육성 2. 핵심인재 육성 3. 대졸 신입사원과 경력 신입사원 조기 전력화
직무 핵심역량 개발 지원	1. 직무 역량 강화 2. 직무별교육 훈련프로그램개발 지원 3. 협력사 역량강화
글로벌 HRD 역량 향상	1. 글로벌 HRD 역량강화 2. 사업과 연계된 HRD 기획 3. 교육훈련 프로그램 품질 인증

그림 4-1. 조직전략과 HRD 전략의 한 방향 정렬 예시(출처: 저자 작성)

제시해야 한다.

2) 전략적 HRD 기획

HRD 담당부서와 담당자가 조직의 고성과 창출을 위한 최고경영층의 전략적 파트너가 되기 위해서는 조직의 전략과 문제에 대한 적절한 HRD 해결방안을 제시해야 한다. 이 중 교육훈련을 통한 해결방안 제공을 위해서는 단순히 교육을 위한 교육훈련을 설계하고 개발하는 것이 아니라 교육훈련 설계를 HRD 기획 단계부터 체계적으로 실시해야 한다. 따라서, 최고경영층과 내·외부 고객의 관심과 의사를 반영한 조직의 중장기 비전을 달성하기 위해 단기, 중기, 장기 HRD 해결방안을 기획하고, 이를 바탕으로 교육훈련을 포함한 다양한 HRD 해결방안을 제공해야 한다. 그러므로 전략적 HRD 기획은 가장 먼저 조직의 경영이념과 최고경영층의 의사와 연계해야 하며, 이를 단기, 중기, 장기 HRD 전략과 연계해야 한다. 또한, 단순히 미래의 HRD 전략뿐만 아니라 조직의 과거 HRD 계획과 당해 조직의 주요 이슈와 연계한 HRD 계획을 반영해야 한다. 본 장에서는 HRD의 다양한 해결방안 중 교육훈련과 관련된 해결방안 즉, 교육훈련 설계에 초점을 두고 논의하고자 한다.

(1) HRD 기획 수립과정

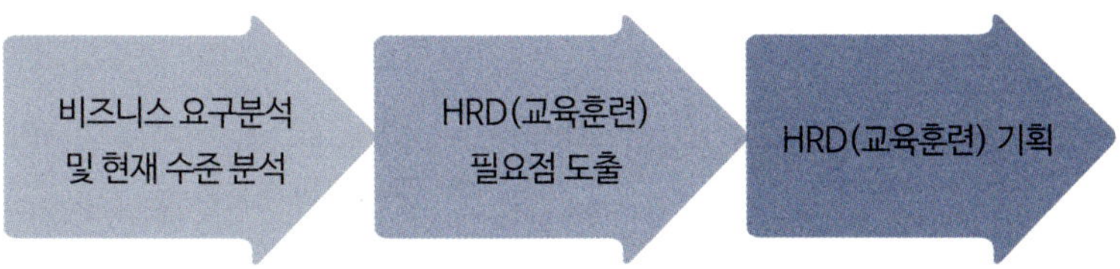

그림 4-2. 전략적 HRD(교육훈련) 기획 수립과정(출처: 저자 작성)

[그림 4-2]는 조직에서의 전략적 HRD 기획 수립과정을 보여주고 있다. 앞서 언급한

바와 같이 본 장에서는 전략적 HRD 기획과정 중 교육훈련과 관련된 기획과정을 제시하고 있다. 전략적 HRD 기획과정의 첫째 단계는 조직의 비즈니스 요구분석과 조직의 현재 수준을 분석하는 단계이다. 최고경영층과 현업의 해당 직무최고책임자에게 조직의 단기, 중기, 장기 비즈니스 요구를 인터뷰한 후 분석하고 요구에 따른 조직의 현재와 미래 수준의 차이를 분석하여 다음 단계 진행을 위한 기본 정보를 구축하는 단계이다. 둘째 단계는 HRD(교육훈련) 필요점을 도출하는 단계이다. 첫째 단계에서 발견한 조직의 비즈니스 요구와 이에 따른 조직의 현재 수준의 모습과 미래의 바람직한 수준 간의 차이를 분석한 후 그중 HRD(교육훈련) 해결방안을 통해 조직의 문제를 해결할 수 있는 필요점을 발견하는 단계이다. 셋째 단계는 HRD(교육훈련)를 기획하는 단계이다. 둘째 단계에서 도출된 HRD(교육훈련) 필요점을 바탕으로 HRD 담당부서의 HRD(교육훈련) 기획을 수립하는 단계이다. 일반적으로 전략적 HRD 기획 수립과정의 2단계와 3단계는 각각 HRD 필요점 도출과 HRD 기획 단계로 교육훈련을 포함한 다양한 HRD 해결방안을 찾아내는 단계이나 본 장은 HRD 필요점 중 교육훈련 디자인과 연계된 교육훈련에 초점을 맞추어 교육훈련 필요점 도출과 교육훈련 기획으로 구성하였다.

① 비즈니스 요구분석 및 현재 수준 분석

HRD 담당부서와 담당자가 최고경영층과 현업의 주요 비즈니스 이슈(Critical Business Issue)가 무엇인지 이해하고, 주요 비즈니스 이슈 해결을 위해 조직 미래의 바람직한 모습과 현재의 모습을 분석하여 그 차이점을 찾아내는 단계이다. 이를 위해 조직의 단기, 중기, 장기 경영목표를 확인하고, 조직의 주요 비즈니스 이슈를 발굴하여 조직의 현 수준을 분석하고, 조직의 부족한 부분에 대한 HRD(교육훈련) 해결방안을 고민하여 조직의 이슈와 HRD(교육훈련) 해결방안을 한 방향으로 일치시키는 단계이다.

따라서, 최고경영층과 마케팅최고책임자(Chief Marketing Officer, CMO), 기술최고책임자(Chief Technology Officer, CTO) 등과 같은 현업의 해당 직무최고책임자와의 지속적인 전략적 파트너 관계 유지를 통해 현업의 주요 비즈니스 이슈를 정확히 이해하고 분석하여,

최고경영층으로부터 HRD(교육훈련) 해결방안에 대한 지속적인 지원을 확보해야 한다. 조직의 주요 비즈니스 이슈에 대한 분석이 정확하게 이루어지지 못하면 추후 HRD 담당부서와 담당자가 탁월한 HRD(교육훈련) 해결방안을 제시하더라도 조직이 필요로 하는 적절한 HRD(교육훈련) 해결방안이 개발되지 않을 수 있다.

그러므로 조직의 비즈니스 요구분석을 통해 최고경영층이 당면한 주요 문제점을 파악하고, 동시에 현업의 비전과 중장기 목표를 파악해야 하며, 나아가 조직구성원이 생각하는 조직의 문제점 등을 적절히 파악해야 한다. 이를 바탕으로 주요 비즈니스 요구를 충족시키기 위해 필요한 미래의 바람직한 모습과 현재의 모습의 차이를 파악하고 큰 틀에서 HRD(교육훈련) 관점에서 문제 해결방안을 고민해야 한다.

② HRD(교육훈련) 필요점 도출

HRD 담당부서와 담당자가 비즈니스 요구분석 및 현재 수준 분석에서 찾아낸 시사점을 바탕으로 구체적으로 조직에서 업무수행에 필요한 HRD(교육훈련) 해결방안을 탐색하고 도출하는 단계이다. 특히 HRD 해결방안 중 교육훈련과 관련된 해결방안 제시를 위하여 요구되는 지식, 기술, 태도에 대한 미래와 현실의 수준 차이를 분석하여 어떤 교육훈련이 필요한지 파악하고, 교육훈련이 문제 해결방안으로 적절한지 판단하는 단계이다. 따라서, 이를 위해 조직의 주요 비즈니스 이슈를 해결하기 위한 HRD 담당부서의 HRD 전략과 실행 과제를 설정한다. HRD 담당부서의 전략과 실행 과제는 HRD 관점에서 교육훈련과 비교육훈련 해결방안으로 구분한 후, 이를 바탕으로 HRD 담당부서의 교육훈련 해결방안과 관련된 중점 추진 과제를 지식, 기술, 태도로 구분하여 각각의 우선순위를 파악하고, 구체적인 교육훈련 실행 과제 필요점을 도출한다.

③ HRD(교육훈련) 기획

HRD 담당부서와 담당자가 조직의 주요 비즈니스 이슈를 해결하기 위해 HRD(교육훈련) 필요점에서 도출된 HRD(교육훈련) 중점 추진 과제를 실행하고 최고경영층의 지원을 획득하며, 구체적인 HRD(교육훈련) 세부 실행 과제와 계획을 수립하는 단계이다. 이 단계에서 HRD 담당부서와 담당자는 HRD 주요 업무, HRD 업무의 우선순위, 신규 개발 및 개정을 포함한 HRD 프로그램명, 교육 대상, 인원과 차수와 일수를 계산한 교육량, HRD 예산, 교육훈련 실시 계획과 비교육훈련 실시 계획을 포함한 연간 계획, 작년 대비 증감 등을 계획해야 한다.

표 4-1. 연간 HRD(교육훈련 및 비교육훈련) 운영 계획의 예(출처: 저자 작성)

주요 업무	업무 우선 순위	프로그램명 (신규 및 개정 포함)	교육 대상	교육량 (인원X차수X일수)	예산	연간 계획				작년 대비 증감 (%)
						1 분기	2 분기	3 분기	4 분기	

<표 4-1>은 연간 HRD(교육훈련 및 비교육훈련) 운영 계획의 예를 보여주고 있다. 구체적으로 연간 HRD(교육훈련 및 비교육훈련) 운영 계획의 내용을 살펴보면 다음과 같다.

첫째, HRD 주요 업무는 최고경영층과 현업의 주요 비즈니스 이슈에 따라 한 방향으로 정렬된 HRD 주요 업무이다. 둘째, HRD 업무 담당부서에서 현실적으로 1년간 모든 HRD 해결방안을 실시할 수 없기 때문에 주어진 시간, 조직 여건, 예산 등 우선순위에 따라 HRD 프로그램의 중요성, 시급성, 현실성, 파급성 등을 바탕으로 HRD 프로그램의 우선순위를 정하는 것이다. 셋째, HRD 프로그램명은 HRD 주요 업무를 실현하기 위한 구체적인 HRD 프로그램으로 HRD 프로그램은 기존의 HRD 프로그램 뿐만 아니라 기존 HRD 프로그램의 개정 및 신규 HRD 프로그램의 개발도 포함한다. 넷째, 교육 대상은 HRD 프로그램에 참석하는 대상자이며, 직급, 직무, 직책, 소속, 핵심인재, 팀장, 임원, 후계자, 후보군, 대졸신입사원, 경력신입사원 등에 따라 대상자를 정의한다. 다섯째, 교육량은 HRD 프로그램에 참여하는 인원, 실시하는 HRD 프로그램 차수의

수, 실시하는 HRD 프로그램의 일수를 곱하여 교육량을 계산한다. 여섯째, 예산은 HRD 담당부서의 1년 예산 중 해당 HRD 프로그램에 투입되는 예산을 계산하는 것으로 기존 HRD 프로그램의 운영에 투입되는 예산 또는 기존 HRD 프로그램의 개정 및 신규 개발 프로젝트에 투입되는 예산을 포함한다. 일곱째, 연간 계획은 연간 HRD 프로그램이 실시되는 일정을 분기별, 월별, 일자별로 기입한다. 분기별로 연간 계획을 기입 시에는 특정 분기에 HRD 프로그램이 몰리지 않도록 적절한 배분이 필요하며, 구체적으로 일자별로 기입 시에는 여름 휴가, 공휴일, 월말, 분기말, 연말 연시 등을 고려하여 구성해야 한다.

3) 교육훈련 프로그램 개발

그림 4-3. ADDIE 모형(출처: 저자 작성)

HRD 담당부서와 담당자는 HRD 전략 수립을 통해 연간 HRD 운영 계획을 작성한 후 도출된 HRD 해결방안 중 기존의 교육훈련 프로그램 조직으로 주요 비즈니스 이슈를 해결할 수 있으면 기존의 교육훈련 프로그램을 이용한다. 하지만 조직의 주요 비즈니스 이슈를 기존의 교육훈련 프로그램을 통해 해결할 수 없다면 교육훈련 프로그램을 내·외부에서 개발해야 한다. 교육훈련 프로그램의 개발은 신규 교육훈련 프로그램의 개발 또는 기존의 교육훈련 프로그램의 수정 및 보완을 실시하며, 현업에서는 교수체제개발(Instructional Systems Development, ISD) 모형에 기반한 분석(Analysis), 설계(Design), 개발(Development), 운영(Implementation), 평가(Evaluation)의 5단계에 따라 교육훈련 프로그램을 개발한다. 이 5단계의 교육훈련 프로그램 개발 모형은 각 단계의 앞글자를 따서 ADDIE 모형이라고 하기도 하며 [그림 4-3]은 ADDIE 모형을 보여준다.

그러나 현실적으로 현업에서 주어진 짧은 시간 내에 ADDIE 모형의 전체 과정을 그대로 적용하여 교육훈련 프로그램을 개발하는 것은 매우 어렵다. HRD 담당자의 직무가 교수 요원이나 프로그램 개발 직무만을 100%로 수행하는 경우가 아니라면 ADDIE 모형의 전체 과정에 따라 교육훈련 프로그램을 개발하기 위해서는 HRD 담당자의 많은 시간 투자가 필요하기 때문이다. 따라서, 최근에는 조직에 따라 기존의 ADDIE 모형의 전체 과정을 따르지 않고 핵심 부분을 중심으로 ADDIE 모형의 과정을 단축하거나 조직의 상황에 맞게 변형하여 사용하고 있는 추세이다. 또한 조직에 따라서는 교육훈련 프로그램의 개발을 외부 교수, 전문가, 전문 업체에게 맡기거나, 외부에서 사용되고 있는 상용 교육훈련 프로그램을 직접 도입 또는 일부 개선하여 사용하는 경우도 있다. 본 장에서는 ADDIE 모형 중 분석, 설계, 개발 단계에 대하여 보다 구체적으로 논의하고자 한다. 운영과 평가 단계에 대한 구체적인 내용은 각각 5장과 7장에서 좀 더 구체적으로 논의가 된다.

2 분석

■■ 그림 4-4. ADDIE 모형 중 분석 단계(출처: 저자 작성)

ADDIE 모형 중 첫째 단계인 분석 단계는 교육훈련 프로그램 개발의 기초가 되는 내용을 구성하기 위해 조직 내 · 외부를 분석하는 단계로 환경, 학습자 등을 분석하는 단계이다. [그림 4-4]는 ADDIE 모형 중 분석 단계의 위치를 보여준다.

1) 환경 분석

환경 분석은 교육훈련 프로그램 개발에 도움이 되거나 장애가 될 수 있는 조직 내·외부의 환경 요인을 분석하여 교육훈련 프로그램 개발을 위한 기초 자료를 구하는 단계로 조직의 인적, 물적 요인을 포함한 다양한 강점과 약점을 파악해야 한다. 특히, 개발하려고 하는 교육훈련 프로그램과 관련된 조직 내·외부의 기존의 교육훈련 프로그램과 연관된 자료를 수집하고, HRD 담당부서와 담당자의 활용 가능한 자원을 분석한다. 또한, 조직의 HRD 육성 체계에서 신규 또는 수정하고자 하는 교육훈련 프로그램과 관련된 모든 교육훈련 프로그램을 파악하여, HRD 육성 체계상 신규 또는 수정하는 교육훈련 프로그램의 위계와 위치를 파악한다. 동시에 교육훈련 프로그램 개발에 도움을 줄 수 있는 사내·외 전문가 풀을 확보하고, 해당 전문가의 전문 영역과 투입 가능 여부, 비용 등을 파악한다.

2) 학습자 분석

학습자 분석은 교육훈련 프로그램의 수혜 대상인 학습자의 특성을 분석하기 위해 학습자에 대한 기초 정보를 찾는 단계이다. 직급별, 직무별, 직책별, 핵심인재별, 팀장별, 후보자별, 임원별 등에 따라 교육훈련 프로그램 참여 예상 인원을 파악하고, 조직 상황에 따라 인사 부서와의 협업을 통해 학습자에 대한 정보를 사전에 파악한다.

조직의 교육훈련 프로그램 해당 학습자의 전체 인원을 파악한 후 최고경영층의 의견, 현업의 여건, HRD 담당부서의 연간 HRD 계획, 예산, 교육 시설 수용력, 학습자 요구 등을 전반적으로 고려하여 교육훈련 대상자 수를 파악한다. 교육훈련 프로그램을 개발하기 위해 교육훈련 대상자의 동기 수준, 선행 학습 수준, 현재 역량, 선호하는 교육 방법, 업무 일정 등을 사전에 파악한다. 학습자 분석은 HRD 담당자가 교육훈련 대상자를 대상으로 직접 면대면 인터뷰를 하는 것이 가장 좋으나 상황에 따라 전화 인터뷰와 이메일 설문 등 다양한 기법을 사용하여 필요한 정보를 사전에 획득하는 것이 좋다.

3 설계

그림 4-5. ADDIE 모형 중 설계 단계(출처: 저자 작성)

ADDIE 모형 중 둘째 단계인 설계 단계는 분석 단계에서 수집된 자료를 바탕으로 교육훈련 프로그램을 구조화하여 교육훈련 프로그램을 실제로 만드는 개발 단계의 초석을 마련하는 단계이다. [그림 4-5]는 ADDIE 모형 중 설계 단계의 위치를 보여준다.

1) 학습목표 설정

학습목표 설정은 교육훈련 프로그램 참여 후 학습자에게 기대되는 교육훈련 프로그램의 교육목표를 명확히 제시하는 단계이다. 학습목표의 설정은 HRD 담당자가 교육대상자의 의견을 참고하고, 내 · 외부의 내용 전문가의 의견을 반영하여 학습목표를 설정하게 된다. 학습목표는 최고경영층의 경영목표에 부합해야 하며, 학습목표 달성 시 현업의 문제가 해결되는지 확인해야 한다. 학습목표의 수준은 너무 높거나 낮지 않게 적절한 수준에서 기술해야 한다.

전통적인 교육목표분류학은 교육목표를 인지적 영역(Cognitive Domain), 정의적 영역(Affective Domain), 신체적 영역(Psychomotor Domain)으로 나누어 제시한다(김대우, 김석우, 2012). 게리 D. 보리츠(Gary D. Borich, 2005: 103-110)는 이러한 기존 학자들의 이론을 정리한 후 교육목표 기술 시 세 가지 영역을 나타내는 동사들을 각각의 수준에 따라 다음과 같이 예를 들어 제시하였다.

인지적 영역은 지식, 이해, 적용, 분석, 종합, 평가의 6가지 수준의 순으로 낮은 수준에서 높은 수준 그리고 덜 실제적에서 더 실제적으로 나타난다. 지식수준을 나타내는 동사의 예는 정의하여라, 나열하여라, 기억하여라, 묘사하여라, 연결하여라, 암송하여라, 제시하여라, 명명하여라, 선택하여라, 분류하여라, 요점을 정리하여라, 서술하려라 등이다. 이해수준을 나타내는 동사의 예는 바꾸어 말하여라, 추정하여라, 추론하여라, 정당화하여라, 설명하여라, 번역하여라, 구별하여라, 확장하여라, 예측하여라, 구분하여라, 일반화하여라, 요약하여라 등이다. 적용수준을 나타내는 동사의 예는 바꾸어라, 수정하여라, 연관시켜라, 계산하여라, 조작하여라, 문제를 풀어라, 보여 주어라, 조직하여라, 변환하여라, 개발하여라, 준비하여라, 사용하여라 등이다. 분석수준을 나타내는 동사의 예는 분류하여라, 구별하여라, 지적하여라, 추출하여라, 예를 들어라, 관계지어라, 도표로 나타내어라, 추론하여라, 나누어라, 구분하여라, 요점을 말하여라, 세분하여라 등이다. 종합수준을 나타내는 동사의 예는 범주화하여라, 창조하여라, 공식화하여라, 편집하여라, 디자인하여라, 예측하여라, 구성하여라, 고안하여라, 생산하여라 등이다. 평가수준을 나타내는 동사의 예는 가치를 평가하여라, 비판하여라, 정의하여라, 비교하여라, 정당화하여라, 지지하여라, 대조하여라, 판단하여라, 실증하여라 등이다.

정의적 영역은 수용, 반응, 가치화, 조직화, 성격화의 5가지의 수준의 순으로 낮은 수준에서 높은 수준 그리고 덜 실제적에서 더 실제적으로 나타난다. 수용수준을 나타내는 동사의 예는 주의집중하여라, 식별하여라, 보아라, 조심하여라, 들어라, 주목하여라, 조절하여라, 주의 깊게 들어라 등이다. 반응 수준을 나타내는 동사의 예는 박수쳐라, 따르라, 가지고 놀아라, 응하여라, 복종하여라, 연습하여라, 논쟁하여라, 참여하여라, 자원하여라 등이다. 가치화 수준을 나타내는 동사의 예는 행동하여라, 토의하여라, 도와라, 논쟁하여라, 보여주어라, 조직하여라, 확신하여라, 표현하여라, 선호하는 것을 나타내어라 등이다. 조직화 수준을 나타내는 동사의 예는 요약하여라, 결정하여라, 골라라, 균형을 맞추어라, 정의하여라, 조직화하여라, 비교하여라, 공식화하여라, 이론화하여라 등이다. 성격화 수준을 나타내는 동사의 예는 피하여라, 내면화하여라, 저항하여라, 보여 주어라, 다루어라, 결정하여라, 전시하여라, 요구하여라, 수정하여라 등이다.

신체적 영역은 모방, 조작, 정확, 연합, 숙달의 5가지의 수준의 순으로 낮은 수준에서 높은 수준 그리고 덜 실제적에서 더 실제적으로 나타난다. 모방수준을 나타내는 동사의 예는 정열하여라, 추적하여라, 반복하여라, 균형을 맞추어라, 쥐어라, 머물러라, 따르라, 위치시켜라, 걸음을 옮겨라 등이다. 조작수준을 나타내는 표현의 예는 모방을 나타내는 동사의 예와 비슷하다. 정확수준을 나타내는 동사의 예는 정확하게, 독립적으로, 조절하여, 실수 없이, 능숙하게, 균형을 맞추어서 등이다. 연합수준을 나타내는 표현의 예는 신뢰감, 통합, 속도, 협응, 배율량, 안정감, 조화, 부드러움, 시간 등이다. 숙달수준을 나타내는 표현의 예는 자동적으로, 전문적으로, 쉽게, 힘들지 않게, 일상적으로, 완벽하게, 자연스럽게, 즉흥적으로, 안정적으로 등이다.

그러나 김대우와 김석우(2012)는 세 영역은 서로 경계가 명확하지 않고, 밀접히 연관되어 있어 교육목표를 단순히 세 가지로 분류하는 것은 매우 인위적인 것이라고 주장하였다. 따라서 교육목표 설정 시 어느 한 영역만 강조하는 것은 위험하며, 동시에 한 가지 수준의 목표 달성에만 몰입하는 것 또한 지양해야 한다고 주장하였다(김대우, 김석우, 2012).

기영화(2003: 146-147)는 목표를 의미있게 진술하기 위해서는 다음과 같이 기술이 되어야 한다고 제안한다.

첫째, 목표를 획득하려는 참여자들의 유형을 구체화한다.

둘째, 목표를 달성하는 것으로 기대되는 학습자의 비율이나 최소인원을 나타낸다.

셋째, 참여자들이 프로그램을 통해 얻고자 하는 것을 구체적으로 기록한다.

넷째, 장래 고객에게 중요하고 가치있는 것을 다룬다.

다섯째, 진술된 문제와 명백한 관계를 보여준다.

여섯째, 프로그램에 투입할 수 있는 노력과 자원의 양 및 실현가능성을 나타낸다.

일곱째, 주어진 시간 내에 획득할 수 있어야 한다.

여덟째, 목표의 성취 여부를 평가가능하도록 가시적이고 구체적으로 정의해야 한다.

아홉째, 프로그램의 핵심부분에 초점을 맞춰 목표가 기술되어야 한다.

또한, 차갑부(2002: 241)는 다음과 같이 학습목표 진술 원칙을 제시한다.

첫째, 교수자의 행동이 아닌 학습자의 행동으로 진술되어야 한다.

둘째, 구체적이고 명료한 행동용어로 진술되어야 한다.

셋째, 행동영역과 교과 내용영역이 함께 포함되어야 한다.

넷째, 수업이 끝났을 때 학습자에게 발생할 수 있는 변화의 과정에 대한 내용이 포함되어야 한다.

다섯째, 실현가능한 것이어야 한다.

여섯째, 하나의 학습목표 속에는 하나의 개념만 들어가는 단일 문장으로 진술한다.

행동적 목표 진술에 대하여는 최근 논란의 여지가 많으나 아직까지 측정 가능 여부로 인해 현재까지도 현업에서 많이 사용되고 있는 목표 진술방법이다. 로버트 F. 메이거(Robert F. Mager)는 행동적 목표 진술을 주장한 대표적인 학자로, 학습자가 학습목표를 달성했다는 것을 알 수 있는 관찰가능한 행동, 행동이 발생하는 조건, 행동의 도달수준이 학습목표에 반드시 나타나야 한다고 주장하였다(김대우, 김석우, 2012). 따라서, 학습목표는 관찰가능한 행동, 조건, 도달수준에 맞추어 기술해야 한다. 예를 들면 학습목표는 상기 언급된 3가지 요소를 모두 반영하여, '농구 연습에서 동료의 도움 없이(조건) 10번의 자유투 중 5번의 자유투를(도달수준) 성공할 수 있다(관찰가능한 행동)'와 같이 기술되어야 한다.

2) 교육훈련 프로그램 설계방법

교육훈련 프로그램의 학습목표를 달성하기 위해 학습목표를 기반으로 학습내용, 학습방법, 시간, 평가 전략 등을 결정하고 본격적으로 교육훈련 프로그램을 개발하기 전 전체 형태를 만드는 단계이다.

학습내용은 내용의 단순성, 복잡성, 구체성, 추상성 등에 따라 효율적으로 계열화 한다. 또한 학습내용을 학습자에게 보다 효율적으로 전달할 수 있는 여러 방법을 고민하여 동영상, 게임, 토론, 실습, 강의, 발표 등의 다양한 학습방법을 사용하고 이에 따른 필요 예상시간을 작성한다. 〈표 4-2〉는 교육훈련 프로그램 설계 양식의 예를 보여주고 있다. 대단원, 중단원, 소단원에 따라 교육훈련 프로그램의 단원을 구성하며, 소단원에 해당하는 학습목표를 작성한다. 학습내용은 학습목표를 이루기 위해 구성되는 교육내용을 작성하고, 학습방법은 학습내용을 효율적으로 전달하기 위한 다양한 방법을 작성한다. 시간은 학습내용과 학습방법을 적절히 학습자에게 전달하기 위해 필요한 시간을 작성하고, 평가전략은 학습내용이 학습자에게 잘 전달되었는지, 현업에 잘 적용되었는지, 성과에 영향을 미쳤는지 등에 대한 평가 전략을 작성한다.

표 4-2. 교육훈련 프로그램 설계 양식의 예(출처: 저자 작성)

교육훈련 프로그램명:					실시일:		
대단원	중단원	소단원	학습 목표	학습내용	학습 방법	시간	평가 전략

3) 학습 평가전략

교육훈련 프로그램이 학습자에게 얼마나 잘 전달되었고, 최종적으로 현업에 적용되어 성과로 창출되었는지에 대한 평가전략을 개발하는 단계이다. 평가의 기준은 교육훈련 프로그램 시 기술된 학습목표이며 따라서 학습목표와 평가전략은 일치를 이루어야 한다. 구체적인 평가전략은 7장인 학습 측정 및 분석에서 구체적으로 다루므로 본 장에서는 간단히 도날드 L. 커크패트릭(Donald L. Kirkpatric)의 레벨(Level) 1, 레벨(Level) 2, 레벨(Level) 3, 레벨(Level) 4 평가전략과 잭 J. 필립스(Jack J. Phillips)의 투자회수율(Return of Investment: ROI)에 대하여 간단히 설명한다.

커크패트릭의 레벨 1 평가는 반응에 대한 평가로, 학습자의 교육에 대한 만족도를 측정하는 평가이며, 레벨 2 평가는 학습에 대한 평가로, 학습자의 학습내용에 대한 습득 정도를 측정하는 평가이다. 레벨 3 평가는 행동에 대한 평가로, 학습자가 학습한 내용의 현장 적용 정도를 측정하는 평가이며, 레벨 4 평가는 결과에 대한 평가로, 비즈니스로 나타난 성과를 측정하는 평가이다. 필립스는 여기에 교육 후 환산된 성과를 측정하는 투자회수율을 제시하였다. 〈표 4-3〉은 학습 평가전략 개요를 보여주고 있다. 레벨 1, 레벨 2, 레벨 3, 레벨 4, 투자회수율에 대한 각각의 평가전략을 기준으로 평가내용을 구성하며, 평가를 하기 위한 자료의 수집방법과 수집시기 및 이를 담당할 담당자를 작성한다.

표 4-3. 학습 평가 전략 개요(출처: 저자 작성)

평가 전략	평가내용	수집 방법	수집 시기	담당자
레벨 1				
레벨 2				
레벨 3				
레벨 4				
투자회수율				

4 개발

■■ 그림 4-6. ADDIE 모형 중 개발 단계(출처: 저자 작성)

ADDIE 모형 중 셋째 단계인 개발 단계는 교육훈련 프로그램 설계를 바탕으로 학습자에게 제공할 교육훈련 프로그램의 다양한 학습내용과 자원을 구체적으로 개발하는 단계이다. 교육훈련 프로그램의 개발은 HRD 담당부서의 HRD 담당자가 직접 개발을 할 수도 있으나 조직에 따라 교육훈련 프로그램을 외부 교수, 전문가, 전문업체에게 전적으로 맡기거나, 외부의 교육훈련 프로그램을 직접 도입 또는 조직에 맞게 주문식으로 수정하여 개발하는 경우도 있다. [그림 4-6]는 ADDIE 모형 중 개발 단계의 위치를 보여준다.

1) 강사용 장표 및 강사용 매뉴얼 개발

학습자에게 강의할 강사용 장표를 구성하고, 강사 양성 교육을 받은 다양한 강사가 교육대상과 교육 차수가 다르더라도 동일한 교육내용을 학습자에게 제공하기 위해 강의와 관련된 상세한 가이드라인과 내용 등을 기술한 강사용 매뉴얼을 개발하는 단계이다. 최근 강사용 장표는 일반적으로 파워포인트로 구성이 되며, 뒤에 논의될 학습자용 교재의 기본 내용과 포맷이 된다.

강사용 매뉴얼의 구성은 강사 양성 교육을 받은 강사가 교육훈련 프로그램을 개발한 개발자의 교육내용을 이해하고 개발자의 의도를 크게 벗어나지 않도록 가이드라인을 제시하는 내용으로 구성하면 충분하다. 강사용 매뉴얼에는 교육내용에 대한 상세 설명보다는 강사가 강의 시 반드시 집고 넘어가야 할 팁이나 참고 사항에 초점을 맞추어 제작한다. 따라서, 강사용 매뉴얼은 구성 내용과 방식에 따라 다양한 형식으로 제공이 되나 최근 현업에서는 강사용 매뉴얼의 빠른 제작을 위해 강사용 매뉴얼을 따로 제작하지 않고, 강사용 장표 포맷에 강의와 관련된 내용을 추가 기입하는 형식으로 구성하기도 한다. 또한, 추후 업데이트를 위해 강사용 장표 및 강사용 매뉴얼의 버전 관리를 하는 것이 필요하다. 〈표 4-4〉는 강사용 매뉴얼의 포맷의 예를 보여주고 있다. 학습목표를 작성한 후 학습목표를 달성하기 위한 학습내용과 강사가 유념하거나 참조해야 할 내용을 학습내용에 작성한다. 또한, 학습내용을 효율적으로 전달하기 위한 다양한 학습방법과 이를 전달하기 위해 필요한 시간을 작성한다.

표 4-4. 강사용 매뉴얼 포맷 예(출처: 저자 작성)

학습목표	학습내용	학습방법	시간	비고

2) 학습자용 교재 개발

학습자가 학습 및 실습할 학습자용 교재를 강사용 장표를 기본 포맷으로 상호 매칭하여 교재를 개발하는 단계이다. 학습자용 교재는 강사용 장표와 마찬가지로 최근에는 파워포인트로 개발이 되며, 강사용 장표에 사례 또는 실습이 있는 경우 학습자가 그 내용을 실습할 수 있도록 적절히 구성하여 학습자용 교재에 반영한다.

학습자용 교재는 강사용 장표의 내용을 기본 포맷으로 하되, 강사용 장표의 모든 내용을 그대로 학습자용 교재에 담는 것이 아니라, 교육훈련 프로그램 개발자의 판단에 따라 강사용 장표의 내용 중 꼭 필요한 내용을 적절히 구성하여 학습자용 교재에 반영해야 한다. 또한, 교육훈련 프로그램의 내용상 사전에 배포할 학습자용 교재와 교육 중 배포할 자료를 구분하여 개발하는 것이 필요하다.

3) 교육 매체 개발

교육훈련 프로그램 개발 시 강사용 장표와 학습자용 교재 개발 이외에 학습자에게 효율적으로 교육내용을 전달하기 위한 다양한 교육 매체를 개발하는 단계이다. 신용주(2006, 2012)는 교육 매체란 교수-학습 전달 과정에서 단순히 교재나 자료만 의미하는 것이 아닌, 교수-학습 전달방법까지 포함한 개념이라고 이야기 한다. 최근에는 학습자에게 학습내용을 보다 효율적으로 전달하기 위해 동영상, 게임, 실습, 토론 등으로 교육훈련 프로그램이 구성되어 있어 교육 매체 개발에 동영상 제작, 게임 도구 개발, 실습 도구 개발 등이 포함된다.

최동근 외(1998: 204-205)는 교육 매체의 기능을 다음과 같이 3가지로 제시하였다.

첫째, 정보의 기록, 보존 및 재생의 기능을 지닌다.

둘째, 정보의 조작과 편집의 기능을 지닌다.

셋째, 개념 및 가치의 구체화 기능을 지닌다.

일반적으로 가장 많이 사용되는 교육 매체 중 동영상은 동영상 사용 이유를 명확히 할 필요가 있다. 동영상은 다른 교육 매체와 마찬가지로 학습목표 또는 학습내용과 잘 연동되었을 때 효과가 크다. 따라서 동영상의 길이와 학습자에 따른 적절한 내용 구성이 필요하다. 특히 학습자가 비한국인일 경우 동영상의 내용 및 언어 이슈도 반드시 확인해야 한다. 교육훈련 프로그램 개발자가 동영상을 직접 편집할 필요는 없으며 동영상의 내용 구성을 교육훈련 프로그램 개발자가 적절히 구성 후 동영상의 촬영 또는 편집은 외부 전문업체에 맡기기도 한다.

게임과 실습 도구의 개발 시 동영상 개발과 마찬가지로 학습목표와 학습내용에 맞는 적절한 게임과 실습 도구의 개발이 필요하다. 최대한 현장과 비슷한 게임과 실습 도구의 개발이 필요하며, 교육훈련 프로그램 개발자가 직접 개발을 할 수도 있으나 필요시 외부 전문가나 업체에 개발을 의뢰하거나 기존에 외부 전문가나 업체가 개발한 게임과 실습 도구를 사용하는 것도 방법이다.

이 외에도 학습목표와 학습내용에 맞는 다양한 교육 매체를 개발할 수 있으며, 필요에 따라 내·외부의 전문가의 도움을 받아 교육 효과를 증진할 수 있는 효율적인 교육 매체를 개발하는 것이 필요하다. 특히, 적절한 교육 매체 개발을 위해서는 평상시 교육과 관련한 다양한 동영상 시청이나 학술대회 참가를 통해 다양한 교육 매체를 접하는 것도 필요하다.

4) 외부 전문가 또는 업체를 통한 개발

HRD 담당부서의 HRD 담당자가 교육훈련 프로그램 개발 시 강사용 장표, 강사용 매뉴얼 개발, 학습자용 교재, 교육 매체 개발 등을 직접 개발할 수도 있으나 HRD 담당부서의 예산과 HRD 담당자의 근무여건과 역량 등에 따라 교육훈련 프로그램의 개발을 외부 교수, 전문가, 전문업체에게 전적으로 맡기거나, 외부 교육훈련 프로그램을 직접 도입 또는 주문식으로 수정하여 개발하는 경우도 있다.

외부 전문가 또는 업체를 통해 교육훈련 프로그램을 개발할 경우 단순히 모든 개발을 외부 전문가 또는 업체에 맡기는 것은 조직의 요구가 제대로 반영되지 않을 수 있기 때문에 교육훈련 프로그램 개발 시 위험 부담이 클 수 있다. 일반적으로 HRD 담당자가 학습목표에 맞는 적절한 외부 전문가 또는 업체를 접촉한 후 교육훈련 프로그램을 개발하거나 외부 전문가 또는 업체가 기존에 보유하고 있는 교육훈련 프로그램을 일부 또는 통째로 구입하게 된다. 따라서 외부 전문가 또는 업체를 통한 교육훈련 프로그램 개발의 경우 HRD 담당자가 지속적인 관심을 갖지 않으면 학습내용이 외부 전문가 또는 업체에 의해 전적으로 결정될 수도 있다. 그러므로 HRD 담당자는 외부 전문가와 업체에 학습목표, 학습내용, 교육 대상자 등을 명확히 의사소통하고 설계 단계에서 나온 산출물을 공유하여, 조직에 필요한 내용이 교육훈련 프로그램에 적절히 반영될 수 있도록 지속적으로 관리해야 한다.

5 운영

■■ **그림 4-7. ADDIE 모형 중 운영 단계**(출처: 저자 작성)

ADDIE 모형 중 넷째 단계인 운영 단계는 개발된 교육훈련 프로그램을 교육 대상자를 대상으로 실제로 강사를 섭외하여 주어진 일정과 시간 내에 운영하는 단계이다. [그림 4-7]은 ADDIE 모형 중 운영 단계의 위치를 보여준다. 운영 단계는 독립된 하나의 장으로 구성하여 5장인 교육훈련 운영에서 보다 구체적으로 설명한다.

6 평가

■■ **그림 4-7. ADDIE 모형 중 운영 단계**(출처: 저자 작성)

ADDIE 모형 중 맨 마지막 단계인 평가 단계는 개발된 교육훈련 프로그램을 운영 후 전체 과정에 대한 평가를 통해 교육훈련 프로그램과 기타 교육훈련 프로그램과 관련된 내용을 평가하는 단계이다. [그림 4-8]은 ADDIE 모형 중 평가 단계의 위치를 보여준다. 평가 단계 또한 운영 단계와 마찬가지로 독립된 하나의 장으로 구성하여 7장인 학습 측정 및 분석에서 보다 구체적으로 설명한다.

요약 및 시사점

본 장에서는 효율적인 교육훈련 설계를 위해 교육훈련 설계에 조직 전략과 HRD 전략을 반영하여 조직의 전략과 HRD 전략을 한 방향으로 정렬시키는 방법에 대하여 알아보았다. 전략적 HRD 기획과정의 첫째 단계는 조직의 비즈니스 요구분석과 조직의 현재 수준을 분석하는 단계이고, 둘째 단계는 HRD(교육훈련) 필요점을 도출하는 단계이며, 셋째 단계는 HRD(교육훈련)를 기획하는 단계이다.

HRD 담당부서와 담당자는 HRD 전략 수립을 통해 연간 HRD 운영 계획을 작성한 후 도출된 HRD 해결방안 중 교육훈련을 통해 조직의 주요 비즈니스 이슈를 해결할 수 있는 경우 교수체제개발(Instructional Systems Development, ISD) 모형에 기반한 분석(Analysis), 설계(Design), 개발(Development), 운영(Implementation), 평가(Evaluation)의 5단계에 따라 교육훈련 프로그램을 개발한다. 이 5단계의 교육훈련 프로그램 개발 모형은 각 단계의 앞글자를 따서 ADDIE 모형이라고 하기도 한다.

ADDIE 모형 5단계를 구체적으로 살펴보면 다음과 같다. 분석 단계에서는 교육훈련 프로그램 개발의 기초가 되는 내용을 구성하기 위해 조직 내·외부 분석을 통해 환경, 학습자 등을 분석한다. 설계 단계에서는 분석 단계에서 수집된 자료를 바탕으로 교육훈련 프로그램을 구조화하여 교육훈련 프로그램을 실제로 만드는 개발 단계의 초석을 마련한다. 개발 단계에서는 교육훈련 프로그램 설계를 바탕으로 학습자에게 제공할 교육훈련 프로그램의 다양한 학습내용과 자원을 구체적으로 개발한다. 운영 단계에서는 개발된 교육훈련 프로그램을 교육 대상자를 대상으로 실제로 강사를 섭외하여 주어진 일정과 시간 내에 운영한다. 평가 단계에서는 개발된 교육훈련 프로그램을 운영 후 전체 과정에 대한 평가를 통해 교육훈련 프로그램과 기타 교육훈련 프로그램과 관련된 내용을 평가한다.

그러므로 효율적인 교육훈련 설계를 위해서는 지속적으로 조직 전략과 HRD 전략을 한 방향으로 정렬시키는 작업이 필요하며 전략적 HRD 기획 과정을 통해 HRD 해결방안과 ADDIE 모형을 반영한 교육훈련 해결방안을 제시하는 것이 필요하다.

연습문제 / EXERCISE

01_ 최고경영층을 대상으로 주요 비즈니스 이슈를 발굴하기 위한 인터뷰를 실시하고자 한다. 최고경영층 인터뷰 시 필요한 절차와 준비물을 무엇이며, 인터뷰지와 설문지에 포함되어야 할 문항과 내용을 구성해 본 후 동료들과 공유해 봅시다.

02_ 본인은 A사의 HRD 담당부서의 HRD 기획 팀장이다. 내년도 A사의 연간 HRD (교육훈련 및 비교육훈련) 운영 계획을 수립해 보고 본인이 구성한 연간 HRD 운영 계획을 동료들과 비교해 봅시다.

표 4-1. 연간 HRD (교육훈련 및 비교육훈련) 운영 계획

주요 업무	업무 우선 순위	프로그램명 (신규 및 개정 포함)	교육 대상	교육량 (인원X차수X일수)	예산	연간 계획				작년 대비 증감 (%)
						1 분기	2 분기	3 분기	4 분기	

03_ 교육훈련 프로그램 설계를 위해 아래의 양식에 따라 현재 본인의 직무 또는 리더십과 관련된 교육훈련 프로그램 설계를 작성해 보고 자신이 작성한 교육훈련 프로그램 설계를 동료들과 비교 분석 후 잘한 점과 부족한 점을 발표해 봅시다.

표 4-2. 교육훈련 프로그램 설계

교육훈련 프로그램 명:					실시일:		
대단원	중단원	소단원	학습 목표	학습내용	학습 방법	시간	평가 전략

참고문헌 / REFERENCE

김대우, 김석우(2012). 교육과정 및 교육평가. 서울: 학지사.

기영화(2003). 평생교육 프로그램 개발. 서울: 학지사.

신용주(2006). 평생교육의 이론과 방법. 서울: 형설출판사.

신용주(2012). 평생교육 방법론. 서울: 학지사.

차갑부(2002). 사회교육방법의 탐구: 성인교육방법의 새로운 지평. 파주: 양서원.

최동근, 양용칠, 박인우(1998). 교육방법의 공학적 접근. 파주: 교육과학사.

Borich, G. D. (2006). *Effective Teaching Methods*. 박승배, 부재율, 설양환, 이미자, 조주연 역. 효과적인 교수법. 서울: 아카데미프레스.

CHAPTER **05**

교육훈련 운영(Training Delivery)

이 성 엽

인적자원개발의 실천으로 교육훈련은 오랫동안 다양하게 논의되고 발전해 왔다. 기업에서의 인적자원개발을 위한 교육훈련은 인재개발원 또는 연수원이라 불리는 교육을 위한 특정 장소에서 진행되는 전통적인 집합교육부터 근무현장에서 교육훈련이 이루어지는 일터학습(workplace learning) 그리고 최근에는 모바일 기기까지 활용하는 스마트러닝까지 다양한 모습으로 전개되고 있다. 전통적인 집합교육도 교수자의 강의부터, 퍼실리테이팅(facilitating) 활동을 통한 그룹 활동, 나아가 온라인과 연계되어 진행되는 블랜디드러닝(blended learning) 또는 플립러닝(flipped learning)에 이르기까지 다양한 모습으로 운영되고 있다.

이러한 교육훈련방법은 열리는 장소에 따라 현장을 떠난 Off교육, 현장에서 진행되는 On-site교육으로 구분할 수 있고, 교육의 3요소(가르치는 사람, 배우는 사람, 학습 컨텐츠)가 있는 형식교육(formal learning)과 그렇지 않은 무형식학습(informal learning)으로 나눌 수 있는 등 기준을 무엇으로 하느냐에 따라 다양한 모습으로 설명할 수 있다.

다양한 교육훈련방법 중 어떠한 방법을 선택할 것인지는 교육의 목적과 목표, 학습자의 수준과 동기, 활용 가능한 인적·물적 자원 및 환경에 따라 가장 효과적인 방법을 선택하여 운영하게 된다. 특히 학습참여자들의 직급, 나이, 성별, 근무경력, 역량수준, 경험수준, 참여동기, 참여목표 등 학습자의 니즈분석이 교육훈련방법 결정의 중요한 조건이 된다.

1 성인학습자의 특성을 고려한 교육훈련

1) 성인학습자의 특성

기업에서의 교육훈련은 성인학습자들을 대상으로 진행된다. 성인학습자들은 페다고지(pedagogy) 즉 전통교육학의 대상과는 신체적, 심리적, 사회적으로 다르다(권대봉, 1999). 성인학습자는 학습과정과 역동적인 관계를 맺으며 모든 경험이 학습경험의 일부분이기도 하다(강선보, 2006). 성인학습자들은 나름대로 다양한 경험을 가지고 있으며, 배운 것을 당장 돌아가서 활용할 수 있는지 등 교육에 대한 직접적인 필요성을 느낄수록 학습 몰입도는 높아진다. 특히 성인들은 조직적, 의도적으로 일어나는 형식적 학습(formal learning) 외에도 삶의 현장 일터현장에서 일어나는 비조직적인 무형식학습(informal learning)을 통해서 배우고 성장한다.

성인학습자는 그들이 가지고 있는 경험과 자원을 백분 활용할 수 있다는 학습자원을 가지고 있다는 장점도 있지만 노화(老化, Aging)라는 신체기능의 저하 때문에 교육훈련 준비 역시 성인들의 신체적 상황을 고려해야 한다. 대개 노화가 진행됨에 따라 시력, 청력 기능 등이 약해지고 기억력이 나빠진다. 따라서 교재의 글자 크기를 포함한 다양한 학습 부교재는 성인에 맞게 구성되어야 한다. 신경계통의 노화로 반응 속도가 느려지고, 이러한 생리적인 작용은 새로운 학습내용에 대한 반응을 저하시킨다. 정보를 수정하고 새로운 정보를 습득하는 속도가 상대적으로 느리기에 학습상황에서 교재 및 교과내용을 학습하는 충분한 시간적 여유를 만드는 등의 배려가 필요하다.

심리학적, 사회학적 관점에서 볼 때 성인학습자는 다양하고 풍부한 경험을 가지고 있기에 그들의 자원을 교실 안에서 공유하게 할 필요가 있다. 성인학습자들의 선행경험은 학습 초기 나름대로의 패러다임이 선입견이 되어 마음을 열지 못하게 할 수 있다. 교수자는 성인학습자들의 마음을 열고 참여하여 본인의 경험을 다른 학습자들과 공유할 수 있도록 벽 허물기(ice breaking) 시간을 충분히 가져 과정의 취지와 의미를 충분히 이해하고 참여한 동료 학습자들과 마음을 열 수 있는 기회를 만들어야 한다. 또한 성인학습자의 신체적 특성인 시력, 청력, 체력을 고려하여 인체공학적 측면에서 적합한 강의실을 마련할 필요가 있다.

성인학습이론의 대가 말콤 놀즈(Malcolm Knowles)는 아동 대상의 전통교육학인 페다고지(Pedagogy)와는 달리 '성인의 학습을 돕는 기술 또는 과학'으로 안드라고지(Andaragogy)라는 용어를 사용하면서 성인기의 특징을 다음과 같이 전제하는데 그 첫째는 자아개념은 성숙해짐에 따라 점점 자기주도적으로 변화한다는 것, 둘째는 성인은 경험을 통한 풍부한 학습자원을 지속적으로 축적해 오고 있다는 것, 셋째는 성인의 학습준비도는 사회적 역할과 발전적 과업과 관련되어진다는 것, 그리고 넷째는 학습한 내용을 삶에서 즉각적으로 적용하려 한다는 것이다(Knowles, 1975).

안드라고지(Andragogy)라는 용어는 1833년 플라톤 교육을 전공하던 독일학자 알렉산더 카프(Alexander Kapp)에 의해 제시된 것으로 알려져 있다. 몇 년 후 철학자 허바트(Johan Friedrich Herbart)와 용어의 타당성에 대한 논쟁이 있었고 거의 1세기 동안 사용되지 않았다. 1921년 독일의 학자 로젠스톡(Eugen Rosenstock)이 프랑크푸르트에서 개최된 노동학회(Academy of Labour) 보고서에 사용하면서 다시 회자되었으며 이후 1927년 미국의 린드만(Lindeman)이 사용하였고 놀즈(Knowles)에 의해 널리 알려지게 되었다. 안드라고지의 관점에선 성인학습자들은 아동들의 학습과는 분명한 차이점이 있기에 이를 충분히 고려해야 한다. 전통적인 교육학인 페다고지와 성인학습의 원리인 안드라고지의 핵심내용을 마이어(Mayer)는 〈표 5-1〉과 같이 비교한다(Mayer, 1998).

표 5-1. 페다고지와 안드라고지의 원리 비교

페다고지의 원리	안드라고지의 원리
학습과정의 운영에 있어서 학습자의 관심과 이해에 상관없이 의무적 참석을 전제로 한다.	학습은 학습자의 자발적인 참여를 전제로 이루어진다.
아동의 자기 개념은 성인의 지도를 필요로 하는 의존적이고 미성숙한 존재다.	성인의 자기 개념은 자기 지도가 가능한 성숙하고 독립적인 존재로 파악된다.
강사는 보다 많은 지식을 가지고 있으며, 그 지식을 학습자들에게 전달하는 것이 주된 임무다.	학습자는 다른 학습자와의 상호적인 관계를 지니고 있다.
아동의 인생경험이 학습과정에서는 유용한 것으로 여겨지지 않는다.	성인의 인생경험은 매우 풍부하기 때문에 학습과정에 있어서 다양한 공헌을 할 수 있을 것이라고 기대된다.
강사가 축적한 지식 및 경험은 무엇보다도 중요하며 학습에 있어서 제1의 자원이다.	학습자들의 경험과 그간 축적한 지식은 학습에 있어 매우 중요한 자원이 된다.
강사가 학습내용과 과정을 결정한다.	학습자는 자신의 관심과 요구에 기초하여 학습내용과 학습과정을 선택할 수 있다.
교육은 미래를 준비하는 과정이며, 학습자는 미래를 위해 무엇을 행하고 성취할 수 있도록 준비하는 존재다.	교육은 현재의 문제해결을 위한 과정이다.
강사의 제일 중요한 역할은 무엇을 학습해야 하는가의 내용을 결정하는 데 있다.	강사의 우선적인 역할은 학습과정을 촉진시키는 데 있다.
학습자가 학습교재에 대해 어떻게 느끼는지는 고려되지 않는다. 어떻게 잘 학습할 것인가에만 관심을 집중한다.	학습자가 학습내용과 과정을 어떻게 여기고 있는가에 대하여 많은 관심을 가지며, 학습자들의 적극적인 감정은 학습을 지식시키는 데 중요한 요소다.
학습자는 자신의 과거 학습이 언제 필요하고, 어떻게 도움이 되는지는 물론 앞으로 어떤 공부가 필요한지 스스로 평가하지 못한다.	학습자는 스스로 학습과정의 가치를 평가할 수 있고, 향후 자신의 니즈가 학습을 통해 어느 정도 충족될 수 있을지를 판단한다.

출처: Mayer, R. E. (1998). Learning strategies: An overview.

CHAPTER 05

교육훈련 운영

Human Resources Development

2) 성인학습자의 교육 참여 특성

성인들이 학습에 참여하는 이유 다시 말해 그들이 학습에 관심을 가지는 사회적, 심리적 측면을 잘 이해하고 활용하는 것은 성인교육이 효과극대화에 도움이 된다. 성인학습 분야의 대표적 이론가로 미국 존슨 정부 시절 국가자문위원을 지낸 호울(Houle)은 1960년 위스콘신과 밀워키 대학의 객원교수로 있을 때 그의 수업내용을 정리해 『Inquiring Mind』라는 책으로 출간하면서 성인교육에 참여하는 사람들의 동기를 크게 세 가지로 유형화 하였다. 그 첫째는 뚜렷한 목표달성을 위한 수단으로 교육을 선택하고 학습에 참가하는 목표지향적 참가자다. 둘째는 특정 목표 달성보다는 학습활동 그 자체를 위해 참가하는 활동지향성 참가자다. 이들은 외로움이나 지루함을 극복하기 위해 또는 새로운 사람들과의 교류를 위해 학습에 참가한다. 셋째는 학습지향성의 사람들이다. 이들은 학습 자체를 추구한다. 학습을 통하여 알고 성장하려는 근본적인 갈증을 가지고 있으며 대개 그들의 학습은 매우 지속적이라고 한다(Houle, 1961).

호울의 이러한 유형 제시 후 학습 참가동기에 대한 다양한 연구들이 나왔는데 몰스테인(Morstein)과 스마트(Smart)의 연구가 그중 하나다(Morstein & Smart, 1976). 이들은 크게 참여동기를 여섯 가지로 유형화 하였다. 첫째는 외부적 기대에 의한 참가동기다. 대개 형식적 권위를 지닌 사람의 지시로 참가하는 경우다. 둘째는 전문성 향상을 위한 참가동기다. 더 높은 지위를 얻기 위한 목표가 있거나 직업적 진보를 담보하고 경쟁력을 유지하기 위해 학습에 참가하는 경우가 해당된다. 셋째는 사회적 관계동기다. 본인의 활동 역영에서 개인적 교제를 구하거나 가정이나 일로부터 휴식을 취하기 위해 교육에 참가하는 경우다. 넷째는 도피동기 유형이다. 일상의 지루함으로부터 벗어나기 위해 휴식을 취하기 위해 참여한다. 다섯째는 사회적 복지를 위한 동기다. 커뮤니티에 대한 봉사를 준비하기 위해 또는 커뮤니티의 활동에 참여할 수 있는 능력을 향상시키기 위해서 참가하는 경우다. 마지막 여섯째는 인지적 흥미동기다. 이들은 학습 그 자체를 위해서 참여한다. 이들은 달성하고자 하는 목표가 있는 것이 아니라 그저 알고 싶어 하는 마음을 충족시키기 위해 학습에 참여하는 유형이다.

3) 성인학습이론을 고려한 교수방법

효과적인 성인학습을 위해서는 학습자의 주도적이고 자발적인 참여가 중요하다. 학습자들의 사전 동기와 학습과정에서의 동기는 학습의 중요한 성공요인이다.

(1) ARCS의 법칙

켈러(Keller, 1987)는 '학습동기, 학업수행 및 교육영향에 관한 이론'에서 학습자의 동기를 강화하고 유지하는 필수조건으로 주의(Attention), 관련성(Relevance), 자신감(Confidence) 그리고 만족감(Satisfaction)을 제시했다. 이는 앞글자를 따서 ARCS의 법칙이라고 부르기도 한다. 첫째, 주의(Attention)는 학습 초반에 성인학습자들의 관심과 호기심을 이끌어내는 것이 성인학습에 있어 매우 중요한 요소라는 것이다. 학습 초반에 학습자들의 집중을 위한 주의환기는 학습 성패를 결정짓는 매우 중요한 교수전략이 된다.

이를 위해 매력적인 시작은 교수자의 중요한 목표가 된다. 학습자들은 학습내용이 학습할 만한 가치(valuable)가 있고 성공을 예측(predictable)할 수 있으며 교육의 목표가 분명(purposeful)할 때 마음을 열고 학습에 참가한다. 따라서 가치가 있고, 성공을 예측할 수 있으며, 목적이 분명하다는 것을 교육의 시작과 함께 공지하는 것은 매력적인 시작의 첫걸음이다. 또한 임팩트 있는 사전 진단으로 학습자들의 의욕을 끌어낼 수 있다. 교수자는 참가자들의 의욕을 끌어내는 아래와 같은 사전 질문을 통해 소속감과 학습 의욕을 느낄 수 있다.

- 학습주제와 관련하여 직무수행에 있어서 도움이 되는 것은?
- 업무효율을 높이기 위해서 당신이 얻거나 향상시켜야 할 기술은?
- 보다 성장하기 위하여, 과정 동안 배우길 원하는 것은?
- 상사, 동료들이 당신의 효율성을 향상시키고 목표달성을 위해서 필요한 것이 무엇이라고 하는가?
- 어떤 학습기술이 당신에게 가장 효과적인가? 그 이유는?
- 이 과정 동안 배우기를 원하는 한 가지를 구체적으로 말한다면?
- 이 과정 동안 일어나지 않았으면 하는 것은?
- 당신이 이 교육프로그램의 퍼실리테이터(facilitator)라면 무엇을 포함시키겠는가? 이유는?
- 이 과정이 당신 및 당신 조직에게 가치 있도록 하기 위해 당신이 할 수 있는 것은?

둘째, 관련성(Relevance)은 학습내용이 학습자에게 관심과 얼마나 연계되는가 하는 것이다. 성인학습자는 당장 도움이 되는 것을 배우고 싶어 한다. 따라서 교수자는 이러한 학습자의 동기를 충분히 고려하여 교육을 준비하여야 하고, 학습내용을 사전에 충분히 알려서 학습효과가 극대화 될 수 있도록 해야 한다.

셋째, 자신감(Confidence)은 성인학습자가 학습을 충분히 성공적으로 마칠 수 있다는 자신감을 가지고 학습에 임할 때 학습효과가 있다는 것이다. 따라서 교수자는 학습자들이 충분히 학습과정을 마칠 수 있고, 과정에서 배우는 내용들을 충분히 활용할 수 있다는 학습의 자신감을 심어주는 것이 중요하다. 학습목표를 구체적으로 제시하고 중간 중간 충분한 피드백을 통해 자신감을 유지할 수 있도록 하는 것이 중요한 활동이 된다.

마지막으로 만족감(Satisfaction)은 학습자가 가지는 학습경험과 성과에 대한 긍정적 감정이 중요하다는 것이다. 성인학습자가 자신이 배운 내용이 의미 있었고 활용가치가 높다는 만족감을 가질수록 학습효과는 배가되기 때문이다.

(2) 게리 네너트(G. Kroehnert)의 9가지 성인학습의 원리

게리 네너트(G. Kroehnert)는 『Basic Training for Trainers』에서 효과적인 교육을 위한 9가지 성인학습의 원리에 대해 설명한다(Kroehnert, 2000).

① 근접성(Recency)의 원리

나중에 학습한 내용이 가장 잘 기억된다는 원리이다. 따라서 훌륭한 교수자는 마지막에 중요내용을 정리하는 시간을 가져 학습의 주요내용을 정리하는 시간을 가진다.

② 적합성(Appropriateness)의 원리

교육이 학습자의 니즈에 잘 부합해야 한다는 것을 의미한다. 교육방법은 물론 교육자료까지 학습자들에게 가장 필요하고 적절한 내용이 가장 효과적인 방법으로 제공되어야 한다. 이를 위해 정확한 니즈 파악이 중요하다.

③ 동기부여(Motivation)의 원리

성인학습자들은 배우기를 원할 때 배울 준비를 하며 실제적인 일어난다. 스스로 동기부여되지 않은 성인학습자에게 자기주도적인 노력을 기대할 수 없다. 따라서 교수설계과정에서 성인학습자들의 동기를 충분히 고려해야 한다.

④ 우선성(Primacy)의 원리

일반적으로 처음 들은 이야기가 오래 각인되고, 교수자의 첫 인상이 중요하다는 원리다. 따라서 무엇인가를 처음 배우는 성인학습자들에겐 제일 처음 누구에게 어떻게 배우느냐가 중요하다. 또한 수업의 첫 도입부가 중요한 학습 성패의 조건이 되기도 한다.

⑤ 쌍방향 의사소통(2-way communication)의 원리

교수자의 일방적인 강의가 아니라 학습자가 참여하는 쌍방향 의사소통이 학습의 효과를 배가시킨다는 원리이다. 이를 위해 교수자는 다양한 토론방법을 활용하는 퍼실리테이팅 활동을 할 필요가 있다.

⑥ **피드백**(Feedback)**의 원리**

교수자와 학습자 모두 서로에 대한 정보가 필요하다는 원리다. 교수자는 학습자가 진도를 잘 따라오는지, 내용은 적절한지 궁금해 한다. 반면 학습자들은 자신의 학습 진도나 이해도가 다른 학습자들과 비교했을 때 어느 정도인지 궁금해 한다. 이를 위해 주기적인 건의사항 수렴이 필요하며 정확하고 주기적인 피드백이 중요하다.

⑦ **참여 학습**(Active learning)**의 원리**

성인학습자들이 능동적으로 참여할 때 더욱더 많은 배움이 일어난다는 원리다. 이를 위해 교수자는 실습, 발표, 토론, 역할연기 등 다양한 교수기법을 활용하여 학습자들의 참여를 높일 필요가 있다.

⑧ **다중감각 활용**(Multiple-sense learning)**의 원리**

학습자들이 오감을 충분히 활용하여 학습할수록 학습효과성은 높아진다는 원리다. 따라서 교수자는 오감을 활용하는 시청각자료를 충분히 활용할 필요가 있다.

⑨ **반복학습**(Exercise)**의 원리**

말 그대로 반복을 자주한 학습, 연습을 많이 한 내용일수록 기억이 오래가고 숙련도가 높아진다는 것이다. 교수자는 학습자가 학습한 내용을 충분히 활용할 수 있도록 반복학습할 수 있는 기회를 만들어 주어야 한다.

표 5-2. 효과적인 수업 마무리(Elements of an effective close)

단계	내용
학습에 다리를 놓아라.	클로징 동안에, 특별히 각 목표들이 어떻게 강의되는지를 강의하는 것에 의해 수업과 목표의 실속 있는 리뷰를 같이 사용하라.
학습전이를 도와라.	참가자들이 교실 밖의 자신들의 인생에서 배웠던 것들을 적용할 수 있는 방법들을 제공하라.
투자수익률을 보여줘라.	그들과 조직을 위한 재정적 이득, 개인적 목적과 진보, 개선된 업무 상태 그리고 동료와 고객을 돕는 것 등에 어떻게 학습내용이 활용되는지를 보여줘라.

단계	내용
"다음은 무엇인가?"에 대답하라.	참가자들이 수업시간 동안에 시작된 학습을 지속해야만 한다는 것을 결정하기 위한 의미들을 제공하라. 학습자들이 교실을 떠나도 학습 과정을 계속하도록 독려하라.
성공 지도를 제공하라.	학습자들이 그들이 배웠던 것을 실행하기 위한 전략 또는 액션플랜을 개발하도록 도와라.
요구되는 행동을 이슈화 하라.	액션플랜에 뒤이어, 학습자들에게 요구행동을 주어라. 그들이 지금 학습했던 것에 대해 이행 목적을 가지고 있다는 것을 강조하라.
피드백을 위한 시간을 허용하라.	액션플랜에 뒤이어, 학습자들에게 요구행동을 주어라. 그들이 지금 학습했던 것에 대해 이행 목적을 가지고 있다는 것을 강조하라.
감사의 시간을 주어라.	참가자들의 참여와 관심에 대해 감사의 말을 하는 시간을 가져라.
프로그램 평가를 완성하라.	참가자들이 수업시간에 좋았던 것과 싫었던 것에 관한 일반적 생각을 쓰게 하라. 하루를 마무리할 때 학습자들이 프로그램의 요소를 평가하도록 요청하고, 그들의 생각에 대하여 공식적인 평가와 함께 피드백을 해주도록 하라.
후속조치를 설명하라.	더불어 학습자들이 당신에 관해서 완성한 수업 평가의 끝에 일이 어떻게 진행되고 있는지를 알기 위해서 당신은 약 30일 안에 그들과 같이 follow-up할 것이라는 것을 설명하라.
학습 종료를 축하하라.	학습을 마무리짓는 몇 가지 학습 축하유형을 가지고 있어라.

출처: Robert W. Lucad. (2003). The Creative Training idea book: Inspired Tips and Techniques for Engaging and Effective Learning.

2 고전적 교육훈련 방법

1) 집합교육

교육훈련의 대표적인 방법은 집합교육이다. 기업에서는 조직원이 역할수행을 잘 할 수 있도록 꾸준히 정보, 지식을 제공하고 역량을 개발할 기회를 제공하여야 한다. 조직의 경쟁력은 조직구성원들의 경쟁력에서 나오기 때문에 종업원들의 훈련과 육성은 매우 중요한 조직의 전략 중 하나로 자리매김 해오고 있다. 인재육성이 조직의 현재와 미래를 결정짓기 때문이다. 많은 조직은 이러한 개인개발의 방법으로 집합교육을 활용하고 있다. 최근 스마트러닝의 보급이 활성화 되고 있지만 전통적인 집합교육은 기업교육의 가장 대표적인 모습이다.

집합교육은 일터인 근무현장을 떠나 연수원 같은 특정 공간에 모여서 진행된다. 교육기획/진행자, 교수자 그리고 학습자가 물리적인 공동의 공간에 모여 진행되는데 전통적인 학교교육의 모습과 유사하다. 이렇게 현장을 떠나 제3의 장소에 모여 교육을 하게 되면 일상의 업무를 떠나 새로운 마음으로 학습에 집중할 수 있고, 다른 부서에 근무하는 동료들과의 소통을 통해 다양한 정보를 나누고 새로운 관점을 키울 수 있으며, 업무를 떠나 교육에 몰입할 수 있다는 장점이 있다. 또한 집합교육은 참여한 직원들의 지식, 숙련도, 태도 향상의 일차적인 목적 이외에도 기업의 가치 공유 등 기업문화의 개발 및 확산이라는 이차적인 목적달성을 위해서도 의미 있는 활동으로 활용된다. 눈에 보이지 않는 가치의 공유와 확산은 서로가 만나 의기투합하는 면대면의 활동이 중요하기 때문이다.

집합교육의 방법으로서는 강의법, 토의법, 사례학습법 등 다양한 방법이 활용되고 있다. 어떠한 방법을 사용하든지 기업에서의 교육훈련참가자는 중 · 장년을 포함한 성인들이기에 성인학습자의 특성을 고려하여 구성하고 진행해야 한다는 점이 중요하다. 집합교육에서 활용되는 다양한 교육훈련 방법은 주로 다음과 같다.

(1) 강의

강의는 가장 역사가 오래된 방법 중 하나다. 설명이 중심이 되는 강의법은 교수자가 학습자들에게 어떠한 사실이나 정보 또는 개념을 전달하는 것을 그 목적으로 하며, 학습자의 이해를 높이기 위해 시범을 보이거나 이야기(story telling)하거나 해설하는 활동을 포함한다. 교수자가 학습자들에게 가르칠 내용을 오감 중 특히 청각(verbal)과 시각(visual)을 통해 자세하고 체계적으로 설명하거나 주입시키는 학습방법이다.

이러한 강의법은 짧은 시간에 많은 정보를 전달할 수 있다는 측면에서 효율적이고 경제적인 방법이다. 특히 강의법은 정보와 지식을 전달하는 데 효과적이기에 가장 보편적으로 사용되는 기법이다. 기업교육의 경우 특히 직무교육분야에서 그 활용빈도가 높다. 강의법은 강당 또는 체육관 같은 장소에서 수백 명 이상을 대상으로도 교육 진행이 가능한 방법이라 효율성, 경제성이 높다. 온라인 교육에서도 가장 빈번히 활용되는 교수방법은 교수자의 설명으로 진행되는 강의 기법이다. 온라인 또는 모바일 교육에서도 강의법이 많은 비중을 차지하는 것 역시 강의법의 효율성을 보여주는 것이라 할 수 있다. 또한 강의는 학습자들에게 교수자의 생각을 직접적으로 설명할 수 있고 상대적으로 비용이 적게 드는 장점이 있다. 한편, 학습자를 피동적으로 만들며, 학습자의 참여를 이끌어내기 어렵다는 것, 학습자 개개인의 이해 정도를 파악하기 어렵다는 점이 단점이다.

표 5-3. 강의의 장점과 단점

구분	내용
장점	• 경제적이다. • 강사만 뛰어나면(내용과 방법 모두) 매우 효과적이다. • 새로운 지식전달 등에 효과적이다.
단점	• 학습자들이 수동적으로 변할 수 있다. • 학습자의 자발성, 창의성을 촉진하지 못한다. • 너무 교수자 의존적이다.
유의점	• 강의 중에 학습자들의 집중을 위한 다양한 교수법을 활용해야 한다. • 성인학습자의 특성을 충분히 고려해야 한다. • 교수자는 학습자들에게 확신을 줄 수 있는 전문성을 가져야 하고 열정을 보여야 한다.

(2) 질문과 대화

대화도 강의만큼 오래된 전통적인 교수방법이다. 이미 세계 4대 성인이라 일컬어지는 석가모니, 공자, 소크라테스, 예수가 가장 잘 활용했던 교육방법이 대화라고 할 수 있다. 네 분은 대화를 통해 제자들과 사람들에게 큰 배움을 일으켰다. 배움이라는 것은 자신의 내면에서 아하! 하는 깨달음으로 나타날 때 완성되는 것이기에 스스로 생각하고 터득함을 자극하는 대화는 효과적인 교수방법이라 할 수 있다. 특히 기업에서의 교육훈련은 성인학습자가 그 주요한 대상이자 주체다. 이미 자신의 생활영역에서 나름대로의 지식과 경험을 가지고 있기 때문에 성인학습자들은 교수자가 제공하는 지식이나 견해를 그대로 받아들이려고 하지 않는다. 나름대로 굳어진 패러다임으로 교수자의 가르침을 비교·판단·분석·해석하기 때문이다. 대화는 성인들이 가지고 있는 자신의 경험과 생각을 설명하게 하고 서로 간의 생각을 교환하면서 단순한 정보 습득이 아닌 깨달음 수준까지 도달할 수 있게 하는 방법이다. 성인교육이 생산이고 의미 있는 활동이 되게 하기 위해서는 성인학습자가 주도적으로 학습과정에 참여해야 하며 동료 학습자들과 역동적인 관계를 맺어야 한다. 학습자는 학습과정의 일부분이어야 하며, 학습자의 참여는 필수적이다. 여기서 원활한 대화를 위한 교수자의 질문은 매우 효과적이고 매력적인 교수방법이 된다. 교수자는 질문을 자유자재로 활용할 필요가 있다. 질문수준의 따라 학습자의 학습경험의 수준이 결정되기 때문이다.

예컨대 아이에게 사칙연산을 가르치기 위해 엄마가 다음과 같이 질문할 수 있다. '5+5는 뭐지?' 아이는 대답할 것이고 엄마는 많은 질문을 통해 아이를 훈련시킬 것이다. 하지만 지혜로운 엄마는 단 하나의 질문으로 아이가 완벽한 배움을 일으킬 수 있

표 5-4. 폐쇄질문과 개방질문의 비교

폐쇄질문	개방질문
• Yes/No로 대답한다. • 교수자가 주도권을 가진다. • 다양한 정보를 얻기 어렵다. • 경직된 분위기가 만들어진다. • 창의성의 촉진에 방해된다. • 마음을 닫게 되고 학습의욕이 저하된다.	• 단답형의 Yes/No 대답이 어렵다. • 학습자의 창의력과 생각하는 힘을 키워줄 수 있다. • 학습자가 주도적으로 참여할 수 있다. • 열린 마음을 촉진하며 상호 대화를 통한 자연스러운 학습이 일어난다.
예) 오늘 갈 건가요? 커피 드셨나요? 제 말에 동의하세요?	예) A와 B는 어떤 점이 같고 어떤 점이 다를까요? 오늘 하루 어떤 배움이 있었는지 이야기해 주실래요?

도록 할 수 있다. 예컨대 '무엇과 무엇을 더하면 10이 될까?'라는 질문을 던지면 아이는 먼저 고민할 것이고, 몰입하게 된다. 그리고 답을 찾을 것이다. '엄마 5+5예요, 6+4에요, 1+9예요, 11+−1이에요, 0.9+9.1이에요…….' 이렇듯 질문 하나로 완전한 원리를 깨우칠 수 있는 것이다. 따라서 효과적인 질문을 던지는 것은 교수자의 중요한 역량 중 하나라 할 수 있다. 특히 개방형 질문을 사용하는 것은 학습자의 배움에 도움이 된다.

(3) 토의

토의법은 서로의 의견을 교환함으로써 각 개인이 해결할 수 없는 문제를 공동의 집단사고로 해결하려는 방법이다(권대봉, 1999). 단순히 지식전달이 목적이 아니라 어떠한 문제해결을 위한 교육, 정답은 없지만 정답을 만들어가거나 찾아가야 하는 문제해결의 교육의 장 또는 공감대를 형성하고 만들어야 하는 교육의 장에선 대화와 토의법은 특히 효과적이다. 토의에 참여하는 학습자들은 참석자들과의 대화와 토론을 통해 서로의 입장을 이해하게 되고 방향을 결정하게 된다. 대화와 토론의 주제와 내용의 중요도나 난이도에 따라 시간과 토의방법은 정해질 수 있다. 특히 핫이슈가 되는 주제에 대해 참여자들이 자유롭게 의견을 발표하고 다른 사람의 의견에 경청하며 이를 수용하거나 비판하면서 전체가 동의하는 결론을 도출하는 것이 토의의 프로세스이며 이러한 과정을 통해 배움이 일어나게 하는 것이 토의를 교수방법으로 활용하는 목표이자 특징이라고 할 수 있다. 토의법이 학습방법으로 의미가 있는 것은 학습자가 주체적으로 토의에 참가하면서 자신의 마음을 열게 된다는 것이고 상호 의견교환을 통해 서로의 상황과 입장을 이해하고, 자신의 생각을 다양한 지각적 각도에서 검토함을 통해 자연스럽게 스며들기 학습이 일어나게 한다는 것이다.

이와 같은 토의법은 모든 집단구성원을 포함한다는 점에서 수용적이며, 또 모든 구성원이 참여한다는 점에서 참여적 교육방법이라고 할 수 있다. 대화와 토론이란 방법은 학습동기와 흥미를 유발시키는 효과가 있고, 소통능력을 익힐 수 있으며 사회적 기능 및 태도를 형성시킬 수 있다. 다만 강의법에 비해 시간이 많이 걸릴 수 있으며, 교수자에게는 강의법을 활용할 때보다 오히려 더 많은 지식과 경험이 필요할 수 있다. 대개 토론식 수업은 교수자가 학습할 주제를 정하고 일련의 질문을 던져 학습자들이 각자 생각하게 하고, 소그룹으로 나누어 각자의 생각을 서로 교환하게 한다. 토론의 장점과 단점을 정리하면 〈표 5-5〉와 같다.

표 5-5. 토론의 장점과 단점

구분	내용
장점	• 교수자와 학습자, 학습자 상호 간에 상호작용이 활발하게 일어난다. • 학습자들의 능동적인 참여를 이끌어 낼 수 있다. • 협동심과 창의력을 기르는 데 유용하다. • 상호토론을 해 나가면서 소속감과 성취감을 느낄 수 있다. • 자연스러운 스며들기 학습으로 이어질 수 있다.
단점	• 동기가 유발되지 않은 학습자들에게는 적용하기 어렵다. • 강의법에 비해 많은 시간이 소요된다. • 사전에 토의자료가 잘 준비되어야 한다. • 학습자들의 기초지식 또는 선행학습이 준비되어야 한다.
유의점	• 주제가 충분히 토의될 만큼의 시간적 여유가 있어야 한다. 짧은 시간의 토의는 오히려 부정적 효과가 나올 수 있다. • 의사소통의 기술, 사회성을 향상시킬 필요가 있을 때 활용하면 좋다. • 토론에 참여하는 인원이 운영상 적절해야 한다. 너무 적거나 너무 많으면 의미가 없을 수 있다. • 토의주제가 학습자들의 니즈와 관심분야여야 한다.
교수자의 고려사항	• 학습자들의 토의과정에 가급적 관여하지 않는다. • 적극적이지 않은 학습자는 참여할 수 있도록 관심을 가지고 지도한다. • 학습자들이 감정적 논쟁에 몰입하지 않도록 조정한다. • 자유롭게 토의할 수 있는 분위기와 환경을 만든다. • 토론 후엔 정리, 발표할 수 있는 기회를 만들고 교수자로서의 피드백 시간을 가진다.

(4) 팀활동

조별활동, 모둠활동 또는 그룹활동이라고 불리는 소집단활동인 팀 활동은 대개 3~11명 전후의 구성원으로 구성된 학습자들이 상호작용을 통해 배우고 익히는 교수방법이다. 앞에서 설명한 대화와 토의가 가장 잘 활용되는 교수방법이 바로 팀 활동이다. 면대면 접촉, 만남과 체험, 상호 간의 의사소통, 유무형의 다양한 의사소통을 통해 학습은 일어난다. 이러한 팀 활동은 특정한 이론이나 지식을 전달받는 경우보다는 문제해결 또는 특정한 가치관이나 의식을 개발하는 교육훈련활동에서 효과적이다. 주입된 정보나 지식의 일방적 전달이 아니라 참가자들이 무엇인가를 공유하고, 집단지성을 촉진하고, 상호작용을 통해 다양한 관점을 배우고 익히는 데 도움이 된다. 참여하는 학습자들은 소집단 내의 집단역학(group dynamic)을 경험하며 상호 다양한 방법의 의사소통을 통하여 각자의 리더십을 경험, 가치관 공유, 정보교환 등을 통해 자연스럽게 배움을 얻게 된다.

팀 활동은 심리적으로 의사표현과 감정표현이 자유롭고, 강의법에 비해 개인의 참여기회가 많고, 공식·비공식적인 상호 평가를 통해 학습동기가 촉진되며, 학습 팀 내에서의 역할 인식을 통해 책임감이 증대된다는 측면에서 강점이 있는 교수방법이다. 효과적인 팀 활동을 위해 교수자는 학습목표를 달성할 수 있는 과제, 학습자들이 상호의존적으로 해결해야 하는 팀 과제, 학습자들이 모두 참여할 수 있고 각자의 역할과 책임이 공평하게 분담될 수 있는 팀 과제를 부여하여야 하며 팀 활동의 교육적 효과성을 높이는 다양한 교수전략을 고민해야 한다.

(5) 사례학습

사례연구법은 참가자들이 실제 혹은 가상의 문제해결에 직접 참가하여 사례를 분석하고 해결에 대한 답을 찾아가는 활동을 통해 배움을 촉진하는 방법이다. 문제분석능력과 문제해결능력 향상에 효과적이다. 대개 초보 단계를 지난 학습자들의 심화학습을 위한 방법으로 활용되었다. 사례학습은 강의법 등을 통해 기존에 학습한 이론과 지식을 현장에서 활용할 수 있는 실용지식으로 전이되었는지를 점검하고 확인하는 계기가 된다. 사례학습법이 효과성을 높이기 위해서는 적절한 사례의 선정, 학습자의 주도적인 참여, 그리고 교수자의 적절하고 효과적인 피드백이 핵심 성공요소다. 성공적인 사례학습의 선행조건으로 학습자들은 사례를 다룰 수 있는 기본정보, 지식을 가지고 있어야 하고 분석, 토론, 대화 및 상호 피드백 능력이 필요하다.

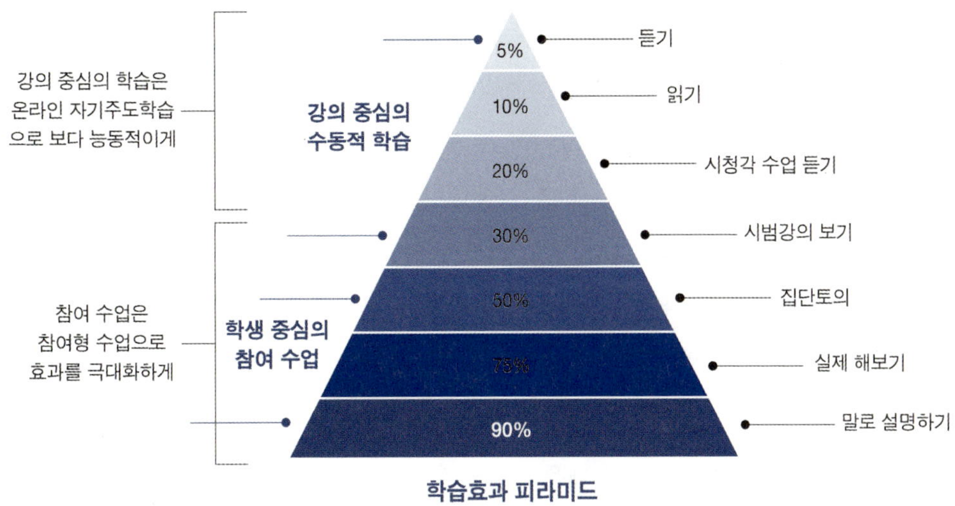

그림 5-1. 학습효과

출처: National Training Laboratories(NTL). http://www.ntl.org.

(6) 역할연기법

역할연기법은 주로 리더십훈련, 고객만족훈련 등 인간관계와 관련된 교육훈련을 할 때 사용되는 기법이다. 상담심리분야에서 활용되던 심리극(psychodrama)을 교육의 장에서 접목한 것이다. 역할연기법은 연극의 형태로 주어지며 학습자들은 역할 변화를 통해 상대방에 대한 이해의 수준을 높이고 자기 자신을 보다 객관적으로 바라보게 되는 효과가 있다. 이는 교수자의 강의보다 실제적인 체험을 통해 경험함으로써 배우게 되는 것이다. 특히 역할연기법은 팀빌딩과 같은 조직개발의 방법으로 활용되기도 한다. 집단역학(group dynamic)이란 상호작용을 통해 팀 조직의 시너지를 높일 수 있기 때문이다. 따라서 구성원들의 의사소통이 원활하지 않을 때, 고객이나 동료(부하 또는 상사)의 입장에 대한 이해수준을 높이고자 할 때, 구성원들의 욕구 및 장애요인을 심층적으로 판단하고 해결하고자 할 때, 조직 내 감수성을 높이고자 할 때 또는 집단의 이질성이 높아 공감대 형성이 필요할 때 효과적이다. 특히 NLP(Neuro-Linguistic Programming)의 관조 기법을 활용해 타인의 입장을 스스로 경험해 보는 자리 바꾸기(Position Change) 같은 기법은 다양한 형태의 교육에서 활용 가능한 역할연기법의 대표적인 활동이다.

(7) 문제해결학습

문제해결학습(Problem Based Learning)은 사례를 통해 문제를 해결해 나가는 과정과 그 결과를 통해 학습이 이루어진다는 것을 전제로 운영하는 방법이다. 어떤 이론 또는 지나간 사례에 대한 설명을 듣는 강의법에 비해 보다 학습자 중심적인 교육이다. 학습자들은 실제 상황에서 직면하는 문제를 학습공간에서 동료들과 함께 고민하고 토론하면서 자연스럽게 학습하게 된다. 단순히 지식을 설명하고 듣고 이해하는 것이 아니라 실제 문제에 초점을 맞춰 진행하기 때문에 학습자들은 이 과정을 통해 새로운 지식을 습득하게 되고, 문제해결력이 키워진다. 이러한 협동학습활동은 각자가 스스로의 개별학습이 중요하다는 것을 자연스럽게 깨닫게 도와주고 보다 심층적인 이해를 이끌어내며 자기주도학습을 촉진하게 된다.

2) 현장학습

(1) OJT

OJT란 On the Job Training의 약자로서 말 그대로 업무현장인 일터에서 시행되는 교육 · 훈련이라고 할 수 있다. OJT의 내용은 대개 리더십 등 일반경영관리에 대한 교육보다는 직무수행능력(기능 · 태도)을 향상시키기 위한 직무교육을 위주로 진행되며 그 방법은 현장에서 직장 상사의 지도로 진행되는 경우가 대부분이다. 상사는 부하의 역량개발을 목표로 과업을 부과하고 이의 달성을 위해 필요한 교육지도활동을 한다. 반면 전통적인 집합교육은 숙박, 식사, 교통 및 현장을 비우는 기회비용까지 다양한 비용이 발생한다. 이에 비해 OJT는 현장에서 일어나기 때문에 실질적이고 효과적인 훈련이 가능하다. 비용 측면에서도 집합교육에 비해 유리하며 즉각적인 피드백이 가능하기 때문에 역량강화에 매우 도움이 된다. 일회성 교육이 아니라 일상의 일터학습이자 업무의 성과와 직접적인 연결이 되기 때문에 상하에게는 부하 육성을 통해 자신의 리더십을 점검해 보고 개발하는 훈련의 장이 되는 장점도 있다.

OJT를 OFF-JT와 구분하는 것은 장소의 개념 즉 적소성(just in place)이지만 여기에는 적시성(just-in-time) 즉 필요한 지식, 기술, 태도를 필요한 시간에 습득할 수 있다는 장점을 포함하고 있다. 이러한 OJT는 비구조화된 현장교육과 구조화된(structured) 현장교육으로 구분할 수 있다. 말 그대로 비구조화된 현장교육은 즉흥적으로 이루어지는 현장교육이고 구조화된 OJT는 계획적으로 운영되는 현장교육이다. 제이콥(Jacobs)과 존(Jones)은 효과적인 현장학습을 한 구조화된 OJT의 조건으로 구조화된 OJT를 하는 것인지 적당한지를 살펴보는 사전조사 단계, 현장교육을 통해 학습되어질 과업에 대한 분석 단계, 합당한 훈련자를 선택하고 관리하는 단계, 적절한 교육매체 등을 준비하는 단계, 현장교육을 실시하는 단계, 그리고 마지막으로 평가 단계를 제시했다(Jacobs & Jones, 1995). 이처럼 OJT 역시 집합교육의 프로그램을 개발하고 진행하는 것처럼 잘 선발되고 훈련된 전문가를 통해 조직적 차원에서 전략적으로 진행되어야 효과적인 것이다.

(2) 자기주도학습

배움은 스스로 하고자 하는 마음이 전제된다. 아무리 교육기획을 잘하고 운영을 잘해도 학습에 참여하는 사람의 의지나 욕구가 없다면 무용지물이다. 자기주도학습(Self Directed Learning)은 학습에 있어 주체가 되는 학습자의 주체성의 중요성을 인식, 인정하고 시행하는 학습방법이다. 놀즈(Knowles)는 학습경험을 계획하고 니즈를 진단하며 자원을 찾고 학습평가를 하는 데 있어서 학습자 개인이 주도권을 가지는 과정을 자기주도학습으로 정의한다(Brockfield, 1985). 미리암(Merriam)과 카페렐라(Caffarella)는 다른 사람의 도움을 받는가 아닌가와 관계없이 자신의 학습활동을 기획하고 실시하고 평가하는 데 있어서 자신이 그 주체가 되는 것이라 정의한다(Merriam & Caffarella, 2007). 이처럼 자기주도학습은 스스로 도달하고자 하는 학습목표를 수립하고, 배우고자 하는 학습내용을 선정하며, 학습방법 또한 스스로 정하여 운영된다. 자기주도학습은 누구나 충분히 필요성을 느끼고 하고자 한다면 할 수 있다는 철학을 전제로 하는 것이다. 교육기획부서에서는 스스로 학습을 지원할 수 있는 제도와 환경을 제공하며 경우 따라선 자기주도학습을 지원하는 학습코치와 멘터를 지원하기도 한다. 자기주도학습이라 하더라도 교수자가 배제되는 것은 아니다. 기본적인 교육기획부터 운영 및 평가는 교육부서의 체계적인 계획과 관리 하에서 진행된다. 교수자는 학습자와 목표설정 단계부터 평가에 이르기까지 대화 등의 활동을 통해 자기주도학습을 촉진할 수 있는 퍼실리테이터의 역할을 한다.

표 5-6. 자기주도학습의 특징

구분	특징
주체	학습자 개인이 주체가 된다. 교수자와 속한 조직은 개인의 학습활동을 지원한다.
학습운영에 대한 책임	학습목표, 학습내용, 학습 환경, 학습방법, 학습평가 등 전반적인 내용은 학습자 스스로 결정하고 운영하고 책임진다.
교수자의 역할	교수자는 학습운영 전반에 대해 학습자와 소통하면서 학습자의 학습 성공을 위한 촉진자 역할을 한다.
동료 학습자와의 관계	자기주도학습은 외딴섬처럼 홀로 공부하는 것이 아니라 타인과의 역동을 통해 상호학습할 수 있다.

(3) 스마트러닝

정보기술의 발달과 인터넷의 생활화는 물론 모바일기기의 보급으로 현재의 기업교육환경은 언제, 어디서나 학습할 수 있는 '두루누리학습(ubiquitous의 우리말)'이 가능해졌다. 웹기반학습(web-based learning), 사이버학습(cyber learning), 원격학습(distance learning) 또는 온라인학습(online learning) 등 다양한 용어로 표현되는 학습들을 스마트러닝(Smart

Learning)으로 부를 수 있다.

스마트러닝의 핵심기술은 모바일을 활용한 학습으로 두루누리학습은 완성되고 있다. 모바일러닝(mobile learning)은 시간과 장소에 구애받지 않고, 지식 획득을 도와주는 전자정보와 교육적 내용을 제공해 주는 서비스 및 시설이다(Lehner & Nosekabel, 2002). 과거 온라인 접속을 통한 전통적인 인터넷 기반의 학습은 웹접속이 가능한 장소라는 한계가 있었으나 모바일러닝은 그러한 장소의 제약을 뛰어넘을 수 있도록 하였다. 이제 온라인학습을 하기 위해 인터넷이 접속되는 PC와 장소를 찾을 필요 없이 손 안에 있는 휴대폰을 통해 말 그대로 언제 어디서나 학습할 수 있게 되었다. 이제는 지하철에서도 이어폰을 꽂고 스마트폰으로 모바일 강좌를 통해 학습하는 모습은 낯설지 않다.

또한 과거의 라디오나 텔레비전을 활용한 교육 또는 CD-ROM을 활용한 컴퓨터기반교육(computer based training) 등은 교수자의 일방적 수업의 전달이었으나 웹을 기반으로 발달하면서 교수자와 학습자의 쌍방향 의사소통이 가능한 형태로 발달하였다. 현재 스마트러닝은 과거 10여 년간 논의되고 진행된 온라인 교육과 오프라인 교육을 혼합한 블랜디드(blended Learning)를 넘어 학습참가 전 모바일 또는 온라인을 통한 이론학습을 한 후 클래스에선 토론, 사례학습, 심화학습을 진행하는 플립러닝(flipped Learning)에 이르기까지 다양한 방법으로 진화하고 있다. 이제는 교수자들도 [Explain Everything]과 같은 모바일 앱을 통해 간편하게 스마트러닝 수업을 설계 제작할 수 있으며 학습자들도 유투브(you tube) 또는 유스트림(ustream)을 통해 언제 어디서나 또는 실시간으로 학습할 수 있다.

(4) 코칭(Coaching) & 멘토링(Mentoring)

고전적인 교수-학습방법은 한 명의 교수자와 다수의 학습자로 이루어진다. 이러한 수업은 표준화, 일반화라는 과정을 거치기 때문에 학습자의 특성을 아무리 고려한다 하더라도 학습자 개개인의 수준에 맞춘 눈높이 교육에는 한계가 있다. 코칭과 멘토링은 1대 1의 관계를 통해 운영된다. 이는 학습자의 개인적 특성은 물론 현재의 수준,

학습능력, 경력목표 등을 충분히 고려하여 지도할 수 있다는 장점이 된다. 코칭과 멘토링 활동은 코치(coach) 또는 멘토(mentor)는 코치이(coachee) 또는 멘티(mentee)에게 단순한 직무능력 향상을 위한 기능적 지도뿐만 아니라 직장생활에 필요한 가치나 신념 또는 개개인의 재능과 정체성까지 고려하며, 단기적인 관점에서의 숙련도 향상뿐만 아니라 장기적인 관점의 경력개발에 대한 지도분야까지 다루는 장점이 있다.

최근에는 코칭이 새로운 교육훈련의 대안으로 활성화되고 있다. 특히 임원 등 최고관리자들의 역량 향상을 위한 방법으로 집합교육이 아니라 외부 전문코치들의 코칭을 활용하는 기업이 늘고 있다. 직급이 낮을수록 업무의 표준화가 가능하기 때문에 전통적인 교육훈련으로 육성가능지만, 직급이 높을수록 코칭이 효과적인 개발수단으로 검증되고 있기 때문이다.[5] 특히 최근에는 국제코치협회(International Coach Federation: ICF)에서 인증하는 전문코치들의 숫자는 계속 늘어나고 있다. 또한 기업의 관리자들의 중요한 역량으로 코칭능력이 제시되고 있다. 이러한 코칭은 대개 1대1로 이루어지나 상황에 따라서는 팀 코칭, 그룹 코칭의 형태로 운영되기도 한다. 내부 상사에 의한 코칭은 단기적 성과와 장기적 성과를 함께 고려하고, 성과 향상과 동시에 부하의 육성을 함께 고민하게 되며, 상사와 부하의 신뢰 향상에 기여하는 순기능이 있다.

(5) 액션러닝

액션러닝(Action Learning)은 실제 문제를 다른 학습자들과 함께 해결하는 과정을 통해 배우는 학습법이다. 기존의 팀 활동 등을 통한 학습과 매우 유사하나 실제 사례를 가지고 학습한다는 측면에서 차이가 있다. 실제 문제를 가지고 목표를 정하고 문제에 대한 해결책을 찾기 위해 구성원들이 브레인스토밍 등 다양한 소그룹 활동을 한다. 과정에서 참가자들 사이에 다양한 역동이 일어나며 이를 통해 배움이 촉진된다. 특히 구성원들과 대화를 통해 함께 문제를 해결해 나가는 과정, 성찰을 통해 돌아보는 과정이

5) 2003년 ICF Coaching Research Symposium에서 서만(Sherman Severin) 박사는 포춘(Fortune) 100대 기업의 경영자코칭(executive coaching)의 효과성 검증에서 1,825%의 ROI 효과가 있었다고 발표했다.

액션러닝의 대표적인 모습이며 성공적인 결과를 위해 변화스폰서의 역할이 중요한 전제가 된다는 것이 특징이다.

액션러닝은 업무와 교육이 함께 연계되어 이루어지기에 교육을 위해 업무현장을 떠나지 않아도 된다는 점, 실제 문제를 해결하면서 그 과정에서 학습도 이루어진다는 점 등이 장점으로 알려져 있다. 액션러닝은 구성원이 해당 문제에 대한 답을 모르고 있는 경우, 불확실성의 상황에서 적절하고 바른 질문을 던질 수 있는 충분한 사람이 없는 경우에 적용하는 것이 적절하다. 만약 이미 알려진 답이 있거나, 다른 교육훈련 방법이 더 효과적인 경우, 해결해야 하는 이슈가 단순한 경우, 또는 참여하는 사람들에게 문제를 해결할 수 있는 전문성이 전무한 경우에는 비효과적이다.

3 새로운 교육훈련 개념과 방법

1) 플립러닝

플립러닝(flipped learning)은 전통적 교육방식을 뒤집어 정보통신 기술을 활용해 온라인 사전학습 및 오프라인 사후학습으로 구성되어 진행하는 교육을 말한다. 학습자는 수업시간에 배울 주요 내용을 정보통신 기술을 활용해 가중한 집이나 개인적인 공간에서 동영상 등을 통해 자율적으로 학습하고 수업시간에는 교수자 또는 동료 학습자들과 함께 토론, 실습, 실험 등의 다양한 활동을 통해 배운다. 이러한 플립러닝은 일방적인 내용전달의 교수자 중심에서 참여형, 토론형 수업을 지향하며 교수자는 클래스 내에서 철저하게 퍼실리테이터로서의 역할에 충실한다(아주대학교 교수학습개발센터, 2015).

이러한 플립러닝은 단순히 온라인 정보기술의 활용이 아니라 전통적인 수업방법을 어떻게 뒤집어 효과적이고 효율적인 수업을 할 수 있는가라는 화두에서 출발한 아이디어다. 수업 전에 온라인을 통해 기본적인 정보와 지식을 습득하여 교육의 하위목표를 학습하게 하고, 상위목표는 교수자 및 동료들과 함께 달성하게 하여 스스로 달성할 수 있게끔 도와준다. 성인교육분야에서 플립러닝은 학습자들의 의사소통능력을 향상하고 협업을 통한 상호작용을 통해 학습할 수 있으며, 비판적 사고와 문제 해결능력을 키울 수 있고 나아가 학습자 스스로가 주도성을 가지는 측면에서 매우 매력적인 방법으로 보이지만 그 효과성에 대한 검증된 연구는 아직 충분하지 않다.

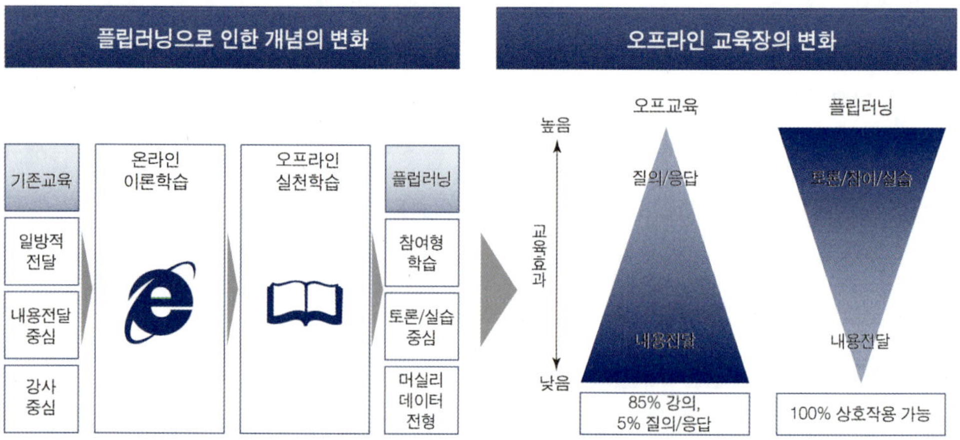

■■ 그림 5-2. 플립러닝

출처: 아주대학교 교수학습개발센터(2015). '나의 수업에 플립러닝 적용하기' 자료집

플립러닝은 온라인 교육과 오프라인 교육의 결합이라는 측면에서 블랜디드러닝과 유사한 모습을 보이기도 한다. 하지만 블랜디드러닝은 교수설계부터 온라인과 오프라인을 구분하여 설계되어 온라인 수업 후 오프라인 수업이 진행되며 수업과 콘텐츠의 유연함이 떨어지는 반면, 플립러닝은 매 수업을 온라인과 오프라인을 섞어서 운영하게 되고, 철저하게 오프라인 수업은 온라인과 연계되어 진행된다는 측면에서 차이점이 있다. 플립러닝은 출발 자체가 전체 교육의 효과 극대화에서 출발하였으며 온/오프 교육의 화학적 결합이 그 모습이다. 교수자는 철저하게 퍼실리테이션에 집중하게 되며, 온라인은 이론학습, 오프라인은 실천학습이라는 뚜렷한 목표를 가지고 실천하게 된다. 플립러닝이 성공하기 위해서는 시공간적 제약을 넘어서는 온라인 학습 환경의 구축, 명확한 평가기준 및 운영방식의 준비, 상호작용이 가능한 교수자의 퍼실리테이션, 교

수자 및 학습자의 학습관리를 위한 도구 및 환경지원이 전제된다.

2) 휴먼 라이브러리

책은 마음의 양식이자 전통적인 정보의 보고다. 독서는 몇 가지 정보를 얻는 단순한 학습활동이 아니다. 우리는 책을 읽으면서 저자와 대화하고 자기 자신과 대화한다. 독서는 저자의 이야기를 받아들이는 것을 넘어서 자신의 생각을 정립하고 제3의 아이디어를 창조하는 단련의 과정이다. 우리는 그 책을 도서관을 통해 빌려본다. 도서관은 학습천국인 것이다. 휴먼 라이브러리(human library)는 말 그대로 인간 도서관이다. 우리는 책을 통해서 저자와 대화를 나누며 지식을 배우고 지혜를 깨달아간다. 한편으로는 인간인 우리는 한 권의 책이기도 하다. 한 사람이 살아온 삶의 경험에 대한 이야기를 듣는다는 것은 한 권의 책을 읽은 것보다도 유익할 수 있다.

휴먼 라이브러리는 덴마크의 로니 아버겔(Ronni Abergel)이 청소년 폭력방지활동을 위한 프로그램으로 기획되어 널리 알려졌다. 도서관에서 책을 빌리듯 '사람책'을 '인간도서관(human library)'에서 빌리는 개념이다. 사람책은 스스로 자신의 인생에 대한 이야기를 나누고 독자는 사람책에 질문하며 그가 가진 경험과 배움을 공유하는 것이다.

초기에는 리빙 라이브러리(living library)는 이름으로 사람과 사람이 직접 만나서 생생하게 대화하고 소통하는 기회를 제공함으로써 자신이 가지고 있는 선입견과 고정관념을 줄이자는 의도로 시작된 것이다. 사람책을 읽으면서 눈빛과 몸짓 같은 비언어로 깊은 공감과 이해를 나눌 수 있으며 이러한 상호작용은 마치 책을 읽는 효과 그 이상이라는 것이다. 초기에는 청소년들의 폭력방지를 위해 태어난 아이디어이지만 리빙 라이브러리의 호응은 엄청났고 참여했던 사람들 모두 감동하고 만족했다. 2000년 한 음악 페스티벌에서 선을 보인 이후 급속히 전 세계적으로 확산되었다. 참여했던 사람들을 중심으로 자생적으로 세계 곳곳으로 퍼져나가기 시작했고 불과 10년 남짓한 시간에 호주, 뉴질랜드, 오스트리아, 폴란드 등 수십 개국에서 리빙 라이브러리가 생겨났으며,

그 내용과 규모 또한 괄목할 만한 성장하고 있다. 국내에서도 2010년 최초로 리빙 라이버러리가 국회에서 열리고 2014년엔 수원시에서 진행되기도 했다. 현재 휴먼 라이브러리는 전 세계 70개국 이상에서 운영되고 있다.

과정 운영은 '책'으로 자원한 사람들과 그 '책'들과 대화를 통해 그들을 이야기를 듣고자 하는 '독자'자가 가장 중요한 주인공이며 독자와 책을 이어주는 도서관(교육운영자)의 진행으로 운영된다. 인간책 도서관에서는 책의 목록을 준비하고, 독자는 사람책을 선택하고 이야기가 시작된다. 대개 한 명의 사람책에 3~4명의 독자가 '대화'를 나누는 것으로, 시간은 1~2시간으로 진행된다.

기업교육에서는 이러한 휴먼 라이브러리를 조직개발 차원에서 운영할 수 있다. 예를 들어 간부들이 '책'이 되고 신입사원은 독자가 되어 조직의 역사부터 선배들의 성공/실패 스토리를 배울 수 있기 때문이다. 이러한 휴먼 라이브러리는 형식이 없는 '무형식 학습'의 백미라 할 수 있다. 주제 및 운영 장소의 다양성(연수원, 카페 등 어디서든 할 수 있음) 그리고 저예산 대비 고효율적인 교육훈련 방법으로 인적자원개발 차원에서 다양하게 운영될 수 있다.

3) 월드 카페

카페는 이제 커피만 마시는 곳이 아니다. 만남, 대화, 토론, 스터디 등이 자연스럽게 일어나는 새로운 학습의 공간이다. 이런 대화를 통해 지식 공유는 물론 새로운 지혜가 탄생하기도 한다. 열린 공간에서의 자유로운 대화와 토론은 배움의 시작이기 때문이다. 월드 카페는 1995년 브라운(Juanita Brown)과 아이젝스(David Issacs)가 고안한 방법으로 알려져 있는데 주어진 테마 질문에 대해 참석자들이 다양하게 토론하는 방법이다.

월드 카페는 주어진 질문을 화두로 최소 12명에서 심지어 1,000명 이상의 참석자까지 함께 아이디어를 나누고 발전시키며 공유하는 대화방법이다. 주로 현실적인 이슈와 관련된 지식 공유나 새롭고 독창적인 아이디어 도출이나 가능성 탐색이 필요할 때 또는 중요한 도전 과제에 대한 면밀한 탐구 수행이 필요할 때 활용한다. 기업에서는 조직문화 또는 문제해결 워크숍 등에서 활용할 수 있다. 월드 카페는 사람들의 참여를 통해 주인의식을 고취하고, 상호 열린 대화라는 상호작용을 통해 소속감을 느낄 수 있는 부가적인 장점도 있다. 내가 어떤 의사결정에 참여했다는 것은 책임감과 소속감을 느낄 수 있기 때문이다. 운영방법으로는 먼저 소규모로 팀을 구성하여 대화를 시작하고 중간 중간 구성원들이 서로 교차하여 토론을 하며 나와 있는 아이디어를 지속적으로 발전시켜 나가는 방법으로 운영한다. 먼저 한 회당 20~30분 정도 걸리는 3~5회의 토론과 이후 전체 그룹 토론으로 진행되는데 그 과정을 살펴보면 다음과 같다.

(1) 질문 선정

첫 대화를 위한 질문을 제기한다. 질문은 게시하거나 카드로 나누어준다. 경우에 따라 질문을 명확하게 하기 위해 설명을 할 수도 있으나 대답을 제공한다거나 대화를 지시하지 않는 것이 좋다.

(2) 자리 배치와 호스트 선정

대개 한 조를 4명으로 구성하며, 테이블 위에 전지와 필기도구를 둔다. 혼자 이야기하지 않도록 다양한 도구를 활용한다. 예를 들어 테이블에 장난감 마이크를 두고 마이크를 잡은 사람만이 말할 수 있도록 한다. 음악을 틀어놓는 것도 좋다. 각 조별로 호스트 1인을 선정한다. 그는 모두가 참여할 수 있도록 조정하며 대화를 촉진시키고 내용을 정리하는 역할을 한다.

(3) 대화 시작과 종료

제시된 질문에 대한 대화를 자유롭게 한다. 이때 참석자들은 자신의 생각과 경험을 진솔하게 나누어야 한다. 이해하는 자세로 듣고 마음을 열고 모든 아이디어를 연결하려는 노력을 해야 한다. 제시한 시간이 종료되면 호스트만 남고 나머지 구성원은 원하는 조로 자유롭게 이동한다. 호스트는 새롭게 구성된 멤버들에게 첫 번째 토론에서 나온 내용을 설명하고 새로운 구성원들은 같은 주제에 대해 대화를 나눈다. 두 번째 대화가 끝나면, 역시 호스트만 남고 원하는 조로 이동한다. 전체 참가인원 및 조의 숫자에 따라 대화는 계속될 수 있다. 초기에 계획한 조별 대화가 종료되면 모두 원래의 자리로 돌아간다. 호스트는 주제에 대한 첫 대화 이후 변화, 발전한 아이디어를 첫 구성원들에게 설명한다.

(4) 마무리

조별 호스트는 전체에게 자신의 테이블에서 진행된 대화내용을 소개한다. 그리고 참석자들은 테이블을 이동하면서 대화와 토론을 통해 배운 것을 스스로 정리하고 나름대로의 해결책을 다시 생각해 보는 성찰의 시간을 가진다.

4) 기타

월드 카페와 유사한 팀 활동 작업으로 바캠프(BarCamp), 타운홀미팅, 오픈스페이스 테크놀로지(Open Space Technology: OST), 이그나이트(Ignite) 등이 있다.

바캠프(BarCamp)는 특정한 형식이나 절차 없이 참가자들이 자발적이고 즉각적으로 발표, 토론 또는 시연하는 컨퍼런스의 일환이다. 소셜텍스트(SocialText)의 창업자였던 메이필드(Ross Mayfield)가 만든 방법으로 알려져 있는데, 참가자들의 자유로운 발표와 토론을 통해 정보 공유 및 상호이해와 관계증진에 그 목표가 있다. 바캠프는 특히 참여자들의 충분한 이해와 참여가 중요하기에 모든 참가자가 발표에 참가하는 것을 원칙으로 하고 있다.

타운홀미팅(Town Hall Meeting)은 America Speakers라는 비영리단체에서 1995년부터 주민참여를 통한 정책결정을 실현하기 위해 개발하고 발전시켜 온 방법 중 하나로 알려져 있다. 주민들의 직접적인 토론과 심사숙고의 과정을 거쳐서 핵심의제를 결정하는 것이 핵심활동인 타운홀미팅은 참여형 의사결정과정으로 미국 식민지 시대의 마을공동체 의사결정방식인 타운홀미팅에 기원을 두고 있다. 기업에서는 이런 타운홀미팅을 기업문화 전파, 주요 이슈의 공유 및 결정 등을 위한 조직개발의 방편으로 활용하고 있다.

오픈스페이스 테크놀로지(Open Space Technology)는 모든 참가자가 논의하고 싶은 주제를 제출하고 원하는 주제에 참여한다. 넓은 공간에 제시된 주제를 논하는 위치를 정하고 참가자들은 자유롭게 주제를 옮겨가며 토론한다. 집단지성을 창조하는 데 좋은 토론 환경이라고 알려져 있다. 주제별 사회자만 정하고 모두가 자유롭게 원하는 주제가 있는 지점으로 이동하여 토론하는 방법이다. 가장 효율적인 소통을 구현하는 집단토론 방법으로 알려져 있는데, 5명에서 수천 명까지 참여 가능하다는 것이 장점이자 특징이다.

요약 및 시사점

1. 교육운영은 학습자가 가장 효과적으로 학습할 수 있는 환경과 상황을 만들어주는 것이 중요하다.

2. 성인학습자의 교육참여 특징을 고려한 교육훈련을 실시해야 한다.

3. 집합교육은 고전적인 교육훈련의 방법으로 가장 널리 활용되고 있다. 특히 강의와 토론은 가장 전통적인 교육훈련 방법이며 최근에는 성인학습자들의 특성을 고려한 다양한 교수방법이 활용되고 있다. 사례학습, 팀학습, 액션러닝 등이 그 대표적인 방법이다.

4. 현장에서의 학습은 OJT, SDL(자기주도학습), 코칭, 멘토링 등 다양한 모습으로 운영할 수 있다.

5. 최근에는 플립러닝 등 스마트 기기를 도구로 활용하며 학습의 효과를 높이기 위한 다양한 교육훈련 방법이 시행되고 있다.

연습문제 / EXERCISE

01_ 성인학습자(andragogy)의 특성에 대해 이야기해 봅시다.

02_ 강의법와 토론법의 효율적인 활용법에 대해 생각해 봅시다.

03_ 학습자의 참여도를 높이는 방법에 대해 이야기해 봅시다.

04_ 역할연기법은 누가, 언제 활용하면 좋을지 생각해 봅시다.

05_ 성공적인 플립러닝을 위한 조건을 이야기해 봅시다.

참고문헌 / REFERENCE

권대봉 (1999). **글로벌 인재의 조건**. 서울: 박영사.

강성보, 김정환 (2006). **교육철학**. 서울: 박영사.

아주대학교 교수학습개발센터 (2015). **'나의 수업에 플립드러닝 적용하기' 자료집.**

송영수, 이찬 (2015). THE SMART LEARNING(스마트러닝) Second Edition. 서울: 박영사.

Boshier, R. (1976). Factor analysts at large: A critical review of the motivational orientation literature. *Adult Education Quarterly, 27*(1), 24-47.

Brookfield, S. (1985). *Self-directed learning: A critial review of research, In self-directed learning from theory to practice.* SF: Jossey-Bass.

Bresser, F. (2013). *The Global Business Guide for the successful use of Coaching in Organizations.* London: Books on Demand.

Houle, C. O. (1961). *The inquiring mind: A study of the adult learner who continues to participate to learn*. Madison: University of Wisconsin Press.

Jacobs, R. L., & Jones, M. J. (1995). *Structured on-the-job training.* SF: Berrett-Koehler.

Keller, J. M. (1987). Development and use of the ARCS model of instructional design. *Journal of instructional development, 10*(3), 2-10.

Knowles, M. S. (1975). *Self-directed learning: A guide for learners and teacher.* Chicago: Follet Pub. Co.

Kroehnert, G. (2000). *Basic Training for Trainers* (3rd ed.). NY: McGraw Hill

Lehner, F., & Nösekabel, H. (2002). The role of mobile devices in E-Learning first experiences with a wireless E-Learning environment. In Wireless and Mobile Technologies in Education, 2002. Proceedings. IEEE International Workshop on (pp. 103-106). IEEE.

Mayer, R. E. (1998). *Learning strategies: An overview.* NY: Academic Press Inc.

Merriam, S. B., & Caffarella, R. S. (2007). *Learning in Adulthood* (3rd ed.). SF: Jossey-Bass.

Robert W. Lucad. (2003). The Creative Training idea book: Inspired Tips and Techniques for Engaging and Effective Learning.

Robert L. Craig (2002). *The ASTD Training and Development Handbook* (4th ed.). McGrawHill.

Walton, J. (1999). *Strategic Human Resource Development.* United Kingdom: Person Education.

CHAPTER 06 교육훈련 공학(Training Technology)

이 찬

1 패러다임의 전환과 학습의 진화

사회적 환경 변화에 따른 학습 패러다임의 변화는 다음과 같다

1) 이러닝, 그리고 스마트러닝

2010년대 초반부터 시작된 급속한 정보통신기술의 발달로 인하여 새로운 환경과, 이에 부응하는 융합 기술 연구가 활발하게 진행되고 있다. 특히 스마트폰, 태블릿 PC 등 스마트 기기를 활용한 학습이 가능해지면서 교육적 관점에서는 스마트러닝(smart learning)에 대한 관심이 증대되었으며, 이는 자기주도적, 상호작용적 교육환경을 요구하게 되었다.

스마트러닝과 이러닝은 온라인으로 학습이 이루어진다는 공통점이 있다. 그러나 학습자가 직장 및 가정 등 지정된 장소에서 PC를 통해 학습을 진행했던 이러닝과는 달리 스마트러닝은 스마트 기기 활용을 통해 이동성(Mobility) 또한 제공된다. 모바일러닝(m-Learning) 또한 이동성이 지원되었지만, 이러닝의 PC 기반 콘텐츠를 단순히 모바일 환경으로 옮겨놓는 수준이었다. 스마트러닝은 단순히 이동성에만 초점을 두는 것이 아니라 스마트 기기, WiFi/4G, 소셜네트워크서비스(SNS) 등을 활용하여 상호작용

성이 강화된 학습을 제공하는 형태로 자리 잡고 있다. 따라서, 학습자들의 상호작용적 학습에 대한 요구와 소셜미디어의 발달이라는 사회적 환경 변화가 결합하여 '스마트러닝', '소셜러닝'이라는 새로운 패러다임의 변화로 이끌었다. 즉, 스마트러닝과 소셜러닝은 소셜미디어(Social Media)의 발달을 기반으로 한 타인과의 지식 공유, 의견 교환의 상호작용 과정이라고 할 수 있다. 여기서 '소셜미디어(Social)'란 무엇일까?

2) 스마트 디바이스, 그리고 소셜미디어의 발달

소셜(Social)은 정보통신기술(ICT)과 결합하면서 단순히 '사회적'이라는 사전적 의미를 넘어 참여, 공유, 개방, 협업 등을 포괄하는 개념으로 진화하였다. 소셜미디어란 '참여', '공유', '개방'의 웹 2.0 기술에 기반한 사람과 사람의 관계를 지향하는 서비스를 총칭한다. 소셜미디어와 소셜네트워크서비스(Social Network Service: SNS)가 흔히 혼용되어 사용되고 있는데, 소셜미디어는 소셜네트워크서비스(SNS)를 포함하는 좀 더 큰 범주의 개념이다. '소셜미디어'라는 용어의 최초 사용자는 여전히 논란의 여지가 있지만, 일반적으로 티나 샤키(Tina Sharkey)가 이 용어를 사용한 최초의 사람 중 하나이다. 티나 샤키는 1990년대 후반, 커뮤니티와 같이 사람들의 관계를 엮어주는 서비스를 총칭하는 말로써 이 개념을 사용했다. 그 후 소셜미디어의 개념을 웹 2.0의 특성으로 함께 논의하여 대중화시킨 사람은 가이드와이어그룹(Guidewire Group) 창업자이자 글로벌리서치 디렉터인 크리스 시플리(Chris Shipley)이다. 크리스 시플리는 2004년 한 학회에서 IT 관련 회사의 담당자들을 대상으로 블로그, 위키, SNS와 연관된 기술들이 결합되어 이용자들의 참여를 촉진하는 것에 대해 설명하면서 이런 기술들을 소셜미디어라 칭했다. 이처럼 소셜미디어는 IT 기업을 중심으로 그 개념이 성장하였으며 초기에는 주로 기업 마케팅을 위한 대내외 소통방식의 변화로서 관심을 받았다. 그러나 불과 10년 사이에 소셜미디어는 사회, 경제, 정치, 문화, 교육까지 모든 분야에 영향을 미치며 우리 생활의 일부가 되어가고 있다.

소셜미디어의 범위와 종류도 날로 다양해지고 있다. 블로그, SNS, 콘텐츠 공유 커뮤니티, 위키, 포럼, 마이크로블로깅 등 다양하나 이러한 유형 구분은 어디까지나 임의적인 것이고 목적에 따라 다양하게 분류될 수 있다.

표 6-1. 소셜미디어의 유형

소셜미디어의 유형	예시
블로그	네이버블로그, 티스토리
SNS	페이스북, 링크드인
콘텐츠 공유 커뮤니티	유투브, 플리커, 인스타그램
위키	위키피디아, 구글닥스
포럼	다음 아고라
마이크로블로깅	트위터

출처: 교육부. (2016). "세계교육의 큰 흐름, 소셜러닝". Retrieved from http://happyedu.moe.go.kr/happy/bbs/selectHappyArticle.do?bbsId=BBSMSTR_000000000216&nttId=4348

이러한 소셜미디어가 기존의 미디어와 구분되는 부분은 '참여', '공개', '대화', '커뮤니티', '연결'이라는 특성을 가지고 있다는 것이다. 소셜미디어의 특성을 교육에 활용한 스마트러닝은 시간이 흐르면서, 학습의 상호작용적인 측면을 강화한 소셜러닝과의 연계도 함께 언급된다. 기존의 학습방식과는 달리 개인의 능동성과 타인과의 관계성을 강조한다는 점에서 강조되는 소셜러닝은 다양한 장점을 가지고 있다. 모두가 참여함으로써 교수자와 학습자의 경계가 소멸되었고, 학습 콘텐츠에 대한 다양하고 자유로운 접근과 사용이 가능하며, 교수자-학습자, 학습자-학습자 간 활발한 상호작용이 일어날 수 있도록 도와준다. 또한 공통적인 학습목표를 지닌 참여자 간 커뮤니티를 구성할 수 있고, 교수자와 학습자가 소유한 정보 및 지식의 무한한 연결 및 확장을 용이하게 할 수 있다는 장점이 있다. 즉, 과거의 학습 패러다임에서 지향한 교수자 중심의 일방향적 지식 전달형 학습이 아닌, 학습자 간 또는 교수자와의 상호작용을 통해 지식을 함께 탐색하고 공유하고 새롭게 생산해 나가며 다른 사람과의 관계를 통한 학습자 중심의 학습 패러다임이라고 할 수 있다. 이는 단순히 학습 활동에 트위터나 페이스북 등의 소셜미디어를 활용하는 것을 넘어, 스스로 가르치고 배우는 '학습 생산자'이며 '학습 소비자'가 되도록 한다.

2 융합형 맞춤학습, 스마트러닝

1) 스마트러닝의 개념

스마트러닝은 스마트기기 및 소셜미디어를 활용하여 학습자들이 자기주도적으로 형식학습과 무형식학습을 융합하여 수행할 수 있는 상시 학습체계를 말하며, 상호작용을 통한 협력학습이 가능하고 학습 중에 발생하는 빅데이터를 활용하여 학습성과를 관리 및 확대할 수 있는 특징이 있다(송영수, 이찬, 2015). 이 정의 내에는 그동안 기업교육 분야에서 화두로 삼았던 소셜러닝, 자기주도학습, 무형식학습, 그리고 상시 학습체계와 협력학습을 통한 일터학습의 구현과 같은 주요 개념이 모두 포함돼 있으며, 특히 정보와 소셜의 확산에 따른 빅데이터와 이에 기반한 기업교육의 성과 개념까지 그 변수로 삼고 있다.

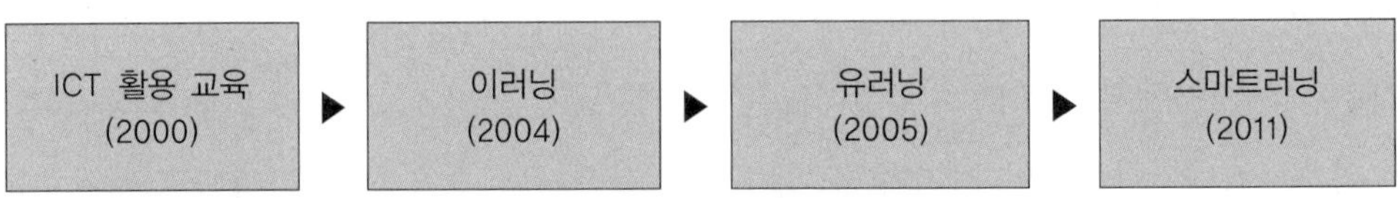

■■ 그림 6-1. 스마트러닝의 등장

스마트러닝은 다양한 스마트적 환경을 접목한 새로운 교육 형태로 더욱 인간 중심적이고 학습자 중심적인 교육 패러다임을 만들고자 한다. 다만, 그 접근방법에 있어 다양한 정의가 있다.

스마트러닝 포럼에 따르면, 스마트러닝은 학습자들의 학습형태 및 학습능력을 고려하고, 학습자의 사고력, 소통능력 등을 향상시키며, 협력학습과 개별학습 기회를 창출한다. 즉, 매체 자체보다는 학습자와 학습내용에 기반을 둔 소통기반 맞춤학습이라고 할 수 있다. 또한 손쉬운 학습원천정보의 접근성, 학습자 간 및 학습자–교수자 간의 효과적인 상호작용, 그리고 자기주도적인 학습 환경 설계를 지원하는 학습자 주도의 스마트형 정보통신기술 기반 인간중심적 학습방법으로도 설명된다. 또한 교육부에서 발표한 스마트러닝에 대한 정의를 살펴보면, 스마트러닝이란 인간 중심 소셜러닝과 맞춤형 학습을 접목한 학습으로, 지식정보화 사회에 적합한 통신 환경과 맞춤형 교수–지원체제로 운영되는 21세기형 학습이라고 정의하였다.

2) 스마트러닝의 특성

1	2	3	4	5	6
스마트 기기의 활용	소셜네트워크를 활용한 협력학습	빅데이터를 활용한 학습 성과 향상	무형식학습의 발전	자기주도학습	일터학습

(1) 스마트 기기의 활용

테크놀로지 측면에서 볼 때, 스마트기기는 멀티미디어 구현, 데이터 통신 지원, 소셜네트워킹 등의 기능으로 인하여 학습을 지원하는 매체로서 중요한 역할을 한다(Sharples, 2005). 스마트 기기의 발달과, 이러닝 연관 신기술이 융합된 새로운 형태의 '스마트러닝'이 대두되고 있다. UCC, SNS 등 웹 2.0 기술과 클라우드 컴퓨팅 기술이 접목된 서비스를 스마트 기기에서 활용하는 방식, 3D 가상현실, 증강현실(Augmented Reality)등이 스마트러닝의 예이다. 이러한 기술의 발달로, 기존 PC 위주에서 스마트폰까지 이러닝 콘텐츠의 사용환경이 확장되었고 시간과 장소의 제약 없이 콘텐츠를 사용할 수 있게 되었다. 이로써 사용자의 학습 참여 기회는 증가하고 콘텐츠에 대한 접근성이 용이하여 지식 정보의 공유가 활발하게 이루어지고 있다.

(2) 소셜네트워크를 활용한 협력학습

테크놀로지의 발달은 스마트러닝뿐만 아니라, 소셜러닝까지도 가능케 했다. 개인 차원의 학습을 넘어 소셜네트워크를 통한 협력학습까지도 범위를 넓히고 있다. SNS뿐만 아니라, 각종 커뮤니티는 새로운 지식과 정보를 접하는 장으로 탈바꿈하였다. 학습자 간 아이디어와 발상은 집단지성(Collective Intelligence)으로 연계되었다. 특히 위키백과(Wikipedia)는 소셜네트워크를 활용한 대표적인 집단지성의 예이다. 소비자가 곧 생산자인 웹 2.0의 콘텐츠로서, 학습자에 의해 끊임없이 수정되고 보완되는 '영원한 베타(the perpetual beta)' 상태에 놓여 있다. 학습자와 학습자 간의 관계뿐만 아니라, 오히려 학습자가 교수자에게도 정보를 공유할 수 있는 학습을 통한 집단지성창출이 가능해졌다.

(3) 빅데이터를 활용한 학습 성과 향상

스마트러닝에서 생성되는 빅데이터 분석을 통해 학습자들은 수없이 많은 학습콘텐츠 중 자신과 같은 프로파일의 사람들이 무엇을 많이 학습하는지 다양한 관점에서 알 수 있으며, 개인별 직무와 숙련도와 같은 개인 프로파일에 기반한 차별화된 학습을 할 수 있다. 아마존의 경우, 책을 구입하면 그동안의 구매내용과 연관된 정보 또한 볼 수 있는데 이 점이 비즈니스 측면에서 매출과 직결되었다. 소비자는 자신의 관심사와 연관성이 있는 분야의 책을 보게 되고, 연계성이 높아 구매효과가 커졌기 때문이다. 이를 학습의 관점에서 적용할 때, 세부적으로는 자신의 동료와 선후배로부터의 조언과 코멘트까지 들어가며, 언제, 누가, 얼마나, 무엇을 공부했는지까지 비교해 가면서 학습할 수 있다. 따라서 이제는 기업교육 담당자뿐만 아니라 학습자 스스로도 학습활동을 실시간으로 체크하면서 자기주도적으로 능동적인 학습을 할 수 있는 기반이 마련됐다는 뜻이기도 하다.

(4) 무형식학습의 발전

비즈니스 현장에서 필요로 하는 지식과 정보를 얻는 원천은 70 : 20 : 10의 법칙으로 진행되고 있다. 일방적인 지식전달 위주 집합교육 형태의 형식학습으로 얻을 수 있는 지식이 10%, 코칭 및 멘토링으로 얻을 수 있는 지식이 20%, 그리고 무형식학습을 통해 얻을 수 있는 지식이 70%이라는 것이다. 이렇듯 지식 습득의 원천이 형식학습에서 무형식학습으로 바뀜에 따라 스마트러닝이 무형식학습으로의 변화를 이끄는 한 축을 담당하고 있다.

(5) 자기주도학습

자기주도학습(self directed learning)은 학습자가 자신의 필요에 의해서 스스로 목표를 설정하고, 자신의 수준에 맞는 학습내용을 찾아 스스로 학습하는 것을 의미한다. 즉, 자기주도학습은 학습의 필요성을 스스로 인지하고 자신의 필요에 의해서 주도적으로 학습하는 것이기 때문에 학습 몰입도와 만족도가 높으며, 결과적으로 학습효과가 높아진다. 스마트러닝에서 자기주도학습 과정은 학습계획 수립 · 학습 · 평가와 피드백이라는 일련의 절차를 거치며 반복된다. 따라서 스마트러닝은 이러한 자기주도학습이 효과적으로 이루어질 수 있도록 돕는다.

(6) 일터학습

일터학습(workplace learning)은 업무수행이 이뤄지는 현장에서 동료들과의 동시적, 비동시적 상호작용을 통해, 직무에 필요한 역량을 형식적, 무형식적으로 습득해 가는 과정을 말한다. 일터학습이 중요한 이유는 학습이 업무수행의 한 가운데에서 이뤄짐으로써 학습전이가 높게 나타나기 때문이다. 따라서 자기주도학습과 무형식학습이 전제된 일터학습의 구현은 당연히 스마트러닝과 많은 공통분모를 지닐 수밖에 없다. 현장에서 즉시 학습할 수 있는 단위 콘텐츠의 제공, 즉시 검색이 가능하도록 하는 상세한 메타데이터 제공, 다양한 템플릿 제공, 시간과 장소에 구애를 받지 않고 학습할 수 있도록 하는 디바이스 구현, 학습동기를 극대화 할 수 있도록 하는 개인화된 학습, 소셜 기능을 활용한 학습자와 학습자와의 연계, 학습자와 내용 전문가와의 연계, 학습자와 튜터와의 연계를 통해 집단지성의 장점을 십분 활용하는 것이 모두 스마트러닝을 통한 일터학습의 구현 방안이라고 볼 수 있다.

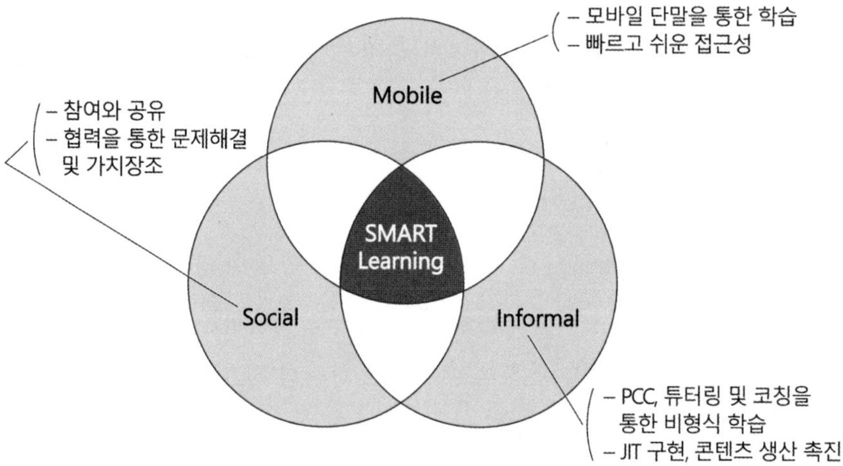

그림 6-2. 스마트러닝의 특징

출처: 이지은. (2011). "다양해지는 플랫폼, 문제는 콘텐츠다"(동아비즈니스리뷰 99호). Retrieved from https://www.dongabiz.com/DBRplus/GraphicDBR/article_content.php?atno=1803248501&chap_no=1

3) 스마트러닝의 실현

(1) 스마트러닝의 설계방법

① 학습자 중심의 교육환경

기존 다양한 교수방법 및 교육환경은 교수자 중심의 일방향적 교수방법으로 사용되어 왔지만, 스마트러닝은 구성주의적 학습이론에 기반을 둔 학습자 중심 교수방법 및 교육환경 조성에 중점을 두고 있다. Jonassen(2002)은 스마트러닝을 설계하는데 적합한 구성주의적 관점의 설계 모형을 제시하고 있으며 이는 학습자의 문제해결능력을 향상시키기 위한 대표적인 구성주의적 모델로 평가받고 있다. 이러한 설계 모형에는 다음과 같은 6가지 요인이 포함되어야 한다. 첫째, 프로젝트(해결해야 하는 문제) 둘째, 문제 해결과 관련이 있는 사례 셋째, 해결책과 관련 있는 정보 넷째, 인지적 도구 다섯째, 문제 해결을 위한 대화 및 협동체제 여섯째, 맥락적 · 사회적 · 지원체제이다.

학습자 중심의 스마트러닝을 구현하기 위하여 위와 같은 구성주의적 요인을 바탕으로 교육환경을 재구성하여 정리하면 다음과 같다. 첫째, 실제적이고 맥락적인 과제 목표를 제시해야 한다. 둘째, 단편 지식 및 정보를 손쉽게 얻을 있는 학습을 진행함으로써 학습활동에 필요한 정보 및 자원을 제공해야 한다. 셋째, 학습자가 원활하게 문제를 해결할 수 있도록 도울 수 있는 인지적 도구가 필요하다. 이것은 증강현실, 가상현실 등 최첨단 정보통신 기술의 활용을 통해서 실현할 수 있을 것이다. 넷째, 학습자-교수자 간, 학습자–학습자 간, 학습자–학습프로그램 간 협동을 활발하게 만들 수 있는 상호작용 도구가 필요하다. SNS(소셜네트워크서비스)와 학습프로그램 간의 결합은 이를 실현가능하게 할 것이다. 그 예로, 오프라인 학습이 진행되는 동안 청충들이 트위터 등 SNS을 통해 커뮤니케이션을 하는 '백채널[6]'은 사람들이 실시간 연결을 통해 상호작용하면서 학습하는 장소를 의미한다. 백채널에는 누구나 참여할 수 있으며, 인원의 제한이 없고, 발표자와 참가자 간의 경계를 모호하게 하며 실시간 참여, 집중, 연결, 혁신, 평가 등을 가능하게 하였다.

② 구현 기술 활용

앞에서도 살펴보았듯이, 스마트러닝의 가장 큰 특징이자 목표는 학습자 중심의 학습환경 조성에 있다. 이를 적합하고 효율적으로 구현해내기 위해서는 최첨단 정보통신 기술을 활용하는 것이 효과적이다. 스마트러닝의 효과적인 구현을 위해 활용되는 요소기술은 스마트 인프라 기술, 지식 전달 기술, 상호작용 기술, 콘텐츠 개발 기술, 스마트레이닝 요소 기술 등을 꼽을 수 있다.

---

6) 1970년 언어학자인 빅터 잉베(Victor Yngve)가 처음 사용한 용어로, 커뮤니케이션이 이루어지는 동안 듣는 사람의 행동을 묘사하는 용어로 탄생하였다.

③ 이러닝 서비스의 스마트화

오늘날 학습수단으로서 이러닝은 빼놓을 수 없을 만큼 큰 성장을 구가해 왔다. 그렇지만, 이러닝을 스마트하다고 보는 학습자는 매우 드물다. 사실 이런 환경에서 이러닝은 몇 가지 요소를 해결한다면 스마트러닝으로 진화가 가능해지기도 한다. 그 요소는 다음과 같다.

첫째, 5분 이내의 학습 콘텐츠를 활성화하는 것이다. 기존의 이러닝 서비스는 학습자 중심의 콘텐츠를 지향했음에도 불구하고 오프라인 강의를 온라인 상에 그대로 옮겨놓는 수준에서 벗어나지 못했다. 또한 학습이 일상생활과 동떨어진 학습형태에서 일, 여가, 생활 등과 밀접한 관계를 맺게 되는 형태로 변화하고 있는 트렌드를 읽어내지 못해서 발생하는 문제점들이 대두되었다. 첫째, 학습자의 학습에 대한 몰입을 저하시켰으며 둘째, 학습에 대한 적절한 동기유발을 하지 못했다. 이에 대한 대안으로서 학습자가 필요한 지식과 정보를 신속하게 제공할 수 있는 단기 콘텐츠가 주목받게 되었다. 특히, 스마트폰, 테블릿 PC 등 휴대용 기기가 보편화되면서 개인화, 적시성, 이동성 등의 휴대용 기기의 특성을 가정 효과적으로 구현할 수 있는 5분 이내의 단기 콘텐츠, 즉 마이크로러닝(Micro learning)이 학습 효과를 증대시키는데 크게 기여할 것으로 예상된다.

둘째, 시뮬레이션형 학습 서비스를 활성화하는 것이다. 현재 학교 교육에서 떠오르는 이슈 중 하나는 현장과 밀접하게 연결되어 있는 '친현장형' 교육이다. 학교 교육이 현장과 분리되어 서비스됨으로써 학습자의 만족감을 충족시키기에 어려움이 있을 뿐만 아니라, 학교 교육과 일터에서의 교육에 따른 교육비용을 이중적으로 지불해야 하는 문제들로 인하여 '친현장형' 교육이 주목받게 되었다. 이 문제를 해결하기 위해 시뮬레이션형 학습이 대안으로 제시되고 있다. 정보통신 기술을 기반으로 한 시뮬레이션형 학습은 증강현실기술, 가상현실기술을 적용함으로써 실제 현장을 생생하게 구현하여 학습내용에 대한 몰입도를 높이고, 실제적인 학습이 이루어지도록 지원한다. 이러한 시뮬레이션형 학습 서비스를 통해 가장 현장에 가까운 '친현장형' 교육의 실제화에 높은 기대감을 주고 있다. 특히, BMW에서는 직원을 지원하기 위해 증강현실 기술을 사용한 모듈을 제작하였다. 컴퓨터에 무선으로 연결하는 special data고글을 이용하여 BMW 기술자들은 처리해야 할 것과 필요한 것의 위치 등 모든 정보를 제공받았다. 디지털 기술의 발달로 교육훈련생에게 보다 현실적이고 효과적인 학습환경을 설계해 줄 수 있다.

셋째, SNS기반의 협력학습 서비스를 활성화하는 것이다. 정보통신사회에서 학습이 성공하기 위해서는 학습의 주체를 학습자로 설정하는 데 있다. 즉, 학습자의 능력을 증대시키기 위해 소셜네트워크와 같은 가상통신망을 이용하여 학습자가 주체적으로 활동할 수 있도록 지원하는 것이다. 따라서 이러닝 환경에 있어 학습자-학습자, 학습자-교수자, 학습자-학습매체 간의 소통을 가장 효과적으로 지원할 수 있는 도구가 바로 소셜 네트워크 서비스라고 할 수 있다. 특히 모바일 환경이 점차 확산됨에 따라 기존에 지식 전달자로 활동하던 교수자는 학습의 퍼실리테이터(Facilitator)의 역할을 담당하게 되었다.

넷째, 자기주도학습 서비스의 활성화이다. 자기주도학습은 학습자가 학습계획을 설정하고, 운영하고, 관리함에 있어 주도적이며 능동적으로 실시하는 것을 말한다. Knowles(2005)는 학습자가 주도적으로 능력을 발휘하는 학습의 형태를 자기주도학습이라고 주장하면서 자기주도학습을 통해 학습자의 경험이 중시되고, 학습이 개인화되며, 문제 중심의 학습이 가능해질 뿐만 아니라 자발적인 동기부여에 의해 효과적인 학습이 이루어질 수 있다고 하였다.

이러한 자기주도학습은 스마트 환경을 학습에 접목시키면서 더욱 효과적으로 발생할 수 있다. 스마트폰, 태블릿PC, 클라우드 컴퓨팅 등의 스마트 인프라를 통해 학습환경이 개인화되고, 학습목표에 부합하는 학습콘텐츠를 적시적소에 전달할 수 있으며, 소셜네트워크를 통해 협력학습을 실시하고 학습경험을 공유할 수 있게 된다. 또한 검색기능을 활용하여 자신에게 필요한 학습콘텐츠를 신속히 찾아 업무에 요구되는 역량을 스스로 선택, 학습할 수 있게 하는 것이다. 이는 멀티미디어나 웹을 통해 제한적인 장소와 시간에서만 이루어지던 공식교육을 스마트러닝은 언제 어디서나 비공식교육을 가능하도록 지원해 준다. 특히 스마트러닝은 학습자별로 세분화된 주제에 대해 학습을 가능하게 하며 시간, 장소에 따른 세부학습 행태 등을 분석할 수 있어 Big Data를 통한 교육대상별 훈련체계 및 프로그램의 효율적 개선도 가능해진다. 이외에 비공식적 교육을 강화하기 위해 스마트러닝 시스템을 활용하여 자율적인 학습공동체를 활성화하거나 KM을 통한 학습도구로도 이용할 수 있다.

위와 같이 검색 가능한 독립적 단위의 콘텐츠 학습이 가능하려면, 스마트러닝에서도 기본적으로 학습자 스스로 학습을 계획하고 평가할 뿐만 아니라 학습이력을 관리할 수 있도록 하는 기본 관리모듈을 제공해야 한다. 여기에는 학습계획과 신청기능, 진도관리와 학습이력관리, 문제풀이 등이 해당되며 이것은 기존의 온라인 교육에서도 대부분 제공되던 내용이다. 하지만 스마트러닝에서는 개인의 역량 정도에 따라 학습의 깊이를 조절할 수 있도록 다양한 조합의 콘텐츠를 제공하고 학습자가 선택적으로 학습할 수 있도록 하는 것이 가능하다. 예를 들면 동일 주제에 대한 독립된 콘텐츠의 조합을 통하여 콘텐츠-기본과정-심화과정-시리즈-코스 등으로 관련 주제에 대한 학습분량을 요구되는 숙련 정도에 따라 학습자 스스로 조절할 수 있도록 하는 것이다. 이러한 솔루션 개념이 소위 LCMS(Learning Content Management System)이며, 스마트러닝에서 제공되어야 하는 기능이다.

4) 스마트러닝의 적용

국내 기업교육용 스마트러닝 서비스를 처음으로 상용화하는 데 성공한 ㈜인더스트리미디어의 학습 빅데이터를 참고하여 2013년 9월부터 2015년 8월까지 2년간의 스마트러닝 학습로그인 데이터 4,513,877개와 2015년 7월에 실시된 스마트러닝 학습자 2,200여명의 설문조사 데이터를 분석하였다. 스마트러닝 누적 학습자 규모와 참여 기업 수를 살펴봤으며, 누적학습자 규모는 2011년 12,205명에서 2015년 8월 336,622명으로 증가해 연평균 성장률(CAGR) 129%를 나타내고 있으며, 참여 기업 수는 2011년 35개사에서 2015년 8월 384개사로 늘어나 최근 5년간 연평균 82%의 성장률을 기록하고 있다. 이러한 측면에서 국내기업의 스마트러닝 활용단계는 주류시장으로 진입한 것으로 해석할 수 있으며, 이제는 몇몇 혁신적인 기업만 사용하는 새로운 기업교육 트렌드가 아니라, 보편적 교육방식의 하나로 자리 잡아 나가고 있음을 시사한다. 종합적으로 살펴보면, 이제는 과반수 이상의 학습자가 스마트러닝 경험을 긍정적으로 평가하고 있다는 것이다. 이러한 측면에서 이제 기업교육 담당자는 스마트러닝 도입의 적절성 여부가 따질 때가 아니라 어떻게 도입하고 활성화시켜 기업의 교육성과를 제고할 것인가를 고민하고 실행에 옮겨야 할 때이다. 과거처럼 공급자 중심의 형식적인 교육서비스를 정해진 정책과 절차에 따라 타성적으로 학습자에게 제공할 것이 아니라, 급속하게 변화하는 정보기술에 기반해 학습자 개개인이 주도적으로 학습할 수 있도록 개인화된 학습(Personalized Learning) 체계를 지원해야 한다. 이렇게 학습자 중심(learner-centered)의 교육방식으로 새로운 사업전략에 부합하는 과정이나 프로그램을 적기에 제공하여 학습자들이 요구되는 역량들을 언제 어디서든 빠르게 개발할 수 있도록 지원하는 것이 바로 기업교육의 전략적 파트너로서 본연의 역할에 충실한 것이다. 2010년 초부터 시작된 국내 스마트러닝 서비스는 지금까지 많은 선도적 기업의 교육담당자와 학습자들이 제안하는 개선 요구사항을 끊임없이 서비스에 반영해 나가는 파괴적 혁신전략을 통해 진화하고 있다. 예를 들면 앞으로도 더욱 짧은 단위의 다양한 학습자료를 제공하는 마이크로 콘텐츠 러닝 기능, 주요 뉴스나 사회현안과 관련된 연관과정이나 개인 프로파일 혹은 학습이력에 기반한 맞춤형 콘텐츠 큐레이션 기능, 음성학습을 통한 웨어러블 기기 학습기능, 학습자 간 학습정보 공유의 장을 Social Feed 형태로 구현하는 것과 같은 혁신적인 기능들이 파괴적 혁신전략을 통해 가까운 장래에 개발될 것이다. 스마트러닝이 혁신적인 이유는 이렇게 선도적 사용자들이 제공하는 아이디어로 앞으로도 더욱 변화할 여지가 무궁무진하기 때문이기도 하다.

5) 스마트러닝의 전망

국내에서 활성화되고 있는 스마트러닝은 여러 연구조사와 시행착오를 통해 인간중심적이고 학습자에 최적화된 형태로 나아갈 것이다. 특히 스마트러닝의 트렌드에 발맞추기 위해 HRD담당자는 디지털 리터러시를 기초 역량으로 갖출 필요가 있다. 그러나 이 역량은 정형화되어 있는 것이 아니기에 퍼실리테이션 스킬뿐만 아니라, 학습민첩성(Learning Agility)이 필요하다. 스마트러닝뿐만 아니라 이제는 학습환경이 매우 빠르게 바뀌고 있기 때문에 내용을 아는 것보다는 학습할 수 있는 능력이 중요하기 때문이다. 스마트러닝에서 무엇보다 중요한 것은 스마트러닝이 단순히 이러닝의 콘텐츠를 휴대폰 안으로 이동된 것은 아니라는 사실이다. 기기가 스마트해진다고 학습자가 스마트해지는 것은 아니다. 학습자들이 더 즐겁게, 자주, 더 많은 콘텐츠를 더 편리한 시간에 수행할 수 있도록 디자인해야 하며, 일괄적인 평가방식에서도 벗어나야 한다. 컴퓨터를 100시간 틀어놓은 것으로 교육의 질과 학습성과가 평가될 수 없기 때문에, 실제 현업적용도가 얼마나 늘었는지를 확인해야 할 필요가 있다. 또한 SNS를 통한 참여, 개방, 소통의 사회적 트렌드는 교육분야에서도 나타나고 있는데, 학습자들은 학습주체들을 대상으로 자신의 의견과 요구를 전달하는 데 주저하지 않는다. 이러한 학습자 성향의 변화는 기존의 일방향적인 콘텐츠 전달방식으로는 해결되지 않는다. 스마트러닝은 학습자의 다양한 요구를 유연성 있게 수용할 수 있도록 학습주체 간 소통과 관계에 주력하는 소셜러닝으로의 진화를 모색해야 할 필요가 있다.

3 학습생명체, 소셜러닝

1) 소셜러닝의 개념

소셜러닝은 최근에 대두된 개념은 아니다. 기존의 사회적 학습을 기반으로 소개가 되고 있는데, 최근에는 ASTD CEO 토니 빙엄의 책에서 소개된 뉴 소셜러닝이라는 개념이 소개가 되면서, 소셜미디어나 소셜 툴이 더욱 확산됨에 따라 이제는 일종의 티핑 포인트(Tipping Point)가 되었다. 즉, 하나의 패러다임으로 흘러 들어오던 소셜러닝이 소셜미디어나 SNS(Social Network Service)가 활성화되면서 우리에게 일반화가 되기 시작했으며 그것은 새로운 형태의 뉴 소셜러닝으로 대두되고 있다. 이런 소셜 툴, 소셜미디어들을 활용해서 타인과 함께 혹은 타인으로부터 배우는 일련의 과정들을 소셜러닝이라고 말한다.

소셜러닝은 전 세계적으로 확산되고 있으며, 기존의 미디어에서 다루지 않았던 사용자 중심의 지식과 정보를 공유하는 새로운 채널로 주목받았다. 이는 학습의 영역까지도 영향을 주기 시작하여, 소셜미디어를 통해 학습효과를 거두는 '소셜러닝(Social Learning)'의 개념이 등장하게 된 것이다. 1977년 심리학자 Albert Bandura가 소셜러닝 이론(Social learning theory)을 발표하면서 보편적으로 사용되기 시작하였으며, '대부분의 사람들은 관찰과 모방으로 학습하고 행동한다'라는 주장에서 시작되었다. 즉 소셜러닝이란 소셜미디어의 특성과 기능을 활용한 학습이라고 할 수 있다. 즉, 형식학습 및 무형식학습(informal learning)이 혼재하면서 새로운 학습문화를 구축하는 데 그 의의를 찾을 수 있으며 소셜러닝을 대표하는 용어로 참여, 개방, 대화, 커뮤니티, 연결 등의 핵심어로 표현되고 있다.

소셜러닝은 국내·외적으로 연구자마다 정의하는 바가 다르나, 윤영민(2011)은 소셜미디어를 기반으로 한 참여적 학습으로 SNS를 활용하여 정보 공유 및 상호작용이 일어나는 학습이라고 하였으며, 성진희, 전주성(2012)는 SNS를 기반으로 하여 교수자와 학습자, 학습자와 학습자, 간의 사회적 상호작용을 통한 형식적 또는 비형식적 학습이라고 하였다. 또한 Bingham과 Conner(2016)은 소셜러닝을 온라인 커뮤니티 환경에서 소셜미디어를 활용한 모든 커뮤니케이션 학습활동이라고 정의하였다. 즉, 소셜미디어나 소셜네트워킹 도구를 학습활동에 활용하여 협력, 참여, 연결 등을 통해 학습이 발생하는 혼합형 학습형태(Blended learning)를 말한다.

2) 소셜러닝의 특성

소셜러닝이란, 자신 주위의 환경과 상호작용하며 타인과의 관계 속에서 협력, 참여, 관찰 등을 통해 학습이 발생하는 것을 의미한다. 이러한 소셜러닝에 대해 관심이 증폭된 이유는 두 가지인데 첫째, 온라인 커뮤니티 활동이 지식의 획득 및 공유에 용이하다는 것이며 둘째, 타인과 상호 협력하는 방식이 개별적 활동 방식보다 더욱 효과적이기 때문이다. 최근에는 이 개념이 점차 확장되면서 온라인 커뮤니티 환경을 넘어 소셜미디어를 활용한 모든 커뮤니케이션 학습활동을 소셜러닝이라고 지칭한다(Bingham & Conner, 2011)

소셜러닝은 소셜미디어를 활용하는 개념이지만, 단순히 현재의 교육방식에 '소셜미디어'라는 방법적인 측면만을 적용한다는 의미는 아니다. 소셜러닝은 형식, 무형식학습을 포함하고 있으며, 관계 형성에 기반을 두고 있어 집단지성을 형성하는 맥락 또한 제공할 수 잇기 때문에 지식을 형성하는 플랫폼으로써의 역할이 가능하다. 따라서 협업, 소통, 참여의 가능성을 제공하는 것이 소셜러닝의 지향점이라고 할 수 있다. 이러한 소셜러닝을 이해하는 세 가지 키워드는 맥락(context), 연결(connectivity), 협업(collaboration)이다.

(1) 맥락 중심의 지식 강화

맥락(context)은 사고능력의 핵심으로 작용하며 사물을 전체적으로 파악하고 구성요소 간의 관련성 분석을 통해 최적의 문제해결을 추구하는 것이다. 소셜러닝은 이러한 '맥락'기반의 학습이며, 학습자의 경험과 인식을 바탕으로 한 종합적인 사고를 통해 창의적이고 유연한 생각이 이루어지도록 돕는다.

(2) 네트워크를 통한 연결의 확장

네트워크는 객체 간의 연결(connectivity), 즉 관계를 무한히 확장시키고 사회를 움직이는 힘으로서 작용한다. 소셜러닝은 학습에 네트워크가 가진 힘을 적용하여 학습 성과를 달성한다.

(3) 협업의 사회적 확산

ICT는 온라인상의 협업(collaboration)이 가능한 기술적 환경을 제공함으로써 협업의 가치를 전 사회적으로 확산한다. 소셜러닝은 온라인을 통해 이루어지는 협업, 즉 집단지성(collective intelligence)에 공감하는 지식 프로슈머(knowledge prosumer)의 확산과 함께 계속해서 발전할 것이다. 즉, 소셜러닝은 타인 간 관계를 바탕으로 상호작용을 통한 학습이다.

표 6-2. 소셜미디어의 특성으로 본 소셜러닝의 특성

소셜미디어의 특성	소셜러닝의 특성
참여(Participation)	교수자와 학습자의 경계 소멸
개방(Openness)	학습 콘텐츠에 대한 자유로운 접근과 사용
대화(Conversation)	참여자간의 활발한 상호 작용
커뮤니티(Community)	공통의 학습욕구를 지닌 참여자들간의 커뮤니티 구성
연결(Connectedness)	참여자의 수 및 참여자가 소유한 지식 · 정보의 무한한 확장

출처: 한국정보화진흥원(2011). 미래 사회의 신학습모델, 소셜러닝의 부상.

3) 소셜러닝의 실현

소셜러닝은 인터넷 공간 내의 사회 관계망을 기반으로 협업 · 소통 등을 통해 배움의 가치를 실현해 나가는 과정이다. 소셜미디어는 교수-학습 중심의 교육방식에서 부족한 교수, 학습자 간의 소통을 증진시키는 역할을 하게 한다. 또한 소셜미디어는 협업을 위해 매우 편리하고 다양한 수단이 된다. 위키 서비스 같은 소셜 웹 서비스는 인터넷 상에서 누구라도 자유롭게 참여해 글을 올리고 편집함으로써 집단지성을 일구는 역할을 한다. 이 외에도 메신저, 스카이프와 같은 의사소통 도구는 인터넷 공간에서 실시간으로 이야기를 나누며 이를 학습까지 연결할 수도 있다.

하지만 소셜러닝이 단순히 현재의 교육방식에 페이스북, 트위터, 유투브와 같은 소셜미디어를 도입하는 것을 의미하지는 않는다. 소셜미디어가 가진 장점을 교육에 활용해, 협업·소통·참여의 가능성을 열어주는 것이 소셜러닝의 지향점이다.

소셜러닝에 있어 교수자의 역할은 더욱 중요하다. 그러나 교수자는 단순한 지식전달자가 아닌 학습자가 원하는 지식의 인도자로서의 역할을 가져야 한다. 교사는 인터넷 공간에 퍼져 있는 지식을 재조직하고 개인의 필요와 수준에 맞게 재구성하는 역할을 하게 된다. 그리고 소셜러닝의 주요 가치인 소통, 참여를 이끌기 위해서는 무엇보다 학습자의 학습 이해도의 증진과 흥미를 느끼게 할 수 있는 잘 짜여진 커리큘럼이 필요하다. 잘 짜여진 커리큘럼을 바탕으로 학습자가 원하는 지식을 습득할 수 있다.

소셜러닝이라는 새로운 교육방법의 등장으로 교육 산업도 새로운 변화에 직면하게 됐다. 교사는 소셜미디어의 특성을 이해하고 어느 정도 사용할 줄 알아야 하며, 이를 통해 교육현장에서 활용할 수 있어야 한다. 소셜미디어를 활용한 새로운 교육 커리큘럼도 다양하게 개발될 것이며 학생들에게 흥미를 유발하고 능동적으로 참여할 콘텐츠의 개발도 이어질 것으로 보인다.

4) 소셜러닝의 적용

모바일 인터넷, 클라우드 컴퓨팅과 같은 기술적 진보 역시 소셜러닝 확산에 긍정적 영향을 미쳤다. 기존의 온라인 강의와 다르게 소셜러닝 콘텐츠는 5분에서 20분 미만의 짧은 강의로 구성되어 있다. 개인화된 콘텐츠 제작 환경에 맞춰진 변화다. 그러나 소셜러닝에서의 첨단기술들은 가장 중요한 사항이라기보다는 도구로서의 역할임을 기억해야 한다.

이제는 동영상 중심에서 슬라이드, 텍스트 등 공유할 수 있는 콘텐츠의 종류도 다양해졌다. 노트북PC에 기본 탑재된 카메라, 온라인 공간에서 다양하게 제공되는 무료 소프트웨어, 저렴한 비용의 저장·전송 기술 등이 복합적으로 얽혀서 가능해진 것이다.

SNS와 소셜미디어는 양방향 커뮤니케이션을 가능하게 해 사람들이 손쉽게 교육에 접근하는 환경을 만들었다. 여기에 모바일 인터넷의 확산은 교육 콘텐츠를 스마트폰에 담아 언제 어디서나 감상할 수 있는 환경을 만들어 학습 형태 자체를 바꾸고 있다. 소셜러닝 콘텐츠를 제작, 유통하기 위한 기술 중 처음부터 교육을 위해 개발된 것은 없다. 지식 공유와 배움의 욕구가 파편적으로 발전해 온 기술의 연결고리를 만들어 소셜러닝이 가능한 환경을 창출한 것이다.

5) 소셜러닝의 전망

소셜러닝을 도입한 교수–학습방법은 일시적 유행이 아닌 전통적 교수–학습방법을 개선하고 나아가 교육의 질을 한 단계 높여줄 수 있는 추세적 변화임이 분명하다. 소셜러닝의 학습활동을 촉진시키고 학습효과를 극대화시키기 위해서는 무엇보다 학습자들의 적극적인 참여가 필수적이다. 소셜러닝을 실시하기 전에 충분한 시간을 두고 학습자들과의 충분한 대화를 통해 학습자들을 동기부여할 방법과 프라이버시 침해 등과 같은 부작용을 최소화하기 위한 가이드 마련이 필요하다.

이렇듯 소셜러닝의 핵심인 소셜의 가치를 극대화하기 위한 다각적 노력이 필요하며, 이는 다음과 같다.

(1) 소셜러닝에 대한 사회적 공감대 형성

ICT를 활용하여 '더불어 발전하는 지혜와 능력'을 추구하려는 창조적인 시도가 필요하다.

(2) 우수한 소셜러닝 모델의 발굴과 적용

본연의 목적에 충실하면서도 사회적 확산성과 파급력을 갖춘 우수한 소셜러닝 모델을 발굴 및 적용 노력이 필요하다. 소셜러닝 모델의 적용을 통해 기업교육의 질적 향상과 차세대 인재의 육성 등을 기대할 수 있다.

(3) 소셜러닝 추진을 위한 체계적 기반 마련

소셜러닝의 안정적 정착과 확산을 위해서는 체계적 기반의 마련을 위한 선제적 준비가 필요하다. 소셜러닝의 설계 및 추진을 위한 가이드라인 제시, 협업학습의 개인별 성과평가 기준 수립, 학습 효과 측정 방안 마련 등 지속적인 발전과 확산을 위한 다각적 노력이 요구된다.

4 시사점

개방 · 공유 · 참여 중심으로 다양한 사회적 연결망(social connectivity)을 강조하는 Web2.0시대에서 Better, Smarter, Faster를 모토로 정보의 연결망(information connectivity)을 강조하는 Web 3.0의 시대로 기술이 발전해 나감에 따라 스마트러닝, 소셜러닝의 비중이 지속적으로 증가하였다. 즉 Web 3.0 시대에서 학습자들은 기존의 형식교육이 제공하던 이벤트성 교육 혹은 수료규정을 중시하는 교육보다는 스스로 학습목표를 설정하고 필요한 역량을 자기주도적으로 해결해 나가는 학습을 선호하고 있다. 또한 소셜네트워크서비스(SNS)를 이용한 지식의 공유 및 소셜러닝이 대두되고 있다. SNS는 기존의 학습방식과 달리 개인의 능동성, 그리고 타인과의 관계형성을 강조한다. 소셜네트워크서비스는 블로그나 소셜미디어를 학습 플랫폼으로 활용해 소셜미디어의 효과가 학습으로 연결될 수 있도록 설계할 필요가 있다.

이에 따라 HRD담당자들은 학습자가 학습의 생산자이면서 학습의 소비자이기도 한

Web3.0시대의 학습자들을 위하여 더욱더 원활한 학습을 지원하는 다양한 제도와 학습여건을 제공하는 데 노력해야 할 것이다.

[사례] 나의 학습지식을 타인에게 주는 Sun Learning eXchange

썬 마이크로시스템즈(Sun Microsystems)사는 컴퓨터, 소프트웨어, 정보 기술을 개발 및 제공하는 미국의 회사이다. 2010년 썬 마이크로시스템즈는 오라클에 공식 합병되었다. Sun Learning eXchange 라는 플랫폼을 통해 직원 개인이 경험에 의해 습득한 지식을 비디오로 제작, 서로 공유할 수 있도록 하여 획기적인 학습효과를 거두었다. 쉽게 말해, 사내에 유투브(youtube)와 같은 형태의 시스템을 구축했다고 볼 수 있다.7)

직무 관련 학습의 약 90%가 직원 간(peer-to-peer), 무형식(informal)으로 이루어진다는 데 착안하여, 직원들이 각자 경험을 통해 획득한 암묵지를 공유할 수 있도록 지원하였다. 직원 누구나 영상을 촬영해서 업로드 및 공유가 가능한 형태인데, 기존 교육부서의 콘텐츠보다 훨씬 양과 질이 우수하다고 평가받았다.

비디오 콘텐츠 제작을 위한 툴을 지원하고, 태깅(tagging)을 통한 카테고리를 구분하여 모바일 기기에서의 재생 등이 편리하게 이루어질 수 있도록 손쉬운 활용에 초점을 두었다. 또한 동영상 제작은 일정한 가이드라인에 의해 제작되었다. 공유되는 파일 종류는 PDF, 오디오, 비디오 등 간편한 것이어야 하며, 학습자에 대한 요구수준이나 연습 정도가 너무 높지 않아야 하고, 1시간 이하로 짧게, 불필요한 부분은 건너뛸 수 있도록 제작하고, 필요에 따라서는 편집이 가능하도록 했다. 즉, 공유와 참여를 통한 무형식학습이 효과적으로 이루어질 수 있도록 한 대표적인 사례이다.

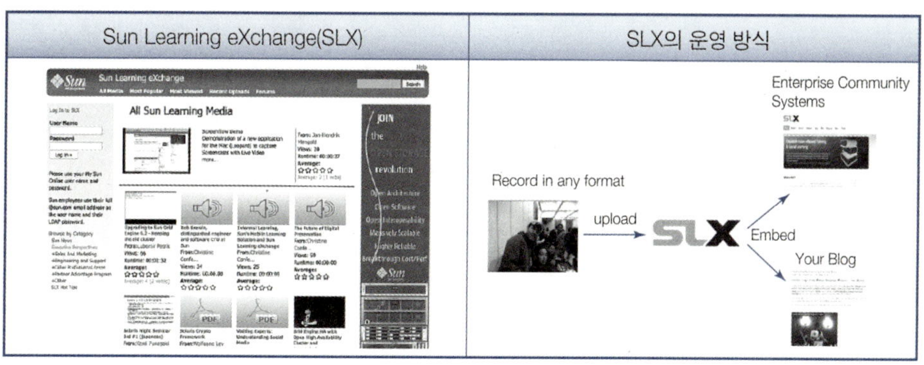

■■ 그림 6-3. Sun Learning eXchange의 형태

7) 출처: http://www.performance-vision.com/step/resources/SLX-Intro-Presentation-V6-sanitized.pdf

요약 및 시사점

본 장에서는 환경 변화에 따른 학습 패러다임의 전환에 대해 살펴본 후, 스마트러닝과 소셜러닝의 개념과 특징, HRD 분야에서의 실무적인 적용에 대하여 논의하였다. '참여', '공개', '대화', '커뮤니티', '연결' 등의 특성을 갖는 소셜 미디어의 등장 및 확산으로 학습은 개인의 능동성과 더불어 타인과의 관계성을 강조하는 방향으로 변화하기 시작하였다. 이는 기존의 교수자 중심의 일방향적 지식 전달형 학습에서 벗어나, 교수자-학습자 간 양방향적 지식 탐색, 공유, 생산이 이뤄지는, 학습자 중심의 학습 패러다임으로의 변화라고 할 수 있다.

스마트러닝은 스마트기기 및 소셜 미디어를 활용하여 학습자들이 자기주도적으로 형식학습과 무형식학습을 융합하여 수행할 수 있는 상시 학습체계를 말하며, 상호작용을 통한 협력 학습이 가능하고 학습 중에 발생하는 빅데이터를 활용하여 학습성과를 관리 및 확대할 수 있는 특징이 있다(송영수, 이찬, 2015). 다양한 스마트 환경을 접목한 새로운 교육 형태인 스마트러닝은 스마트 기기 활용, 소셜 네트워크를 활용한 협력 학습, 빅데이터를 활용한 학습 성과 향상, 무형식학습의 발전, 자기주도 학습 및 일터 학습의 특성을 갖는다. 스마트러닝의 실현 및 설계 방법으로는 학습자 중심의 교육환경 조성, 구현 기술 활용 및 이러닝 서비스의 스마트화 등을 꼽을 수 있다. 이미 과반수 이상의 학습자가 스마트러닝 경험을 긍정적으로 평가하고 있다는 것을 고려할 때, 기업교육 담당자는 스마트러닝 도입의 적절성 여부를 판단하기 보다는 스마트러닝을 어떻게 도입하고 활성화시켜 기업의 교육 성과를 제고할 것인가를 고민하고 실행에 옮겨야 한다. 이를 위해서 HRD 담당자는 디지털 문해력(digital literacy)을 기초 역량으로, 퍼실리테이션 기술(facilitation skill)과 학습 민첩성(Learning agility)을 갖춰야 한다.

소셜러닝은 소셜미디어의 특성과 기능을 활용한 학습이다. 소셜러닝의 의의는 형식학습 및 무형식학습이 혼재하여 새로운 학습 문화를 구축하는 데에 있다. 소셜러닝의 3가지 키워드는 맥락, 연결, 협업이며 각 키워드는 소셜러닝의 특성을 설명한다. 첫째, 소셜러닝은 맥락(context)기반의 학습을 말하며, 맥락 중심의 지식을 강화하고자 한다. 둘째, 소셜러닝은 연결(connectivity)의 특성을 가지며, 이는 소셜러닝이 네트워크를 활용하여 학습 성과를 달성하는 학습임을 말하는 것이다. 셋째, 소셜러닝은 타인 간 관계를 바탕으로 하는 학습이라는 점에서 협업(collaboration)을 중시한다. 소셜러닝의 실현에 있어서 교수자의 역할이 특히 중요한데, 이는 학습자의 학습 이해도 증진과 흥미 제고를 위해서는 잘 짜여진 커리큘럼이 필요하기 때문이다. 소셜러닝은 콘텐츠의 다양화 및 개인화에 따라 다양한 모습으로 나타나고 있다. 앞으로 소셜러닝의 핵심적 가치인 '소셜'의 가치를 극대화하기 위해서는 소셜러닝에 대한 사회적 공감대 형성, 우수한 소셜러닝 모델의 발굴과 적용, 소셜러닝 추진을 위한 체계적 기반 마련 등의 다각적인 노력이 필요하다.

CHAPTER 06 교육훈련 공학 Human Resources Development

연습문제 / EXERCISE

01_ 환경 변화에 따른 학습 패러다임의 전환을 생각해 봅시다.

02_ 스마트러닝의 개념과 특징을 생각해 봅시다.

03_ 소셜러닝의 개념과 특징을 생각해 봅시다.

04_ 스마트러닝과 소셜러닝의 관련성을 생각해 봅시다.

05_ 스마트러닝과 소셜러닝을 HRD관점에서 어떻게 활용할 수 있을지 생각해 봅시다.

참고문헌 / REFERENCE

교육부 (2016). "세계교육의 큰 흐름, 소셜러닝". Retrieved from http://happyedu.moe.go.kr/happy/bbs/selectHappyArticle.do?bbsId=BBSMSTR_000000000216&nttId=4348

국제기술협력단(KIAT) (2011). 스마트 기기 보급에 따른 교육 시장의 변화 (정책보고-2011-29).

권정은 (2012). 미래 사회의 신학습모델, 소셜 러닝의 부상. 스마트 시대의 미래 변화 전망과 IT 대응 전략. 한국정보화진흥원.

남동선 (2011). 스마트 러닝 서비스 환경 구축을위한 기반 표준화 동향. TTA Journal, 136(4), 85-90.

노규성 (2011). "스마트러닝의 의의와 발전방향"(대학교육 제 173호). Retrieved from http://magazine.kcue.or.kr/last/popup.html?no=4067

성진희, 전주성 (2012). 소셜러닝을 위한 소셜네트워크서비스(SNS)의 교수매체적 속성 탐색 연구. **평생교육학연구**, 18, 31-55.

송영수 (2014). "스마트러닝! 선택인가 필수인가". Retrieved from http://www.ubob.com/wp-content/uploads/2014/10/14.SongYoungSu_smartleraning_HRD_201409.pdf

송영수, 이찬 (2015). THE SMART LEARNING(스마트러닝) Sccond Edition. 서울: 박영사.

윤영민 (2011). Dialogue: 소셜미디어와 집단지성 1, 2. 서울: 한양대학교 출판부.

이정환, 조항정 (2013). 기업의 스마트러닝 수용 의도 연구: 기업교육 담당자 관점을 중심으로. *Entrue Journal of Information Technology, 12*(3), 107-119.

이지은 (2011). "다양해지는 플랫폼, 문제는 콘텐츠다"(동아비즈니스리뷰 99호). Retrieved from https://www.dongabiz.com/DBRplus/GraphicDBR/article_content.php?atno=1803248501&chap_no=1

조재한 (2013). "스마트러닝 실태 분석과 도입 사례". Retrived from http://www.ubob.com/wp-content/uploads/2014/03/20140331_061024.pdf

한상우 (2014). 소셜 러닝 커뮤니티에서 심리적 요인, 지식소싱 행태, 지식활용 성과 간의 영향관계에 관한 연구. **한국문헌정보학회지**, 48(4), 267-295.

Bingham, T., & Conner, M. (2016). **새로운 소셜 러닝** (이찬 역). 서울: 유비온. (원저 2010 출판).

Jonassen, D. H., Howland, J., Moore, J., & Marra, R. M. (2002). *Learning to solve problems with technology: A constructivist perspective*.

Knowles, M. et al. (2005). The Adult Learner(6th ed.). Amsterdam: Elsevier.

LG CNS. (2011). "인간중심적인 교육, 스마트러닝으로 청사진을 그리다". Retrieved from https://m.lgcns.co.kr/LGCNS.GHP.Mobile/NewsLetter/NewsLetterDetail?SERIAL_NO=96&CAT_CD=TECH&RPT_YYYYMM=201112&MOB_FG=Y

Sharples, M., Taylor, J., & Vavoula, G. (2005). Towards a theory of mobile learning. *In Proceedings of mLearn*, 1(1), 1-9.

CHAPTER 07

학습 측정 및 분석(Learning Measurement & Analytics)

리 상 섭

평가는 무엇인가? 평가에 대한 정의는 학자마다 다를 수 있으나 평가는 일종의 다양한 교육활동에 대하여 평가자가 가치를 부여하는 과정이라고 할 수 있다(신용주, 2006, 2012). 신용주의 정의대로 평가를 정의한다면 HRD 해결방안 또는 교육훈련 해결방안과 관련된 평가는 무엇이고 어떤 가치 부여 과정이 있을까? 본 장에서는 다양한 HRD 해결방안 중 교육훈련 프로그램이 조직의 성과 창출에 어떠한 영향을 미치는지 파악할 수 있는 HRD 성과 관리 체계 구축과 ADDIE 모형의 연장선장에서 교육훈련 프로그램의 성과 분석에 대하여 논의하고자 한다.

먼저 본격적으로 평가에 대하여 언급하기 전 형성평가(formative evaluation)와 총괄평가(summative evaluation)에 대하여 알아보고자 한다. 형성평가는 교육훈련 프로그램의 중간에 교육훈련 프로그램 개선을 위해 실행되는 모든 평가를 말한다. 반면 총괄평가는 교육훈련 프로그램의 최종 성과를 확인하기 위해 교육훈련 프로그램 종료 후 맨 마지막에 실행되는 평가를 의미한다. 신용주(2006, 2012)는 〈표 7-1〉과 같이 형성평가와 총괄평가를 실시 시점, 의미, 목적, 평가자 등을 중심으로 비교 분석하였다. 형성평가는 프로그램 실행 중 실시하며, 실행 중인 프로그램의 개선과 변화를 추구하기 위해 실시한다. 형성평가의 목적은 학습활동의 개선을 위해서이며, 교수자나 프로그램의 조직자 즉 담당자가 평가를 한다. 총괄평가는 프로그램 최종 단계에 실시하며, 프로그램 결과에 초점을 두고 실시한다. 총괄평가의 목적은 프로그램의 향후 지속 여부에 대한 의사결정을 위해서이며, 객관적이고 공명정대한 제3자가 평가를 실시한다. 부가적으로 신용주는 언급하지 않았지만 조직의 상황에 따라 프로그램 조직자 즉 담당자가 총괄평가를 실시하기도 하며 프로그램의 성과를 파악하기 위해 총괄평가를 실시하기도 한다.

표 7-1. 형성평가와 총괄평가

구분	형성평가	총괄평가
실시 시점	프로그램 실행 중 실시	프로그램 최종단계에 실시
의미	실행중인 프로그램의 개선, 변화 추구	프로그램 결과에 초점을 둘 때
목적	학습활동의 개선을 위하여	프로그램의 향후 지속 여부에 대한 의사결정을 위하여
평가자	교수자나 프로그램의 조직자	객관적이고 공명정대한 제3자

출처: 신용주, 2006, 2012.

[그림 7-1]은 ADDIE 모형과 형성평가 및 총괄평가 간의 관계를 개념적으로 보여주고 있다. ADDIE 모형과 형성평가 및 총괄평가와의 관계는 분석, 설계, 개발, 운영단계에 실행되는 평가를 형성평가라고 할 수 있으며, ADDIE 모형 중 가장 마지막 단계인 평가 단계에 실시되는 평가를 총괄평가라고 할 수 있다.

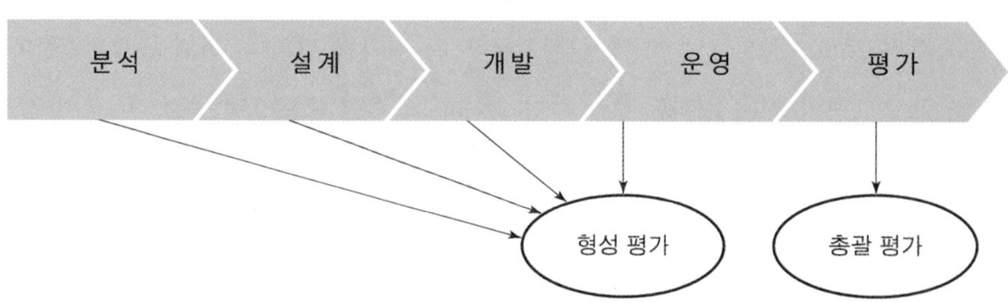

그림 7-1. ADDIE 모형과 형성평가 및 총괄평가 간의 관계(출처: 저자 작성)

1 HRD 성과 관리 체계 구축

효율적으로 HRD 성과를 측정하고 분석하기 위해서는 조직 내 HRD 성과 관리 체계를 구축하는 것이 필요하다. HRD 성과 관리 체계는 단순히 IT와 연동된 HRD 성과 관리 체계의 구축을 의미하는 것이 아니며 조직 내에서 HRD 성과를 측정하고 분석하기 위해 체계적으로 HRD 성과 관리 과정, 측정 및 분석 시기, 담당자의 역할, 보고 대상 등을 구체화하는 것을 의미한다. 특히, HRD 특성상 단기 성과 창출보다 상대적으로 중장기 성과 창출에 중점을 둔 다양한 HRD 해결방안은 성과지표를 명확히 하고 정기적인 측정과 분석을 강화하여야 조직의 성과 창출에 HRD 해결방안의 기여 정도를 파악할 수 있다.

HRD 성과 관리 체계를 구축하기 위해선 성과지표 설정에 있어 로버트 S. 카플란과 데이빗 노톤(Robert S. Kaplan & David P. Norton, 2007)이 제시한 균형성과평가제(Balanced Scorecard: BSC)의 4가지 관점인 학습과 성장 관점, 내부 프로세스 관점, 고객 관점, 재무적 관점에서 HRD 성과지표를 구축하여 다양한 관점에서 HRD 성과를 확인하는 것이 필요하다. [그림 7-2]는 균형성과평가제의 4가지 관점을 보여주고 있다(Kaplan & Norton, 2007). 첫째, 학습과 성장 관점에서는 조직의 전략을 수행하기 위해 임직원에게 어떠한 역량과 도구가 필요한가의 관점에서 성과지표를 구축해야 한다. 둘째, 내부 프로세스 관점에서는 HRD 조직의 고객을 만족시키기 위하여 어떤 내부 프로세스가 잘 구성되어야 하는가의 관점에서 성과지표를 구축해야 한다. 셋째 고객 관점에서는 누가 HRD 조직의 고객이며, 고객을 위해 HRD 조직이 어떤 가치를 제공해야 하는가의 관점에서 성과지표를 구축해야 한다. 넷째, 재무적 관점에서는 조직의 전략을 수행하기 위해 어떠한 재무적 단계가 필요한가의 관점에서 성과지표를 구축해야 한다. 따라서, HRD 균형성과평가제는 이러한 4가지 관점의 균형성과평가제를 바탕으로 HRD 성과 관리 전략 지도를 작성하고 각각의 핵심성과지표(Key Performance Indicators: KPI)를 구성해야 한다.

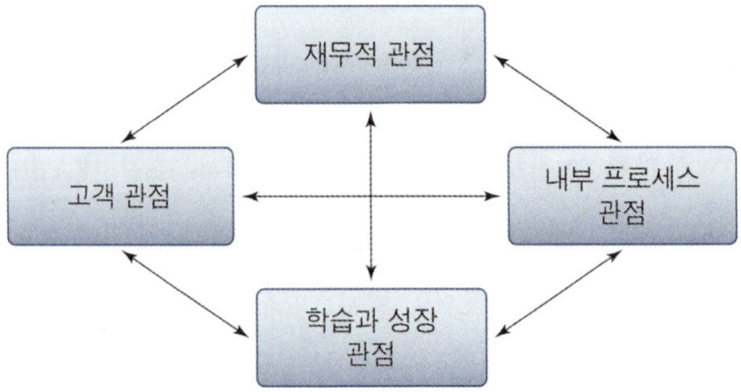

그림 7-2. 균형성과평가제(BSC)의 4가지 관점
출처: Kaplan, R. S., & Norton, D. P. (2007)

따라서, HRD 성과 관리 체계를 구축하기 위해서는 다음과 같이 사전에 조직 내에서 구체적으로 확정하고 확인해야 할 두 가지 내용이 있다. 본 장에서는 ADDIE 모형과 연계하여 HRD 성과 관리 중 교육훈련 성과 관리에 중점을 두어 논의하고자 한다.

첫째, 교육훈련 성과 관리를 측정하고 분석할 핵심성과지표를 결정해야 한다. 교육훈련 핵심성과지표 또한 HRD 균형성과평가제의 4가지 관점에서 도출해야 하며, 동시에 HRD 담당부서의 성숙도나 조직의 전략에 따라 적절한 핵심성과지표를 설정하는 것이 필요하다. 일반적으로는 헤드 카운트(head count)라고 불리는 교육훈련 프로그램 참석 인원 수와 교육생의 교육훈련 프로그램 만족도 평가와 같은 단순 지표에서부터 비즈니스 성과에 대한 교육훈련 해결방안의 기여도와 같은 성과 중심의 복잡한 지표로 설정하는 것이 좋다.

둘째, 교육훈련 성과 관리를 측정하고 분석할 시기, 실시할 HRD 담당자, 보고 대상 등을 결정해야 한다. 교육훈련 성과 측정 및 분석은 크게 각각의 교육훈련 프로그램 종료 후에 실시하는 결과 보고, 분기별 교육훈련 프로그램 실적 보고, 연간 교육훈련 프로그램 실적 보고 등으로 나누어 볼 수 있다. 일반적으로 해당 교육훈련 프로그램을 담당한 HRD 담당자가 직속상사인 팀장에게 결과 보고, 분기별 실적 보고, 연간 실적 보고를 실시하며, 팀장은 임원에게 실적보고와 필요시 결과보고를 실시한다. 그러므로 성공적인 교육훈련 성과 관리 체계를 구축하기 위해서는 우선 측정 가능한 핵심성과지표를 잘 선정하고, 교육훈련 프로그램을 담당하는 HRD 담당자가 직속 상사와 해당 임원에게 정기적인 실적 보고를 통해 직속 상사와 임원의 지속적인 관심과 지원을 받는 것이 중요하다.

교육훈련 성과 관리 체계를 구축하기 위해서는 다음과 같은 기본적인 교육훈련 관련 데이터가 필요하다. 일부 HRD 담당 조직에서는 다음과 같은 기본적인 교육훈련 관련 성과지표를 최종 교육훈련 성과지표로 사용하는 경우도 있으나 조직의 성과와 연동되는 교육훈련 성과 평가를 하기 위해서는 다음의 교육훈련 관련 기본 성과지표를 바탕으로 핵심성과지표를 구성 후 다양한 성과 관리를 실시하는 것이 필요하다.

1) 교육량 성과지표

현업에서 교육훈련 교육량을 계산하는 기본적인 성과지표로 교육량을 사람(person)을 기준으로 일(day) 단위로 계산하는 피디(Person Day: PD), 교육량을 사람(person)을 기준으로 시간(hour) 단위로 계산하는 피에이치(Person Hour: PH), 조직 내 임직원당 교육 이수 시간을 계산하는 인당 교육 이수 시간 등이 있다.

첫째, 피디는 교육량을 '사람× 일'로 계산하여 교육량을 산출하는 방법이다. 하나의 교육훈련 프로그램에 참여한 교육 인원수를 교육생이 참여한 교육 일수로 곱하여 계산하는 방식으로 HRD 담당 조직의 교육량을 산출하는 대표적인 성과지표 중 하나이다. 일반적으로 교육 일수는 8시간을 하루 교육 시간으로 계산하여 구성한다.

둘째, 피에이치는 교육량을 '사람× 시간'으로 계산하여 교육량을 산출하는 방법이다. 하나의 교육훈련 프로그램에 참여한 교육 인원수를 교육생이 참여한 교육시간으로 곱하여 계산하는 방식이다. 일반적으로 하루에 8시간 미만인 교육훈련 프로그램, 특강, 온라인 교육훈련 프로그램 등의 교육량을 시간으로 나타내는 방법이다.

셋째, 인당 교육 이수 시간은 '조직의 연간 총 교육 실시 시간 ÷ 전체 임직원 수'로 계산하여 교육량을 산출하는 방법이다. 인당 교육 이수 시간은 실제로 조직 내 교육훈련 프로그램에 전혀 참여하지 않은 임직원도 포함되어 계산이 되나 일반적으로 조직의 임직원에 대한 교육 투자 비용 규모를 파악할 때 사용한다. 따라서, 우리 조직과 타 조직과의 교육 투자 비용 규모를 비교 분석할 때 종종 사용되는 방법이다.

2) 교육 이수율 성과지표

교육량 성과지표는 실제로 HRD 담당 조직이 그 해에 실시한 교육량의 크기에 대한 계산이지만 교육 이수율 성과지표는 그 해에 대상으로 하는 전체 교육훈련 프로그램 대상자 중 실제로 교육훈련 프로그램을 받은 교육 인원의 이수율로 계산한다. 교육량 성과지표는 교육 대상으로 하는 모집단의 크기를 알 수 없기 때문에 단순한 교육량으로는 대상으로 하는 교육 대상 모집단 대비 실제 교육훈련 프로그램을 받은 교육 인원을 알기 어렵다. 따라서, 예를 들어 팀장 육성 대상 모집단 또는 핵심 인재 육성 대상 모집단 중 몇 명이 실제로 교육훈련 프로그램을 받았는지 계산하는 것과 같이 대상으로 하는 전체 인원 수 대비 교육훈련 프로그램을 이수한 인원수를 계산하여 산출한다.

2 교육훈련 프로그램 평가

[그림 7-3]은 교수체제개발(Instructional Systems Development: ISD) 모형에 기반한 분석(Analysis), 설계(Design), 개발(Development), 운영(Implementation), 평가(Evaluation)의 5단계 교육훈련 프로그램 개발 모형인 ADDIE 모형으로 ADDIE 모형 중 맨 마지막 단계인 평가 단계의 위치를 보여주고 있다. 교육훈련 프로그램의 평가 패러다임은 앞서 살펴본 기본 성과지표인 교육량과 이수율의 계산을 넘어 교육훈련 프로그램의 비즈니스 성과 창출을 측정하기 위한 성과 중심의 HRD 성과지표로 점진적으로 변화하고 있다. 따라

서 HRD 성과지표는 도날드 L. 커크패트릭(Donald L. Kirkpatrick)이 제안한 레벨(Level) 1(반응), 레벨(Level) 2(학습), 레벨(Level) 3(행동), 레벨(Level) 4(결과) 평가 전략에서 잭 J. 필립스(Jack J. Phillips)가 제시한 투자회수율(Return of Investment: ROI)로 갈수록 성과 창출에 대한 교육훈련 프로그램의 파급 효과가 좀 더 명확하게 나타난다. 물론 반응 평가나 학습 평가 또는 행동 평가가 결과 평가 또는 투자회수율 평가보다 가치가 떨어진다는 의미는 아니며 주어진 조직의 상황과 교육훈련 프로그램의 특성에 따라 상황에 맞게 다양한 평가가 적절히 구성되어야 한다.

4장에서 설명된 바와 같이 커크패트릭의 레벨 1 평가는 반응에 대한 평가로, 학습자의 교육에 대한 만족도를 측정하는 평가이며, 레벨 2 평가는 학습에 대한 평가로, 학습자의 실제 학습내용에 대한 습득 정도를 측정하는 평가이다. 레벨 3 평가는 행동에 대한 평가로, 학습자가 학습한 내용의 현장 적용 정도를 측정하는 평가이며, 레벨 4 평가는 결과에 대한 평가로, 비즈니스에 변화된 산출물로 나타난 성과를 측정하는 평가이다. 필립스는 여기에 교육 후 금전적 가치 및 비용으로 환산된 성과를 측정하는 투자회수율을 제시하였다. 필립스의 투자회수율은 커크패트릭의 레벨 4의 다음 단계인 레벨 5라고 하기도 하나 커크패트릭은 자신의 레벨 4가 필립스의 투자회수율의 개념을 포함하고 있다고 주장하기도 한다. 커트패트릭의 레벨 1, 레벨 2, 레벨 3, 레벨 4와 필립스의 투자회수율을 구체적으로 살펴보면 다음과 같다.

그림 7-3. ADDIE 모형 중 평가 단계(출처: 저자 작성)

1) 커크패트릭의 4단계 평가

커크패트릭(1998)과 도날드 L. 커크패트릭과 짐 D. 커크패트릭(Donald L. Kirkpatrick & Jim D. Kirkpatrick2005)은 다음과 같이 반응 평가인 레벨 1 평가, 학습 평가인 레벨 2 평가, 행동 평가인 레벨 3 평가, 결과 평가인 레벨 4 평가의 4단계 평가 모형을 제시하였다.

(1) 레벨 1 평가 : 반응

학습자가 참석한 교육훈련 프로그램에 대한 반응, 즉 교육훈련 프로그램에 대한 만족도를 평가하는 전략을 레벨 1 평가라고 한다. 평가내용은 크게 교육훈련 프로그램 내용에 대한 학습자의 만족도, 강사에 대한 학습자의 만족도, 강사의 교수방법 및 교보재에 대한 만족도, 교육훈련 프로그램 담당자의 운영 만족도, 교육훈련 프로그램이 실시된 시설에 대한 만족도 등을 평가한다. 평가시기는 일반적으로 교육훈련 프로그램이 종료된 이후이나 필요에 따라서는 교육훈련 프로그램 운영 중에도 실시하며 교육훈련 프로그램의 모듈별 종료 시에 실시하기도 한다. 일반적으로 설문지를 통해 평가하나 필요에 따라서는 간단한 인터뷰를 통해 평가하기도 한다. 레벨 1 평가의 경우 하나의 교육훈련 프로그램이 며칠 또는 몇 주에 걸쳐 운영될 경우 다양한 교육훈련 프로그램 모듈과 강사로 구성될 수 있다. 따라서 이 경우 상황에 따라 교육훈련 프로그램이 모두 종료된 후 레벨 1 평가를 실시하는 것이 아니라 교육훈련 프로그램의 전체 일정 중 교육훈련 프로그램의 모듈 및 개별 강사에 따라 모듈 또는 하루 단위로 레벨 1 평가를 실행하는 경우도 있다.

① 설문지 구성 방법 및 분석 유의사항

다음은 평가를 위한 기본 설문지 구성방법에 대한 설명이다. [그림 7-4]는 설문지 구성 시 설문지 척도 구성방법의 예를 보여주고 있다.

첫째, 리커드(likert) 척도 이용 시 척도를 숫자로 표시하고 양쪽 끝에만 의미를 기술한다. 모든 척도에 의미를 기술하면 오히려 혼란을 줄 수도 있다. 필요시 중간 지점을 표시하는 것도 좋다.

둘째, 리커드 척도 이용 시 작은 숫자를 왼쪽에 기입하고, 큰 숫자를 오른쪽에 기입한다. 왼쪽에서부터 오른쪽으로 점차 증가 또는 커지도록 숫자를 기입한다.

셋째, 리커드 척도 이용 시 짝수가 아닌 홀수 척도로 표시한다. 홀수 척도 이용 시 수학적 중간 지점을 나타낼 수 있다. 상황에 따라 의도적으로 짝수 척도를 사용하여 중간 지점을 표시하지 못하도록 하는 경우도 있으나 홀수 척도를 사용하여 중간 지점을 표시할 수 있도록 하는 것이 좋다.

넷째, 리커드 척도 이용 시 7점 척도 또는 9점 척도를 사용하는 것이 좋다. 5점 척도 사용 시 응답자가 1과 5의 각각의 최저 및 최고점을 잘 표시하지 않는 경향이 있기 때문에 실제로 응답자에게 주어지는 문항은 3점 척도일 수 있다.

다섯째, 필요시 응답자에게 해당 사항이 없을 경우 '해당 없음'을 표시할 수 있는 '해당 없음'을 척도를 넣어야 한다. 응답 시 해당 사항이 없음도 설문지에 척도가 없으면 응답자가 부정확한 응답을 할 수 있다.

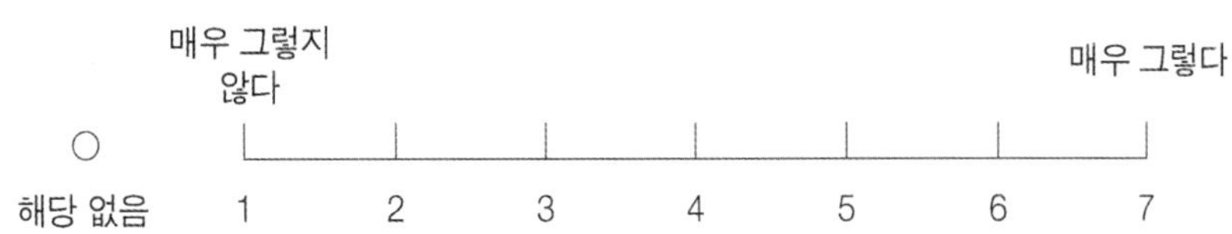

■■ **그림 7-4. 설문지 척도 구성방법**(출처: 저자 작성)

또한, 설문지 회수 후 설문지 데이터 분석 시 다음과 같은 내용을 유의할 필요가 있다. 첫째, 개방형 문항 분석 시 소수의 의견이 다수의 의견으로 표현되는 오류를 피하기 위하여 몇 명의 의견인지 명확히 하는 것이 필요하다. 둘째, 개방형 문항 분석 시 응답자가 많은 경우 유사한 내용으로 묶어 질적 데이터를 양적 데이터로 변환하여 제시할 필요가 있다.

(2) 레벨 2 평가 : 학습

교육훈련 프로그램 종료 후 학습자의 교육훈련 프로그램의 학습내용에 대한 이해, 숙달 등의 정도를 평가하는 전략을 레벨 2 평가라고 한다. 쉽게 말해 학습자를 대상으로 교육훈련 프로그램 내용에 대해 시험을 보는 것을 말한다. 평가내용은 교육훈련 프로그램 종료 후 학습자의 지식(knowledge), 기술(skills), 태도(attitude)의 습득 정도를 다양한 방법으로 평가한다. 평가시기는 교육훈련 프로그램 운영 전, 중, 후 및 전과 후, 그리고 교육훈련 프로그램 종료 후에 실시하며 일반적으로 시험, 퀴즈, 과제 등을 통해 평가한다. 레벨 2 평가의 경우 말 그대로 학습자를 대상으로 시험을 보는 것이기 때문에 조직 내의 HRD 담당부서에서 임직원인 학습자를 대상으로 레벨 2 평가를 실시할 경우 HR과 연계하여 본사의 통제 하에 상대적으로 레벨 2 평가를 실시하기 쉽다. 그러나 임직원이 외부 HRD 업체의 공개된 교육훈련 프로그램을 수강할 경우 현실적으로 외부 HRD 업체에 돈을 지불하고 교육훈련 프로그램을 수강하기 때문에 외부 HRD 업체에서 고객인 학습자를 대상으로 레벨 2 평가를 실시하는 것은 매우 어렵다.

신용주(2012: 353-354)는 효과적인 시험 시행 지침에 대하여 다음과 같이 제시하고 있다.

첫째, 충분한 시간을 투자하여 시험 문항을 개발한다.

둘째, 가르치는 내용과 시험의 내용을 일치시킨다.

셋째, 타당도와 신뢰도가 높은 시험이 되도록 준비한다.

넷째, 다양한 평가방식을 이용한다.

다섯째, 지식의 기억보다는 지식의 적용을 측정할 수 있는 시험을 고안한다.

(3) 레벨 3 평가 : 행동

학습자가 교육훈련 프로그램 수강을 마친 후 현업으로 복귀하여 학습자 본인이 근무하는 현장에서 교육훈련 프로그램에서 학습한 내용을 현업에 실제로 적용하여 변화가 일어난 정도를 평가하는 전략을 레벨 3 평가라고 한다. 평가내용은 교육훈련 프로그램 내용을 학습자가 현업에 적용하는 정도와 적용의 지속 정도를 평가한다. 평가시기는 교육훈련 프로그램 종료 후 3개월 전후에 실시하며 학습자 본인, 직속 상사, 동료, 부하 사원 등을 대상으로 설문지 또는 인터뷰 등을 통해 실시한다. 평가시기에 대한 명확한 근거는 없으나 다양한 학자와 현장전문가들이 프로그램 종료 후 3개월 전후를 제시하고 있으며, 3개월 전후의 근거는 중 하나는 다양한 학자와 현장전문가들이 학습자의 실천 지속성을 측정을 위해서는 최소 3개월의 시간을 필요로 한다고 보는 것 같다.

레벨 3 평가의 경우 현실적으로 평가 대상이 학습자 본인과 직속 상사로 국한될 가능성이 많이 때문에 레벨 3 평가를 효과적으로 하기 위해서는 HRD 담당자가 직속 상사에게 학습자가 이수한 교육훈련 프로그램 관련 정보를 제공하는 것이 필요하다. 또한, 학습자가 현업 복귀 후 교육훈련 프로그램 내용을 개인적 차원에서 조직에 적용하려고 해도 개인이 아닌 조직적인 이슈로 인해 현업 적용이 어려울 수도 있다. 따라서, HRD 담당자는 레벨 3 분석 시 전이가 개인적인 문제가 아닌 조직 문제로 인해 현업 적용에 방해 받을 수 있음을 인지해야 하며, 중장기적으로 조직의 성과를 높이기 위해 개인 문제뿐만 아니라 조직 문제도 해결할 수 있는 방안을 함께 고민해야 한다.

(4) 레벨 4 평가 : 결과

학습자가 현업으로 복귀 후 본인이 근무하는 현장에서 교육훈련 프로그램에서 학습한 내용을 적용하여 실제 비즈니스 결과로 나타난 정도를 평가하는 전략을 레벨 4 평가라고 한다. 평가내용은 예를 들어 교육훈련 프로그램 참여 후 냉장고 판매량의 증가, 공장에서 생산되는 스마트폰의 불량률 감소 등과 같은 교육훈련 프로그램의 직접적인 비즈니스 성과 창출 정도를 평가한다. 평가시기는 교육훈련 프로그램 종료 후 6개월에서 12개월 전후로 실시하며 일반적으로 학습자 본인, 직속 상사, 동료, 부하 사원, 내외부 고객 등을 대상으로 설문지 및 인터뷰를 실시하고, 기타 관련 정보와 데이터를 수집하여 실시한다. 레벨 4 평가의 경우 데이터의 비교 분석을 위해 교육훈련 프로그램 실시 전, 중, 후의 데이터를 적절한 시기에 수집하는 계획이 필요하며, 현실적으로 조직 내 적용이 매우 어렵지만 가능하면 실험군과 대조군을 비교 분석하면 좀 더 확실하게 교육훈련 프로그램의 레벨 4 평가를 실시할 수 있다.

예를 들면 서비스센터의 스마트폰 서비스 기사들을 대상으로 품질 교육훈련 프로그램 실시 후 서비스센터의 스마트폰 서비스 기사들의 스마트폰 수리 품질이 높아졌는지 평가하는 것을 들 수 있다. 교육훈련 프로그램을 통해 서비스 기사의 서비스 품질을 향상시키면 고객의 스마트폰에 대한 서비스 만족도가 증가할 수 있고 동시에 고객의 자사 스마트폰의 재구매 비율이 증가할 수 있다. 따라서, 레벨 4 평가를 통해 서비스를 받은 고객의 스마트폰의 재구매 비율 또는 스마트폰의 매출이 향상되었는지 확인할 수 있다.

이상으로 커크패트릭의 4단계 모형을 레벨 1 평가, 레벨 2 평가, 레벨 3 평가, 레벨 4 평가로 정리해 보았다. 신용주(2006, 2012)는 커크패트릭의 4단계 평가를 〈표 7-2〉와 같이 평가내용과 평가방식으로 정리하여 제시하였다. 레벨 1은 반응(만족도)을 평가하며 학습자를 대상으로 반응 평가지 등을 통해 평가한다. 레벨 2는 학습(성취도)을 평가하며 학습자를 대상으로 지필테스트, 기술실습, 직무 시뮬레이션 등을 통해 평가한다. 레벨 3은 행동(적용도)을 평가하며 학습자와 학습자 주변의 대상을 360도 평가를 통해 프로그램 전, 후 비교, 관찰, 통계적 비교, 장기 추적 등을 통해 평가한다. 레벨 4는 결과(기여도)를 평가하며 학습자와 학습자 주변의 대상을 360도 평가를 통해 비용 절약, 학습결과 개선, 수월성 향상 등을 통해 평가한다.

표 7-2. 커크패트릭의 4단계 모형

	평가내용	평가방식
반응(만족도)	참여자들이 프로그램에 대한 반응을 보고 평가	반응 평가지
학습(성취도)	무엇을 배웠는가를 측정	지필테스트, 기술실습, 직무 시뮬레이션 등
행동(적용도)	직무수행과 관련된 행동의 변화를 측정	프로그램 전・후 비교, 관찰, 통계적 비교, 장기 추적 등
결과(기여도)	조직에 긍정적인 영향을 미쳤는가를 측정	비용절약, 학습결과 개선, 수월성 향상 등

출처: 신용주, 2006, 2012.

2) 필립스의 투자회수율

필립스는 커크패트릭의 4단계 평가 모형인 반응, 학습, 행동, 결과를 확장하여 레벨(Level) 5 평가로 불리는 투자회수율을 다음과 같이 제시하였다(ASTD, 2001; Phillips & Stone, 2002). 레벨 1 평가는 반응과 계획된 행동(reaction and planned action)으로 학습자의 교육훈련 프로그램에 대한 반응과 실행을 위한 구체적인 계획을 평가하고, 교육훈련 프로그램 운영 후 100% 정도 실시한다. 레벨 2 평가는 학습(learning)으로 기술, 지식, 태도의 변화를 평가하고, 교육훈련 프로그램 운영 후 40~70% 정도 실시한다. 레벨 3 평가는 적용(application)으로 직무에 대한 행동 변화와 교육훈련 자료의 구체적인 적용을 평가하고, 교육훈련 프로그램 운영 후 30~50% 정도 실시한다. 레벨 4 평가는 비즈니스 영향(business impact)으로 교육훈련 프로그램의 비즈니스 영향을 평가하고, 교육훈련 프로그램 운영 후 10% 정도 실시한다. 레벨 5 평가는 투자회수율(ROI)로 결과의 금전적 가치와 교육훈련 프로그램의 비용을 평가하고, 교육훈련 프로그램 운영 후 5% 정도 실시한다.

학습자가 현업 복귀 후 현업에 교육훈련 프로그램에서 학습한 내용을 실제로 적용하여 최종 비즈니스 성과로 창출된 정도를 금전적 가치와 비용으로 환산하는 평가를 투자회수율이라고 한다. 예를 들면 가전매장에 방문한 세탁기 구매의사가 있는 고객이 있다. 그러나 이 고객의 요구에 맞는 정확한 소구점을 제시 못하는 가전제품 판매원이 있어 고객의 세탁기 구매로 연결시키지 못하고 있다. HRD 담당부서는 이러한 가전제품 판매원에게 고객의 요구에 맞춘 정확한 소구점을 제시할 수 있도록 필요한 교육훈련 프로그램을 제공하고 동시에 교보재를 제공하였다. 교육훈련 프로그램 종료 후 가전제품 판매원이 본인의 가전매장으로 복귀 후 교육훈련 프로그램에서 습득한 역량과 교보재 등을 사용하여 실제 가전매장을 방문한 세탁기 구매의사가 있는 고객의 요구에 맞는 정확한 소구점을 제시하여 세탁기 판매가 증가하였다.

따라서, 투자회수율은 가전제품 판매원이 교육훈련 프로그램을 이수한 후 현업에 복귀하여 교육훈련 프로그램을 받기 전과 비교하여 고객을 대상으로 증가한 세탁기 판매 건수를 가전제품 판매원 인당 세탁기 판매 건수 및 성공률로 계산하는 것이다. 이를 계산하기 위하여 가전제품 판매원이 교육훈련 프로그램에 참석하기 전 판매한 세탁기 판매 건수와 교육훈련 프로그램 참석 후 판매한 세탁기 판매 건수의 증가 여부를 계산하는 방법이 있다.

따라서, 교육훈련 프로그램 이수 후 매출 증가 효과를 계산하기 위하여 교육훈련 프로그램 비참가자의 1일 평균 판매 증가 건수, 교육훈련 프로그램 비참가자의 1일 평균 판매 증가 금액, 교육훈련 프로그램 참가자의 1일 평균 판매 증가 건수, 교육훈련 프로그램 참가자의 1일 판매 증가 금액, 교육훈련 프로그램의 판매 증가 기여도(%) 등을 계산한다. 또한, 교육훈련 프로그램 진행 시 투입된 비용을 계산하기 위하여 교육훈련 프로그램 참가자 1일 평균 급여, 교육훈련 프로그램 참가에 따른 기회 비용, 교재 및 교보재 비용, 출장비, 식사 비용, 숙박비, 강사료 등의 직접 비용과 교육훈련 프로그램 참가자의 복리후생비, 간접비 등의 간접 비용을 계산하여 전체 교육 비용을 계산한다. 이러한 과정을 거쳐 교육훈련 프로그램에서 학습한 내용이 최종 비즈니스 결과로 나타난 성과를 금전적 가치로 환산한다.

3 교육훈련 프로그램 품질 인증

커크패트릭과 필립스의 성과지표는 교육훈련 프로그램의 효과성에 대하여 초점이 맞추어져 있는 반면, 교육훈련 프로그램 품질 인증은 교육훈련 프로그램 자체의 질에 대한 평가이다. 따라서, 자체 개발이든 외부 개발이든 교육훈련 프로그램이 잘 개발되었는지 확인하기 위해 HRD 담당부서에서 자체적으로 교육훈련 프로그램 품질에 대한 인증을 실시하기도 한다.

[그림 7-5]는 교육훈련 프로그램 품질 인증 과정의 예를 보여주고 있다. 6단계인 전

략적 HRD 기획, 분석, 설계, 개발, 운영, 평가 단계의 각각의 수행 과제를 확인하고 해당 과정별 수행 과제의 내용과 질을 분석하여 점수를 부여한다. 좀 더 구체적으로 각각의 단계에서 실행해야 할 구체적인 수행 과제는 다음과 같다.

첫째 전략적 HRD 기획 단계에서는 각각의 비즈니스 요구분석, 현재 수준 분석, HRD(교육훈련) 필요점 도출, HRD(교육훈련) 기획 수행 과제의 내용, 질, 산출물 등을 분석한다.

둘째 분석 단계에서는 각각의 환경 분석, 학습자 분석 수행 과제의 내용, 질, 산출물 등을 분석한다.

셋째 설계 단계에서는 각각의 학습목표 설정, 교육훈련 프로그램 설계, 학습 평가 전략 수행 과제의 내용, 질, 산출물 등을 분석한다.

넷째 개발 단계에서는 각각의 강사용 장표, 강사용 매뉴얼, 학습자용 교재, 교육 매체, (필요 시) 외부 전문가 또는 업체 관리 수행 과제의 내용, 질, 산출물 등을 분석한다.

다섯째 운영 단계에서는 각각의 운영, 레벨 1 자료 수집, 레벨 2 자료 수집 수행 과제의 내용, 질, 산출물 등을 분석한다.

여섯째 평가 단계에서는 각각의 레벨 1 평가, 레벨 2 평가, (필요 시) 레벨 3 평가, (필요 시) 레벨 4 평가, (필요 시) 투자회수율 평가, 교육훈련 프로그램 수정 및 보완 수행 과제의 내용, 질, 산출물 등을 분석한다.

최종적으로 각각의 6단계를 분석 후 최종 점수를 부여하여 교육훈련 프로그램의 품질을 인증 받은 교육훈련 프로그램과 그렇지 못한 교육훈련 프로그램을 등급화하고 각각의 등급에 따른 적절한 조치를 실시한다. 따라서 교육훈련 프로그램 품질 인증을 통한 지속적인 교육훈련 프로그램의 관리와 인증을 통해 교육훈련 프로그램의 품질을 확보 및 유지할 수 있다.

	전략적 HRD 기획	분석	설계	개발	운영	평가
수행과제	- 비즈니스 요구 분석 - 현재 수준 분석 - HRD(교육 훈련) 필요점 도출 - HRD(교육 훈련) 기획	- 환경 분석 - 학습자 분석	- 학습 목표 설정 - 교육 훈련 프로그램 설계 - 학습 평가 전략	- 강사용 장표 - 강사용 매뉴얼 - 학습자용 교재 - 교육 매체 - (필요 시) 외부 전문가 또는 업체 관리	- 운영 - 레벨 1 자료 수집 - 레벨 2 자료 수집	- 레벨 1 평가 - 레벨 2 평가 - (필요 시) 레벨 3 평가 - (필요 시) 레벨 4 평가 - (필요 시) ROI 평가 - 교육 훈련 프로그램 수정 및 보완

그림 7-5. 교육훈련 프로그램 품질 인증 과정의 예(출처: 저자 작성)

요약 및 시사점

본 장에서는 다양한 HRD 해결방안 중 교육훈련 프로그램이 조직의 성과 창출에 어떠한 영향을 미치는 지 파악할 수 있는 HRD 성과 관리 체계 구축과 ADDIE 모형의 연장 선장에서 교육훈련 프로그램 성과 분석에 대하여 논의하였다. 형성평가는 교육훈련 프로그램의 중간에 교육훈련 프로그램 개선을 위해 실행되는 평가이고, 총괄평가는 교육훈련 프로그램의 맨 마지막에 실행되는 평가이다.

효율적으로 HRD 성과를 측정하고 분석하기 위해선 조직 내 HRD 성과 관리 체계를 구축하는 것이 필요하다. HRD 성과 관리 체계를 구축하기 위해선 성과지표 설정에 있어 균형성과평가제(Balanced Scorecard: BSC)의 4가지 관점인 학습과 성장 관점, 내부 프로세스 관점, 고객 관점, 재무적 관점에서 HRD 성과지표를 구축하여 다양한 관점에서 HRD 성과를 확인하고 성과 관리 전략 지도를 작성하여 각각의 핵심성과지표(Key Performance Indicactor: KPI)를 구성해야 한다.

교육량 성과지표는 실제로 HRD 담당 조직이 실시한 교육량의 크기에 대한 계산이지만 교육 이수율 성과지표는 그 해에 대상으로 하는 전체 교육훈련 프로그램 대상자 중 실제로 교육훈련 프로그램을 받은 교육 인원의 이수율로 계산한다. 교육훈련 프로그램의 평가는 평가 패러다임이 기본 성과지표인 교육량과 이수율의 계산을 넘어 교육훈련 프로그램의 비즈니스 성과 창출을 측정하기 위한 성과 중심의 HRD 성과지표로 점진적으로 변화하고 있다.

커크패트릭의 레벨 1 평가는 반응에 대한 평가로, 학습자의 교육에 대한 만족도를 측정하는 평가이며, 레벨 2 평가는 학습에 대한 평가로, 학습자의 실제 학습내용에 대한 습득 정도를 측정하는 평가이다. 레벨 3 평가는 행동에 대한 평가로, 학습자가 학습한 내용의 현업 적용 정도를 측정하는 평가이며, 레벨 4 평가는 결과에 대한 평가로, 비즈니스 산출물로 나타난 성과를 측정하는 평가이다. 필립스는 여기에 교육 후 금전적 가치 및 비용으로 환산된 성과를 측정하는 투자회수율(Return of Investment: ROI)을 제시하였다. 물론 반응 평가나 학습 평가 또는 행동 평가가 결과 평가 또는 투자회수율 평가보다 가치가 떨어진다는 의미는 아니며 주어진 조직의 상황과 교육훈련 프로그램의 특성에 따라 상황에 맞게 다양한 평가가 적절히 구성되어야 한다.

교육훈련 프로그램 품질 인증은 교육훈련 프로그램 자체의 질에 대한 평가이다. 따라서, 자체 개발이던 외부 개발이던 교육훈련 프로그램이 잘 개발 되었는지 확인하기 위해 HRD 담당 부서에서 자체적으로 교육훈련 프로그램 품질에 대한 인증을 실시하기도 한다. 6단계인 전략적 HRD 기획, 분석, 설계, 개발, 운영, 평가 단계의 각각의 수행 과제를 확인하고 해당 과정별 수행 과제의 내용과 질을 분석하여 점수를 부여한다.

다양한 HRD 해결방안 중 교육훈련 프로그램이 조직의 성과 창출에 어떠한 영향을 미치는지 파악할 수 있도록 지속적으로 HRD 성과 관리 체제를 구축하고 교육훈련 프로그램 성과 분석을 위한 새로운 평가 방법의 발굴 및 다양한 평가에 대한 새로운 아이디어 창출과 지속적인 고민이 필요하다.

[사례]

매일경제 2012년 1월 13일

제목: 기업 내 교육훈련 평가 개척자 '도널드 커크패트릭'

- 현실적이면서 단순한 4단계, 내가 한건 분류와 의미화뿐

도널드 커크패트릭은 '기업 내 교육훈련(Training Evaluation)'의 개척자이자 세계적인 대가다. 53년 전인 1959년 그가 만든 4단계 트레이닝 평가 모형은 세월을 뛰어넘어 현재까지 널리 활용된다. 그 뒤 오랫동안 다양한 평가 모형들이 만들어졌으나 모두 커크패트릭의 모형을 바탕으로 변화를 준 '아류'일 뿐이었다.

...... (중간 생략)

- 오랫동안 트레이닝을 연구해 왔는데 '트레이닝'의 진정한 목적은 무엇인가.

"트레이닝의 목적이 무엇이 있겠는가. 사람들이 자기 할 일을 더욱 효율적으로 할 수 있도록 도와주고 조직에 영향력을 행사할 수 있도록 하는 것이다. 금융업이든 제조업이든 디자인이든 어떤 일에 종사하든 간에 트레이닝은 사람들에게 더 큰 영향력을 발휘할 수 있도록 도와주는 역할을 한다."

...... (중간 생략)

- 평가라는 것은 항상 어떤 과정이 끝난 다음에 이뤄진다. 교육 프로그램의 성패 여부를 알 수 없기 때문에 몇몇 경영자들은 이를 쓸데없는 비용으로 생각한다. 교육 프로그램 기획 단계에서 실패를 줄이는 방법이 있을까.

"...... (중간 생략)...... (다음은 아들인 짐의 답변) 교육 프로그램을 기획할 때는 평가에 대한 기획을 같이 해야 한다. ...... (중간 생략) ...... 우리는 교육 프로그램을 시작하기 전에 4단계 평가를 먼저 생각한다. 경영자들도 이런 것이 필요하다. 가령 교육을 시작하기 전 무엇을 얻고 싶은지, 교육의 성공이 어떤 결과일지를 먼저 묻는 것이다. 그리고 4단계 모형을 거꾸로 생각해 보는 것이 좋다. 목표 성과는 무엇인지, 성과를 달성하기 위해 어떤 행동이 필요한지, 그런 행동을 하기 위해 어떤 태도가 필요한지, 긍정적인 반응을 보여 좋은 태도로 이어지게 하려면 어떻게 해야 하는지를 사전에 생각해 보는 것이다. ...... (중간 생략) ...... 사람들은 4단계 모형에만 집중한 탓에 중요한 부분을 빠뜨렸다. 마지막 단계부터 시작하면 정확하게 원하는 바를 목표로 할 수 있다."

- 많은 기업은 ROI를 매우 중요하게 따진다. 투자 대비 효과에 대해 집중하는 것이 미래를 내다보는 교육 프로그램의 기획이나 평가에 중요하다고 생각하는가.

"ROI는 내 모형의 4단계에 속한다. 하지만 기본적으로 교육 프로그램에서 ROI를 따지는 것을 반대하는 입장이다. 교육 프로그램 자체에 집중해야 하는데 프로그래의 성과에만 집중하다보면 프로그램의 힘이 떨어지기 때문이다. 뿐만 아니라 교육이라는 것이 수치적으로 계산할 수 있는 문제는 아니라고 생각한다. 내가 말하는 가치는 비용처럼 수치적인 것에 집중되어 있지 않다. ROI 뿐만 아니라 여러 가지 무형가치가 있다고 나는 믿는다. 교육은 수치상으로 볼 수 있는 간단한 문제가 아니라 다른 프로세스들과 지식이 더해지는 것이다."

...... (중간 생략)

연습문제 / EXERCISE

01_ 실제 또는 가상의 리더십 개발 교육훈련 프로그램을 대상으로 커크패트릭의 레벨 1, 레벨 2, 레벨 3, 레벨 4 평가와 필립스의 투자회수율(ROI) 평가를 위한 설문지를 직접 제작해 보고 그 내용을 팀원과 함께 공유해 봅시다.

02_ 실제 또는 가상의 리더십 개발 교육훈련 프로그램을 대상으로 교육훈련 프로그램 품질 인증을 위한 6단계인 전략적 HRD 기획, 분석, 설계, 개발, 운영, 평가 단계에 따라 각각의 단계마다 수행해야 할 과제의 구체적인 체크리스트를 작성 한 후 그 내용을 팀원과 함께 공유해 봅시다.

03_ 균형성과평가제(BSC)의 재무, 고객, 내부프로세스, 학습과 성장의 4가지 관점에서 구체적인 HRD 성과지표를 구성해 보고 그 내용을 팀원과 함께 공유해 봅시다.

참고문헌 / REFERENCE

신용주 (2006). **평생교육의 이론과 방법**. 서울: 형설출판사.

신용주 (2012). **평생교육 방법론**. 서울: 학지사.

Kaplan, R. S., & Norton, D. P. (2007). *Balanced Score Card*. 송경근, 성시중 역. **가치실현을 위한 통합경영지표**. 서울: 한언.

ASTD (2001). *Train the trainer Vol. 4: Measurement and evaluation.* Baltimore, MD: ASTD Press.

Kirkpatrick, D. L. (1998). *Evaluating training programs: The four levels.* San Francisco, CA: Berrett-Koehler Publishers.

Kirkpatrick, D. L., & Kirkpatrick, J. D. (2005). *Transferring learning to behavior: Using the four levels to improve performance*. San Francisco, CA: Berrett-Koehler Publishers.

Phillips, J. J., & Stone, R. D. (2002). *How to measure training results: A practical guide to tracking the six key indicators*. New York, NY: McGraw-Hill.

매일경제(2012) http://news.mk.co.kr/newsRead.php?year=2012&no=30613

PART ▶ 03

HRD 개발 영역

CHAPTER 08

리더십 개발(Leadership Development)

신 제 구

1 리더십 개념과 리더의 역할

1) 리더십 개념

리더십이란 '추종자들에게 투명하고 진정성 있는 비전을 제시하고 건강한 영향력을 발휘함으로써 추종자들을 동기부여시키고 그들의 자발적 추종을 유도하여 괄목할 만한 성과를 창출하는 힘'이라고 정의할 수 있다. 그런데 리더십(leadership)만큼 다양한 해석이 가능한 개념도 드물 것이다. 시대의 변화에 따라 관점을 달리하며 리더십은 정의되고 진화를 거듭해 왔기 때문이다.

특히 경영환경의 급속한 변화는 리더십 이론의 진화와 더불어 리더십에 대한 가치와 기대를 한층 높여주었다. 조직의 생존은 외부 환경의 변화에 적절히 대응하기 위해 리더의 의사결정은 그 어느 때보다 중요해졌기 때문이다.

리더십 연구에 선구자인 유클(Yukl, 1994)은 "리더십이란 집단이나 조직구성원의 사건에 대한 해석, 목표와 전략 선택, 직무활동의 구성, 목표달성을 위한 동기유발, 협력적 관계 유지, 구성원들의 기술과 자신감 개발, 그리고 집단이나 조직 밖의 사람들로부터 지원과 협력 획득 등에 영향을 미치는 과정이다"라고 정의하였다. 그의 주장을 살펴보면 리더란 만능선수처럼 보일지도 모른다. 그만큼 리더십은 조직의 성과에 직접적인 영향을 미치는 중요한 역할을 한다.

일반적으로 리더십이란 추종자들의 리더에 대한 지각(perception)에 초점을 두고 있는데 오늘날 리더십 중요한 연구 흐름을 형성하고 있는 하나의 관점이 바로 지각론(esthesiologie)적 관점이다. 지각론적 관점에서 살펴보면 리더십이란 리더의 모든 행동, 관계, 존재, 사건 등이 추종자들에게 정보처리의 대상이 된다(Lord & Maher, 1991). 즉 추종자들은 리더와 관련된 정보를 지각하고 해석하여 리더에 대한 이미지와 정체성을 형성하며 이에 따라 자기변화나 대응적 행동을 보이게 된다.

따라서 리더에 대한 평가결과에 따라 추종자들의 동기, 감정, 인식이 변하든가 강화되고 나아가 그들의 행동과 성과도 영향을 받게 되는 것이다. 즉 추종자들은 자신의 리더를 관찰하고 학습하며 모방한다고 볼 수 있다. 리더십의 범주가 넓기 때문에 한 가지 표현으로 리더십을 정의내리기는 어렵지만 리더십 정의에 대한 시대적 흐름을 정리해 보면 다음의 〈표 8-1〉과 같다.

〈표 8-1〉을 살펴보면 리더십에 대한 초기 학자들은 지금과 매우 달리 마치 군대조직의 리더처럼 지휘와 통제, 그리고 명령체계를 강조하고 있다. 리더십의 개념은 점차 개인의 특성에 집중하여 연구해 오다가 리더의 행동, 목표, 참여, 변화, 자아, 시스템 등으로 변화해 왔다. 특히 1930년대 이후에는 리더십은 강제나 압력의 수단이 아니라 추종자들의 자발성에 입각해서 영향을 주고받는 개념으로 발전해 왔다.

표 8-1. **리더십 정의의 시대적 변천**

연대	핵심 개념	정의
1900~1929년	통제, 권력행사, 복종, 충성	"리더십이란 리더의 의지를 추종자들에게 각인시켜 복종, 존경, 충성, 협력 등을 이끌어내는 능력"(Moore, 1927)
1930년대	성격, 개인특성, 전인(great man)	"한 사람의 특성과 다른 사람들의 특성이 상호작용한 결과로 다른 사람들의 행동양식이 바뀌게 되는 것" (Bogardus, 1934)
1940년대	집단, 설득, 자발성	"설득과 모범을 통해서 일단의 사람들이 일정한 행동을 따르도록 영향력을 행사하는 기술"(Copeland, 1942)

연대	핵심 개념	정의
1950년대	관계, 행동, 효과성	"집단의 활동을 공유된 목표를 향하여 이끌어 가는 개인의 행동"(Hemphill & Coon, 1957)
1960년대	공동목표, 행동패턴, 구조화	"공동의 목표를 달성하기 위해서 다른 사람들의 행동에 영향을 미치는 것"(Gibb, 1969)
1970년대	의사결정 스타일, 상호영향(교환, 거래), 귀인(인상, attribution)	"리더십이란 리더와 추종자 사이에 지속적인 거래를 포함하는 영향력 행사의 과정"(Hollander, 1978)
1980년대	카리스마 (강한 의지, 비전), 변화주도, 조직목표(전략)성취	"리더십이란 자기 자신의 비전이나 이슈 실현을 목적으로, 메시지를 분명히 하고, 거래적 수단을 통해서 다른 사람들의 지원을 확보하여, 결과를 산출하는 것" (Heifetz & Sinder, 1988)
1990년대	혁신, 자아, 추종자	"리더십이란 다른 사람(추종자)들이 스스로를 효과적으로 이끌도록 영향을 미치는 과정"(Manz & Sims, Jr.)
2000년대	신뢰, 가치, 시스템, 네트워크	"조직의 인적 자본과 사회적 자본의 증진을 통해서 집단지능을 향상시켜 조직의 적응력을 극대화하는 행위" (Marion & Uhl-Bien)

출처: 백기복, 신제구, 김정훈 (2009). 리더십의 이해. 서울: 창민사. p.44

2) 리더의 역할

리더십의 정의가 다양한 것은 그만큼 리더가 실행해야 할 역할이 많기 때문이다. 추종자는 한 가지 역할을 잘 수행하면 조직에서 인정도 받고 보상도 받는다. 그러나 리더는 한 가지 역할일지라도 실수하면 금세 본인과 조직을 위기에 빠뜨릴 수 있기 때문에 리더의 역할에 대한 평가는 냉정하다. 물론 조직마다 환경이 다르고 기능과 역량의 차이가 있기 때문에 리더에게 기대하는 역할은 다양할 수 있다. 일반적으로 리더의 역할에 대한 기대감은 몇 가지로 요약될 수 있을 것이다. 『성공하는 리더의 조건(effective leadership)』의 저자인 루시아(Lussia) 교수는 리더의 역할을 영향력(Influence), 조직목표(Organizational Objects), 사람관리(People), 변화관리(Change), 리더-추종자 관계관리(Leader-

Member Relationship)의 5가지로 다음과 같이 구분하고 있다. 이들 각각의 개념에 대해서는 다음과 같다.

① **영향력**(Influence)

영향력은 리더가 자신의 메시지를 추종자들에게 전달하여 추종자들이 이를 수용하도록 하고 그들로 하여금 리더의 메시지를 지원하고 시행하도록 동기부여시키는 과정이다. 따라서 영향력은 리더십의 본질이라고 할 수 있다. 영향력은 리더와 추종자 간의 관계에 대한 문제를 다룬다. 일반적인 관리자들은 강압적인 방법으로 자신의 추종자들에게 영향력을 행사하지만 리더는 그렇지 않다.

또한 성공적인 리더는 언제 어떻게 자신의 리더십을 발휘해야 하는가를 잘 알고 있으며 추종자들에게 좋은 영향력을 행사하는 것을 무엇보다 중요하게 인식한다. 특히 추종자들은 자신의 리더로부터 전달된 영향력의 질과 강도에 따라 자신의 많은 부분에 있어서 영향을 받고 변화하기 때문에 리더는 늘 자신의 추종자들에게 미치는 영향력의 질(質)과 시점을 잘 파악하는 것이 중요하다. 추종자들은 자신의 리더가 전달하는 영향력에 언제나 민감하기 때문이다.

② **조직목표**(Organizational objects)

성공하는 리더는 추종자들과 조직의 비전과 목표를 공유하고 이를 실천하기 위해 노력해야 한다. 바로 이 점이 가장 중요한 부분이다. 조직의 목표를 망각하는 순간 리더의 존재가치는 더 이상 의미가 없다. 리더란 지위 자체는 조직으로부터 주어지는 것이기 때문이다.

리더는 추종자들의 개인적인 관심사만이 아니라 그들로 하여금 조직의 목표에 대한 인식을 강화할 수 있도록 영향력을 발휘해야 한다. 보다 바람직한 미래를 만들기 위해 개인 차원의 이익을 뛰어넘어 조직의 목표를 함께 달성할 수 있도록 비전을 제시하고 동기를 부여해야 한다.

③ **사람관리**(People)

리더십은 한마디로 사람관리라고 해도 과언이 아니다. 성공하는 리더는 추종자들과 함께 일하고 그들의 성장을 돕는다. 과업을 수행하는 데 있어서도 대인관계 기술은 무엇보다 중요하다. 소위 '존경받는 기업'이라고 불리는 기업들의 공통점은 강력한 리더십의 소유자가 있다는 점이다. 또 한 가지는 인적자본(Human Capital), 즉 사람에 대한 가치를 무엇보다 존중한다는 점이다.

창조와 소통이 요구되는 최근의 경영환경에서 과거와 같은 노동중심의 가치는 더 이상 경쟁력을 갖기 어렵다. 따라서 성공하는 리더라면 사람관리에 리더십의 운명을 걸 수 있어야 한다.

④ **변화관리**(Change)

리더의 중요한 덕목 중 하나는 변화를 감지하고 대응하는 것이다. 변화는 선택할 수 있는 부분이 아니다. 급변하는 글로벌 경영환경에 적절히 적응하는 것은 모든 조직의 리더에게 주어진 사명이다. 변화에 민감하지 못한 리더는 그만큼 혹독한 대가를 지불해야 한다. 급변하는 글로벌 환경 변화 하에서 수많은 기업의 성공과 실패의 배경에는 리더의 변화관리 능력이 중요한 역할을 수행했다.

이처럼 변화에 적응하고 생존하기 위해 노력해야 하는 것은 바로 리더의 생존본능이다. 과거의 방식만을 고집하기보다는 새로운 변신 기회를 창출하는 리더만이 미래에 남겨진 기회를 차지할 수 있다. 환경이 변하면 기업도 변해야 한다. 기업이 변하면 리더도 변해야 한다. 성공하는 리더는 변화에 대해 개방적이고 미래지향적인 인물이어야 한다.

⑤ **리더-추종자 관계관리**(Leader-member relationship)

순망치한(脣亡齒寒)이라는 말이 있다. 입술이 없으면 이가 시리다는 뜻이다. 바로 리더와 추종자 간의 관계를 의미한다. 리더와 추종자 간의 관계는 공존과 상생관계이다. 리더 없는 추종자는 존재하지 않는다. 추종자 없는 리더도 존재하지 않는다.

따라서 이들의 관계는 일방적으로 리더가 추종자들에게 영향력을 발휘하여 발생하는 것이 아니라 리더와 추종자는 서로에게 영향력을 주고받는다. 리더는 올바른 방법으로 추종자들에게 영향력을 발휘하고 추종자는 이러한 영향력에 대하여 반응하고 성장하는 동시에 리더에게 의미 있는 영향력을 피드백한다. 리더는 코칭이나 멘토링과 같은 방법을 통하여 추종자들에게 긍정적이고 영향력을 전달하고 추종자들의 성장을 도와야 한다.

한편 인적자원개발 분야에 유명한 학자인 마샬 골드 스미스(Marshall Gold Smith)는 그의 동료들과 함께 저술한『리더십 바이블(Leadership Bible)』이라는 책에서 리더의 역할에 대하여 구체적으로 설명하고 있다. 그는 수많은 리더와의 인터뷰를 통해서 요즘 같은 네트워크 경제에서 효율적인 리더가 갖추어야 할 4개의 핵심역할로써 "경계 없는 사상가", "네트워크 구축자", "외교관", "해설자" 등을 다음과 같이 제시하였다.

① 경계 없는 사상가

현재의 전통적인 신념을 넘어서서 생각할 필요가 있으며, 자신이 속한 조직 역시 그렇게 하도록 도와주어야 한다는 것이다. 즉 과거의 익숙함에서 벗어나 새로운 아이디어에 대해 개방적이며 자신이 속한 조직이나 그 구성원들이 스스로의 강점과 능력의 한계를 알 수 있도록 해야 한다는 것이다. 또한 회사 외부든 내부든 잠재적인 동업자들이 가진 강점과 가능성을 파악할 수 있게 도와야 한다. 이들은 독특한 시너지와 경쟁력 있는 차별화된 이점들의 원천을 만드는 사람들이다.

② 네트워크 구축자

자기 주변에 있는 사람들과 아이디어와 정보 그리고 지식과 가능성을 공유하는 능력을 의미한다. 네크워크 시대에 조직의 효율성은 관계와 네트워크 형성에 뿌리를 두고 있다. 서로 보완적인 동업자들은 상호적인 성공을 추구하는 데 초점을 두고서 서로 연계되어 있기 때문이다.

③ 외교관

협력자들을 함께 묶을 수 있는 역량과 더불어 협력자들이 함께 일할 수 있도록 도와주는 능력을 의미한다. 함께 일함으로써 혼자서 일을 하는 것보다 더 많은 것을 이루는 것을 볼 수 있게 도와주는 통찰력을 지녀야 한다는 것이다.

④ 해설자

사업기회의 특성을 네트워크로 설명하는 능력을 가져야 한다는 것이다. 즉 동업자들이 서로를 이해할 수 있게 해주는 통찰력이 필요하다는 의미다. 단순한 조합이 아니라 생동감 있게 함께 성장하며 확장하는 생태계를 조직에 피드백 해주는 것이 중요한 역할이라고 했다.

이상과 같이 마샬 골드 스미스가 주장하는 네트워크 시대의 리더의 4가지 역할을 좀 더 세부적으로 정리해 보면 다음의 〈표 8-2〉와 같다.

표 8-2. **마샬 골드 스미스가 주장하는 4가지 리더의 역할**

리더의 역할	세부역할	해설
경계 없는 사상가	전망에 대한 큰 그림	전통적인 시각의 한계를 벗어나 조직의 새로운 활동들을 이끌어 내는 능력, 협력과 동업 그리고 잠재력이라는 상황을 볼 수 있는 능력
	아이디어에 대한 개방성	새로운 아이디어와 다른 사고방식을 통찰하고 리더십 과정으로 통합해 내려는 능력
	자기 자신을 넘어서서 가능성과 원천을 찾아내려는 의지	그 어떤 개인과 조직도 오늘날의 환경에서는 성공을 위한 모든 가능성과 원천을 다 가지고 있지는 않는다는 것을 이해하고, 동업관계와 연계가 내부에서든 외부에서든 미래에는 필수적이라는 것을 이해하는 것
네트워크 구축자	관계 지향적 사고방식	상호보완적인 동업자를 찾고 연계하려는 데 대한 개방성
	개인적인 특이성에 대한 지식	자기 자신과 자신의 조직이 가진 핵심적인 능력과 가능성과 역량을 알아내고 표현할 수 있는 능력
	다른 사람의 특이성을 알아보는 능력	잠재적 동업자가 가진 핵심적인 능력과 가능성과 역량을 알아보고 확인하고 평가할 수 있는 능력

리더의 역할	세부역할	해설
네트워크 구축자	시너지 효과 찾기	자기 자신의 능력과 가능성과 역량이 잠재적인 동업자가 가진 것과 결합되었을 때 어떻게 각자 따로 존재하고 있던 항목들보다 더 뛰어난 잠재력을 창출할 수 있을지를 알아내고 평가하는 능력
외교관	연계시키는 능력	다른 사람을 알아보고 그들과 연계할 줄 아는 능력
	의사소통 능력	사람과의 직접적인 관계에서든 혹은 네트워크를 통해서든 다른 사람과 효율적으로 의사소통을 하고 그들과 교류할 줄 아는 능력
	협상 능력	잠재적인 동업자들 사이에 연계를 만들고 실행을 창출하는 능력
해설자	조직에 대한 확고한 지식	사업의 가치와 독창성에 대해 설명하고 표현하는 능력과 사업 역량과 문화적 특성을 묘사하는 능력
	시장에 대한 광범위한 지식	시장 동향과 발달에 대한 인지뿐 아니라 경쟁자의 역량과 잠재적 동업자의 역량에 대한 파악
	다른 사람에게 영향을 미치는 능력	인정받은 도전정신과 기회와 관련해서 다른 사람을 확신시키는 능력

출처: , 마셜 골드스미스 외 지음, 연호택, 박종호 옮김 (2006). 리더십 바이블. Brain, P. 145-150.

이상과 같이 리더십 개념과 리더의 역할에 대하여 살펴보았다. 리더십의 범위는 어디까지인가를 가늠하기 어려울 정도로 넓고 복잡하다. 그러나 분명한 사실은 조직의 성공은 조직구성원들의 헌신과 몰입에 달려 있다는 것이며 이러한 조직구성원들의 헌신과 몰입은 리더가 발휘하는 리더십에 의해 결정된다는 사실이다. 자신의 리더에 대한 신뢰가 없고 적개심 가득한 조직구성원들이 자신의 업무와 조직에 몰입할 리 만무하다. 추종자는 자신의 리더를 어떻게 지각하느냐에 따라 자신의 행동을 결정한다고 보면 리더가 발휘하는 모든 리더십 행위는 곧 조직의 성과에 결정적인 요인이 된다고 볼 수 있다. 글로벌 선진기업들이 리더를 선발하고 육성하는 데 많은 시간과 비용을 투자하는 이유도 이 때문이다.

2 리더십 이론과 모델

모든 이론이 그러하듯 리더십 이론 또한 그 시대적 상황의 변화에 따라 발전적 진화를 거듭하여 왔으며 그 과정에서 리더십의 유효성을 예측하기 위한 다양한 과학적 방법과 사례연구도 지속적으로 이루어져 왔다. 지금까지 리더십에 대한 연구의 흐름은 세 시기(특성이론시기, 행동중심시기, 상황중심의 시기)로 나누어 볼 수 있다. 물론 이 세 시기를 거쳐 지금도 많은 리더십 이론이 사라지고 새롭게 탄생하고 있다. 특히 경제상황과 사회문화의 변화뿐만 아니라 추종자들의 인식과 행동의 변화도 리더십 이론의 변화와 진화에 큰 영향을 미치고 있다. 따라서 리더십 이론의 변화에 대하여 살펴보는 것은 현재와 미래가 기대하는 리더십의 모습을 예측하는 데 도움이 된다고 볼 수 있다. 리더십 이론의 세 가지 시기에 대하여 살펴보면 다음과 같다.

1) 리더십 특성이론(Trait theory)

과연 리더는 태어나는 것일까? 육성되는 것일까? 리더십과 관련하여 이 질문은 여전히 논란의 대상이 되고 있다. 그런데 19세기 후반과 20세기 전반부에는 리더란 태어나는 것이라고 믿었다. 즉 리더는 태어나면서부터 다른 사람을 이끌어 갈 수 있는 특별한 능력을 갖고 있다는 것이다. 그래서 당시 학자들은 현존하는 탁월한 리더와 추종자들을 발굴하여 이들의 특성을 관찰하는 데 전념했다. 인구통계학적 변수 및 성격에 관한 구체적인 정보를 수집하고 분석하여 탁월한 리더의 특성을 분류하였다. 예를 들면 나이, 신체적 특징, 지적 능력, 동기수준, 창의력 및 자신감 등 리더십 특성 연구에 수백 가지의 특성들을 포함시켜 연구를 진행했다.

그러나 이러한 리더십 특성 연구가 진행된 이후 지난 40년 이상 동안 리더는 태어난다는 명백한 증거는 없다. 리더의 특성을 연구한 수많은 결과는 리더십이란 단순히 여러 특성의 결합이라는 결론을 일관되게 주장하지 못하고 있다.

물론 요즘처럼 경영환경 변화가 급격하게 진행되는 상황에서는 과거에 경험과 학습에 의한 리더십이 아니라 본래부터 탁월한 리더십 능력을 보유한 리더를 갈망하는 목소리도 적지 않다. 그러나 리더가 보유한 특성들의 결합만으로는 리더십 효과를 설명하거나 예측할 수 없다.

그러나 그럼에도 불구하고 불확실성이 확산되고 있는 요즘에는 '리더십'을 떠올릴 때, 습관적으로 내세우게 되는 것이 리더의 특성이다. 일반 조직에서 리더의 성격이나 행동 등은 추종자들의 주요 관심사이며 화두가 되기도 한다. 그만큼 리더십은 추종자들의 인식에 큰 영향을 미치는 것이 사실이다. 지금까지 언급했던 리더십 특성에 관한 연구의 결과를 〈표 8-3〉에 정리하였다.

결론적으로 리더십 특성이론은 몇 가지 특징을 가지고 있다. 첫째, 아무나 리더가 될 수 없다는 점이다. 특성론 관점에서 리더는 타고난다는 입장이다. 타고난다는 것은 결국 후천적으로 육성될 수 없다는 것이다.

표 8-3. 리더의 특성 정리

플라톤(2500년 전)	Mann(1956)	Stogdill(1974)	Kirpatrick & Locke(1991)
성실성 용맹성 지능 결단력 일에 대한 열정	지능 남성성향 적응력 지배성향 외향성 보수성향	성취동기 집념 직관 주도력 자신감 책임감 협동심 인내심 영향력 사회성	추진력 리더십 동기 성실성 자신감 인지능력 과업지식

출처: Northhouse, P. G. (1997). *Leadership: Theory & Practice.* London: Sage, p.16

그러나 이러한 비판에도 불구하고 특성론은 몇 가지 이유 때문에 최근 다시 중요시되고 있다. 첫째는 특성이 주변 사람들의 리더 지각에 영향을 미칠 수 있다는 인식론 차원의 새로운 해석 때문이다. 일반적으로 추종자들은 자신의 리더 행위를 고유한 리더의 특성으로 인식한다. 예를 들어 독선적인 리더를 관찰한 추종자는 자신의 리더가 원초적으로 독선적인 성격을 갖고 타고난 사람으로 인식하기 때문에 리더의 독선적인 행동은 변하지 않을 것으로 생각하기 쉽다. 둘째로는 카리스마적 리더십 이론이 유행하면서 카리스마와 관련되는 리더의 특성에 관심이 쏠리기 시작한 때문이기도 하다. 리더는 조직이 위기에 처했거나 리더 본인이 위기에 직면했을 때 발휘하는 리더십으로 평가받는다. 즉 과거에 학습하지 못했던 상황이거나 경험하지 못한 상황에 직면했을 때 리더가 위기극복 능력을 보여준다면 이는 리더 개인의 잠재되었던 특성으로 해석될 수 있다.

2) 리더십 행동이론(Behavior theory)

리더십 특성이론에 대한 연구결과의 한계는 새로운 리더십에 대한 관심을 집중시켰다. 특히 2차 세계대전의 발발과 함께 새로운 리더십에 대한 연구가 시급한 일로 대두됨에 따라 리더십 유효성의 결정요인으로서 특성보다는 행동(behavior)에 주목하기 시작하였다. 즉 누가 효과적인 리더인지를 찾기 위해 노력하는 대신에 효과적인 리더십 행동들을 찾는 것에 초점이 모아졌다.

리더의 행동에 초점을 맞추는 것은 특성론에 비해 몇 가지 유리한 점을 제공하기 때문이다. 첫째, 행동은 '관찰'이 가능하다. 둘째, 행동은 '측정'이 가능하다. 셋째, 행동은 '학습'이 가능하다는 점이다. 이러한 요인들은 다양한 일반 조직들이 리더십을 응용하는 데 관심을 갖게 만들었다. 즉 리더의 특성이 아니라 효과적인 리더십행동을 수행하도록 사람들을 훈련시킬 수 있었다.

행동 중심의 리더십에 대한 연구 중 가장 유명한 것 중 하나가 오하이오 주립대의 리더십 연구이다. 상당수의 연구가들이 2,000개에 가까운 리더십 행동들에 대한 목록을 작성하였다. 이 목록은 분석작업(Fleishman, 1953; Halpin & Winer, 1957)을 거쳐 요약되었고 '리더행동기술 설문지(Leader Behavior Description Questionnaire: LBDQ)'로 완성되었다.

오늘날에도 계속 사용되고 있는 LBDQ는 주로 배려(consideration)행위와 구조주도(initiation of structure)행위들에 초점이 모아져 있다. 배려행위는 일반적으로 사람중심이며 추종자들을 도와주고 보살펴주는 행위들로 구성되어 있다. 반면에 구조주도행위는 업무를 명확하게 지시하는 역할처럼 다양한 업무관련행동을 포함한다. 이 행동들은 하나의 축의 양극단이 아니라 두 가지 상이한 차원으로 파악되었다. 그런 점에서 한 명의 리더는 이 두 측면의 행동을 동시에 잘 수행할 수도 있고 다양한 편차를 보일 수도 있다.

이처럼 행동중심 접근방법은 몇 가지 리더의 행동범주를 성공적으로 밝혀냄으로써 리더십에 대한 우리의 이해를 증진시켰다. 리더십이란 천부적인 것이라기보다는 학습을 통해 육성될 수 있다는 점에서 리더십훈련에 대한 관심을 불러일으켰다. 행동중심 시대의 또 다른 공헌은 리더행위를 측정하는 데 사용된 방법론이다. 30년에 가까운 세월이 흘렀음에도 LBDQ는 리더십 연구에 있어서 널리 인정되는 리더십 측정 도구로 활용되고 있다.

결론적으로 리더십 행동론에서는 리더의 행위는 유전적 특성이 아니라 리더로서의 능력을 습득하였느냐 하는 것이 중요해진다. 누구나 적절한 훈련을 통해서 리더가 될 수 있다는 것이다. 즉 리더십의 관점은 리더가 어떤 성격과 특성을 갖고 있느냐가 아니라 어떻게 행동할 것인지에 초점이 두어지게 된 것이다.

리더십의 행동론은 오하이오주립대(OSU) 연구, 미시간대 연구, 블레이크와 모튼(Blake & Mouton, 1964)의 관리격자이론, 타넨바움과 슈미츠(Tennenbaum & Schmidt, 1958)의 참여론, 일본의 미즈미(Misumi, 1966)의 PM 이론 등을 포함한다. 이들은 대부분 리더가 하급자와의 관계를 중시하는가, 과업을 중시하는가의 문제와 의사결정과정에 하급자를 얼마나 참여시키는가의 문제를 중심으로 리더십 스타일을 설명하고 있다. 각 이론이 갖는 체계와 특징들을 <표 8-4>에 요약하였다.

표 8-4. 리더십의 행위론 요약

이론, 저자	리더십 스타일	정 의	특 징
OSU 연구 (Hemphill & Coons, 1957)	구조주도 배 려	• 임무할당, 과업수행 방법 지시, 과정 통제 • 하급자의 처지를 이해, 따뜻한 감정, 어려울 때 도움을 줌	• 구조주도와 배려는 독립적. 리더는 두 행동을 동시에 보여 줄 수 있음.
Michigan대 연구 (Likert, 1961)	종업원중심 생산중심	• 인간적 관심, 개성존중, 개인적 욕구 수렴 • 과업의 기술적, 생산적 측면 강조. 종업원은 과업수행의 수단.	• 종업원 중심행위와 생산중심 행위가 양극에 위치. 한 시점에서 리더는 한 가지 행위만 보여줄 수 있음.
Blake & Mouton (1964)	팀중심스타일 (이상형, 9,9형) 권위순응형 (9,1형) 컨트리클럽 스타일 (1,9형) 중간적 스타일 (5,5형) 결핍형 (1,1형)	• 조직목표를 공유하며 신뢰와 존경 속에서 상호의존적으로 과업을 성취토록 하는 스타일 • 작업과정에 인적 요소가 최소한으로 개입토록 함으로써 운영의 효율을 이루는 스타일 • 만족스런 관계유지를 목표로 하급자들의 욕구를 수용하여 친화적이고 편안한 조직분위기 창출 • 하급자 사기와 직무수행 간에 균형을 유지하는 스타일 • 구성원의 자격을 유지할 수 있는 최소한의 노력만 기울임	• Y축을 '인간에 대한 관심', X축을 '결과에 대한 관심'이라 설정하고 각 축을 9단계로 나누어 중앙과 네 귀의 좌표를 중심으로 5가지 스타일을 도출함.
Tannenbaum & Schmidt(1958)	권위적, 과업중심 스타일 민주적, 관계중심 스타일	• 리더가 결정하여 지시함. • 리더가 하급자들의 의견을 존중하여 다수의 의견을 따름	• 권위적 스타일과 민주적 스타일의 양극 사이에 7개의 스타일을 둠.
Misumi(1966)	PM 스타일 (P=Performance, M=Maintenance) Pm 스타일 pM 스타일 pm 스타일	• 성과지향, 유지지향 두 행동을 동시에 추구하는 스타일 • 집단의 유지에는 소홀히 하고 성과에 치중하는 스타일 • 성과 소홀, 유지지향 • 양자 소홀	• Y축에 유지지향, X축에 성과지향을 두고 2x2 상에서 네 가지 스타일을 도출함. P, M 등 대문자는 그러한 행동에 치중한다는 뜻

출처: 백기복(2016), 리더십리뷰, 서울: 창민사, pp.97~98.

그러나 리더십 행위론이 갖는 가장 큰 약점은 리더의 스타일이 어느 상황에서나 효과적으로 적용될 수 있다는 일반적 입장을 취하고 있다는 점이다. 1950~ 1960년대의 많은 연구들이 이에 반하는 결과를 보여주었다.

3) 리더십 상황이론(Contingency theory)

리더십 행동이론에 보다 현실적이고 종합적인 접근방법이 적용되기 시작했다. 즉 리더십에 영향을 미칠 수 있는 상황적 요인들이 리더십 연구에 포함되었다. 이러한 제안들이 구체적으로 시도된 것은 1960년대에 이르러서였다. 당시에 리더십 연구는 리더 자신에게만 전적으로 의존하였던 단순 모델에서 탈피하여 상황론적 견해를 취한 복잡한 모델로 이동하였다. 상황중심이론들의 특징적인 가정은 리더의 성격, 스타일 또는 행동이 효과적인지는 그 리더가 처해 있는 상황의 요구조건들에 달려 있다는 것이다. 따라서 리더십 상황론은 특성론과 행위론에 비해 현실적인 대안을 제시해 줄 것으로 기대되었다.

상황론적 접근방법은 다음과 같은 가정을 하고 있다. 첫째, 리더십에서 하나의 최선의 방법은 존재하지 않는다. 서로 다른 리더십 특성, 스타일, 또는 행동이 모두 효과적일 수 있다. 어떤 스타일 또는 행동이 가장 효과적인가를 결정하는 것은 상황과 다른 다양한 정황적 요인들이다. 둘째, 사람들은 학습에 의해 좋은 리더가 될 수 있다. 즉 학습에 의해 우리가 보다 나은 리더로 변화할 수 있는 많은 부분이 존재한다. 셋째, 리더십은 조직과 집단의 성패를 결정하는 데 중요하다. 조직이 나아가고자 하는 방향과 의사결정 결과에 영향을 미치는 많은 요인이 존재한다. 그러한 요인들은 리더십보다 더 중요하지는 않다 할지라도 리더십만큼 중요할 수 있다. 넷째, 개인적 특성과 상황적 특징들은 모두 리더십 유효성에 영향을 미친다. 개인적 특성과 상황적 요구조건들이 어느 하나만으로 리더십 효과를 결정할 수 없다. 이들이 상호작용(interactive)하는 부분들이 존재한다. 그렇기 때문에 우리는 리더와 리더가 처한 상황변수들을 함께 이해할 필요가 있다. 이처럼 일반적으로 리더십에 대한 상황론적 접근은 상사와 하급자 간의 교환관계와 이들 간의 관계형성과 발전, 그리고 관리방식에 초점을 맞추어 연구되었다.

대표적인 리더십 상황이론으로는 경로-목표이론(Path Goal Theory)이 있다. 경로-목표이론은 1970년대 초에 개발되었다. 이 이론에 따르면 리더의 주요 역할은 하급자들이 목표를 달성하기 위해 취해야 하는 경로를 명확히 설정해 주는 것이다. 이처럼 리더가 목표달성을 위해 하급자의 경로를 명확히 해 줌으로써 리더는 하급자들의 욕구를 충족시켜 줄 수 있고, 결과적으로 그들의 목표달성을 가능케 해 준다는 것이다. 이때 리더와 하급자 간의 교환관계는 그것이 암묵적이든, 공개적인 계약에 의한 것이든 본 모델의 핵심을 이루고 있는 것이다. 리더는 하급자들의 생산성과 만족도를 높이기 위한 지원과 길잡이 역할을 수행하면서 이들과 일종의 교환관계를 형성하는 것이다. 과업구조와 하급자 특성은 리더십 행위가 얼마나 하급자의 만족도에 영향을 미치는가를 결정해 준다. 다음의 〈그림 8-1〉은 경로-목표이론의 모델을 나타낸 것이다.

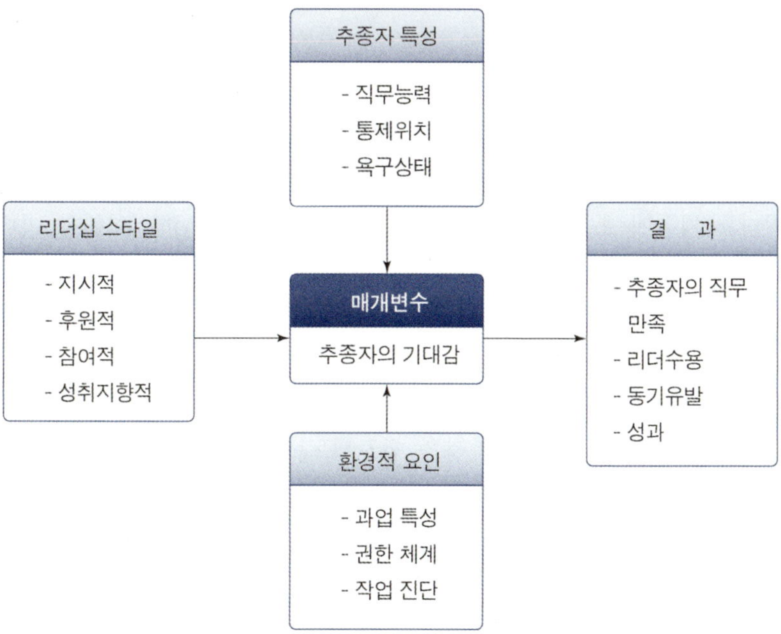

그림 8-1. 리더십 경로-목표이론

출처: 백기복, 신제구, 김정훈. (2009). 리더십의 이해. 서울: 창민사.

예를 들어 새로운 과업이나 불명확한 과업이 주어졌을 경우에 추종자는 새로운 과업에 대한 지식과 경험이 부족하기 때문에 혼란스러울 수 있다. 이때 추종자들은 과업에 대하여 불안감을 갖거나 동기수준이 떨어지게 된다. 따라서 이러한 상황에서 리더는 하급자들에게 과업과 관련된 지시를 내리거나 훈련을 시켜야 한다. 또한 하급자들의 성과를 떨어뜨리는 장애물을 제거하여 주어진 과업을 달성할 수 있도록 도와주어야 한다.

만약 반대로 과업이 반복적 혹은 일상적인 일이거나 시간만 주어지면 추종자 스스로 감당할 수 있는 과업일 경우에는 다소 과업이 지루해질 수 있다. 이러한 경우 리더는 추종자에 대하여 배려를 해 주거나 관심을 가져주고 이해를 해 주어야 한다. 어떤 추종자들은 리더가 과업에 대한 지침을 제공해 주기를 원한다. 반면에 다른 추종자들은 보다 도전적이거나 문제해결에 자율성을 보장해 줄 것으로 요구하기도 한다. 추종자들은 리더가 자신의 행위를 결정하기 전에 자신들의 자율성이나 통제의 위치(locus of control)와 같은 개인 특성을 고려해 주기를 바란다.

경로-목표이론은 일반적으로 두 가지 가설을 제시하고 있다. 첫 번째 가설은 과업이 매우 구조화되어 있거나 명확하거나 지루한 경우에는 추종자의 만족도를 높이기 위하여 리더는 지원적 또는 배려행위를 발휘해야 한다는 것이다. 이러한 리더의 지원적 또는 배려행위는 추종자의 동기수준을 높여줄 수 있다. 두 번째 가설은 추종자에게 주어진 과업이 비구조화되어 있거나 모호한 경우에는 리더의 지시적 행위가 보다 효과적이라는 것이다. 이러한 경우에 추종자는 리더로부터 과업에 대한 지침이나 방향성을 필요로 한다. 추종자들에게 방향성을 제공해 줌으로써 리더는 그들의 동기수준과 만족도를 떨어뜨리는 요인들을 제거해 줄 수 있다는 것이다. 또한 경로-목표모델은 추종의 학습욕구나 성장욕구 그리고 자율욕구 등의 특성이 리더행위를 조절해 준다고 본다.

경로-목표이론은 모든 리더의 행위가 모든 추종자에 대하여 효력을 갖는 것이 아니라, 리더의 행위를 결정하는 것은 바로 추종자들의 도전의지와 자율욕구라는 점을 강조하고 있다. 흥미롭게도 경로-목표이론이 제시하는 리더의 역할은 추종자의 동기를 저해하는 장애물을 제거하는 것이다.

이상과 같이 리더십 이론과 모델에 대하여 살펴보았다. 앞서 언급한 것처럼 리더십 이론은 사회적 혹은 문화적 상황의 변화에 따라 지금도 진화하고 있다. 환경이 변하고 추종자들이 변하기 때문이다. 이러한 관점은 리더십 개발의 방향성과 내용 그리고 육성방법에 대한 변화를 요구한다. 물론 최근 리더십 이론들을 모두 본서에서 다루지 못한 것은 아쉬움이 크다. 그러나 리더십 이론의 역사적 흐름을 바탕으로 리더십 개발의 방향과 방법에 대한 고민을 하는 데 필수적인 부분에 집중하여 다루었다. 다음은 리더십 개발에 관하여 살펴보고자 한다.

3 리더십 개발

1) 리더십 개발의 효과

오늘날 조직에서 리더를 개발하는 일은 중요하고도 어려운 일이다. 끊임없이 급변하는 경영환경 하에서 조직의 목표를 달성하기 위한 리더의 역할은 그 어느 때보다 중요해졌다. 그만큼 리더십을 발휘하기가 어려워졌기 때문이다. 따라서 최근 대부분의 조직은 리더십 개발에 많은 노력을 집중하고 있다.

또한 조직개발 분야에서 가장 많이 활용되고 있는 개입전략 중 하나가 관리자 역량개발 및 리더십 개발이다. 그러나 그럼에도 불구하고 이미 1970년대 이후부터 리더십의 효과성에 대한 의문은 학계와 실무에서 끊임없이 제기되어 왔다. 즉 조직의 성과가 과연 리더십에 의한 것인가에 대한 의문과 함께 리더십이 성과에 기여하는 정도가 얼마나 되는가에 대한 논의가 있다. 이러한 논란은 다음의 〈표 8-5〉에서 살펴볼 수 있다.

표 8-5. 리더십 효과성에 대한 논쟁

리더십은 효과가 없다	리더십은 효과가 있다
• 외적 환경요인이 리더십보다 조직에 더 큰 영향을 미친다.	• 리더십은 조직에 영향을 미치는 여러 주요한 영향요인 중 하나다.
• 조직구조나 전략이 조직의 진로를 결정한다.	• 리더십은 조직의 비전과 나아갈 방향을 제공하는 데 있어 핵심적인 역할을 한다.
• 리더십은 조직의 재무성과의 7~15%만을 설명한다.	• 리더십은 기업 수익성의 44% 정도를 설명할 수 있다.
• 실제적 영향을 미치는 데 있어 리더들의 재량권이 얼마 되지 않는다.	• 리더십은 변화를 조율하고 주도하는 데 있어 결정적 기여를 한다.
• 리더십은 조직의 실제 현상이라기보다는 낭만적 신화와 같은 허상이다.	• 리더십의 효과는 상황 요인들에 따라 달라질 수 있다.

출처: 백기복, 신제구, 김정훈. (2009). 리더십의 이해. 서울: 창민사. p.11

리더십 효과성에 대한 논쟁에도 불구하고 리더십 개발은 조직의 성과에 결정적인 역할을 한다는 것이 정설이다. 그 이유는 조직구성원들의 헌신과 몰입에 가장 큰 영향을 미치는 요인이 바로 리더십이기 때문이다. 물론 조직구성원들의 헌신과 몰입을 이끄는 것은 리더십 외에도 많은 요인이 있을 수 있다. 예를 들면 조직의 규모나 사회적 지위 그리고 조직문화와 보상제도 또는 업무 자체에 대한 만족도 등 많은 요인이 성과에 영향을 미친다. 그럼에도 불구하고 조직구성원들의 헌신과 몰입을 이끄는 것이 바로 리더십이라는 것을 부인하기는 어렵다.

리더십의 효과성을 설명하는 다른 경우를 살펴보면 스콧(Scott)이라는 학자는 조직이란 목적을 달성하기 위한 하나의 도구(tool)라고 했다. 특히 기업조직과 기업조직을 둘러싸고 있는 외부 환경과의 관계는 매우 중요하다. 즉 예전처럼 외부 환경의 변화가 크지 않을 시절에는 조직은 조직 내부에 집중해도 생존이 가능한 폐쇄적 시스템(closed system)이라고 할 수 있지만 요즘처럼 외부 경영환경의 변화가 극심한 경우에는 외부 환경에 대응하지 않는 조직은 생존 그 자체가 어려워졌다. 오늘날의 조직은 외부 환경에 적절히 대응하면서 성과를 창출하는 열린 시스템(open system)이 보다 적절하다고 볼 수 있다.

이러한 상황에서 급변하는 외부 환경에 적절히 대응하고 내부 결속을 다지는 일은 결국 리더의 몫이다. 따라서 외부 환경에 대응하며 내부를 철저하게 이끌 수 있는 바람직한 리더십 개발은 모든 조직에게 시급한 과제라고 할 수 있다. 바람직한 리더십 개발은 두 가지 방법이 있다. 첫 번째는 적절한 리더를 시장에서 채용을 하는 것이다. 두 번째 방법은 내부 직원을 리더로 육성하거나 시장에서 채용한 인재를 조직에 몰입할 수 있는 리더로 만드는 것이다. 당연히 두 번째 방법이 장기적 관점에서 더욱 바람직하다고 볼 수 있다. 결국 리더십 개발은 조직이 외부 환경에 적절히 대응하면서 조직의 생존을 보장해 주는 중요한 일이라고 할 수 있다.

2) 리더십 개발의 기존 연구

리더십 개발은 리더십 이론의 발전과 달리 그 중요성에도 불구하고 많은 연구가 이루어지지 못한 것이 사실이다. 학자들의 연구를 살펴봐도 지난 100년간 이루어진 리더십 연구들 중에서 리더십 개발과 관련된 연구는 100편이 안 된다. 그 이유로는 아마도 변수들 간의 인과관계 규명을 위한 엄격한 연구과정의 통제가 어렵고 개발의 효과를 측정하기가 어려웠던 것이다. 즉 리더십 개발의 효과 외 다른 외생변수에 대한 통제가 연구과정에서 철저하게 통제되기가 어려웠기 때문이다(백기복, 2005).

카리스마 이론의 대가인 콩고(Conger, 1992)는 다수의 리더십 교육과정을 학습한 후 리더십 개발의 방향에 대하여 몇 가지 결론을 내놓았다. 그는 리더십 개발과정을 '첫째, 리더의 개인 성장 훈련이다. 둘째, 리더십 개념을 이해시키는 과정이다. 셋째, 피드백 중심의 개발과정이다. 넷째, 리더십 스킬 향상 과정이다'의 네 가지로 기존의 리더십 개발과정을 평가하였다. 또한 리더십 개발의 효과성을 비교분석하여 최종적으로 각 과정의 장점을 종합하여 "조직 차원의 종합 프로그램"이 가장 바람직하다는 결론을 내렸다. 물론 콩고 교수의 결론이 정답은 아니다.

그러나 리더십 개발의 방향은 리더십의 정의만큼이나 다양한 접근이 가능하다. 리더십 학자들도 자신이 발표한 이론을 바탕으로 리더십 프로그램을 개발하여 현업에 적용해 보는 경우도 많다(백기복, 2005).

리더십 성숙도 이론을 발표했던 허쉬와 블랜차드(Hersey & Blanchard, 1977)는 'LEAD'라는 리더십 프로그램을 발표했고 변혁적 리더십(transformational leadership)의 대가인 아볼리오(Avolio, 1999) 교수는 'Full Range Leadership Development'라는 리더십 교육과정을 개발한 바 있다. 그러나 이들의 리더십 개발 또한 이론에 근거한 것이었지 개발과정에서의 방법들이 완벽한 타당성을 확보했던 것은 아니다. 그럼에도 불구하고 최근 들어 리더십 개발에 대한 연구들은 꾸준히 증가하고 있다.

국내에서도 리더십 개발과 관련한 연구가 있다. 백기복 교수(2000)는 이슈리더십(Issue Leadership)이라는 리더십 이론을 한국 학자 최초로 국제학술포럼에서 지난 2000년에 발표했다. 이슈리더십이란 지식사회에는 단순히 조직의 성과를 높이기 위한 목표관리에 집중하기보다는 세 가지 관점에서 리더십의 개발방향을 찾아야 한다는 것이다.

첫 번째는 새롭고 창의적인 그리고 차별화된 이슈(issue)를 창안하는 일이다. 리더는 기존의 고정관념에서 벗어나 세상에 없던 매우 독창적인 이슈를 제안하거나 기존의 프로세스를 개선하는 등 창의적인 이슈를 창안하는 '이슈 창안(issue creating)'이 가장 먼저 필요하다고 했다. 두 번째는 아무리 좋은 이슈도 조직구성원들이 이를 수용하고 따르지 않는다면 소용이 없는 것이다. 따라서 이슈를 조직구성원들에게 설명하고 설득하여 그들의 자발적 참여를 이끄는 것을 '오디언스 몰입(audience involving)'이라고 명명했다. 마지막 세 번째는 훌륭한 이슈와 구성원들의 참여가 있다 해도 실행이 없다면 목표한 성과는 달성하기 어렵다. 따라서 강력한 실행력으로 이슈를 조직구성원들과 함께 이슈 달성에 몰입할 수 있는 제도나 환경을 조성하고 실천하는 것을 '이슈 실행(issue implementation)'이라고 했다. 즉 창의적인 이슈를 이끄는 것은 리더의 머리(Head)의 문제이고 조직구성원들을 움직이는 것은 그들의 마음(Heart)을 자극하는 것이며 실행(Hand)은 실제로 행동하는 것이라고 할 수 있다.

또한 백기복(2000)은 한국형 리더십 연구에도 기여했다. 한국 기업의 직장인 2,000명을 대상으로 실시한 설문조사와 인터뷰를 바탕으로 한국 실정에 적합한 리더십의 개념과 모형을 개발했다. 기존의 리더십 연구에 활용되었던 사람(46개), 시간(7개), 일(37개), 조직(9개), 조직환경(7개) 등에 관한 총 106개의 설문문항으로 실시한 조사에서 총 8개의 한국형 리더십 개념을 개발했다. 다음의 〈표 8-6〉은 한국형 리더십의 개념을 정리한 것이다.

표 8-6. 한국형 리더십 변수

한국형 리더십 변수	해설
자기긍정	상황을 파악하여 과감히 결단을 내리고 어떠한 난관이 있더라도 도전하여 해낼 수 있다는 내적 확신
성취열정	해야 하는 일에 대해서는 어떤 개인적 희생을 치르더라도 책임의식을 가지고 전력 몰입하여 해내고야 마는 행동성향
솔선수범	자신의 이익을 추구하기보다는 공공의 이익을 위해서 인내하며 바른 길을 가는 모범적 모습을 보여줌
상향적응	윗사람의 의중과 체면을 존중하여 직접적인 갈등을 피하고 상사가 필요로 하는 서비스를 적극적으로 제공함으로써 함께 성장하는 분위기를 조성함
수평조화	동료들과 신의를 바탕으로 원만한 인간관계를 형성하며 갈등을 극복하고 소통과 공유를 바탕으로 협력하는 태도
하향온정	아랫사람들과 가족 같은 친밀감을 형성하여 실수에 관용으로 대하고 문제를 앞장서 감싸주며 헌신적으로 아랫사람을 위해 주는 자세
미래비전	항상 미래의 더 나은 상태를 추구하며 그의 실현을 위해서 구체적으로 계획하여 실천하는 것을 소망하고 핵심가치로 여김
환경 변화	조직환경의 거시적 변화에 항상 관심을 가지며 대세의 흐름에 신속히 대응하기 위해서 정보를 수집하고 외부 네트워크를 강화하는 등의 전략적 노력을 기울임

출처: 백기복, 서재현, 구자숙, 김정훈 (2010), 한국형 리더십, 인사조직연구, 18(4): 33-69.

〈표 8-6〉을 살펴보면 그동안 해외 연구자들의 결과로 얻어진 리더십의 변수와 백기복 교수의 한국형 리더십 변수는 개념적으로 유사한 부분이 많다. 단지 '상향적응'이라는 변수는 한국형 리더십 이론의 구성요소에는 있지만 해외 연구결과에서는 보기

드문 리더십 변수라고 볼 수 있다. 그러나 상향적응의 개념은 우리나라에서 분명히 존재하고 중요한 역할을 하는 리더십 변수라고 할 수 있다.

3) 리더십 개발의 방향과 방법

리더십 개발과 관련된 논문들을 종합적으로 분석한 백기복(2013)의 연구를 살펴보면 리더십 개발에 관한 연구의 흐름을 총 4가지로 분류했다. 첫째, 관계중심의 리더십 개발이 강조된다. 둘째, 횡단적 관점보다 종단적 관점에 초점이 두어진다. 셋째, 리더십 정체성(leadership identity)에 개발에 포인트가 맞춰지는 추세다. 넷째, 개인, 팀, 조직 차원의 리더십 개발에 초점을 둔다(즉 전체론적 관점의 추구) 등으로 리더십 개발의 방향성을 제시하였다. 이들 리더십 개발의 방향성에 대하여 종합적으로 살펴보고자 한다.

(1) 관계중심의 리더십 개발이 강조된다.

개인적 역량이 탁월한 리더가 반드시 훌륭한 리더라고 볼 수 없다. 리더 본인의 개인적 역량개발이 아무리 우수해도 현장에서 리더십 발휘의 결과로 나타나지 않는다면 리더십 본연의 가치는 무색해진다고 할 수 있다. 데이(Day, 2001)는 기존의 리더십 개발의 초점이 지나치게 리더 개인의 역량 향상에만 집중되어 연구되어 왔다고 비판했다. 많은 기업이 수행하고 있는 리더십 개발 및 훈련의 초점은 리더 개인의 역량모델링을 통한 교육과정 개발 및 실행에 맞추어져 있는 것이 사실이다. 즉 리더의 역량이 커지면 조직에서 바라는 리더십을 발휘할 수 있다는 가정이 일반적으로 받아들여지고 있기 때문이다.

물론 리더 개인의 역량을 높이는 것은 기업의 입장에서 중요한 인적자본(human capital)을 확보하는 경쟁우위 전략의 하나라고 할 수 있다. 그러나 우수한 리더가 반드시 존경받는 리더십을 발휘하는가는 다른 접근이다. 리더십의 효과성은 리더 개인의 역량강화보다는 리더가 조직의 구성원들과의 관계를 향상시킬 수 있는 사회적 자본

(social capital) 관점에서 개발되어야 한다. 다음의 〈표 8-7〉은 데이(Day, 2001)가 주장하는 리더 개발과 리더십 개발의 차이를 나타낸 것이다.

표 8-7. 리더 개발과 리더십 개발

비교의 차원	개발대상	
	리더	리더십
자본유형	인적자본(human capital)	사회적 자본(social capital)
리더십 모델	개인: 개인적 힘, 지식, 신뢰성 (trustworthiness)	관계: 관계에 대한 몰입, 상호존중, 신뢰(trust)
역량기반	개인 내면	대인관계
스킬	1. 자아인식: 감정인식, 자신감, 정확한 자아인식 2. 자기규제: 자기통제, 신뢰성, 개인적 책임감, 적응력 3. 자기 동기부여: 주도성, 몰입, 낙관성	1. 관계인식(social awareness): 감정이입, 서비스 지향성, 정치적 성향 2. 관계기술(social skill): 유대강화, 변화 촉진, 갈등관리

출처: Day, D.V. (2001). Leadership Development: A review in context. *The Leadership Quarterly,* 11(4), 584., 백기복 외. (2013). 리더십 개발 연구: 현황과 과제. 에서 재인용

위의 〈표 8-7〉을 살펴보면 리더의 개인 역량개발과 리더십 개발과는 구성요소 자체가 다르다는 것을 알 수 있다. 물론 리더 개인의 역량개발이 중요하지 않다는 것이 아니라 리더 개인의 역량을 개발하는 인적자본을 리더십 개발이라는 사회적 자본(social capital)으로 확산하여 개발하는 것이 중요하다는 것이다. 이처럼 사회적 자본 관점에서 리더십 개발을 주장하는 학자와 연구들이 지속적으로 이어지고 있다. 예를 들어 바톨과 장(Bartol & Zhang, 2007)은 어떻게 과업, 경력, 지인 네트워크들을 구축·활용하도록 하는 리더십 개발을 통하여 인적·사회적 시스템 자본을 확충할 수 있는지를 밝히고 있다.

갈리와 뮬러스트웬(Galli & Muller-Stewens, 2012)은 사회적 자본에 기초한 리더십이 어떻게 전략적 시너지를 창출하는지를 유럽의 한 대기업(multi business firms)을 대상으로 분석한 결과를 제시하였다. 이들은 기업이 제공하는 다양한 리더십 개발 프로그램(예, 360도 진단, 코칭, 멘토링, 직무 배치, 리더십훈련, 액션러닝, 사내·외 네트워킹 등)은 개인적 또는 집단적 리

더십 개발 경험을 통하여 사회적 자본을 형성할 수 있어야 한다고 주장한다. 즉 사회적 자본이 형성되면 사업 간 협력적 활동이라는 행동성과가 형성되며, 이러한 협력적 행동은 최종적으로 기업의 시너지 창출이라는 성과를 가져온다는 것을 사례로 입증한 것이다.

따라서 리더십 개발의 첫 번째 방향은 바로 조직에서의 관계를 효과적으로 연계할 수 있는 사회적 자본으로서의 리더십 개발이 중요해졌다. 리더십 개발에 많이 활용되고 있는 리더십 진단과 코칭 및 멘토링 등의 콘텐츠를 구성할 경우에 리더 개인의 역량 향상이 조직의 성과에 직접적인 영향을 미칠 것이라는 관점에서 더 확대하여 사회적 자본 중심의 리더십 개발 관점에서 구성하는 것이 바람직하다고 할 수 있다.

(2) 종단적 관점에 초점이 주어진다.

과연 리더십은 개발이 가능한 것일까? 이러한 의문을 갖는 것도 무리는 아닐 것이다. 그 이유는 리더십이 부족한 사람이 단 몇 시간 혹은 며칠간의 리더십 학습을 통해 리더십을 발휘할 수 있을까 하는 의문을 어렵지 않게 제기할 수 있기 때문이다. 그렇다면 리더십 개발의 또 다른 조건을 살펴볼 필요가 있다.

리더십 교육의 필요성은 기업의 교육담당자와 경영자들이 잘 알고 있다. 그러나 동시에 리더십 교육의 효과성에 대해 부정적인 견해도 적지 않다. 리더십 교육을 받았으면 리더들이 리더답게 변하고 리더십이 원활하게 발휘되어야 한다고 생각하지만 결과는 달랐다는 의견이 많다.

리더십은 리더가 갖는 조직인으로서의 리더만이 아니라 개인으로서의 리더이다. 즉 개인마다 성격이 다르고 생활의 행동습관이 다르듯이 같은 조직에 종사하는 리더들의 경우에도 리더 개인마다 성격과 행동의 습관 등 개인차가 분명히 존재한다. 오랜 세월 동안 익숙해진 리더들의 성격과 행동의 변화는 쉬운 일이 아니다. 아울러 개인차를 초월하여 조직이 원하는 방향으로의 행동변화를 요구하는 것은 결코 만만치 않은 일이다.

시간적 이유와 경제적 이유로 단기간의 리더십 교육을 통해 리더의 변화를 성급히 바라는 것은 어려운 일이다. 즉 리더십 교육을 받는 동안은 학습효과로 인하여 리더 자신의 변화를 기대하고 노력하려는 의지를 갖게 되지만 교육 후 일정기간 후 협업에 복귀하면 다시 예전의 모습으로 회귀하는 일종의 '관성화 법칙'이 작용할 수 있기 때문에 간만에 리더십 교육을 실시하고도 리더십 교육이 효과가 없다는 판단을 쉽게 내리기도 하는 것이다. 물론 방법은 있다. 리더십 교육도 반복해서 하는 것이다. 정기적 혹은 장기적인 리더십 교육과 개발이 하나의 대안이 될 수 있다. 즉 리더십 개발을 일시적인 교육으로 해결하는 것이 아니라 장기적인 관점에서 진행될 필요가 있다고 볼 수 있다.

리기오와 멈포드(Riggio & Mumford, 2011)는 어린 시절의 '리더십 잠재력', '리더십 동기' 그리고 '특정 리더십 프로세스와 경험' 등이 성인이 된 후의 리더십 스타일과 성과에 큰 영향을 미친다는 것이다. 또한 머피와 존슨(Murphy & Johnson, 2011)은 인생의 초반기에 경험한 리더십의 기회가 성인이 되고 난 후의 리더십 개발에도 큰 영향을 미친다고 주장했다. 그들이 주장하는 리더십생애모델을 중심으로 좀 더 구체적으로 살펴보면 타고난 특징과 부모의 양육스타일 그리고 어릴 적 경험한 리더십의 경험은 개인의 자기 정체성과 자기규제나 절제에 영향을 미치고 이는 다시 성인이 되어 경험하는 리더십 발휘에 영향을 미친다는 것이다.

결국 리더십은 단기적인 개발노력으로 달성되는 문제가 아니라 종단적 즉, 장기적인 계획에 의해 리더십의 개발이 선행되어야 한다는 것이다. HRD담당자들에게 시사점을 찾아본다면 조직에서 리더십 개발은 오랜 조직생활을 이미 겪은 관리자들을 대상으로 리더십 교육 및 개발을 실시하기보다는 입사한 직후부터 체계적인 리더십 개발을 해야 한다는 점이다. 물론 비용부담을 고려하지 않을 수 없지만 분명한 사실은 바람직한 리더십의 개발은 조직생활의 전체적 관점에서 진행되어야 한다는 것이다. 물론 장기적으로 리더십 개발에 대한 투자를 하거나 리더를 육성하는 것이 힘들겠지만 장기적 관점에서 리더십을 개발하지 않으면 더 힘들어진다는 점을 잊지 말아야 할 것이다.

(3) 리더십 정체성에 개발의 포인트가 맞춰지는 추세이다.

누구나 어떤 집단에 속하든가 어떤 직책이나 역할을 수행함으로써 발생하는 정체성도 동시에 갖게 된다. 특히 한 조직의 리더라면 자신의 역할에 대한 인식은 매우 중요하다. 리더로서 자신의 역할을 망각하고 자신의 형식적인 지위에 의지하는 리더도 적지 않다. 리더의 정체성은 세 가지로 구분할 수 있다. 하나는 개인수준의 정체성이다. 개인수준의 정체성을 갖는 개인은 다른 사람과 차이가 있는 자신만의 특이성과 차이점을 부각시킨다. 둘째, 관계적 정체성이 강한 리더는 다른 사람들과의 관계 속에서 자신의 갖는 위상을 가지고 자신을 정의하려는 성향을 보인다. 셋째, 공동체 정체성이다. 공동체 정체성이란 자신이 속한 집단이나 조직의 특성을 가지고 자신을 정의하게 한다.

이처럼 정체성에 대한 관심이 중요한 이유는 리더가 어떤 정체성을 갖느냐에 따라서 리더의 행동이 결정되기 때문이다. 예를 들어 개인수준의 정체성이 강한 리더는 개인적인 특성을 리더십 발휘에 포함시킬 가능성이 높을 것이고 관계적 정체성과 공동체적 정체성이 강한 리더는 개인보다 조직 전체의 관점에서 리더십을 발휘할 가능성이 높다. 이처럼 정체성은 리더 개인의 행동을 결정하는 중요한 요인인 동시에 중요한 개발대상이기도 한다.

로드와 홀(Lord & Hall, 2007)의 연구를 살펴보면 리더의 리더십 숙련도가 향상될수록 개인수준의 정체성은 관계적 정체성으로 그리고 궁극적으로는 공동체적 정체성으로 전이되고 발전된다고 주장했다. 즉 리더십 개발에 있어서 리더가 개인적인 성격과 행동습관에의 한 개인적인 정체성에 기반을 두어 리더십을 발휘하기보다는 조직이 제시하는 바람직한 집단 혹은 공동체적인 정체성을 지향하는 리더십 개발이 중요하다고 볼 수 있다.

조직의 리더에게 리더십 정체성에 대한 개념을 명확히 해야 하는 이유 가운데 하나는 개인적 정체성과 관계 혹은 공동체 정체성 외에도 사회적 정체성이 존재하기 때문이다. 예를 들어 가족관계, 동창관계 혹은 지역관계, 각종 모임과 직장관계 등 자신의 의지와 상관없이 주어지는 사회적 정체성 또한 리더의 정체성에 큰 영향을 미치기 마련이다.

이러한 사회적 정체성이 조직 내 리더의 행동에 직접 혹은 간접적으로 영향을 미칠 수 있다. 만약 정체성의 갈등이나 충돌이 생기면 리더의 행동이 조직이 바라지 않는 방향으로 변질될 가능성이 커질 수 있다. 따라서 한 조직의 리더십은 조직이 추구하는 원칙과 방향에 걸맞은 리더의 정체성을 확립하고 리더십을 개발해야 한다.

물론 조직의 모든 리더들이 조직이 원하는 리더십을 추종하고 수용하는 것은 어쩌면 불가능할지 모른다. 리더의 정체성을 명확히 하기 위해서는 먼저 조직의 리더들이 현재를 정확히 진단하고 강점과 약점 그리고 필요한 리더십의 기준을 파악해야 한다. 둘째, 조직의 리더들에게 리더십 개발의 가치와 이유를 구체적으로 제시할 필요가 있다. 셋째, 리더십 정체성을 리더들이 체득할 수 있는 효과적인 내용과 방법 그리고 시점을 잘 고려해야 한다. 넷째, 정기적인 점검도 필수적이다. 리더십 개발을 위한 교육을 실시하거나 워크숍 등의 방법을 실행하기 전에 설계하는 것도 중요하고 실행한 후에 평가하고 피드백하는 절차도 매우 중요한다. 효과적인 점검만이 효과적인 결과를 산출할 수 있기 때문이다. 조직 내 전문부서가 이 과정을 전담하거나 외부 전문가의 도움을 받을지라도 점검과정은 중요하다.

조직의 리더가 자신이 누구이고 무슨 일을 해야 하는가를 망각하고 습관적인 행동이나 성찰이 없는 리더십을 발휘한다면 말 그대로 밑 빠진 독에 불을 붓는 것과 같다. 리더의 정체성은 팔로워들이 곧 학습하고 모방을 할 가능성이 높기 때문에 리더의 정체성 수립은 리더십 개발의 출발점이라고 해도 과언이 아니다.

(4) 개인, 팀, 조직 차원의 리더십 개발에 초점을 둔다.

한 조직의 리더십을 하나로 정의하기란 어려운 일이다. 개인마다 차이가 존재하고 팀마다 다른 업무와 분위기가 있으며 이들 개인과 팀은 조직의 의지와 다른 생각을 할 가능성이 크다. 즉 모두를 만족시키고 추종할 수 있는 리더십의 유아독존은 존재하기 어렵다.

따라서 분석의 수준(level of analysis)의 기준인 개인수준, 집단수준, 그리고 조직수준에 상황을 잘 고려한 리더십 개발에 초점을 찾아야 한다. 즉 개인수준의 리더십 개발에 치중하게 되면 다양한 개인의 특성과 상황을 모두 고려하기 어렵고 조직이 추구하는 방향과 어울리지 않거나 조직에 도움이 안 되는 경우가 종종 발생할 수 있다. 개인수준의 역량을 개발할 때 반드시 포함시켜야 하는 역량의 범위를 개인만이 아니다 리더에게 요구되는 팀 차원과 조직 차원의 요구가 포함되어야 한다.

개인수준에서는 리더에게 필요한 자기관리나 직무역량 등 과업수행을 위한 개발이 중요하지만 아울러 리더는 지속적으로 자신의 팔로워들과의 관계 속에서 동반성장을 위한 교류를 지속적이고 효과적으로 수행해야 한다. 또한 조직의 문화와 팀의 문화를 연결하고 조직의 경영자가 기대하는 전략적 실행에도 기꺼이 동참해야 한다. 그리므로 리더 한 사람이 모든 것을 해낼 수 있는 것처럼 가정하고 리더십 개발에 임하는 것은 매우 위험하다.

특히 최근 현업에서 가장 심각한 문제점 가운데 하나는 조직에 유능한 리더들의 역량이 하나로 연결되거나 시너지를 창출하지 못한다는 것이다. 경험이 많은 노련한 리더들의 역량이 개별적으로 팀성과에 기여하는 것은 바람직한 일이지만 리더들 간의 소통과 협력 그리고 직접적인 성과를 창출할 수 있는 마인드와 행동의 실천을 리더십 개발에 포함시켜야 한다. 아울러 팀 차원의 리더십 개발의 한계를 넘어 리더가 자신이 이끌고 있는 팀을 초월하여 전체적 관점에서 조직의 성과를 위한 협력과 시너지 창출에 동참할 수 있는 가치와 방법론을 리더십 개발과정에 반드시 고려해야 한다.

요즘은 경쟁보다 협력이 중요해진 때이다. 만약 조직 내부에 경쟁이 과열되어 행여 개인 간 갈등이나 팀 간 갈등이 초래된다면 궁극적으로 불행한 결과를 초래할 수 있다. 조직 내부의 갈등이 심해지면 외부와의 갈등에 무기력해지기 때문이다. 또한 내부의 갈등을 겪고 있는 개인이나 팀을 견제하기 위해 조직 전체에 부정적인 영향을 미치는 일도 불사하게 되는 불행한 상황도 적지 않게 발생하고 있는 것이 종종 언론에도 보고되고 있으며 현업에서도 이러한 사례를 어렵지 않게 찾을 수 있다.

따라서 리더십 개발은 개인수준의 역량개발을 초월하여 팀과 조직 수준에서의 긍정적이고 발전적인 방향으로 이루어져야 한다.

4) 리더십 개발을 위한 제언

리더십이 위협받고 있는 시절이다. 과거에는 조직의 성과를 높이기 위해 추종자를 동기부여시켜 목표를 달성하는 것이 리더의 고유 역할이었다. 그러나 지금은 리더의 역할이 다양해졌다.

첫째, 조직과 관련된 역할이다. 조직이 추구하는 비전과 전략을 정확히 인지하고 핵심역량에 집중하여 조직성과에 기여할 수 있는 방법과 절차를 체계적으로 밟아가야 한다. 그래야 리더의 생존이 보장받을 수 있다. 개인적인 역량이 아무리 뛰어나다 할지라도 조직의 방향과 함께 하지 못한다면 조직에서 존재감을 상실하거나 리더 스스로 조직을 떠나야 한다.

둘째, 실적은 리더에게 가장 중요한 평가의 요인이 되고 있다. 성과를 내지 못하는 리더에게 다른 이유는 모두 변명으로 해석된다. 리더는 자신에게 주어진 실적달성에 온 힘을 다해야 한다. 그러나 이 과정에서 리더가 지나치게 성과에 집착하다 보면 추종자의 자발적 추종을 잃을 수 있다. 따라서 단기성과가 아니라 장기성과를 위해 추종자와의 교감과 협력을 이끄는 능력이 리더의 중요한 역할이 되었다.

셋째, 네트워크의 확대도 리더에게 중요한 역할이 되었다. 이젠 한 우물만 파면 그 우물이 리더의 무덤이 될 수 있다. 조직 내부의 자원과 역량만으로는 외부의 다양한 경쟁자들의 위협을 극복하기 어려워졌다. 따라서 리더는 조직의 내부와 외부에 다양한 네트워크를 형성하고 관리해야 한다. 리더 자신에게 닥친 개인적 혹은 조직적 문제를 창의적으로 해결하기 위해서는 무엇보다 다양한 정보와 지식을 흡입할 수 있는 네트워크 형성이 무엇보다 중요해졌다.

넷째, 부하관리 능력은 리더의 본연의 역할이다. 요즘은 기업 간 차이보다 세대 간 차이가 더 심각해졌다. 과거 방식으로 추종자들을 관리한다면 추종자들의 외면과 비협조를 감당해야 한다. 자기 자식도 다루기 힘든 시절이다. 효과적인 부하관리는 리더의 세련된 기술이 요구되는 부분이기도 하다. 이젠 보상과 승진과 같은 당근으로는 효과적인 부하관리가 힘들어졌다. 이제는 왜 우리 회사가 다닐 만한 가치가 있는가를 말해줄 수 있어야 하고 지금 우리가 하는 일이 어떤 가치가 있는가를 설명해 주어야 한다. 마지막으로 이 일을 열심히 하면 궁극적으로 어떤 경력을 키울 수 있는가를 알려줘야 한다. 그래야 리더를 따를 것이다.

다섯째, 리더 자신의 자기관리 중요성이다. 아무리 능력이 뛰어난 리더라 할지라도 사회적으로 바람직하지 않은 부도덕한 행위나 선택을 한다면 본인은 물론 조직과 추종자를 위기로 몰아넣을 수 있다. 이젠 경찰보다 SNS가 더 무서워진 시절이다. 리더의 행동 하나 판단 하나가 리더의 운명을 좌우할 수 있다. 글로벌 리더십 연구에서 리더에게 가장 요구되는 기본 자질은 바로 정직(honest)이다. 조직의 도덕성은 리더의 도덕성 수준을 넘지 못한다고 한다. 그만큼 리더의 도덕성은 조직에 미치는 파급효과가 크다.

이제 올바른 리더십 개발을 통하여 지금의 난국을 극복해야 한다. 리더십은 외부 환경의 변호로부터 조직을 보호하고 조직의 내부 역량을 집대성하여 정해진 목표를 달성하는 가장 큰 힘이요 버팀목이다. 따라서 조직 고유의 가치와 비전 그리고 문화를 잘 이해하고 리더 자신이 자신의 정체성을 인식하여 성과달성에 매진하면서 꾸준히 자신의 리더십을 갈고 닦아야 한다. 또한 조직은 리더의 효과적인 리더십 개발에 온 힘을 다해 장기전에 대비해야 한다.

조직은 조직구성원들이 일을 하고 이들을 이끄는 것은 바로 리더이다. 리더는 리더십으로 조직을 하나로 만들고 목표달성에 집중해야 하는 것이다. 조직의 생존은 리더십에 달려 있다고 해도 과언이 아니다. 따라서 HRD분야의 중요한 역할과 기능 가운데 하나는 바로 조직의 리더의 리더십을 효과적으로 개발하는 것이라고 할 수 있다.

요약 및 시사점

리더십이란 '추종자들에게 투명하고 진정성 있는 비전을 제시하고 건강한 영향력을 발휘함으로써 추종자들을 동기부여시키고 그들의 자발적 추종을 유도하여 괄목할 만한 성과를 창출하는 힘'이라고 정의할 수 있다. 리더십은 추종자들의 리더에 대한 지각(perception)에 초점을 두고 있는데 추종자들은 리더와 관련된 정보를 지각하고 해석하여 리더에 대한 이미지와 정체성을 형성하며 이에 따라 자기변화나 대응적 행동을 보이게 된다. 끊임없이 급변하는 경영환경 하에서 조직의 목표를 달성하기 위한 리더의 역할은 그 어느 때보다 중요해졌다. 그만큼 리더십을 발휘하기가 어려워졌기 때문이다. 따라서 리더십 개발은 다양한 측면을 고려하여 실행될 필요가 있다. 이러한 리더십개발에 관한 연구의 흐름을 총 4가지로 분류할 수 있다.

첫째, '관계중심의 리더십개발이 강조된다', 즉 리더십의 효과성은 리더 개인의 역량강화보다는 리더가 조직의 구성원들과의 관계를 향상시킬 수 있는 사회적 자본(social capital) 관점에서 개발되어야 한다.

둘째, '횡단적 관점보다 종단적 관점에 초점이 두어진다'. 리더십 교육을 받은 후 일정기간이 지나면 협업에 복귀하면 다시 예전의 모습으로 회귀하는 일종의 '관성화 법칙'이 작용할 수 있다. 따라서 리더십은 단기적인 개발노력으로 달성되는 문제가 아니라 종단적 즉, 장기적인 계획에 의해 리더십의 개발이 선행되어야 한다는 것이다.

셋째, '리더십 정체성(leadership identity)에 개발에 포인트가 맞춰지는 추세다'. 예를 들어 개인수준의 정체성이 강한 리더는 개인적인 특성을 리더십 발휘에 포함시킬 가능성이 높을 것이고 관계적 정체성과 공동체적 정체성이 강한 리더는 개인 보다 조직 전체의 관점에서 리더십을 발휘할 가능성이 높다. 이처럼 정체성은 리더 개인의 행동을 결정하는 중요한 요인인 동시에 중요한 개발대상이기도 한다.

넷째, '개인, 팀, 조직 차원의 리더십개발에 초점'을 둔다. 개인마다 차이가 존재하고 팀마다 다른 업무와 분위기가 있으며 이들 개인과 팀은 조직의 의지와 다른 생각을 할 가능성이 크다. 즉 모두를 만족시키고 추종할 수 있는 리더십의 유아독존은 존재하기 어렵다. 따라서 분석의 수준(level of analysis)의 기준인 개인수준, 집단수준, 그리고 조직수준에 상황을 잘 고려한 리더십개발의 초점을 찾아야 한다.

연습문제 / EXERCISE

01_ 리더십의 개념에 대하여 생각해 봅시다.

02_ 리더십 개발이 보다 중요해진 이유를 경영환경의 변화와 연계하여 생각해 봅시다.

03_ 리더십 개발의 방향에 대하여 생각해 봅시다.

04_ 우리 조직의 리더십 이슈에 대하여 생각해 봅시다.

05_ 바람직한 리더십 개발의 의미에 대하여 조직 관점에서 생각해 봅시다.

참고문헌 / REFERENCE

백기복 (2000). **이슈리더십**. 서울: 창민사.

백기복, 신제구, 김정훈 (2009). **리더십의 이해**. 서월: 창민사.

백기복 (2010). **리더십리뷰**, 서울, 창민사.

백기복, 저재현, 구자숙, 김정호 (2010). 한국형 리더십. **인사조직연구**, 18(4), 364.

마셜 골드스미스 외 지음, 연호택, 박종호 옮김 (2006). **리더십바이블**. Brain, p. 145-150.

Ashford, S. J., & DeRue, D. S. (2012). Developing as a leader: The power of mindful engagement. *Organizational Dynamics*, 41, 146-154.

Avolio, B. J .(1999). *Full Range Leadership Development: Building the Vital Forces in Organizations*. Sage Publication Inc.

Collins, J. C. (2001). *Good to Great.* William Collins.

Day, D. V. (2001). Leadership development: A review in context. *The Leadership Quarterly*, 11(4), 581-613.

DeRue, D. S., & Wellman, N. (2009). Developing Leaders Via Experience: The Role of Developmental Challenge, Learning Orientation, and Feedback Availability. *Journal of Applied Psychology*, 94(4), 859-875.

Galli, E. B., & Müuller-Stewens, G. (2012). How to build social capital with leadership development: Lessons from an exploratory case study of a multi-business firm. *The Leadership*

Quarterly, 23, 176-201.

Hersey, P., & Blanchard, K. H. (1977). *Management of Organizational Behavior: Utilizing Human Resources*. Englewood Cliffs, NJ.: Prentice-Hall.

Conger, J. A. (1992). Learning to lead. San Fransisco: Jossey-Bass.

Lord, R. G., & Maher, K. J. (1991). *Leadership and information processing: Linking perceptions and performance*. NY: Unwin Hyman, Inc.

Lord, R. G., & Hall, R. J. (2005). Identity, deep structure, and the development of leadership skill. *The Leadership Quarterly*, 16, 591-615.

Lussia, R. N., & Achua, C. F. (2010). *Leadership: Theory, Application, & Skill Development* (4th ed.). Cengage Learning.

Murphy, S. E., & Johnson, S. K. (2011). The benefits of a long-lens approach to leader development: Understanding the seeds of leadership. *The Leadership Quarterly, 22*, 459-470.

Riggio, R. E., & Mumford, M. D. (2011). Introduction to the special issue: Longitudinal studies of leadership development. *The Leadership Quarterly*, 22, 453-456.

Yukl, G. (1994). *Leadership in organizations.* Englewood Cliffs, N.J.: Prentice-Hall.

CHAPTER **09**

경력개발(Career Development)

이 성 엽

인적자원개발(HRD)은 개인, 그룹 및 조직의 효과성을 증대시키기 위해서 훈련(training) 및 개발(development), 경력개발(career development) 그리고 조직개발(organization)을 통합적으로 활용하는 활동이다. 조직의 목표는 조직의 설립목적의 달성이고, 대부분 기업의 가장 큰 공통 목표는 성과창출이다. 따라서 HRD의 일차적 미션은 조직의 성과창출에 기여하는 것이다. 조직의 성과에 가장 큰 영향을 미치는 것이 조직 내 구성원 즉, 사람이라는 전제 하에 그간 많은 조직은 구성원들의 역량강화를 위해 교육훈련을 제공해 왔다. 하지만 이러한 불특정 다수를 대상으로 제공하는 교육훈련은 구성원 각자가 가지고 있는 가능성을 타진하거나 경력목표를 달성하는 데 필요한 개인에게 특화된 과정을 제공하는 데 한계를 가지고 있다. 개개인의 니즈를 완벽히 고려하고 반영할 수 없는 표준화되고 일반화된 교육훈련은 구성원들의 마음속 깊은 곳의 성장에 대한 동기를 자극하기 쉽지 않기 때문이다. 교육의 효과는 물론 일의 성과를 내는 데 결정적인 영향을 미치는 것은 본인의 성장에 대한 갈망과 노력이다. 경력개발은 이러한 점을 고려하여 개인의 성장과 발전을 위한 목표수립, 개인의 적성과 흥미를 고려한 비전 설정 등 장기적 관점에서 개인의 성장욕구를 자극하고 지속적인 동기부여를 기대하는 HRD전략이라 할 수 있다.

1 경력개발의 개념과 의의

1) 경력개발의 개념

경력개발(career development)는 말 그대로 경력(career)을 개발(development)하는 것이다. HRD분야에서 경력은 직업적 경험, 직업적 발전, 직업적 전문성 등으로 설명된다(Greenhaus, Callanan, & Godshalk, 2000). 개발은 일정시간을 두고 바람직한 이상적 모습으로 만들어지는 것을 말한다. 따라서 경력개발은 직급이 올라가는 승진(advancement) 또는 비전문가에서 전문가(profession)로 변모하는 성장 등으로 설명된다(Hall, 2002). 즉, HRD분야에서 개인이 경력을 개발한다는 것은 자신의 직업분야에서 더 큰 역할을 담당하게 되거나 더 수준 높은 전문가가 됨을 말한다. 다시 말해 경력개발은 개인의 경력을 원하는 이상향의 모습으로 만들어가기 위해 조직과 개인이 행하는 일련의 활동이라 할 수 있다.

DeSimone 등(2002)은 경력개발(career development)은 개인이 특정한 사건이나 과업의 수행을 위해 필요한 경력의 단계를 밟아나가는 과정이라고 정의하고 있다. 개인 차원에선 단기적으로 일에 대한 만족감이나 긍정적 태도를 가지는 것, 장기적으로는 개인의 정체성을 높이는 것을 말하며, 직무적 관점에서 보면 단기적으로는 성과를 높이고, 장기적으로는 직무환경 변화에 대한 적응력을 높이는 활동이라는 것이다. 이런 경력개발활동에는 경력계획과 경력관리활동이 포함된다. 기업조직에서 성과창출을 위한 개인의 경력계획(career planning)과 구성원에 대한 경력관리(career management)는 구성원 개인은 물론 조직의 중요한 활동이다. 경력계획은 자기 자신은 물론 자신에게 오는 기회와 선택을 살펴보고 자신의 목표를 설정하며 그러한 목표를 달성하기 위해 계획된 교육훈련에 참가하는 등 꾸준한 과정을 세우는 것을 말하며, 경력관리는 개인의 발전을 조직의 경력개발제도 안에서 적절히 준비시키고 관찰하는 일련의 활동을 말한다.

경력개발이라고 하려면 개인에게는 일을 통한 경험이어야 하고, 발전 혹은 승진의 의미를 내포해야 하며, 전문성 개발이란 의미가 포함되고 나아가 일의 안정성과 연속성이 있어야 한다(Greenhaus, Callanan, & Godshalk, 2000). 개인의 전 생애에 걸쳐서 계속되어야 하며, 개인의 인간적 성숙이나 자아실현이 포함되어야 한다. 최근 근로자들은 과거의 근로자들에 비해 자신의 삶과 경력을 적극적으로 관리하려 한다. 자신의 삶과 경력에 대해 높은 기대감을 가지고 있으며 자신의 경력개발을 위해 조직에 기대기보다는 자율적으로 결정하고 선택하고자 한다(Hall & Richter, 1990).

조직에서 개인의 경력개발 활동은 조직의 목표와 성과달성에 기여할 수 있는 HRD 활동 중 하나다. 개인은 목표를 정하고 이를 달성하기 위한 경력계획을 수립하며 이 과정에서 조직의 필요와 개인의 목표를 함께 달성할 수 있도록 노력하게 된다. 경력개발에는 성장하고자 하는 조직구성원 개개인의 욕구가 반영되어야 한다. 동시에 조직은 구성원 개개인에게 다양한 정보와 기회를 제공하며 각자가 계획한 경력목표의 달성을 지원하면서 이러한 노력이 조직의 성과로도 나타날 수 있도록 한다. 조직적 관점에서 경력개발은 구성원의 전문성을 조직의 필요에 따라 장기적인 관점에서 육성할 수 있는 전략이기도 하다. 인재의 확보만큼 인재육성은 중요하다. 귀하게 채용한 인재들이 이탈하지 않고 조직 내에서 역량을 개발하면서 꾸준한 개인 성장 도모와 동시에 조직의 장기적 성과에 기여하는 것은 개인과 조직 모두에게 이로운 상생전략이 된다.

2) 경력개발의 필요성과 의의

오늘날 급변하는 사회환경과 조직환경의 변화는 개인의 변화를 더욱 촉구한다. 조직 내 개개인은 더 이상 조직에 맹목적으로 충성하기보다는 조직생활을 통한 자신의 자아실현을 점점 요구하고 있다. 사회 · 경제적 환경 변화 역시 조직구성원들의 경력개발의 필요를 꾸준히 요구한다. 변화하는 환경 속에서 꾸준히 성장하고 성과를 내는 조직이 되기 위해서는 조직 내 인적자원의 꾸준한 개발이 필요하다. 조직에 필요한 인적자원을 노동시장에서 구하기는 어렵기 때문에 일정한 계획을 통해 인적자원개발을 지속적으로 양성할 필요가 있다. 더욱이 조직이 구성원들의 경력개발에 대한 관심을 얼마나 가지고 노력하는가는 구성원들이 얼마나 조직에 만족하며 몰입하는가에 영향을 준다. 이제는 주주만족, 고객만족을 위해선 내부 직원 만족이 선행되어야 하는 시대다. 갈수록 구성원들은 단순히 생계유지를 위한 근무가 아니라 직장활동을 통해 자신의 궁극적인 자아실현에 대한 욕구가 강해지고 있는 등 추구하는 가치가 다양해지고 있기 때문이다.

경력개발이 개인은 물론 조직의 차원에서도 의미가 있는 것은 양쪽의 요구를 동시에 충족시킬 수 있는 HRD의 실천전략이기 때문이다. 경력개발은 개인과 조직의 목표를 모두 달성할 수 있는 상호보완적인 방법이다. 개인은 조직의 전략 안에서 본인의 개인 성장 전략을 세우고 이 과정을 통해 개인의 발전을 도모할 수 있다. 조직 입장에서는 장기적인 경력개발 계획 하에서 부단한 조직구성원들의 노력과 성장을 통해 조직의 성과와 발전에 긍정적인 영향을 받을 수 있다. 또한 경력개발은 개인의 삶을 존중하는 제도로서 개인의 책임감과 몰입을 증대시킨다. 경력개발의 환경은 조직이 제공해 주지만 그 주체는 개인이 된다. 회사가 경력개발 지원의 역할을 수행하고 구성원이 스스로 주도적으로 경력을 개발해 나가는 과정은, 나아가 성인학습의 측면에서도 의미 있는 학습활동의 전제가 된다. 경력개발의 또 다른 중요성은 개개인의 삶의 질 향상에 대한 갈증이 증가하는 데 있다. 우리 사회와 경제적 사회구조는 국경이 무의미한 무한 경쟁체제로 전환되고 있다. 학교라는 제도권 교육내용만으로는 급변하는 사회경제의 변화에 적응하고 변화를 창조하긴 어렵다. 평생직장이란 말이 평생직업이란 말로 대체된 지금, 자신의 각 분야에서 알파고와 경쟁해야 하는 조직의 구성원들에게 끊임없이 자신의 능력을 개발하는 것은 선택이 아니다.

3) 생애발달과 경력개발

인간은 태어나면서 죽을 때까지 전 생애를 통해 변화한다. 그 발달과 쇠퇴가 현저히

눈에 띄는 육체는 물론, 감정상태, 마음의 상태, 나아가 정신수준까지 변화한다. 개인이 삶을 통해 무엇을 공부를 하고, 어떤 경험을 하며, 어떤 성찰을 하느냐에 따라 모든 것이 달라진다. 참으로 변화하지 않는 것이 우리 인간이지만 한편으로 눈에 보이지 않는 정신세계까지 꾸준히 발달하고 변화하는 것이 우리 인간이기도 하다. 또한 우리 인간은 어떤 환경에 처하고, 어떤 이를 만나며, 어떤 일을 하느냐에 따라 새롭게 만들어지고 탄생하기도 한다.

에릭슨은 아동발달에 대한 논의가 주류를 이루던 시절 인간은 성인이 된 후에도 꾸준히 변화하고 발달한다고 이야기하면서 〈표 9-1〉처럼 인간발달의 단계를 8단계로 설명한다(Erikson, 1963).

표 9-1. 에릭슨의 인간발달 단계

발단 단계와 이슈	연령
기본적 신뢰(trust) 대 불신(mistrust)	영아(infancy)
자율(autonomy) 대 부끄러움(shame)과 의심(doubt)	1~3세
주도성(initiative) 대 죄책감(guilt)	4~5세
근면감(industry) 대 열등감(inferiority)	6~11세
정체감(identity) 대 역할혼돈(role confusion)	청소년기
친밀감(intimacy) 대 고립감(isolation)	성인 초기
생산성(generativity) 대 침체감(stagnation)	성인 중기
자아통합(ego integrity) 대 절망감(despair)	노년기

먼저 아동기와 청소년기는 공식적인 학교교육을 통해 사회가 요구하는 기본적인 지식과 기술을 습득하는 시기다. 자신의 성격과 세상을 바라보는 패러다임이 가정에서 학교라는 단체로 이동하는 시기다. 친구들과 집단생활을 하면서 집단의 규율이나 법을 배우고 단체의식을 형성한다. 이 시기는 근면감을 통한 자존감(self-esteem)과 자아정체감(self-identity)을 형성하고 발달시킨다.

특히 마지막 세 단계인 성인 초기, 성인 중기 그리고 노년기는 성인개발에서 직면하는 이슈들을 친밀감 대 고립감, 생산성 대 침체감, 그리고 자아통합 대 절망감으로 표현하고 있다. 경력개발의 관점에서 살펴본다면 성인 초기의 발달단계에 있는 신입사원들이나 초급관리자들에게 친밀감은 경력개발을 할 수 있고 고립감을 느끼지 않도록 지원하는 것이 중요한 과업이다. 또한 HRD는 성인 중기에 있는 중간 및 고급관리자들이 각자의 역량을 충분히 발휘할 수 있는 생산성을 느끼는 하루하루가 될 수 있도록 지원하는 것이 중요하다. 침밀감과 생산성 나아가 자아통합의 개인발달과업을 잘 거치도록 지원하기 위해선 적절한 교육훈련, 코칭, 멘토링, 전직지원 등 다양한 노력이 필요하며 이는 구성원의 생애발달을 고려한 경력개발계획과 맞물려지는 노력이 중요하다(DeSimone, Werner, & Harris, 2002).

생애발달을 오랫동안 연구한 레빈슨(Levinson, 1978, 1986, 1996)은 성인발달을 성인 이전, 성인 초기, 성인 중기 그리고 성인 말기로 구분하면서, 각 단계에서 다음 단계로 넘어갈 때 변화의 과정을 거친다고 한다. 작은 그룹의 성인남성 연구로 시작하여 성인여성에까지 적용시킨 레빈슨의 연구의 핵심은 마치 계절이 바뀌는 것처럼 때가 되면 성인들의 삶의 단계는 질적으로 바뀐다는 것이다. 특히 성인 초기, 성인 중기 그리고 성인 말기로 진입할 때마다 새로운 변화와 도전을 맞이하게 되며, 이 시기에 자신의 삶을 돌아보며 새로운 변화추구를 위한 기회를 탐색하는 시기라는 것이다. 사계절이 바뀌듯 변화하는 성인발달의 단계를 HRD부서에서는 충분히 인지하고 활용할 필요가 있다. 마치 계절이 바뀌듯 성인기의 각 단계에서 다음 단계로 넘어가는 시기엔 HRD부에서 구성원들이 변화를 위해 새로운 도전과 노력을 할 수 있고, 자신의 삶을 돌아보고 성찰하며, 그 성찰에 기반하여 새로운 변화를 추구할 수 있는 경력개발지원을 아낌없이 해야 하는 시기이기도 하다.

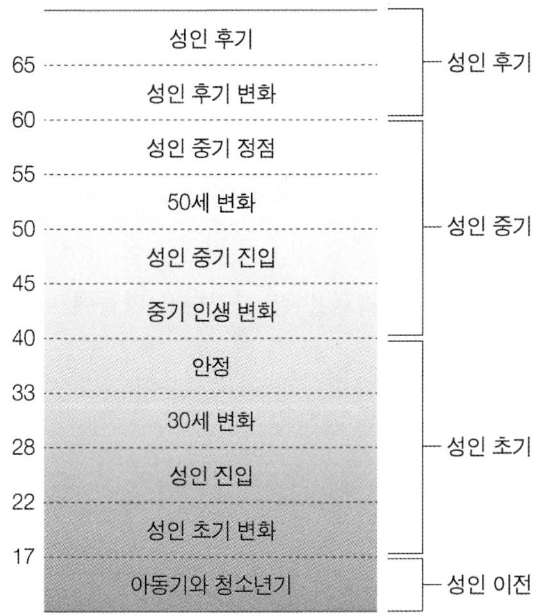

그림 9-1. Levinson의 성인 발달단계 모형

출처: D. J. Levinson, C. N. Darrow, E. B. Klein, M. H. Levinson and B. McKee(1978). *Seasons of a man's life.* p.57

그린하우스 등(Greenhaus, Callanan, & Godshalk, 2000)은 경력개발과 관련된 논의들을 통합하여 5단계의 경력개발 모델을 이야기한다. 그 첫 단계는 0세에서 25세까지의 1단계로서 직업선택을 위한 준비단계다. 직업적 자아상을 만들기도 하고, 직업을 택할 수 있는 역량을 개발하고 필요한 교육을 추구하는 단계다. 두 번째 단계는 조직에 들어가는 단계로 18~25세인 2단계다. 희망하는 조직에서 일을 얻고 정확한 정보에 근거한 직무를 선택하는 단계다. 세 번째 단계는 조기경력단계다. 전형적인 연령은 25~40세인데 직무를 배우고 조직의 룰에 익숙해지며 선택한 직업과 조직에 맞춰나가며 꿈을 좇아가는 단계다. 네 번째 단계는 경력 중기로서 40~55세가 전형적인 범위다. 이 시기에 가장 중요한 것은 꿈과 그간의 경력개발상황을 재평가하고 중년으로서 적절한 경력을 재탐색하고 결정하는 것이다. 마지막 다섯 번째 단계는 경력 후기 단계로서 55세 이후 은퇴까지를 말한다.

홀(Hall, 1976)은 연구 초기에 경력개발 단계를 탐색기, 확립기, 중간-경력기, 후-경력기, 쇠퇴기 5단계로 제시했다. 이 모델은 개인이 태어나 소정의 교육과정을 이수해 직장에 입사하고 또 직장에서 퇴직할 때까지 그 일련의 과정을 의미한다. 탐색기는 25세 전후로 직업을 가지기 전 단계를 말하며 이후 조직에 들어가 성장하는 단계를 연령으로 구분하였다. 홀은 특히 경력의 확립 이후 경력의 성장, 유지, 침체의 과정에서 경력관리의 성패가 결정된다고 했다. 경력을 잘 관리하고 만들어 나감에 있어 경력목표는 매우 중요한 요소다.

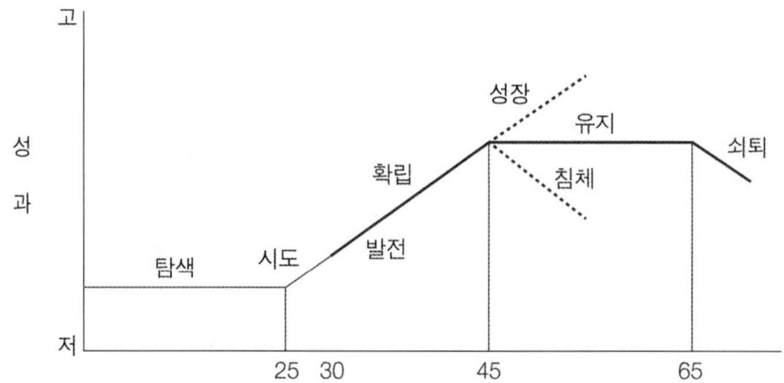

그림 9-2. Hall의 경력단계 모형

출처: Hall(1976), p.57.

드라이버(Driver)는 경력유형을 다음과 같이 네 가지로 구분하여 설명한다. 첫째는 직선형(linear) 유형이다. 이는 조직에서 상향 이동하는 유형이다. 주로 권력지향, 성취지향의 유형으로 군대와 같은 위계구조가 강한 전통적 조직에서 일어나는 경력유형이다. 둘째는 전문가형(expert) 유형이다. 이 유형은 일생동안 동일한 직무를 수행하며 거의 유사한 직위에서 근무하는 유형을 말한다. 개업의사, 변호사 등이 대표적이다. 셋째는 나선형(spiral) 유형이다. 특정 분야에서 전문성을 획득한 후 다시 다른 분야로 이동하는 경력을 말한다. 주로 7~10년 주기로 이동을 한다. 넷째는 전이형(transitory) 유형이다. 이는 3~5년 주기로 계속 다른 분야로 이동하는 유형이다. 신속한 학습과 직무수행이 중요한 분야에서 이루어지는 경력개발 유형이다. 드라이버는 개인과 조직의 경력 간 연계성을 강조한 이론으로 경력은 개인의 직무나 조직의 제도 및 문화에 따라 다양할 수 있음을 전제로 하고 있다(DeSimone, Werner, & Harris, 2002).

천인천색 만인만색인 다양한 모습의 인간을 하나의 이론으로 규정하는 것은 오류의 시작일 수 있다. 누군가는 모두가 들어가고 싶어 하는 직장을 박차고 나와 요리사의 길을 가기도 하고, 수천 대 일의 경쟁을 뚫고 활동하던 아나운서의 길을 박차고 여행 작가의 길을 가는 이도 있다. 그 어떤 길도 정답이 될 수 없다. 동시에 모든 각자의 길이 자신만의 정답일 수 있다. 경력의 성공은 객관적인 것이 아니라 주관적인 것이기 때문이다(Heslin, 2005). 따라서 고전적인 생애발달과 경력개발의 논의를 통해 HRD가 가져야 하는 화두는 표준화된 정답을 찾는 것이 아니라 성인이 되어서도 끊임없이 변화하고 성장하는 인간의 생애발달의 논의를 어떻게 경력개발에 접목시키느냐는 전략이다.

2 조직적 관점에서의 경력개발

경력개발은 개인의 책임이면서 동시에 조직의 책임이기도 하다. 근로자 개인 중심의 경력계획은 자신의 적성과 흥미를 기반으로 자신이 하고 싶은 일과 잘하는 일을 찾아 나가며 현재 직무에 대한 전문성을 키우는 것에 관심을 가지게 된다. 반면 조직 중심의 경력관리는 후계자계획, 핵심인재 발굴 및 육성 등이 중요한 화두가 된다(DeSimone, Werner, & Harris, 2002).

조직적 관점에서 경력개발이 성공적으로 이루어지기 위해서는 어떤 일을 해야 하는지, 그 일을 하기 위해서는 어떤 능력을 갖추고 있어야 하는지에 대한 조직의 직무분석 및 역량모델링이 잘 되어 있어야 하고, 직원 스스로 자신의 능력을 평가할 수 있는 평가시스템이 구축되어 있어야 한다. 조직 내 전문영역을 설정해야 하고 경력경로 계획을 구체적으로 제시해야 한다. 조직에서는 교육훈련 프로그램을 포함한 경력개발 시스템을 구축하고 구성원들의 자기계발 욕구를 충족시켜 주고 이를 지원하기 위한 다양한 경력개발 프로그램을 갖추어야 한다. 이러한 경력개발 프로그램은 조직의 경영전략의 중요한 실천전략이 되어야 하며 경력개발 프로그램이 성공하기 위한 기업문화의 조성 역시 중요한 전제가 된다.

1) 경력개발제도의 개념

경력개발제도(Career Development Program: CDP)는 경력개발의 개념을 조직에서의 인재육성을 위한 전략으로 체계화시킨 것을 말한다. 개인이 조직에 들어와 퇴직까지의 경력경로를 개인과 조직이 함께 설계하고 장기적 관점에서 관리해 나가는 종합적인 인적자원개발시스템이다. 경력개발제도의 목표는 개인은 자신의 성장욕구를 충족시키고 조직은 조직의 목표달성을 도모하는 것으로 인적자원개발의 극대화 전략이라 할 수 있다.

조직에서는 구성원들이 스스로의 적성과 역량을 정확히 진단할 수 있는 프로그램을 제공하고 개인이 이 진단을 통해 본인에게 맞는 경력경로(career path)를 스스로 설계한다. 그리고 자신의 경력목표 달성을 위한 경력열망(career aspiration)을 통해 부단한 자기계발에 노력을 아끼지 않아야 한다. 조직에선 경영전략과 연계한 인재육성 및 성과관리 계획을 수립한다. 여기에서 다양한 경력경로와 직무순환관리 그리고 교육훈련을 연계시킨 경력개발 및 관리시스템은 핵심이 된다.

경력개발의 주요 이론들은 개인의 인생주기에 초점을 맞춘 개인중심의 경력이론으로 출발하여 조직중심의 경력이론을 거쳐 개인과 조직의 조화를 추구하는 통합이론으로 변화해 왔다. 경력개발은 크게 기업 내에서 직원들의 경력이 어떻게 변화하고 개발되는지를 분석하는 조직의 인사관리 관점에서의 연구와 개인의 전 생애를 고려하여 삶의 측면에서 어떻게 경력을 관리하고 개발해야 하는지를 분석하는 연구들로 구분할 수 있다.

세인(Schein, 1978)은 경력개발 프로그램을 인간의 욕구, 능력을 조직의 조건, 목표와 일치시키는 과정이라고 정의하며 경력개발을 크게 3단계로 나누어 설명했다. 개인은 안정된 직장을 가지고 싶어 하고, 자신에 일에 대한 만족감이 높길 기대하며, 조직 내에서 성공하고자 하는 욕구가 있다. 조직은 성과를 내고, 생산성을 향상시키며, 이윤을 증대시키려는 요구가 있다. 이러한 개인과 조직의 욕구와 니즈를 서로 해결하려 하는 접점에 경력개발의 영역이 존재하는 것이다. 이러한 개인과 조직의 욕구를 동시에 충족시키는 체계적인 인적자원계획 및 개발시스템을 경력개발제도로 정의하고, 조직은 이러한 경력개발제도를 전략적으로 관리해야 한다.

경력개발 프로그램을 구축하고 운영한다는 것은 구성원은 스스로 기술을 개발하고 유지할 책무가 있다는 것, 담당하는 일의 성과를 통해 자신의 가치를 조직에 증명하고 나아가 조직의 특성을 이해하고 문화에 동참하겠다는 암묵적 동의를 전제로 한다. 마찬가지로 조직은 구성원인 개개인에게 숙련도를 높일 수 있고 새로운 기술을 개발할 수 있는 교육훈련의 기회를 제공하겠다는 것, 경력개발과 관련된 의사결정 시 개인의 의사를 반영하고 존중하겠다는 것, 성과에 대한 보상은 물론 코칭과 같은 경력개발을 위한 지원을 아끼지 않겠다는 묵시적 합의를 제공하는 것이다.

표 9-2. 세인의 경력 3단계

단계	개인	조직
경력 초기	• 업무를 통하여 조직에 기여할 수 있는 영역 설정 • 실행가능한 자신의 미래예상경력조망	• 성장 및 개발계획 수립 • 개별 활동의 평가 및 사후관리
경력 중기	• 자신의 Career Anchor 설정 • 그에 맞는 경력구축 노력	• 경력정체에 대한 대처계획 수립 • 지속적 교육과 훈련, 직무재설계, 직무순환 등 실시
경력 후기	• 멘토 역할 수행: 다른 구성원 지원 • 조직을 떠난 뒤를 준비	• 재충원, 재배치 • 직무사내공시시스템(internal posting) 운영

출처: Schein, E. H.(1978). Career dynamics.

경력개발 프로그램이 정착되면 개인은 일을 더욱 잘할 수 있게 되고 일에 대한 적극적 태도를 취하게 되며 자신의 정체성을 확립할 수 있는 기회를 얻게 되고, 조직적 차원에서는 조직목표의 달성뿐만 아니라 구성원들의 조직 적응과 몰입을 촉진시킬 수 있으며 조직문화를 유지하는 데 효과가 있다.

2) 경력개발 프로그램의 설계

경력개발 프로그램의 구축을 위해 제일 먼저 조직구성원들의 니즈를 파악해야 한다. 개개인의 경력개발 목표는 무엇인지, 어떠한 욕구를 가지고 있는지, 어떠한 일에 의미와 가치를 두고 있는지 알아야 한다. 동시에 조직은 조직의 목표달성을 위한 경영전략, 성과관리 계획 및 인적자원 계획을 수립해야 한다. 만들어지는 경력개발제도는 개인과 조직의 니즈를 동시에 충족할 수 있어야 한다.

조직에서는 경영전략과 연계되는 인적자원 활용계획을 세워야 한다. 먼저 직무분석과 직무분류를 체계화하여 경력이동 패턴을 제공하며 경력개발 경로를 구축하여야 한다. 합리적인 채용과 더불어 적성과 역량을 충분히 반영한 적재적소 배치를 실천하여야 하며, 인적자원의 능력과 성과를 정확하게 평가하고 주기적으로 피드백할 수 있는 조직적 역량을 구축해야 한다. 역량개발을 위해 필요한 교육훈련 및 코칭을 지속적으로 제공해야 함은 기본이고 나아가 경력단계별 육성 포인트와 연계된 교육프로그램을 제공해야 한다. 경력유형에 따라 직무순환 등 다양한 경력경로를 제공할 수 있도록 설계되어야 하며, 구성원들은 이러한 경력개발경로를 기준으로 스스로를 진단하여 자신에 대한 이해를 높이고 자신의 경력계획서를 작성할 수 있어야 하며, 조직의 관리자들은 구성원들의 경력을 함께 고민하고 지원하는 것이 제도를 넘어 문화가 될 수 있도록 설계해야 한다.

3) 경력개발제도의 모습

(1) 직군별 프로그램

조직은 다양한 업무를 하는 사람들로 구성되어 있다. 연구개발업무, 기획업무, 고객 접점에서 근무하는 서비스업무, 세일즈업무 등 직군별로 업무가 다르고 근무하는 구성원들의 역량이나 역할 또한 다르다. 따라서 경력개발 프로그램 역시 이러한 차이에 기반을 두고 설계되어야 한다. 같은 조직이라 하더라도 경력목표, 경력개발 방법 등이 직군별로 확연하게 차이가 나기 때문이다. 연구직, 생산직, 일반관리직, 영업직 등 그 업무의 성격에 따라 구성원들이 전문가 또는 숙련가가 되는 방법과 기간은 상이하다. 직무에 따라 해당직군의 구성원들이 조직의 최고경영자를 목표로 하는 직군이 있을 수 있고, 이와는 달리 해당 분야의 전문가가 되는 것이 꿈인 사람들이 대부분인 직군도 있다. 따라서 일반적으로 조직의 경력개발제도는 직군에 따라 다르게 계획하고 운영될 필요가 있다.

(2) 경력단계별 프로그램

조직에 처음 들어온 신입사원에게 조직의 모든 것은 생소하기만 하다. 조직과 새로운 직무에 빨리 익숙해질 수 있도록 해야 하며 경력 초기 단계부터 스스로의 경력방향을 설정하고 경력목표를 설정할 수 있도록 하는 조직 차원의 지원이 필요하다.

신입사원과는 달리 연령으로 볼 때 30대 중반에서 40대 중반까지의 중간관리자는 그 직급의 역할에 맞는 적절한 프로그램이 제공되어야 한다. 특히 이 시기에는 다양한 종류의 경력정체를 경험할 수 있다. 특히 중간관리자의 경력개발 프로그램은 이러한 문제까지 대처할 수 있도록 설계되고 운영되어야 한다.

한편, 퇴직이 가까워진 고령인력을 어떻게 관리하느냐는 조직 차원에서도 중요하다. 이들에 대한 조직의 관리태도는 조직의 문화에 영향을 미치기 때문이다. 나이든 선배가 어떻게 대접받고 퇴직하는가 하는 것은 자신의 미래상이기 때문이다.

(3) 핵심인재 및 경영자 승계 프로그램

많은 기업은 영속적 발전을 위해 조직의 리더 육성에 많은 관심과 노력을 기울이고 있다. 글로벌 기업일수록 예상을 뛰어넘은 막대한 비용을 투입하여 최고경영자 후보들을 조직적으로 육성하는 경영자승계계획(Management Succession Planning: MSP) 프로그램을 운영하고 있다. 일반적으로 기업조직에서는 경영자후보군, 차세대 리더군, 기술전문가군으로 구분하여 적절하면서도 특별한 경력개발 프로그램을 운영한다.

기술전문가 그룹은 미래사업 성장에 있어서 가장 핵심적인 영역에서 필요로 하는 기술을 보유한 핵심인재 그룹으로 대개 연구직군의 중간관리자 이상 중 특히 성과가 탁월한 사람들이다. 이들에게는 더욱 전문가로 성장할 수 있는 경력개발의 기회를 제공한다.

> "나의 시간 중 75%를 핵심인재를 찾고, 채용하고, 배치하고, 평가하고, 보상하고, 내보내는 데 썼다."
>
> "인재가 1순위 이고 전략은 그 다음이다."
>
> - 잭 웰치 GE 前 CEO -

또한 많은 조직은 핵심인재를 특별히 선발하여 관리하는 제도를 운영하고 있다. 조직마다 규정하는 핵심인재의 모습은 조직의 존재목적 및 상황에 따라 다르다. 예컨대 GE는 높은 성과를 내는 인재 중 잠재력이 높은 인재 중 4E 즉, Energy(열정), Energize(동기부여능력), Edge(결단력), Execution(실행력)를 핵심인재선발의 중요한 기준으로 제시해 왔다. 마이크로소프트는 조직의 5대 가치인 창의력, 열정, 영민함, 활기, 임무완수능력을 기본여건으로 하며 전 회장인 빌 게이츠의 인재 선발기준인 야망, 기술적 전문성, 사업판단력 등을 추가로 보는 것으로 알려져 있다. 이 외에도 많은 조직에서는 나름대로 핵심인재를 규정하고 있다. "핵심인재는 조직 내에서 핵심적 지위를 점하고 이를 수행하면서 조직의 미래를 책임지게 될 인재", "기업문화를 이어가고 새롭게 만들어

내는 인재", "기본에 충실하고 존경받는 성품을 가진 인재", "원칙과 규율에 충실한 인재" 등이 그 예이다. 이처럼 핵심인재에 대한 규정은 조직마다 다르지만 성장관리, 운영관리는 물론 마음관리까지 하는 미세한 경력개발 프로그램을 운영하고 있다.

(4) 코칭 프로그램

기존의 교육훈련은 다수의 직원을 대상으로 제공된다는 한계가 있다. 코칭은 근로자 개인에게 초점을 맞춘 활동으로서 성과향상은 물론 개인의 변화와 성장에 매우 효과적인 방법으로 대두되고 있다. 기업에 코칭이 도입되면서 개인 및 조직의 잠재능력을 최대로 발휘하는 데 기여하고 있다. 국제코치연맹(International Coach Federation: ICF)에서는 코칭을 '고객의 개인적, 전문적 잠재력을 극대화시키기 위해 영감을 불어넣고 사고를 자극하는 창의적인 프로세스로서 고객과의 파트너십'이라고 정의하고 있다. 코칭은 코치이가 스스로 주제를 정하게 하고, 코치가 경청하고 질문함으로써 도와주는 협력과 변화의 도구로서 개인과 조직 관점의 목적과 목표를 발견하고 정렬하는 조직 내 개인의 변화와 성장에 초점을 맞추는 활동이다(Watt, 2004).

코칭은 방법에 따라 셀프코칭, 1대1 개인코칭과 그룹코칭으로 구분할 수 있고, 코칭의 내용이나 대상에 따라 임원코칭, 동료코칭, 비즈니스코칭, 라이프코칭, 커리어코칭 등으로 나눌 수 있다. 대개 직업적으로 활동하는 전문코치들이 코칭활동을 하고 있으나, 기업조직에서는 사내 리더를 코치로 활용하기도 하고, 리더들의 리더십역량 중 하나로 코칭역량을 발휘할 수 있도록 하는 곳도 있다. 최근에는 코칭에서 나온 다양한 코칭 기법들을 조직 내 리더들의 경영관리 차원에서 활용하는 노력이 확산되고 있다. 사내 코칭을 담당하는 부서가 생기기 시작했고, 리더들의 새로운 타이틀로 코치라는 이름이 주어지기도 한다.

코칭은 자기효능감과 자긍심을 증가시키고 직무몰입과 동기부여에 도움이 되며 생산성 증대, 목표몰입, 직무만족 향상 등에 효과가 있다. 특히 조직의 입장에서는 사내 의사소통의 질이 증가했고 심지어 이직률까지도 크게 감소한 기업도 보고된다.

코치이인 조직원의 입장에선 회사의 목표와 자신의 목표를 이해하고 맞춰가는 데 도움이 되며, 조직에서의 자신의 역할 이해와 자신의 직업적 경력개발에 큰 도움이 되는 것으로 보고되고 있다(Bresser, 2013).

(5) 경력개발 프로그램의 성공요소

설계된 경력개발 프로그램의 성공적인 운영을 위해서는 몇 가지 원칙과 방향을 가지고 있어야 한다.

첫째, 대상에 따른 차별화된 운영이 필요하다. 먼저, 조직의 직무는 직군별로 서로 다른 특성을 가지고 있기 때문에 직군에 따라 경력패턴을 달리 설계하고 운영해야 한다. 경력개발 프로그램이 개인의 욕구를 중시함에 따라, 개인의 욕구 또한 경력단계별로 차이가 있다는 것을 전제하고 프로그램을 설계할 필요가 있기 때문이다. 또한 환경변화에 대응하여 융통성 있는 프로그램을 설계해야 한다.

둘째, 역할체계의 조직화와 필요성에 대한 공감대가 충분히 형성되어야 한다. 제도도 중요하지만 운영을 어떻게 하느냐는 경력개발 프로그램의 성공에 중요한 요소다. 경력개발과 관계된 이해관계자의 역할을 정확히 정립하고 이들이 충분히 참여할 수 있도록 협력을 이끌어내야 한다. 프로그램이 만들어지면 경력개발에 대한 조직원들의 필요성 인식 및 공감대 형성은 가장 중요한 성공요소다.

셋째, 단계적이면서 지속적인 추진이 필요하다. 경력개발 프로그램은 오랜 시간 꾸준한 노력이 필요하다. 처음부터 완벽한 제도를 꿈꾸기보다 장기적인 마스터 플랜에 따라 단계별로 진행되어야 한다. 먼저 조직에 도입하기 쉬운 프로그램부터 시작하고, 구성원들의 욕구가 강한 것, 조직에 대한 기여도가 상대적으로 높은 것, 후속 제도 개발을 용이하게 하는 여지를 가지고 있는 것을 중심으로 지속적으로 추진해야 한다.

넷째, 성과관리와 연계되어야 한다. 경력개발 프로그램은 구성원의 성장과 자아실현이란 바람직한 기대효과의 달성 못지않게 조직의 성과 향상에도 효과적이어야 한다. 조직구성원들의 역량개발이 궁극적으로 조직의 성과에 연결될 수 있는 꾸준한 노력을 해야 한다.

다섯째, 상사가 경력관리전문가로서의 역할을 충실히 수행해야 한다. 구성원의 경력개발에 결정적인 영향을 주는 사람은 부서의 팀장 또는 그를 지시·평가하는 상사다. 상사는 먼저 팀원을 정확히 평가해야 한다. 여기서 평가란 정기고과기간에 S, A, B, C와 같은 평가 점수를 부여하는 것이 아니라 부하의 장단점을 분석하여 경력개발 필요성을 파악하는 것이다. 이를 근거로 부하의 경력개발 기회를 탐색하고 적절한 개발정보와 교육훈련의 기회를 적극적으로 제공하는 것이 가장 중요한 역할이다. 경우에 따라 직무범위 및 권한을 조정하고, 직무전환을 유도할 수도 있다. 평소 부하의 경력개발에 대한 상담 및 조언을 아끼지 않아야 하며 이를 위해 스스로 경력개발 지도 Skill을 함양하는 노력을 해야 한다.

Jones와 DeFillippi(1996)는 부하의 경력개발 지원을 위한 상사의 역할을 다음과 같이 네 가지로 분류하고 있다.

- Coach : 부하의 경력과 관련한 문제를 잘 듣기, 분류하기, 고심, 정의 내리기
- Appraiser : 피드백, 성과기준과 직무 책임 한계 수립
- Advisor : 목표설정에 대한 도움, 권고와 조언 제공
- Referral agent : 실행계획 수립 시 상담, 조직 내 인적·물적 연계

마지막으로 인사교육부서의 역할이 중요하다. 인사부서는 평소 조직원의 경력개발 요구를 파악하고 있어야 하며, 이러한 개인의 요구를 반영한 인력의 전환 배치를 수행해야 한다. 다양한 경력개발 프로그램을 제공해야 한다. 또한 관련 기능 조직 간의 유기적인 연계와 협조를 구해야 한다. 경력개발 프로그램 주관부서에 대한 관련부서의 의견을 수렴하고 제시해야 하며, 경력개발 프로그램 운영의 성과에 대한 정확한 평가와 보상을 적절히 운영해야 한다. 개발된 구성원의 전문경력을 조직 내에서 충분히 발휘할 수 있는 기회를 만들어야 하며 조직 내 경력개발활동에 대한 지원(예: 코칭/멘토링 제도 등)을 아끼지 말아야 한다.

3 개인적 관점에서의 경력개발

1) 직업환경의 변화 : 경력개발은 개인의 책임

이제는 어떤 조직도 종업원들에게 고용안정을 보장하거나 약속하긴 어렵다. 승진을 약속하는 것도, 정년까지 보장하는 것도 약속할 수 없는 시대다. 기업은 꾸준한 경력개발에 대한 지원을 약속하고 근로자는 자신의 역량을 발휘해 조직의 성과창출에 기여하는 것으로 그 약속을 대신한다. 조직의 육성방침을 맹종하는 것은 매우 위험한 도박이 되어버렸다(DeSimone, Werner, & Harris, 2002). 현재 대부분의 사람들은 대학을 졸업한 이후 3개 이상의 경력을 거치게 된다. 미국에서는 일생동안 Job체인지 9~12회, 커리어 체인지 3~5회 정도라 한다. 심지어 썬마이크로시스템의 전 CEO 스콧 맥날리는 같은 업무 2년 이상 계속하지 말라는 이야기까지 한다. 이에 많은 조직에서는 조직원들에게 고용안정을 보장하는 대신 꾸준한 경력개발을 약속하는 것으로 인사전략을 변경하고 있으며 경우에 따라 퇴직을 하게 되는 경우 새로운 제2의 삶을 준비할 수 있는 경력개발 기회를 만들어주는 퇴직예정자를 위한 프로그램을 개발 운영하고 있다. 퇴직 후 경력전환을 위한 필요한 지식, 기술, 태도 등을 훈련시키는 내용으로 구성되어 있다.

휴렛 패커드(HP)의 경우에도 해고는 없다는 80년대의 가족주의 경영전략을 버리고 새로운 철학으로 직원들의 퇴직준비를 위한 경력개발 프로그램을 운영하면서 평생직장의 신화는 언제든 사라질 수 있다는 것을 상징적으로 보여주었다. 그들의 대표적인 경력개발 프로그램인 CSR(Career Self Reliance)에서는 자신의 경력개발을 조직에 의존해서는 안 된다는 중요원칙을 구성원들에게 공유하며, 스스로의 경력개발은 자신에게 그 책임이 있다는 것을 학습한다. 자기인식과 가치관 확립, 평생학습 실천의 중요성, 미래사고의 행동특성, 인맥 네트워크의 적극적인 개척과 활용, 변화에 대한 적응력 강화 훈련 등이 주요내용이다.

따라서 개인은 적극적으로 자신의 경력목표를 탐색하고 설정해야 한다. 그리고 그

목표를 달성하기 위한 주도면밀한 경력개발경로(Career Path)를 설계하고 구체적인 개발 계획을 수립해야 한다. 경력개발을 위한 개인 주도의 노력은 어느 조직이든 경력개발 프로그램 성공을 위한 가장 중요한 전제조건이다.

Jones와 DeFillippi(1996)는 "각자는 스스로 자신의 경력에 대한 중요한 책임감을 마음속에 간직해야 한다(Each person bears the primary responsibility for his or her own career)."는 말과 더불어 개인이 스스로 챙겨봐야 할 6가지 내용을 다음과 같이 언급한다.

- Knowing What : 산업의 기회, 위협요인, 필수조건 이해
- Knowing Why : 경력추구에 대한 의미 및 동기부여, 흥미와 관심
- Knowing Where : 경력시스템 내에서의 도입, 훈련, 진전에 대한 위치와 경계 이해
- Knowing Whom : 기회와 자원을 제공할 유인과 사회자본과의 관계형성
- Knowing When : 경력 내에서의 활동시기와 선택 이해
- Knowing How : 과제와 책임의 효율적 수행에 요구되는 기술과 재능의 습득 이해

즉, 경력개발의 시작부터 마무리까지 개인의 철저한 준비와 노력이 필요하며 경력개발 성공 또는 실패의 책임은 개인에게 있다는 것이다.

홀은 급변하는 세상의 변화를 단순한 경력단계모델로 설명하기 어려움을 인지하고 개인이 일생을 통해 여러 개의 직업, 직무, 경력을 갖게 됨으로써 경력단계가 반복되는 경험을 할 수 있다는 것을 전제한다. 개인은 회사를 옮기거나 자신의 업무분야를 바꾸면서 지속적인 경력개발의 탐색, 확립, 숙달의 단계를 반복적으로 시도하게 된다. 개인은 어떤 분야에서 자신의 경력을 만들어 가면서 동시에 새로운 다른 분야의 경력 탐색을 동시에 시도하는 활동을 한다는 것이다. 과거에는 경력이 한 개인이 하나의 경력을 평생 유지한다는 것을 전제로 했으나, 평균수명이 길어져 인생 100세를 이야기하는 현재에는 단일경력에 대한 개념은 적합하지 않다. 이러한 홀의 견해는 다중경력에 대한 논의로 이어졌다.

2) 경력개발을 위한 개인의 노력

홀(Hall)은 경력성공과 경력목표 설정 간의 관계를 통해 경력관리 및 개발과정을 제시하였다. 홀은 변화하는 시대에 자신의 경력을 잘 관리하기 위한 조언을 다음과 같이 제시했다(Hall, 1976).

- 각 개인이 자신의 경력을 지배한다는 인식에서 출발하라.
- 경력발전을 위한 개인의 노력에 대한 지원과 정보를 창출하라.
- 경력개발은 경력 수행자들이 중계 역할을 하는 관련과정임을 인식하라.
- 경력정보와 경력평가의 전문가가 되라.
- 경력협상을 잘하는 커뮤니케이션 능력을 개발하라.
- 조직의 목표와 미래 방향에 연관되지 않은 경력계획 차원을 지나서 조직에 유익한 작업 설계를 촉진하라.
- 현장에서의 관계를 통한 학습을 촉진하라.
- 평생학습을 실천하라.
- 현존하는 개발자원을 충분히 활용하는 자세를 견지하라.

현대사회에서 경력개발을 위한 환경은 가장 예측하기 어려운 요소 중 하나다. 조직에서의 경력개발과 관련하여 경력개발의 책임이 개인에게만 있다고 하는 것이 옳은가에 대한 논의는 여전히 진행되고 있지만(권대봉 외, 2014), 알파고라는 단어로 대변되는 미래사회는 통신사와 금융업이 같은 업종으로 경쟁하는 무경계의 환경이다. 따라서 경력개발 역시 경계 없는 경력개발의 관점에서 조직의 관리에만 의존하지 않는 책임있는 개인의 역할이 경력개발에서는 더더욱 주요해지는 상황임엔 틀림없다. 일본 게이오 대학 다카하시 순스케 교수는 본인이 속한 게이오 대학에서 커리어쇼크의 대응능력에 있어서 매우 탁월한 성과를 보인 300여 명에 대한 질적 연구를 실시하여 그 결과를 발표하였는데 그들의 공통점이 바로 '계획된 우연이론(planned happenstance theory)'을 이해하고 개인 각자가 자신의 경력개발에 대한 책임을 져야 한다고 주장하는데(다카하시 순스케, 2001) 이 역시 개인의 경력개발에 대한 책임을 강조한 것이라 할 수 있다.

계획된 우연이론은 심리학자 존 크롬볼츠(Jhon D. Krumblotz)가 경력개발에 성공한 사람들의 경력개발과정을 분석한 결과 20% 정도만이 자신이 노력에 의해 성공했고, 나머지 80%는 예기치 않았던 우연한 사건에 의해서 성공했다고 하며 이를 계획된 우연으로 정의하면서 알려졌다. 여기서 예기치 않은 우연의 사건이란 과거에 만났던 사람, 직접 겪었던 경험 등을 말한다. 이러한 우연한 사건들은 자신이 어떻게 해석하고 의미 부여하느냐에 따라 인생에 긍정적으로 작용할 수도 있고 부정적으로 작용할 수도 있다. 대개의 경력 성공자들은 이러한 사건들을 통해 교훈을 발견하고 삶의 긍정적이고 적극적인 자원으로 활용했다고 하며, 이런 사건이 우연처럼 보이지만 마치 성공을 위해 나타나 계획된 것이나 마찬가지라는 의미로 '계획된 우연'이라 지칭했다. 따라서 개인이 자율적으로 성공적인 경력을 구축해 가고자 한다면 우연을 필연화하는, 즉 우연한 사건을 스스로 만들어 갈 필요가 있다는 것이다. 이를 위해선 존 크롬볼츠는 호기심(curiosity), 인내력(persistence), 유연성(flexibility), 낙관성(optimism) 그리고 리스크 감수(risk taking)라는 다섯 가지 스킬이 필요하다고 정의한다(Levin & Krumboltz, 1999).

이처럼 경력개발은 예기치 않은 일로 일어나고 변화한다. facebook(페이스북)의 최고 운영책임자(COO) 세릴 샌드버그는 "미래를 어떻게 계획하셨어요?"라는 질문에 "저는 미리 계획하지 않았습니다"라고 대답하며 경력개발은 정글짐과 같다고 이야기한다. 그녀의 첫 직장이던 월드뱅크에서 인도의 한센인들을 돕던 경험이나 미국 재무부장관의 비서로 일했던 경험은 페이스북이라고 하는 IT기업과는 상관관계가 직접적으로 없어 보인다. 하지만 정치를 하면서 배운 협상기술과 인도에서 봉사하며 배운 사람들에 대한 공감능력은 오히려 엔지니어 출신들로 가득 찬 실리콘 밸리에서 차별화되고 차원이 다른 능력 발휘를 할 수 있는 기회가 된 것이다. 지금의 경영환경은 우리는 과거처럼 경력개발을 위해 사다리를 타는 것이 아니라 정글짐을 올라가는 것처럼 현재의 다양한 경험과 활동을 계획된 우연으로 만드는 노력을 해야 하는 개인주도의 경력개발이 더욱 중요해지는 시절이다.

■■ 그림 9-3. 페이스북의 마크 주커버그와 세릴 샌드버그

출처: http://blog.socialmkt.co.kr/23

직업선택의 10계명(경남 거창고)

- 월급이 적은 쪽을 택하라.
- 내가 원하는 곳이 아니라 나를 필요로 하는 곳을 택하라.
- 승진의 기회가 거의 없는 곳을 택하라.
- 모든 조건이 갖추어진 곳은 피하고 처음부터 시작해야 하는 황무지를 택하라.
- 앞을 다투어 모여드는 곳을 절대 가지 마라.
- 장래성이 없다고 생각되는 곳으로 가라.
- 사회적 존경을 바랄 수 없는 곳으로 가라.
- 한가운데가 아니라 가장자리로 가라.
- 부모나 아내가 결사반대하는 곳이면 틀림없다. 의심치 말고 가라.
- 왕관이 아니라 단두대가 기다리고 있는 곳으로 가라

성공적인 경력개발을 위해 개인은 어떤 노력을 해야 하는가? 꾸준히 세상의 흐름을 읽고 도전해야 할 과제를 선택한다. 또한 가치 있는 무엇인가를 구축하고 만들어 낼 수 있는 역량강화와 경력개발의 기회를 넓히는 꾸준한 노력이 필요하다. 하지만 이에 못지않게 중요한 것은 경력개발은 장기적인 관점에서 바라보는 것임을 잊지 않는 것이다. 자신의 현재 몸값이 아니라 무엇이 나의 가슴을 뛰게 하는지 자신의 동기를 아는 것이 중요하다. 자신의 동기가 명확해지면 자신의 비전을 세우고 목표를 세울 수 있고 끊임없는 호기심과 흥미가 나와 꾸준함으로 이어질 수 있기 때문이다.

3) 샤인(Schein)의 경력닻 유형론

샤인(Schein, 1978)은 MIT MBA과정 학생 44명을 대상으로 한 12년간의 종단연구를 통해 경력닻 유형을 제시했다. 연구를 통해 그는 사람들은 다양한 조직에서 업무를 성공적으로 수행함에 따라 자신의 재능과 능력을 스스로 지각하며, 자신에 대한 평가나 다른 사람의 피드백을 통해 자신의 동기와 욕구를 지각하고, 자신이 속한 조직의 규범이나 가치를 접하면서 자신의 가치와 태도를 지각하게 됨을 발견했다. 사람들은 자신에 대해 알아갈수록 자신이 무엇을 해야 하는지를 인식하게 되고 점차 한 곳에 정착하게 되는데 샤인은 이러한 개인의 인생을 항해하는 배에 비유했다. 그리고 경력개발에 있어 가장 중요한 것은 환경과 현실이 아무리 어려워도 인간이 자신의 인생 항해에서 표류하지 않도록 하는 것은 자신의 원하는 인생을 살고자 하는 굳건한 의지라고 하며 그 열정 넘치는 의지를 닻(anchor)으로 표현했다. 즉 자신의 관심영역이 아닌 다른 어떤 직업이나 경력을 선택하더라도 자신의 관심과 가치를 포기하지 않는 것을 경력 닻(Career Anchor)이라고 한 것이다.

예컨대 뉴욕의 어느 택시운전사에게 '당신의 직업이 무엇입니까?'라고 물었는데 '네 제 직업은 화가입니다'라고 대답했다면 그 운전사의 경력닻은 화가라는 것이다. 비록 하루에 10시간을 운전하고 지친 몸을 이끌고 숙소에 돌아와 몇 시간 그림을 그리지 못한다 하더라도 마음속 깊은 곳의 갈망과 목표가 화가라고 하면 그의 경력은 화가라는 목표를 향해 다가가기 때문이다. 이처럼 경력닻 개념은 인간이 스스로를 이해하는 방식이라 할 수 있다. 경력닻은 자아개념(self concept)으로 개인의 재능, 능력, 목표, 가치 등을 모두 포괄하는 개념이다. 샤인은 이러한 경력닻의 특징으로 첫째, 경력닻은 인생의 과정에서 일관성을 유지하는 특성을 갖는다는 것. 둘째, 경력닻은 자신의 가치관, 욕구, 재능에 대해 일관된 자기평가로 변화 없는 특성을 갖는다는 것. 셋째 경력닻은 현실의 어려움을 이겨내는 의지를 키워주는 매개체라고 설명했다. 배가 닻을 내려놓고 있으면 거센 파도에도 흔들림이 없듯이 자신의 마음속에 뚜렷한 경력닻이 있는 개인은 작은 걸림돌에 걸리지 않고 외부 환경의 변화에 흔들리지 않는 경력개발의 모습을 보여준다는 것이다.

이러한 경력닻 유형은 개인의 경력을 결정하고 발전시키는 데 인간의 의지가 매우 중요한 역할을 한다는 것을 보여준다. 샤인(Schein)은 이러한 경력닻 유형을 크게 8가지로 분류했다.

첫째, 해당 분야의 전문가로서 일하기를 바람, 경영자가 된다든지 리더가 되는 것은 바라지 않는 기술적·기능적 역량에 대한 경력닻이다. 이들은 특정한 분야에 대한 재능과 흥미를 가지고 자신의 직무에 도전하는 스타일이다. 이들은 주로 동료들의 인정에 의해 동기부여가 이루어진다.

둘째, 해당 분야의 최고경영자가 되고자 하는 경력닻인 일반관리자 경력닻이다. 이들은 리더십 발휘가 요구되는 일, 도전적인 일을 직업으로 삼는다. 업적 인정, 승진, 상장 등 외부적 인정이 동기부여의 중요한 요소가 된다.

셋째, 자신이 독립적으로 업무를 수행하기를 원하는 자율·독립의 경력닻이다. 이 유형은 명확한 기준과 지침이 있는 전문적인 일 또는 자율권이 높은 직무의 직업유형을 추구한다.

넷째, 안전하고 안정적인 직무상황, 안정적인 경력의 발전, 예측 가능한 경력추구 등의 성향을 가진 안전·안정의 경력닻이다. 이들은 안정적이고 예측가능한 일 또는 관공서 같은 공공직무 수행의 직업유형을 선호한다. 이들은 충성심과 지속적인 성과에 기초한 인정이 동기부여 요소가 된다.

다섯째, 자신의 사업을 운영, 이를 통해 성공을 거두려는 욕구가 강한 기업가적 창의성의 경력닻 유형이다. 이 유형은 새로운 창조에서의 도전을 추구한다. 사업의 구축과 발전, 재산 소유와 축적 등이 중요한 보상이 되는 유형이다.

여섯째, 인류에 대한 봉사를 통해서 세상을 변화시키려는 욕구가 강한 서비스 · 봉사의 경력닻 유형이다. 이들은 자신의 가치실현을 위해 조직이나 사회에서 중요한 정책 입안과 관련된 직업을 선호한다. 노동문제전문가, 신약개발연구자, 사회사업가, 교사 등의 직업에 호감을 가진다. 이들은 자신의 영향력이 확대되는 것에 의해 동기부여 받는다.

일곱째, 강한 승부욕과 승리에 대한 집착을 특징으로 하는 유형인 순수한 도전의 경력닻 유형이다. 이들은 도전의 기회가 많은 일에 매력을 느낀다. 조종사, 탐험가, 영업직 등의 직무를 선호한다. 이 유형에겐 도전 기회가 꾸준히 지속되는 게임과 같은 상황이 동기부여된다.

여덟째, 경력닻을 갖고 있지 않은 유형인 인생 스타일의 경력닻이 그것이다. 이들은 삶을 즐기는 스타일로 일과 삶의 균형을 본능적으로 추구한다. 출장, 근무지 이동, 업무시간, 연구휴가 등의 작업조건에 융통성이 많은 직업을 선호하는 유형이다.

개인의 이러한 경력닻 현상을 근로자 스스로 이해하고 자신의 경력개발의 방향과 수준을 탐색해 볼 수 있으며 조직에서도 구성원 개개인의 경력닻 유형을 알고 있다면 조직과 함께 개인이 성장하는 경력관리 프로그램을 구축하는 데 유용할 수 있다.

요약 및 시사점

- 경력개발은 HRD활동으로서 개인의 성장과 발전을 위한 목표수립, 개인의 적성과 흥미를 고려한 비전 설정 등 장기적 관점에서 개인의 성장욕구를 자극하고 지속적인 동기부여를 기대하는 HRD전략이라 할 수 있다.
- 경력개발은 장기적인 관점에서 이루어지며 개개인의 전 생애에 걸쳐 이루어진다. 따라서 경력개발은 성인발달단계를 고려하여야 한다.
- 경력개발제도의 성공적인 운영을 위해선 조직의 인사부서, 직속상사 및 개인의 지속적인 노력이 필요하다.
- 변화하는 시대에 경력개발을 위해선 자신의 경력개발에 대해 개인이 주도적이고 책임감 있는 자세를 견지해야 한다.

연습문제 / EXERCISE

01_ 코칭과 경력개발의 관계를 논해 봅시다.

02_ 경력과 경력개발의 개념에 대해 이야기해 봅시다.

03_ 조직의 경력개발 프로그램의 성공을 위해 고려해야 하는 것은 무엇일까요?

04_ 조직구성원의 성공적인 경력개발을 위해서 필요한 것은 무엇일까요?

05_ 나의 경력닻 이론을 나의 경력개발에 어떻게 적용할 수 있을까요?

06_ 계획된 우연이론의 관점에서 경력개발을 위해 개인은 어떤 노력과 준비를 해야 할까요?

07_ 미래사회의 경력개발은 어떻게 준비할 수 있을까요?

참고문헌 / REFERENCE

권대봉 (2003). **인적자원개발의 개념변천과 이론에 대한 종합적 고찰**. 서울: 원미사.

권대봉 외 (2014). **일자리와 교육리더십**. 서울: 박영사.

김흥국 (2000). **경력개발의 이론과 실제**. 서울: 다산출판사.

Arthur, M. B., & Rousseau, D. M. (1996). *The boundaryless career: A new employment principle for a new organizational era*. New York: Oxford University Press.

Arthur, M. B., Hall, D. T., & Lawrence, B. S. (1989). *Generating new directions in career theory.* In Handbook of career theory. Cambridge: Cambridge University Press.

Arthur, M. B., Inkson, K., & Pringle, J. K. (1999). *The new careers: Individual action & economic change*. Thousand Oaks, CA: Sage.

Bolles, R. (1981). *The three boxes of life*. Thousand Oaks, CA: Ten Speed Press.

Bresser, F. (2013). *The global business guide for the successful use of coaching in organizations.*

DeFillippi, R. J., & Arthur, M. B. (1996). Boundaryless contexts and careers: A competency-based perspective. In M. B. Arthur, & D. M. Rousseau (Eds.), *The boundaryless career: A new employment principle in a new organizational era.* New York: Oxford University Press.

De Cenzo & Robbins (1995). *Human Resource Management* (5th ed.). John Wiley & Sons, Ins.

DeSimone, R. L., Werner, J. M., & Harris, D. M. (2002). *Human resource development* (3rd ed.). Harcourt College Publishes.

Douglas T. Hall. (1976). *Careers in Organizations.* Pacific Palisades, CA: Goodyear.

Driver, M. J. (1994). Workforce personality and the new information age workplace. In J. A. Auerbach & J. C. Welsh (Eds.), *Aging and competition: Rebuilding the U. S. workforce* (pp. 185-204). Washington, D.C.: NCANPA.

Driver, M. J. (1979). *Career concepts and career management in organizations.* NJ: Prentice-Hall.

Driver, M. J. (1994). Workforce personality and the new information age workplace. In J. A. Auerbach & J. C. Welsh (Eds.), *Aging and competition: Rebuilding the U.S. workforce* (pp.185-204).

Ellinger, A. D., Ellinger, A. E., & Keller, S. B. (2003). Supervisory coaching behavior, employee satisfaction, and warehouse employee performance: A dyadic perspective in the distribution industry. *Human Resource Development Quarterly, 14*(4), 435-458.

Erikson, E. H. (1963). *Childhood and society* (2nd ed.). New York: W. W. Norton and Company.

Evered, R. D., & Selman, J. C. (1989). Coaching and the art of management. *Organizational Dynamics, 18*(2), 16-32.

Feldman, D. C. (1988). *Managing careers in organizations.* IL: Scott, Foresmn.

Gilley, J. W., & Gilley, A. M. (1998). *Strategically integrated HRD: Partnering to maximize organizational performance.* Massachusetts: Perseus Books.

Gray, W. A. (1982). Mentor-assisted enrichment projects for the gifted and talented. *Educational Leadership, 40*(2), 16-21.

Greenhaus, J. H., Callanan, G. A., & Godshalk, V. M. (2000). *Career Management* (3rd ed.). Fort Wirth, Texas: Harcourt College Publishers.

Gutteridge, T. G. (1986). Organizational career development systems: The state of the practice. In D. T. Hall (Ed.), *Careers development in organizations*. San Francisco: Jossey-Bass Publishers.

Hall, D. T. (1976). *Careers in organizations.* IL: Scott, Foresman.

Hall, D. T., & Richter, J. (1990). Career gridlock: Baby boomers hit the wall. *The Executive, 4*(3), 7-22.

Hall, D. T. (1993). The new "career contact": Wrong on both counts. Technical report, Executive Development Roundtable, School of Management, Boston university.

Hall, D. T. (1996). Protean careers of the 21st century. *Academy of Management Executive, 10*(4), 8-16.

Hall, D. T. (2002). *Careers in and out of organizations.* Thousand Oaks, CA: Sage.

Hall, D. T. & Chandler, D. E.(2005). Psychological success: When the career is a calling. *Journal of organizational Behavior, 26,* 155-176

Heslin, P. A.(2005). Conceptualizing and evaluating career success. *Journal of organizational behavior, 26,* 113-126.

Jones, C., & DeFillippi, R. J. (1996). Back to the future in film: Combining industry and self-knowledge to meet the career challenges of the 21st century. *The Academy of Management Executive, 10*(4), 89-103.

Leinson, D. J., Darrow, C. N., Klein, E. B., Levinson, M. H., & McKee, B. (1978). *Seasons of a man's life*. New York: Knopf

Levinson, D. J. (1986). A conception of adult development. *American Psychologist, 41*, 3-13.

Levinson, D. J. (1996). *The seasons of a woman's life.* New York: Knopf.

Lips-Wiersma, M., & Hall, D. T. (2007). Organizational career development is not dead: A case study on managing the new career during organizational change. *Journal of Organizational Behavior, 28,* 771-792.

Losey, M., Meisinger, S.R., & Ulrich, D. (2005). *Future of Human Resource Management: 64 Thought Leaders explore the critical HR issues of Today and Tomorrow.* NJ: Wiley & Sons

Mitchell, K. E., Levin, S., & Krumboltz, J. D. (1999). Planned happenstance: Constructing unexpected career opportunities. *Journal of counseling & Development, 77*(2), 115-124.

Robert L. Craig (2002). *The ASTD Training and Development Handbook* (4th ed.). McGrawHill.

Schein, E. H. (1971). The individual, the organization, and the career: A conceptual scheme. *Journal of Applied Behavioral Science, 7,* 401-426.

Schein, E. H. (1978). *Career dynamics: matching individual and organizational needs.* MA: Addison-Wesley.

Sonnenfeld, J. (1983). The Pure Experience of Order. *Journal of Historical Geography, 9*(4), 422-423.

Seibert, S. E., Crant, J. M., & Kraimer, M. L. (1999). Proactive personality and career success. *Journal of Applied Psychology, 84,* 416-427.

Sunseke, D. (2001). *Career Chock.* 류재영 역, **캐리어 쇼크**, 서울: 한숲출판사.

Wanous (1992). *Recruitment, Selecion, Orientation and Socialization of Newcomers.* MA: Addions-Wesley.

Watt, L. (2004). Mentoring and coaching in the workplace. *Canadian Manager, 29,* 14-16.

Wrzesniewski, A. (2002). It's not just a job: Shifting meaning of work in the wake of 9/11. *Journal of Management Inquiry, 11*, 230-234.

CHAPTER 10

조직개발(Organization Development)

전 기 석

이제 변화, 혁신이라는 단어는 기업경영에 있어서 빼놓을 수 없는 키워드가 되고 있다. 오늘날 기업들은 글로벌화와 급격한 기술 변화 등으로 인한 환경 변화 속에서 경쟁력을 갖추기 위해서 변화를 외치고 또 외치고 있다. 날로 다양화하고 어려워져 가는 고객요구 충족을 위해서도 기존의 제품과 서비스 방식의 새로운 변화와 개선은 피할 수 없는 생존조건이 되고 있다. 외부 환경 변화로 인해 조직은 새로운 비전과 경영전략, 그리고 조직문화와 조직구조, 조직구성원의 행동 변화에 이르기까지 다양한 부분에서 변화와 혁신의 필요성에 직면하고 있다. 이러한 다양한 조직 차원의 변화와 조직개발활동은 조직이 가져야 할 중요한 기본역량이 되고 있는 것이다. 조직개발은 인적자원개발 전문가가 개인과 팀 대상의 교육훈련활동을 통해 조직에 기여하는 것을 벗어나 조직 내의 다양한 부서를 넘나들면서 실시하는 조직 차원의 개발활동이며 조직의 효과성 향상에 기여할 수 있는 활동이다. 최근 조직개발활동은 초기의 인간관계중심의 활동에서 기업의 전략 차원의 변화와 연계되어서 조직의 전략, 절차, 구조 등의 개선과 혁신이 강조되고 있으므로 인적자원개발 전문가는 전통적인 교육훈련 제공자의 역할을 넘어서 조직의 전략적 변화를 이끄는 역할을 수행할 수 있는 역량개발이 필요하다.

1 조직개발 개념

조직개발은 기업의 HRD 조직이 수행해야 할 주요한 업무활동으로 소개되고 있다(McLagan, 1989). 맥라간(McLagan, 1989)에 의하면 조직개발은 교육훈련, 경력개발과 함께 HRD의 주요한 영역이다. 최근, 한국 기업 HRD 부서들은 조직개발에 높은 관심을 가지고 팀 단위 혹은 조직단위의 조직개발을 시도하는 경우가 늘어나고 있다. 그러나, 조직개발에 대한 개념과 실행방법이 매우 포괄적이다 보니 HRD 분야 학자와 경영학자 등의 학문적 배경에 따라서 관점이 다양하고, 각 기업들도 조직개발에 대한 이해가 매우 다양한데 실제로 실행되는 프로그램도 조직문화개선, 변화관리, 혁신 등 다양한 이름으로 불리고 있기도 하다.

조직은 사회적 존재이며, 목적성을 가지고 있고, 어떤 특정한 의도에 의하여 행동들이 구성되고 조정되며, 외부 환경과 긴밀한 연결성을 가지고 있다. 또한 조직은 공동목표를 달성하기 위해 공헌할 의욕을 가진 두 사람 이상이 서로 의사를 주고받는 집합체로 여겨진다. 또한 점차 사회가 복잡해지고 조직이 외부 환경에 영향을 많이 받게 됨에 따라서 좀 더 체계적으로 조직을 바라보고 연구하게 되었다(임창희, 2013). 조직은 공동목표를 달성하기 위해서 조직구성원들이 상호작용하는 집단이며 내부적으로 서로의 관계를 규정하고 조정하는 장치가 필요하며 또한 살아 있는 개방시스템으로서 변화하는 환경에 적응하는 구조를 갖추고 있다. 이렇게 모든 조직은 생존과 성장을 위해서 변화를 추구하고 있는데 조직개발은 이러한 변화와 생존, 그리고 성장과 관련이 있으며 조직효과성(Organizational effectiveness) 향상과 관련이 있다.

조직개발은 사람과 사람들의 관계, 집단 등을 연구하는 대표적인 학문인 심리학, 사회학, 인류학 등의 행동과학(Behavior sciences)의 이론과 연구결과들을 지식기반으로 발전해 왔으며 최근에는 경영학이나 조직 내의 기술발전의 영향 등에 대한 이해를 필요로 하고 있다. 이와 같이 조직개발은 심리학, 사회학, 경영학, 인적자원개발학 등의 다학문적인 접근을 필요로 한다.

조직개발의 정의에 대해 1960년대 후반에 제기된 리차드 벡하드(Richarg Beckhard)의 정의가 가장 자주 언급되어 왔지만 조직개발의 정의는 시간이 지남에 따라서 학자들마다 차이를 보이고 있다. 〈표 10-1〉에서 보는 바와 같이 학자마다 약간의 관점의 차이들을 보이고 있는데, 먼저 버크(Burke, 1982)는 조직문화의 변화를 조직개발의 대상으로 인식하는 반면, 커밍스와 월리(Cummings & Worley, 2009)는 조직문화 측면보다 조직의 전략, 구조, 절차 등을 조직개발의 대상으로 제기하고 있다. 학자들마다 약간의 차이를 보이고 있지만 조직개발의 정의에 있어서 공통적으로 포함하고 있는 내용이 있는데 조직개발의 궁극적인 목적이 조직효과성 증진이라는 것과 이론적 기반으로서의 행동과학, 그리고 실제적인 실행 측면에서의 계획적인 개입활동을 들을 수 있다.

조직개발의 궁극적인 목적은 조직의 효과성을 증진시키는 것이다. 조직효과성이란 조직이 바라는 목표(desired goals)를 성취할 수 있는 조직의 역량이며 조직의 전반적인 수행상, 운영상의 역량을 의미한다. 조직효과성은 재무적인 측면에서 매출액이나 연평

표 10-1. 조직개발의 정의

저자	정의
리차드 벡하드 (Richard Beckhard, 1969)	행동과학지식을 활용하여 조직의 프로세스에 계획적인 개입활동을 통해 조직의 효과성을 향상시키기 위해 최고경영진에 의해 관리되고 계획된, 전사적인 노력
버크 (Burke, 1982)	응용행동과학이론과 연구들에 의한 조직 변화, 특히 조직문화변화를 이끌어 내는 프로세스
프렌츠 & 벨 (French & Bell, 1999)	조사(action research)를 포함한 응용행동과학의 이론과 기술, 그리고 컨설턴트형 촉진자를 활용하여 조직의 비전 달성, 임파워먼트, 학습, 문제해결 프로세스를 향상시키기 위해서 최고경영층에 의해 진행되고 지원되는 장기간의 노력
커밍스와 월리 (Cummings & Worley, 2009)	조직효과성을 이끄는 전략, 구조, 프로세스를 계획적으로 개발, 향상, 강화하는 데 행동과학지식의 체계적인 활용과 전이활동
워릭 (Warrick, 2005)	조직의 건강과 효과성, 그리고 자기갱생능력을 향상시키기 위해서 조직을 이해하고, 개발하고, 변화시키는 계획적이고 협력적인 프로세스

균 성장률과 같은 객관적 지표로 확인되거나 조직구성원들의 몰입도나 만족도와 같이 조직구성원이 주관적으로 인식하는 태도변수 등으로 평가될 수 있다.

또한 비계획적이고, 통제할 수 없는, 그리고 변화에 대해 반응적인 접근과는 다르게 조직개발은 계획적인 개입을 기반으로 하고 있다는 것이 공통적인 견해이다.

2 조직개발의 역사

조직개발의 개념에서 본 바와 같이 조직개발의 정의에 대해 공통적인 관점과 상이한 관점을 볼 수 있다. 조직개발을 인간관계 측면에서 이해할 것인지, 조직문화 측면에서 볼 것인지, 기타 조직의 경영과 관련된 전략, 구조, 절차 등까지 볼 것인지는 조직개발의 역사와 철학적인 기반과 연관이 있다. 최초 조직개발은 행동과학의 적용으로부터 시작되었는데 이것들은 인간관계 측면과 관련이 있으며 대표적인 시발점은 실험실 훈련(laboratory training), 서베이조사(survey research), 그리고 타비스톡 사회기술 시스템(Tavistock sociotechnical systems)이다(Rothwell & Sullivan, 2005).

1) 실험실 훈련(Laboratory training)

조직개발 프로그램의 시초가 된 실험실 훈련은 T-group(Training-group의 약어)과 관련이 있다. 초기의 실험실 훈련 세션은 Stranger T-group이라고 불리는 그룹 내에 다양한 조직에서 온 참가자들로 구성되어졌다. T-group이라는 소집단에 참여한 참가자들은 참가자들 간의 상호작용과 상호역학을 통해서 대인관계, 리더십, 집단 다이내믹 등을 학습하게 된다. MIT에 근무하던 커트레윈과 동료 연구원들은 코네티컷 주의 지역시민단체로부터 지역사회 리더훈련에 대한 요청을 받게 되고 리더훈련에 대한 연구를 수행하게 되었다. 연구자들은 워크숍 후에 워크숍 참석자들의 행동과 역학관계에 대해 관찰한 바를 서로 논의하는 자리를 가졌고, 이러한 논의자리에 워크숍 참석자들인 지역사회 리더들도 자신들이 참석하게 해달라고 요청함에 따라서 교육생과 연구진이 함께 참여하는 토론과 논의의 시간을 가지게 되었다. 연구진이 발견한 것은 교육생인 지역사회 리더들이 자신들의 행동에 대해 피드백을 받게 됨에 따라서 많은 학습효과를 얻게 된다는 것이었다. 이 실험을 통해서 연구자들은 두 가지 결론을 얻게 되는데, 하나는 워크숍 참여자들이 그들의 집단 상호작용에 대한 피드백을 통해서 풍부한 학습경험을 가지게 된다는 것이다.

이 실험결과로 인해 NTL(National Training Laboratories)이 세워지고, 1948년 카네기의 지원에 힘입어 실험실 훈련이 확산되게 되며 특히 T-group 활동이 기업체에 확산되고 적용되면서 조직개발이라는 용어가 생겨나기 시작하였다.

2) 액션리서치(Action research)

액션리서치는 1940년대 시작된 조직개발 활동의 대표적인 초기 활동 방법이다. 학자그룹인 커트레윈과 동료들은 조직 현장에서 문제해결을 위해 사회과학에서 활용하는 연구조사 방법을 조직현장과 협력을 통해서 현장에 적용하는 것을 시도했다. 연구자들과 현장 실무자들이 함께 과학적인 연구방법을 조직문제 해결을 위해 적용한다는 것은 연구자들이 활용하는 방법인 자료를 수집하고, 수집된 자료에 근거해서 문제 원인을 분석하며 해결책을 도출하고 적용하며 결과에 대해 평가하기 위해 자료를 수집하는 일련의 활동을 의미한다. 자세한 액션리서치 순서는 본 장의 조직개발 프로세스 액션리서치 모델 부분을 참고하기 바란다. 현재시점에서는 매우 단순하고 특별한 것이 없는 듯한 방법이지만 당시에는 현장의 문제해결을 위해 연구조사 방법을 활용한다는 것과 문제해결을 위해 연구자들과 조직구성원들을 함께 협력한다는 데 매우 큰 의미가 있었으며, 이후 좀 더 발전한 활동방법인 서베이조사 및 피드백 방법과 연계된다고 볼 수 있다.

3) 서베이조사 및 피드백(Survey research and feedback)

서베이조사와 피드백 또한 조직개발의 발전에 중요한 공헌을 하였는데 1950년부터 1970년까지 미시건 대학의 서베이연구센터장으로 활동한 렌시스 리커트(Rensis Likert)에 의해 개발되고 발전되었다.

서베이조사와 피드백은 간단히 말해 학문영역에서 자주 사용하는 서베이 방법을 활용하는 것으로서, 조직의 문제들에 대한 정보를 획득하기 위해서 설문문항들을 사용하며, 설문 참여자들에게 결과에 대해 피드백을 제공하고, 문제해결을 위한 방안을 함께 계획해 나가는 방법이다. 리커트는 많은 조직이 변화를 위한 노력을 계획할 때 태도에 관한 설문결과들을 거의 활용하지 않는 것을 발견하고 서베이조사 및 피드백 방법을 고안하였다. 이러한 접근은 인터락킹 컨퍼런스(interlocking conference)로 불리며 서베이 결과들은 첫 번째 컨퍼런스에서 최고경영진에게 제공되고, 참가자들은 서베이 결과에 나타난 조직의 문제와 약점들을 해결하기 위한 액션 플랜을 논의하였다. 다음 컨퍼러스는 다음 레벨의 임직원 대상으로 개최되고 서베이 결과가 공유되어지고, 최고경영진이 도출한 액션 플랜이 제시되고, 참가자들은 그들이 생각하는 문제해결방안을 더욱 발전시켜 나가는 것이다.

4) 타비스톡 사회기술 시스템(Tavistock sociotechnical systems)

잉글랜드에 있는 타비스톡연구소에서는 석탄 광부들의 직무재설계(work redesign)에 관한 실험을 실시하였다. 직무재설계 실험 전에, 석탄 광부들은 팀으로서 밀접하게 일을 했으며 보상도 개인단위 생산성보다는 팀 단위로 주어졌다. 그러나 새로운 기술이 광산에 도입되었고, 팀 단위 작업이 아닌 개인 단위의 작업으로 직무가 재설계되었는데, 결과적으로 생산성이 저하되고 결근율은 증가하는 현상이 나타났다. 타비스톡의 사회기술 시스템이 조직개발에 기여한 바는 조직에는 사회적 시스템과 기술적 시스템이 있다는 것이다. 즉 사회적 시스템은 조직 내 사람들에 관한 것이며, 기술적 시스템이란 조직 내 사람에 관한 것을 제외한 모든 것을 의미하며 조직 내에서 추구하는 변화가 성공하기 위해서는 기술적인 면뿐 아니라 사람과 관련된 사회적인 면을 동시에 고려해야 한다는 것이다.

5) 조직 차원의 전략적 변화

초기의 인간관계중심 조직개발 활동들이 최근에는 기업의 전략 차원의 변화와 연계되어서 조직의 전략, 절차, 구조 등과 연관을 맺고 있다. 조직개발이 개인, 집단을 넘어 전체 조직 수준에 영향을 미치게 되는 것이다. 시스템적 관점에서 볼 때 조직은 사회의 한 조직구성원으로서 외부의 사회, 문화, 기술, 정치 등의 변화와 밀접한 관계를 맺고 이러한 외부 환경 변화는 조직의 경영전략과 조직구조, 조직구성원들 행동에 직접적 또는 간접적으로 영향을 주게 된다. 조직개발 담당부서나 담당자는 개인과 집단 차원의 조직개발 프로그램을 넘어 조직의 전략 변화와 관련된 프로그램을 개발하고 운용할 수 있는 역량이 요구되는 것이다. 지식 측면에서도 심리학이나 사회학 등의 행동과학을 넘어서 경영학과 경제학 등의 비즈니스 관련 지식과 역량 등을 습득할 필요가 있다.

조직 차원의 전략적 변화는 크게 경영전략의 변화, 구조의 변화, 기술의 변화를 들 수 있다.

첫째, 경영전략의 변화 측면에서 조직은 내·외부 환경 변화에 따라서 새로운 목적을 설정하고 조직의 중장기 전략방향과 비전, 미션 등을 수립한다. 이러한 경영전략의 변화는 전략수행에 필요한 구조의 변화뿐 아니라 조직구성원의 행동양식과 조직문화의 변화, 시스템의 변화 등 조직의 전반적인 변화를 이끌게 된다.

둘째, 구조 변화 측면에서는 변화된 경영전략을 수행하기 위해서 일원화된 조직구조와 직무설계, 그리고 내부의 제도와 방침과 같은 업무시스템 등의 변화가 필요하다.

통상적으로 인사관리에서 보상과 평가 등의 변화도 수반된다.

셋째, 새로운 생산시스템이나 업무시스템 도입과 변화 등 하드웨어 기술의 변화들이다. 이는 내부 조직구성원의 업무방식에 직접적인 변화를 가져옴과 동시에 조직구조와 직무설계 등에 직·간접적인 영향을 가져온다.

조직개발부서와 담당자들은 이러한 조직 차원의 전략적 변화와 관련한 조직개발업무를 수행할 수 있기 위해서 팀빌딩이나 리더십 개발, 서베이조사·피드백 등뿐 아니라 경영전략, 마케팅, 생산관리, 재무 등과 같이 경영 전반에 대해 이해하는 것이 필요하게 되었다. 이는 조직개발의 개입방법들이 개인과 집단 차원을 넘어 조직 차원에서도 다루어져야 함을 의미하며 상세한 부분은 조직개발 방법론에서 알아보도록 하겠다.

3 조직문화

앞 절에서 살펴본 바와 같이 기업이 환경 변화에 대응하고 적응하기 위해서 조직 차원에서 전략적인 변화를 추구한다면 조직의 전략, 비전, 조직구조, 업무시스템 등의 변화가 필요하다. 조직문화는 이런 조직의 전략적 변화들에 지대한 영향을 미친다. 조직의 문화가 전략적 변화와 부합할 때 큰 효과를 거둘 수 있기 때문이다. 새롭게 추구하는 전략적 변화를 시도해도 성공할 확률이 20~25%에 불과한 이유는 조직문화 변화의 중요성을 간과한 데 있다(Higgs & Rowland, 2005). 경영의 대가로 불리는 전 GE 회장 잭웰치는 조직문화의 변화의 중요성에 대해 "지난 십 년 동안 GE의 조직문화를 바꾸기 위해 노력했지만, 앞으로 십 년이 더 필요하다"라고 할 정도로 조직문화의 변화는 간단치 않은 문제이다.

조직문화는 일회성의 비전 선포식이나 변화 선포식을 한다고 해서 바뀌지 않으며 변화하는 데 많은 시간과 노력이 필요하고 변화하더라도 이전의 상태로 돌아가려는 성질을 가지고 있다. 초기의 개인과 소규모 그룹의 집단관계 영역으로부터 최근에는 조직 변화 또는 조직문화 변화와 관련된 내용은 모두 조직개발의 영역으로 보고 있다(Rothwell & Sullivan, 2005; 백기복, 2002).

1) 조직문화 변화

조직문화 연구에 있어 선구자인 샤인(Schein, 1985)에 의하면, 조직문화란 일정한 패턴을 갖는 기본가정이다. 조직문화란 개인의 마음속에 존재하는 무의식적이고 무형적인 요소에서 우리가 볼 수 있는 상징물에 이르기까지 다양한 요소로 이루어진 통합적인 개념이다. 이들은 특정 집단이 외부 환경에 적응하고 내적으로 통합해 나가는 과정에서 고안, 발견, 또는 개발한 것들이다. 이러한 가정들은 오랜 기간 동안 조직구성원들이 타당한 것으로 여겨왔기 때문에 당연한 것으로 받아들여지며 새로운 조직구성원들에게도 조직의 문제를 해결하는 올바른 방법으로 학습되어진다.

문화는 조직구성원들이 공유하는 가정이므로 의식, 무의식 속에 자리 잡고 있고 이것은 문화적 가치와 행동으로 표출되고, 상징물 등으로 표현된다. 이렇게 조직문화는 직원의 의식, 무의식에 배태된 가치와 태도이므로 쉽게 바뀌기 어려운 특성을 가지고 있다. 그러므로 조직문화는 조직구성원들이 인지적으로 사회적으로 결집하는 힘을 제공한다(백기복, 2002).

조직 차원에서의 전략적 변화가 성공하려면 전략적 변화와 적합성이 높은 조직문화의 변화가 필수적이라고 볼 수 있는데, 조직문화 변화는 조직개발의 중요한 영역이라고 볼 수 있다.

2) 조직문화 변화 접근

조직문화 변화에 대한 선행연구들은 전통적으로 점진적 변화가 주를 이루었으나 1980년대부터 환경 변화가 급격해지고 글로벌 경쟁이 심화되면서 변혁적 변화가 강조되고 있다. 외부 환경 변화에 대한 대응 및 적응이 조직 생존에 절대적 요소가 되면서 변혁적 요소가 급부상하고 있는 것이다. 그러나 조직의 변화 정도와 속도가 매우 강한 변혁적 변화도 중요하나 지속적으로 꾸준한 변화 또한 조직 생존에 매우 중요한 요소이다.

점진적 변화를 지속적으로 상시 추진하면서 필요할 때 변혁적 변화를 동시에 추진해 가야 한다.

점진적 변화에 집중하면 평상시 개선을 통해서 조직문화의 기초부분을 튼튼히 할 수 있으나 기업의 외부 환경 변화, 내부의 비전 및 전략의 변화를 위한 큰 규모의 조직문화 변화는 어렵게 된다. 반대로 점진적이고 지속적인 체질 개선 없이 변혁적 변화만 급격하게 추진하면 건전한 조직문화의 기초가 갖추어지지 않아 근본적인 변화가 일어나기 어렵고 일시적이거나 일회성으로 인식될 가능성이 높다. 점진적 변화와 변혁적 변화의 관리 프로세스는 다음과 같다(진현 외, 2011).

(1) 점진적 변화

점진적 변화는 진단, 변화과제 도출, 그리고 지속적 실행의 3단계로 구성된다. 1단계 진단에서는 일상적으로 조직구성원들의 의견을 경청하여 현 수준을 파악한다. 통상 기업마다 임직원 만족도를 조사할 때에 조직문화를 포함하여 실시하고 있는데 연 1회 또는 2년 1회 정도의 정기적인 진단을 통해 변화추이를 확인하는 것이 바람직하다. 2단계 과제 도출에서는 조직문화 개선 방향에 맞추어서 중점 추진과제와 구체적인 실행방안을 설정한다. 3단계에서는 문화개선방향과 중점추진과제를 직원들과 공유하고 추진과제를 실행하며, 지속적으로 우수사례를 발굴하여 시상을 한다.

많은 경우 타사에서 성공한 변화 프로그램을 자신의 회사에 적용하는 경우가 많은데, 조직마다 환경과 조직문화가 상이하므로 타 조직에서 적용된 변화 프로그램의 도입을 검토할 경우에는 사전에 철저한 준비를 해야 한다.

(2) 변혁적 변화

변혁적 변화관리 프로세스의 전형적인 모습은 존 코터가 제시한 변화관리 8단계 프로세스이다. 내·외부의 급격한 환경 변화에 따라서 전략과 조직문화 등의 변화를 추구해야 할 경우에 적용된다. 8단계의 변화관리 프로세스의 문제점으로는 장기간 적용에 따라 나중에는 CEO의 관심도가 떨어지고, 조직구성원들의 참여도가 감소함은 물론 장기화됨에 따라서 변화에 대한 동력이 떨어진다는 데 있다. 이러한 문제를 극복하기 위해 아래와 같이 4단계의 핵심적 프로세스를 고려해 볼 만한다(진현 외, 2011).

1단계는 비전 수립 단계로서 외부 환경 변화와 내부 중장기 비전·전략 변화와 연계하여 변화의 필요성을 인식하고 뚜렷한 방향성을 가진 조직문화 비전을 수립하는 것이다.

2단계는 변화관리팀을 구축하고 변화를 기획하는 단계로서 조직문화 변화관리의 주체가 되는 조직을 구축하고 관련제도 등을 기획한다.

3단계는 실행단계로서 무엇보다도 중요한 것은 새로운 비전에 대한 조직구성원의 공감대 형성과 비전을 달성하고 변화실천을 솔선수범하는 리더들의 변화가 중요하다.

또한 조직구성원 대상 교육훈련을 실시하여 조직문화 변화 필요성을 인식하고 변화에 필요한 행동들을 제시하여 변화를 실행하고 확산하는 것이 필요하다.

그리고 조직구조와 인사제도와 업무방식들을 개선하여 새로운 비전과 전략 달성에 재정렬되도록 해야 한다.

4 조직진단 이해

조직 내 다양한 수준의 조직진단을 수행하기 위한 포괄적인 모델이 [그림 10-1]과 같이 제시되어 있다. 조직수준, 집단수준, 개인수준에서 각각 투입요소와 설계요소, 그리고 산출물로 구성되어 있다. 각 수준 내에서 투입물과 설계요소 간의 정합성은 매우 중요하며 정합성이 높을수록 산출물 또한 영향을 받게 되는 구조이다. 또한 조직, 집단, 개인수준 간에는 상위수준에서 하위수준으로 영향을 미침을 알 수 있다.

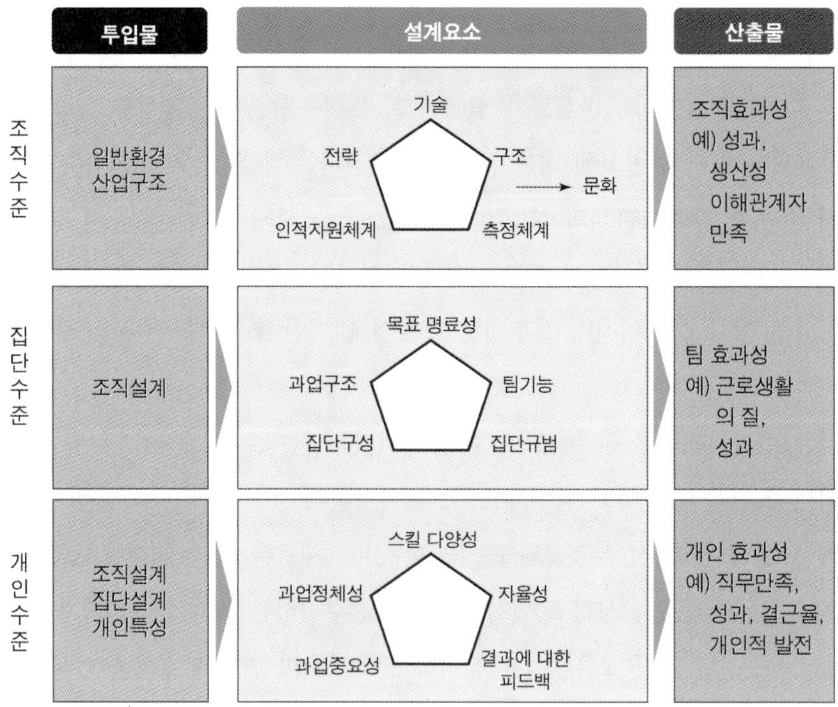

그림 10-1. 조직개발의 진단수준
출처: 김민수 외. (2007). 조직개발과 변화.

1) 조직수준 진단

조직수준의 진단은 진단수준에 있어서 최상위 수준이며 외부 환경분석으로부터 외부 환경과 내부 설계요소와의 일치성 또는 일관성, 그리고 조직문화에 대한 진단을 포함하는 진단활동이다.

위의 [그림 10-1]에서 보는 바와 같이 투입물로서 조직의 내부 설계요소에 영향을 미치는 요소로는 일반환경과 산업구조 등이 있으며 일반환경분석 프레임으로는 PEST

와 산업구조에 대한 대표적인 분석프레임은 마이클 포터의 5 force model이 있다. 또한 전략분석에 대한 다양한 Tool이 활용되고 있는데 3C, SWOT, 사업전략분석 등이 있다. 조직수준 진단을 위해서 자주 활용되고 있는 진단 tool에 대해 간략히 소개한다. 참고로, 전략이란 조직이 목표를 달성하고, 경쟁우위를 지속적으로 확보하기 위해서 조직이 가지고 있는 인적자원, 경제적 자원, 그리고 기술적 자원들을 활용하는 방식에 관한 것으로서 자원 활용의 선택과 집중과 관련이 있다.

정치/법규 (Polotical)	거시경제 (Economical)
- 정치제도 - 정책개혁안 - 규제 철폐/민영화 - 무역자유화	- GNP성장경향 - 이자율 - 인플레이션율 - 실업률 - 에너지 가격
사회/문화 (Social)	**기술 (Technological)**
- 인구 성장률 - 환경에 대한 관심 - 라이프스타일 변화 - 소비자 운동의 경향	- 기술적 진보 - 신상품 개발 - 연구개발비 투자액 - 정보기술

그림 10-2. PEST 모델

① PEST

PEST는 사업의 전략수립이나 관련 이슈 분석 시에 거시적인 외부 환경 요소인 정치/법규(Political), 거시경제(Economical), 사회/문화(Social), 기술(Technological) 측면에서 분석하고자 하는 tool이다.

② 5 Force model

산업이 처한 환경을 분석하기 위한 5가지의 요소는 공급자의 협상력, 구매자의 협상력, 신규 진입자의 위협, 대체재의 위협, 그리고 기존 산업 내의 경쟁업체들과의 경쟁으로 구성된다.

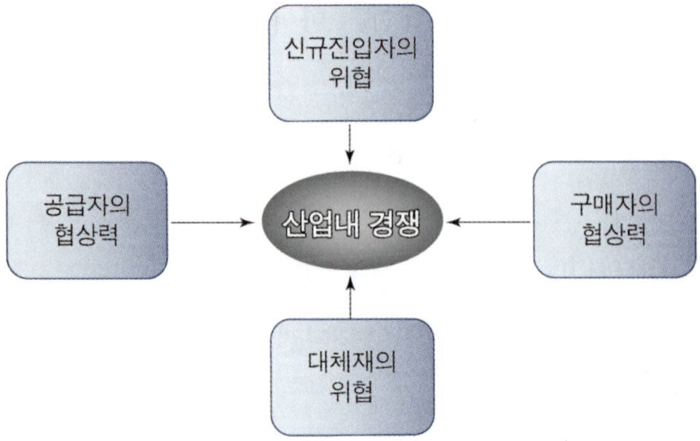

■■ 그림 10-3. 5 Force 모델

③ 3C

3C는 Customer, Company, Competitor로 구성되며 조직이 어떤 사업전략을 취할 것인가를 분석할 때 사용되며 고객의 변화추이를 예측하고 자사와 경쟁사의 강점과 약점을 분석하는 분석 Tool이다.

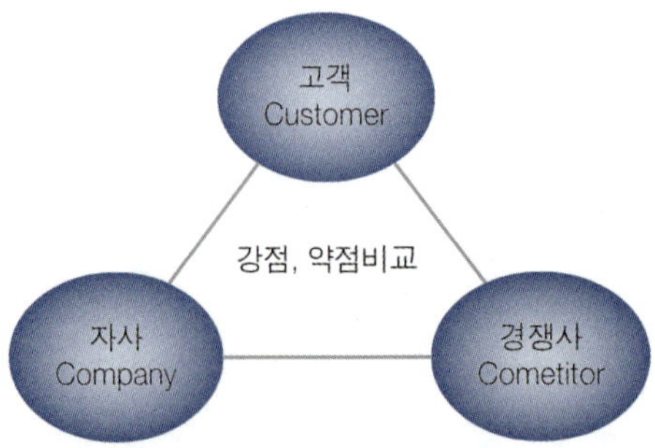

■■ 그림 10-4. 3C 모델

④ SWOT

SWOT 분석은 해당 조직의 내부역량과 외부 환경분석을 통해 강점, 약점, 기회와 위협요소를 발견하고 이에 대한 대응전략을 수립하는 데 적합한 방법이다.

SWOT는 조직이 직면하는 기회 및 위협이라는 외부 요인과 자사의 내부 강점과 약점을 SWOT 도표에 기입하고 이에 대한 대응전략을 기입하여 한눈에 환경분석과 내부 역량, 그리고 전략실천과제 도출을 확인할 수 있는 장점이 있다.

표 10-3. SWOT 분석 도표

	외부 기회 요인(Opportunity)	외부 위협 요인(Treat)
내부 강점 (Strength)	SO 전략적 대응방안	ST 전략적 대응방안
내부 약점 (Weakness)	WO 전략적 대응방안	WT 전략적 대응방안

⑤ 사업전략분석

사업전략은 경쟁자들과 비교하여 경쟁범위와 경쟁우위 측면에서 어떠한 사업전략을 취하고 있는지 분석하는 방법이다. 경쟁우위란 낮은 비용에 바탕을 둔 경쟁을 하는가, 아니면 제품과 서비스를 다양화하여 비용이 아닌 서비스나 제품의 질을 바탕으로 하여 경쟁하는가에 관한 것이며, 경쟁범위는 주요 경쟁자들과 모든 큰 시장에서 전면적인 경쟁하는가, 아니면 시장의 규모는 작지만 안전하고 높은 수익을 올려줄 수 있는 세분화된 시장에서 집중 경쟁하는가에 대한 것이다([그림 1-5] 참조). 전략의 유형에 대한 설명은 〈표 10-4〉에서 보는 바와 같다.

그림 10-5. 사업전략 분석

표 10-4. 사업전략 유형 설명

전략유형	내용	예시
원가우위 전략	• 넓은 시장에서 낮은 비용을 경쟁우위로 하는 전략 • 가격에 민감한 구매자가 많은 시장에서 효과적임 • 경쟁사와 치명적 가격경쟁에 빠지지 않으면 성공가능 • 저원가 전략이 새로운 기업 진입 용이	월마트, 사우스 에어라인
차별화 전략	• 비교적 넓은 시장에서 독특하다고 인식되는 제품이나 서비스에 높은 가격 • 구매자의 욕구와 선호체계가 너무 다양해서 표준화된 제품으로 만족시킬 수 없을 때 적절	월트디즈니, 나이키, 벤츠
원가집중 전략	• 특정 구매자 그룹이나 지역적으로 특수한 곳 등 틈새시장만을 대상으로 하여 낮은 원가를 바탕으로 경쟁	소규모 공장기계제조회사
집중차별화 전략	• 특정 구매자 그룹, 제품라인, 지역시장에 집중하되 차별화 • 특정 시장에서 독특한 고객의 욕구를 경쟁자들보다 더 잘 이해하고 효과적으로 채워줄 수 있다는 확신	스포츠카회사, 지역 건강식품회사

출처: 김언수, 김봉선 (2014). Top을 위한 전략경영.

2) 조직문화 진단

조직수준 진단에서 대표적인 것이 조직문화 진단이다. 위의 표에서 보는 바와 같이 조직구성요소의 다양한 것이 통합되어서 조직문화로 나타나게 되는데, 조직문화에 대한 정의가 학자마다 다양한 것처럼 조직문화의 유형에 대한 분류도 매우 다양하다.

대표적인 조직문화 유형은 경쟁가치모델(CVM)에 기반한 Cameron과 Quinn(1999) 모델이며 현재의 조직문화 상태와 미래에 추구하는 조직문화를 측정함으로 인해 이들 간의 격차를 확인해 볼 수 있다는 장점이 있다([그림 10-6] 참조).

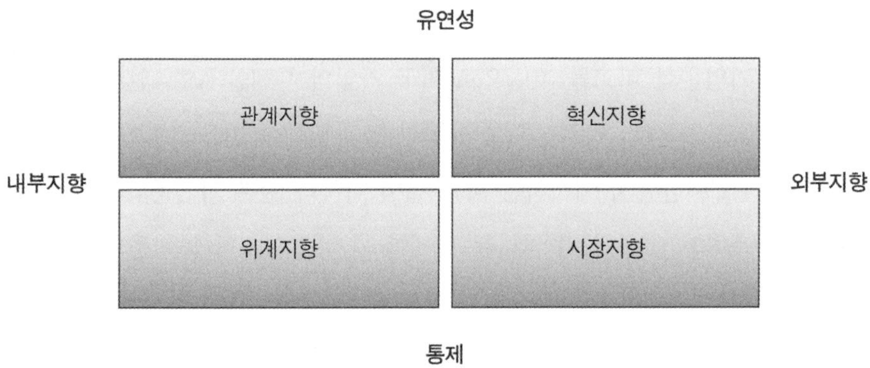

■■ **그림 10-6. 경쟁가치 모형**

출처: Cameron & Quinn, 1999.

경쟁가치모형은 조직은 서로 반대되거나 보완적인 가치들을 동시에 추구한다는 개념을 나타내는 모델이며 4가지의 가치들을 균형 잡히게 동시에 추구하는 조직의 조직효과성이 높다는 것을 보여주는 모형이다. 경쟁가치 모형이 제시하는 4가지 조직은 관계지향적 문화, 혁신지향적 문화, 위계지향적 문화, 시장지향적 문화이며 각각의 주요 특징은 〈표 10-5〉와 같다.

표 10-5. 조직문화 유형별 특징

유형	주요특징
관계지향 (Clan)	• 가족적이고 인간미 넘치는 분위기 • 응집성과 팀워크 중시, 협력, 단합 강조
혁신지향 (Adhocracy)	• 매우 생동감 있고 활기넘치는 분위기. 창의성과 실험정신 • 도전정신과 과감한 목표
위계지향 (Hierarchy)	• 공식화된 규칙 중심, 안정성 강조 • 신의성실, 권위, 안정성, 규정준수 강조
시장지향 (Market)	• 계획과 목표달성을 중심으로 결속, 효율성 강조됨 • 성과 극대화 및 결과지향, 업무 효율화

다음으로는 경영학자인 오우치(Ouchi)의 Z이론에 의한 조직문화 진단이다. 오우치는 미국과 일본의 기업문화 비교를 기반으로 미국 기업의 특성을 A형, 일본 기업의 특성을 J형이라고 하고, 이들의 장점, 즉 이상적인 조직문화 유형을 Z형이라고 명명하고 있다. 현실적으로 Z이론에서 제시하는 바와 같이 미국과 일본 기업문화의 특징을 모두 갖춘 조직을 구축하는 것이 쉽지 않다는 한계를 가지고 있으나 조직문화를 조직의 성과에 영향을 미치는 주요변수로 부상시킨 것과 조직문화의 유형을 실제로 경영자들과의 인터뷰를 통해서 도출하였다는 것에 의의가 있다([그림 10-7] 참조).

A형 조직

· 단기고용, 단기목표
· 즉각적 평가와 진단
· 전문화된 경력경로
· 규칙, 정책 등의 가시적 통제방법의 의존
· 개인적 의사결정
· 개인 책임
· 개인의 조직 내 역할에 관심

J형 조직

· 종신고용
· 엄격한 평가와 느린 승진
· 비전문화된 경력경로
· 암시적 통제(자기통제)에 의존
· 집단적 의사결정
· 집단 책임
· 개인의 생활 전체의 관리

Z형 조직

· 장기고용: 재훈련을 통한 인력 재활용
· 비교적 장기적 평가와 느린 승진: 연공이 아닌 능력에 의한 승진
· 다기능적 경력경로: 직무순환을 통한 광범위한 능력개발
· 명시적 · 암시적 통제의 균형: 규칙과 정책에 근거한 자기통제
· 참여적 · 합의적 의사결정: 관련되는 모든 종업원이 주요결정에 참여
· 개인적 책임: 관리자 개인이 결정에 책임
· 종업원에 대한 총체적 관심: 종업원의 직장생활과 직장 외 생활이 모두 중요시

그림 10-7. 오우치의 Z이론에 의한 조직문화
출처: 백기복 (2002), 조직행동연구 재인용

3) 조직설계

1970년대 중반 들어서는 조직과정과 조직설계 등에 대한 관심이 한층 높아지면서 조직개발담당자들은 직원행동에 조직설계가 중대한 영향을 미친다는 것을 인지하게 되었다(김영기, 2009).

조직개발을 교육훈련이나 리더십 개발과 같은 업무에 주로 초점을 맞추는 것은 조직개발부서와 담당자의 역할을 좁게 보는 측면이며 업무프로세스나 조직설계 같은 영향력이 큰 부분을 조직개발의 주요업무로 포함하는 것이 필요하다. 전략적인 조직개발 업무는 조직시스템 설계에 중점을 두며, 환경평가, 전략적 계획, 전술적 계획, 업무흐름/프로세스 설계, 직무설계와 구조, 지배구조와 문화, 통제시스템과 커뮤니케이션, 정보흐름 시스템을 포함하는데 이것은 특정 부서에 국한한 것이 아니기 때문에 조직개발부서나 담당자가 여러 사업부와 조직을 넘나들고 살피면서 시스템을 어떻게 설계해야 조직체가 시장에서 성공할 수 있는지를 파악해야 하는 것을 의미한다(김영기, 2009).

조직개발담당자들은 시장의 요구에 따른 조직전략수립, 그리고 조직전략수행을 위한 조직시스템과 구조설계 그리고 그밖에 핵심 인사관리 프로세스를 설계할 수 있어야 한다. 다시 말해, 조직개발부서는 주어진 전략수행을 위해 최적의 조직설계를 창출해 내야 한다. 이것은 기존의 개인과 소규모 그룹단위 행동 변화에 초점을 맞추어 온 조직개발담당자들에게는 매우 도전적인 역할인 것은 사실이지만 전략적인 조직개발 활동에 기여하기 위해서는 필요한 역량이라고 볼 수 있다.

5 조직개발 프로세스 및 접근

조직개발을 계획하고 실시하기 위한 프로세스에 대해 학자마다 상이한 의견을 제시하고 있으나 일반적으로는 사전단계-계약-진단-계획수립-실행-평가 및 피드백 순서를 포함하고 있다([그림 10-8] 참조).

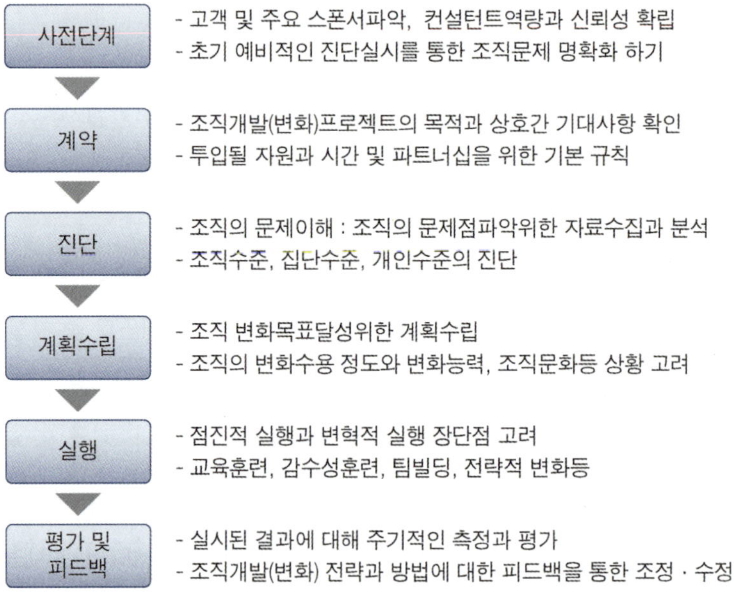

그림 10-8. 조직개발 프로세스
출처: Rothwell & Sullivan (2005)

사전단계에서는 고객조직과 스폰서가 누구인지를 규명하고, 고객의 조직에 대해 철저한 사전 이해가 필요하다. 평상시부터 고객과 신뢰 형성을 위해 오픈된 관계를 형성하며 조직개발컨설턴트나 담당부서의 역량에 대해 고객에게 신뢰성을 확보하고 있어야 한다. 본격적인 조직개발에 진입하기에 앞서 기초적인 데이터들을 수집하여 사전적인 진단이 필요하다.

계약단계에서는 상호 간의 기대사항에 대해서 프로젝트의 목적과 범위를 명확히 하며 투입될 자원(인력, 금액 등)과 기간 등을 확정한다.

진단단계에서는 조직의 문제점을 파악하기 위해서 상세한 진단이 필요하며, 조직개발의 목적에 따라서 개인과 집단, 그리고 조직수준에서의 다양한 진단활동이 이루어진다. 조직개발계획수립단계에서는 진단결과에 기반하여 변화목표달성을 위한 최적의 개입(intervention)활동을 설계하는 단계이다. 이때는 변화에 대해 점진적으로 실행할 것인지, 급격하고 크게 변혁적으로 실행할 것인지에 대한 검토가 필요하다.

평가 및 피드백 단계에서는 주기적으로 구체적인 성과에 대해 평가하고 성공에 대해 조직구성원들과 공유하고, 개선점에 대해 차후 프로그램에 반영함을 통해 지속적인 관리가 이루어지도록 해야 한다.

조직개발에 대한 기존의 접근은 문제중심의 접근이라고 보아야 한다. 문제를 확인하고, 문제의 근본원인을 분석하고, 해결책을 찾아내고 이에 대한 액션플랜을 개발하고 실행하는 것이 조직개발의 전통적인 접근이며 대표적인 모델이 액션리서치(action research)이다. 조직개발 개시에 따라 현 상태를 진단하고 피드백하며 액션플랜을 수립하고 실행하며 평가하는 전형적인 절차이다([그림 10-9] 참조).

이러한 전형적인 조직개발 접근은 조직은 풀어야 할 문제의 집합체라는 관점을 가지고 있는데 성공적으로 목표를 달성하는 반면, 의도하지 않는 부정적인 결과들을 초래한다.

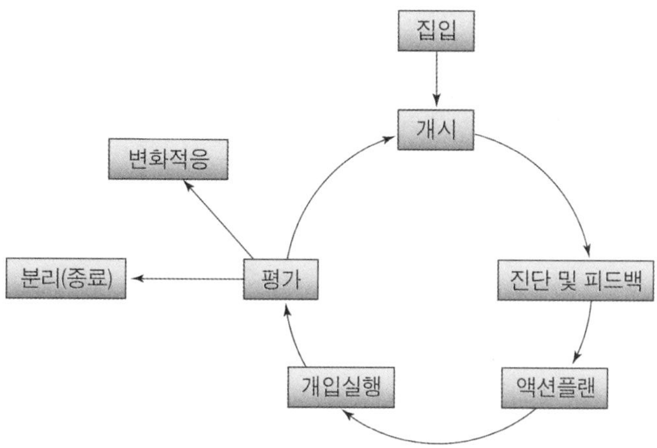

그림 10-9. 액션리서치 모델

출처: Rothwell & Sullivan (2005)

예를 들면, 조직의 장점을 보지 않고 단점과 개선해야 할 점만을 봄으로써 조직구성원들의 사기가 저하되거나 관계 등이 약화될 수 있다. 또한 과거의 문제를 확인하고 이의 근본적인 원인을 조사하면서 많은 시간을 사용하게 되고 이로 인해 피로가 누적될 수 있다. 또한 변화가 모두의 책임이라는 인식 대신 문제와 관련된 일부에게만 관련 있다는 생각으로 참여도가 낮을 수 있다. 이러한 접근은 의사와 환자와의 관계적 접근인데, 의사는 환자에게 문제가 있다고 전제하고, 표면적 증상을 통해 근본적인 질병원인을 밝혀내고, 의사 입장에서 진단을 처방하며 치료해 나가는 접근이다. 의사가 진단하고 처방하고 치료를 이끌어 가기 때문에 환자는 전문가인 의사의 지시에 따라 질병치료에 참여하게 되는 것이다. 그러나 1990년대 후반부터 긍정심리학이 등장하면서 조직개발에 있어서도 긍정심리학적 접근이 시도되기 시작하였는데, 대표적인 모델이 데이비드 쿠퍼라이더(David Cooperrider) 교수에 의해 제시된 긍정탐구(Appreciative Inquiry)이다. 긍정탐구 AI는 국내에서 긍정혁명, 강점혁명 등으로 번역되고 있는데 긍정탐구(Appreciative Inquiry)는 변화를 안내하기 위한 모델이고 개념적 프레임워크이며 최근에 가장 흥미롭고 가치 있는 조직변화에 대한 관점으로 평가되고 있다.

긍정탐구(AI)는 조직이 과거에 성공했던 또는 현재 가지고 있는 강점을 탐구하고 발견하며, 이를 기반으로 미래의 목표를 설정하고 실행계획을 세우고 실행하는 것이다. [그림 10-10]에서 보는 바와 같이 Discovery, Dream, Design, Destiny 등 4개의 사이클로 이루어져 있다.

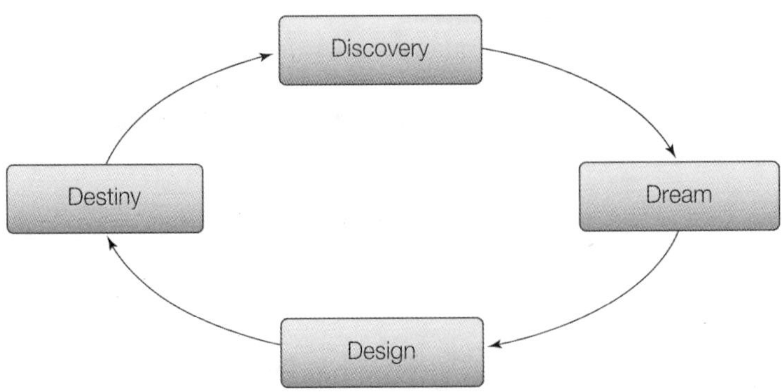

■■ 그림 10-10. 긍정탐구

발견(Discovery)이란 긍정성의 발견으로서 과거 또는 현재의 가장 좋은 것, 조직의 성공적 경험, 조직이 살아 있다는 것을 느끼게 해주는 것에 대한 탐색이다.

꿈(Dream)이란 가능성에 대한 상상으로서 현재 상태에 만족하지 않고 발견단계에서 찾은 긍정적 경험을 더 극대화 하여 좀 더 가치 있고 바람직한 미래에 대해 조직구성원들이 마음속에 그려보는 활동이다.

설계(Design)란 가능성 실현을 위한 설계로서 마음속으로 그려본 내용을 실현하기 위해서 도발적인 제안을 시도하고 조직의 미래에 대한 긍정적 이미지를 구축해 보고 이를 위한 구체적인 행동들을 정하는 단계이다.

운명(Destiny)이란 이상적 미래의 창조로서 긍정적 이미지를 실천하고 공유된 목적과 행동들을 더욱더 강화하는 단계이다.

긍정탐구(AI) 접근은 기존의 전통적인 조직개발접근인 의사환자모델이 아닌 상담자모델에 가깝다고 볼 수 있다. 즉, 상대방이 스스로 문제해결의 잠재력을 가지고 있다는 전제하에 질문을 통해서 상대방이 스스로 강점을 찾고, 스스로 긍정적 미래를 그리며, 실행계획을 수립하고 안정화 시켜 나가도록 하는 것이다.

6 조직개발 방법론

조직개발 개입활동은 조직의 특성과 조직개발 전문가에 따라서 매우 다양하게 제시되고 있으며 활동의 범주와 종류에 있어서도 학자와 현장 전문가들에 따라서 매우 다양하다. 기존에 기업 내에서 실시하면 교육훈련 활동도 모두 조직개발 방법론의 한 형태로 볼 수 있는데 이러한 전통적인 개인 차원과 집단 차원의 조직개발 방법론으로부터 최근에 강조되는 조직의 전략적 변화와 관련된 개입활동들까지 포함하면 매우 다양하고 많아서 개입활동들을 전부 소개하는 것은 본 교재의 목적을 벗어나므로 여기서는 조직개발 방법론을 크게 개인 차원, 집단 차원, 조직 차원의 대표적인 방법론만 소개하는 것으로 한다.

1) 개인 차원

개인 차원의 대표적인 방법론은 교육훈련으로서 교육훈련은 조직구성원들이 과업을 수행하는 데 필요한 기술과 지식을 습득하기 위해서 오랫동안 활용되어 온 방법이다. 조직개발의 다양한 개입활동이 조직구성원의 마인드 변화와 기술과 지식의 습득을 위해 교육훈련을 병행하는 경우가 많이 있다. 특히 리더십 개발은 개인 차원의 개입활동이며 조직의 변화와 성장을 위해서 리더들이 솔선수범하여 먼저 변화실천을 이끌 것을 강조한다. 개인의 역량개발과 리더십 개발과 그 외에 기업조직에서 주로 활용되고 있는 대표적인 개인 차원의 개입활동은 코칭, 멘토링, 액션러닝 등이 있는데 본 교재의 해당 부분을 참고 바란다.

2) 집단 차원

조직개발은 앞 절에서 살펴본 바와 같이 역사적으로 T-group 활용과 같이 소규모 집단이나 팀 단위의 효과성 향상에 오랫동안 관심을 기울여 왔다. 1960년대에 소개된 T-group training은 조직과 개인의 삶의 향상을 목표로 많은 성과를 가져왔으나 그 성과가 개인의 대인관계 역량을 향상하는 측면이라는 것과 팀과 조직 차원에서의 성과 향상에 영향력이 적다는 연구결과가 발표되면서 조직개발 연구자들은 T-group training에서의 경험을 바탕으로 어떻게 하면 팀의 성과를 향상시킬 수 있는지 새로운 방법을 연구하게 되었다(Dyer, 2005). 이러한 연구결과들을 폭넓게 팀빌딩이라고 하며 방법면에 있어서도 다양하게 소개되고 있다. 팀효과성 연구들에 의하면 팀효과성과 관련된 11가지의 요소는 다음과 같다(Dyer, 2005).

- 분위기와 관계: 팀 조직구성원 간 인간관계와 분위기는 어떠한가?
- 팀활동에 대한 참여: 모든 조직구성원은 팀 활동과 교류에 참여하는가?
- 팀 목표 이해와 수용: 팀 조직구성원들은 팀의 목표를 수용하고 그것에 몰입하는가?
- 경청/정보 공유: 기꺼이 다른 사람의 아이디어를 경청하고 중요한 정보를 공유하는가?
- 갈등조정: 팀을 향상하기 위해서 갈등이 관용되어지고 사용되는가? 회피되는가?
- 의사결정: 의사결정은 어떻게 이루어지는가?
- 조직구성원 성과평가: 조직구성원들은 그들의 성과에 대해 어떠한 피드백을 받았는가?
- 감정의 표현: 자신의 감정을 스스럼 없이 표현할 수 있는 자유가 있다고 느끼는가?
- 업무에 대한 역할과 책임 구분: 업무 분장이 명확한가?
- 리더십: 리더는 선발된 것인가? 리더십은 공유되고 있는가 또는 한 사람에 의해 독점되고 있는가?
- 업무프로세스: 자신들의 업무방식을 모니터링하고 개선할 수 있는가?

(1) 팀빌딩

팀빌딩은 그룹이나 집단 조직구성원들이 업무를 수행하는 방식과 문제해결능력의 개선, 그리고 상호 간의 인간관계 개선을 목적으로 한 다양한 활동들이다. 팀빌딩 관점의 조직개발활동이 적극적으로 활용되고 있다고 볼 수 있는데 팀 내 인간관계뿐 아니라 업무방식 및 프로세스 등 팀 효과성에 영향을 미치는 11개의 요소를 개선하기 위해서 다양한 팀빌딩 방식이 진행된다.

(2) 프로세스 컨설테이션

여기서 프로세스란 업무를 진행하는 절차에 대한 것이라기보다 관계개선을 돕기 위한 조언을 의미한다. 기존의 문제해결 접근과 다른 점은 조직개발 전문가가 컨설턴트로서 문제에 대한 해결책을 제시하여 주는 것이 아니라 집단 조직구성원이 문제를 스스로 인식하고 스스로 해결할 수 있는 능력을 개발하는 데 도움을 주기 위한 개입방법이다. 프로세스 컨설테이션(process consultation)은 고객은 문제와 해결책을 동시에 가지고 있다는 관점을 가진다. 집단의 효과성을 향상시키기 위해서 의사소통, 조직구성원의 기능적 역할과 과업, 집단의 문제해결 및 의사결정, 집단 규범 등 팀 효과성에 관한 것들을 다루게 된다.

(3) 집단 내 직무설계 변화

조직 차원의 조직설계와 집단 차원의 직무설계는 일원화가 중요한데, 이는 조직효과성은 집단효과성이 전제가 될 때 달성되기 때문이다. 3장에서 살펴본 바와 같이 직무설계란 조직 목표 달성과 개인 욕구 충족을 위하여 구조적 및 인간관계 측면을 고려하여 조직구성원의 직무관련 활동을 설계하는 과정이다. 직무설계는 동기부여적 측면에서 직무확대와 직무충실화 등이 고려되어야 한다.

직무확대는 직무내용의 수평적 측면에서 작업의 수와 종류를 증가시킴으로 인해 반복적인 단순업무로 인한 지루함을 극복하게 되고 직무 자체로부터 성취감과 완결성을 느끼게 된다. 직무충실화는 직무내용의 수직적 측면을 강화하여 작업의 수를 증가시키기보다 직무의 기술수준을 더 깊게 하여 직무 자체의 정체성과 중요성을 강화하는 것이다. 이로 인해 고도의 지식과 기술이 증대되고 분석능력 등이 향상될 수 있다.

(4) 이외 다양한 방법

이외에 개인코칭이 아닌 팀 전원이 참여하는 팀코칭이 진행될 수 있다. 또는 팀 비전과 목표 수립을 위해 팀원 전체가 참여하는 비전 워크숍을 가질 수 있다. 조직구성원 역할 명료화나 업무 프로세스 개선을 위해서 조직개발 전문가는 조직구성원들이 무엇을 하는지 관찰하고 인터뷰하고, 구체적인 업무 성과물을 평가하여 업무 프로세스를 검증할 수 있다.

3) 조직 차원

조직은 개방체제로서 외부 환경 변화와 상호작용하면서 지속적으로 변화한다.

앞 절에서 살펴본 바와 같이 내·외부의 환경 변화와 연계한 전략적인 변화에는 사업전략과 비전, 조직구조, 조직문화, 평가시스템, 기술 변화 등이 있다.

조직 차원의 진단결과에 따라서 조직 차원의 개입방법과 범위를 결정하는데, 조직 차원은 최상위 수준의 개입이므로 하위의 집단이나 개인 차원의 개입활동이 동시 또는 순차적으로 실행된다. 예를 들면 한국에서도 IMF 외환위기 당시에 외부적 환경 변화는 거의 모든 조직에 영향을 주었고 조직수준 차원에서 구조조정과 사업영역의 조정뿐 아니라 사업전략과 비전의 변화, 인사평가 시스템의 변화, 조직구성원의 인식과 행동의 변화 등 총체적 변화가 일어나게 되었다. 또는 내부적 요인으로 새로운 CEO가 부임하여 새로운 비전과 사업전략수립으로부터 조직시스템의 전반을 변화시키는 경우에는 조직 차원뿐 아니라 집단 차원과 개인 차원의 변화가 동시에 시도되는 경우가 많이 있다.

(1) 사업전략의 변화

조직은 내·외부의 환경 변화에 따라서 기업 차원에서의 사업전략을 수정하기도 한다. 조직, 특히 기업체는 다른 조직과 경쟁하거나 협력하는 전략을 선택하게 되는데 경쟁전략의 대표적인 예로는 인수합병이나 새로운 사업영역의 진출이 있으며 협력전략의 대표적인 예는 사업제휴와 파트너십과 같은 네트워크 구축이다. 최근에는 오픈 이노베이션(open-innovation) 개념을 활용하여 사업전략에 영향을 주고자 하는 기업들이 있다. 글로벌화 및 인테넷 기술의 발전으로 기업 내부만의 역량으로는 감당하기 어려운 수많은 기술과 정보, 비즈니스 모델들이 나타나면서 외부의 전문가와 조직을 통해서 경쟁력을 키우고자 하는 것이다. 연구개발, 마케팅, 신제품 개발 등에 다양하게 적용할 수 있는 오픈 이노베이션 전략이 날로 중요해지고 있다. 사업전략 변화와 같은 개입은 HRD 기반의 조직개발부서가 단독으로 수행할 수 없는 매우 거시적이고 전문적인 영역이므로 기획 또는 경영전략부서 등과 조직개발부서가 함께 추진해야 하는 영역이다.

(2) 조직구조의 변화

조직구조 변화란 기업의 형태, 기업 내 계층적인 상하관계, 개별 단위조직의 분화 등 조직의 전반적인 업무를 어떻게 하위부문으로 나누고 조정할 것인가에 관한 것이다.

조직구조는 전통적으로 기능, 부문, 매트릭스 구조로 구분되며 사업전략과 적합성이 높게 설계되어야 한다. 이러한 조직구조의 변화는 집단 차원에서의 직무설계에 직접적인 영향을 미치며 정합성이 높아야 한다.

기능별 구조란 가장 일반적인 구조로서 연구개발부문, 생산부문, 마케팅부문, 경영지원부문 등과 같이 기능별로 구조가 나누어져 있다.

부문별 구조란 제품이나 서비스 등을 기준으로 하여 독립된 사업부 체제가 구성되고 각 사업부 내에 세부기능들인 생산, 영업, 지원 등이 편성되어 있는 구조이다.

매트릭스 조직은 기능별 구조와 부문별(사업부별) 구조의 강점을 최대한 살린 조직형태이다. 부하들은 기능별 상사 및 제품별 상사로 이루어진 두 명의 상사에게 보고하게 되는 구조이다.

(3) 조직문화의 변화

조직 차원에서의 조직문화 변화는 조직개발에 있어서 필수불가결한 개입인데 앞 절에서 살펴본 바와 같이 조직문화는 조직구성원에게 의식·무의식적으로 배태된 가치관과 행동양식으로서 조직구성원에게 공식적·비공식적으로 영향을 미치게 된다. 조직구성원의 행동양식이 변화하지 않고서는 새로운 사업전략이 성공하거나 조직구조가 원활하게 작동하는 것을 보장할 수 없다. 조직 차원에서의 개입을 위해서는 조직문화 변화노력이 병행되어야 한다.

(4) 학습조직 구축과 지식경영

학습조직 구축은 조직과 환경과의 상호작용에 중점을 두고 있기 때문에 조직수준에서의 개입과 관련이 있다. 다양한 개념이 있지만 일반적으로 학습조직은 조직을 학습시스템으로 바라보고 있다. 모든 조직구성원이 지식과 정보를 적극적으로 획득 공유하고 새로운 지식을 창조하며 활용하는 것을 통해 새로운 환경 변화에 적응할 수 있도록 끊임없이 학습하고 변신하는 조직을 의미한다. 지식경영이란 조직구성원들이 창조, 획득, 공유한 지식을 체계적으로 관리하는 활동을 의미한다. 학습조직 구축과 지식경영은 새로운 환경 변화에 적응하기 위해서 조직 차원에서 광범위하게 체계적으로 시도되어야 한다.

요약 및 시사점

조직개발의 궁극적인 목적은 조직의 효과성을 증진시키는 것이라는 것이며 조직효과성은 재무적인 측면에서 매출 등과 같이 객관적 지표로 확인이 되거나 조직구성원들의 몰입도나 만족도 등과 같이 주관적으로 인식하는 태도변수 등으로 평가될 수 있다. 또한 조직개발은 외부 환경 변화에 대해 비계획적이고, 통제할 수 없는 반응적인 접근이 아니라 행동과학이론을 기반으로 한 계획적인 개입활동을 의미한다는 것이다.

조직개발의 역사는 개인과 팀 차원의 인간관계 개선에 중점을 두고 발전해 왔으며 최근에는 조직 차원의 전략적 변화에 중점을 두고 발전해 오고 있다. 이에 따라 조직개발 인터벤션(개입활동)은 전통적인 교육훈련으로부터 전략적 변화에 이르기까지 매우 다양하다고 볼 수 있다. 특히, 조직수준에서의 진단활동과 개입활동을 진행하기 위해서는 조직 내 관련부서 또는 관련 전문가들과의 협업이 매우 중요하다.

이러한 조직개발 활동의 변화들은 인적자원개발 전문가들에게 조직에 대한 새로운 시각과 역량습득의 필요성을 시사하고 있다.

앞서 살펴본 대로, 행동과학이론을 기반으로 한 인간관계 개선 중심으로 진행해 오던 조직개발활동이 최근에는 기업의 전략 차원의 변화와 연계되어 조직의 전략, 절차, 구조 등의 개선과 연계된 활동들이 강조되고 있다. 이는 인적자원개발 전문가들이 기존의 교육훈련 중심의 사고와 접근에서 기업전체를 시스템적 관점에서 바라볼 수 있는 역량과 지식 측면에서도 경영학과 경제학 등 비즈니스와 관련된 전문지식을 학습하여야 함을 의미한다. 조직 전체를 바라보고 조직 내의 여러 기능을 넘나들면서 조직효과성에 도움을 주거나 지장을 주는 다양한 요인을 분석해 내고 개입활동을 설계하기 위한 역량이 필요한 것이다.

연습문제 / EXERCISE

01_ 조직개발의 개념과 목적에 대하여 생각해 봅시다.

02_ 행동과학이론이 조직개발의 태동에 미친 영향에 대해 생각해 봅시다.

03_ 조직문화의 개념과 조직문화의 변화에 대해 생각해 봅시다.

04_ 조직의 전략적 변화를 위한 조직개발 개입활동에는 무엇이 있는지 조사하고 공유하여 봅시다.

05_ 인적자원개발전문가가 조직의 전략적 변화에 관련된 조직개발 개입활동을 실행하기 위해 개발이 필요한 역량에 대해 조사하고 발표해 봅시다.

참고문헌 / REFERENCE

김민수, 김재구, 이동명, 이춘우, 장재윤 공역 (2007). **조직개발과 변화**(제8판). 서울: 한경사.

김언수, 김봉선 (2014). **Top을 위한 전략경영**. 서울: 피앤씨미디어.

김영기 (2009). **전략적 HR 로드맵**. 서울: 리드리드 출판.

백기복 (2002). **조직행동연구**(제3판). 서울: 창민사.

이희경 (2014). **코칭심리워크북**. 서울: 학지사.

임창희 (2013). **조직행동**(제4판). 서울: 비앤엠북스.

진현, 강우란, 엄동욱, 예지은, 백성욱, 이병하, 류지성 (2011). SERI형 조직문화 변화관리 모델. 삼성경제연구소.

Beckhard, R. (1969). *Organization development: Strategies and models.* Mass: Addison-Wesley.

Burke, W. W. (1982). *Organization development: Principles and practices.* New York: Little Co.

Cameron, K., & Quinn, R. (1999). *Diagnosing and changing organizational culture.* NY: Addison-Wesley.

Cummings, T. G., & Worley, C. G. (2009). *Organization development & change* (9th ed.). OH: South-western Cengage Learning

Dyer, W. (2005). Team building: Past, present, and future. In W. Rothwell & R. Sullivan (Eds.), *Practicing organization development* (pp.403-419). San Francisco: Pfeiffer.

French, W. L., & Bell, C. H. (1999). *Organization development: Behavioral science interventions for organization improvement* (6th ed.). NJ: Prentice Hall.

Kotter, J. P. (1995). Leading change: Why transformation efforts fail. *Harvard Business Review*, 73(3), 59-67.

McLagan, P. (1989). *The models*. VA: ASTD.

Rothwell, W., & Sullivan, R. (2005). Organization development. In W. Rothwell & R. Sullivan (Eds.). *Practicing organization development* (pp.9-38). San Francisco: Pfeiffer.

Rothwell, W., & Sullivan, R. (2005). Models for change. In W. Rothwell & R. Sullivan (Eds.), *Practicing organization development* (pp.39-80). San Francisco: Pfeiffer.

Schein, E. (1985). *Organizational culture and leadership: A dynamic view.* San Francisco: Jossey-Bass.

Warrick, D. D. (2005). Organization development from the view of the experts. In W. Rothwell & R. Sullivan (Eds.), *Practicing organization development* (pp.164-187). San Francisco: Pfeiffer.

Whitmore, J. (2004). *Coaching for performance*. San Diego, CA: Pfeiffer.

PART ▶ 04

HRD 미래와 과제

CHAPTER 11

수행공학과 성과관리
(Human Performance Technology & Performance Management)

이 찬

1 HRD와 Performance

1) 사전적 의미에 따른 Performance의 해석

수행은 교육학에서 메이거(Mager)의 학습목표 진술에 포함되는 요소 중 하나로, 학습자가 학습의 성취를 증명해 보이기 위해 무엇인가 해 보이는 것을 말한다. 이러한 활동은 관찰가능하고 측정가능한 행동목표로 기술되어야 한다. 성과는 인간 수행의 결과를 뜻한다고 볼 수 있는데, 영단어 퍼포먼스(Performance)는 일반적으로 요건과 기대에 맞도록 행동하는 것, 또는 특정의 과제를 수행한 결과 등으로 해석되는 등 과정과 결과가 모두 포함된 개념이라고 볼 수 있다. 특히, HRD 장면에서 퍼포먼스는 해석의 관점과 사건의 맥락에 따라 과정을 중시하는 퍼포먼스, 결과를 중시하는 퍼포먼스가 각각 다르게 표현되기 때문에, 그 해석이 수행 또는 성과로 혼재되어 있다. 예를 들어, Human Performance Technology는 인간수행공학으로 과정을 중시하는 관점에서 주로 해석되고, Performance Appraisal은 학교 장면이 아니라면 대부분 성과평가로 해석되고 있다.

신덕상과 이희수(2009)는 도착어 관점에서 수행과 성과에 대해 고찰하였다. 첫째, 수행은 사전적으로 생각하거나 계획된 행동을 행한다는 의미를 갖는다. 둘째, 성과는 이루어 낸 일의 결실을 의미한다. 스완슨(Swanson, 1995)에 따르면 Performance는 이해, 운영, 문제해결, 개선, 창조 등 다섯 가지의 위계를 갖고 있으며, 이해, 운영, 문제해결은 시스템을 유지하는 측면에서의 Performance, 창조와 개선은 시스템을 변화시키는 측면에서의 Performance를 각각 의미한다는 것이다(신덕상, 이희수, 2009).

표 11-1. Performance에 대한 학자별 정의

구분	연구	정의
수행 관점	Hale(1988)	고객과 조직의 관점에서 가치가 있는 일을 얼마나 성공적으로 이행하는가에 관한 것
	Nilson(1999)	인간의 정신적, 신체적, 정서적 능력을 활용해 유목적적으로 활동하는 것
성과 관점	Rothwell(1996)	개인, 집단, 조직에 의해 달성된 결과, 성과, 업적
	Rothwell & Sredl(2000)	대개 의미 있는 노력에 대한 결과 또는 성과를 뜻하지만 의미가 다소 다르게 사용될 경우도 있음
	Swanson(2007)	시스템의 생산적인 산출물로서 가치가 있는 것으로, 대개 재화나 서비스의 형태로 나타남

출처: 신덕상, 이희수. (2009). HRD 분야 영어문헌의 이해도 증진을 위한 한국어 번역 고찰: Performance를 중심으로. 평생교육・HRD연구, 5(4), p.176.

Performance는 행동심리학과 인지과학에 근간을 두고 있다. 그 관점에 따라 두 가지로 해석되는데, 관리적 측면에서 접근하고 있는 '성과'는 행동의 결과, 업적 또는 성취로 정의되고, 개발적 측면에서 접근하고 있는 '수행'은 개인과 환경의 상호작용을 통해 목적을 달성하고자 하는 행동으로 정의된다. 수행과 성과가 결코 개별적인 것이 아니며, 조직에서 이를 관리하고 개발하는 주체가 통합적인 관점을 취하고 있을 때, 보다 효과적인 관리와 개발이 가능하다. 수행과 성과가 서로 다른 것이 아니기 때문에 영향을 미치는 요인 또한 동일하다. 학자들은 Performance에 영향을 미치는 변인으로 지능, 성격, 동기 등의 개인차 변인, 과업특성, 물리적 환경 특성, 사회적 환경 특성, 조직 특성 등의 상황적・맥락적 변인을 꼽고 있다.

2) HRD 가치 성향에 따른 Performance의 해석

HRD는 4개의 기본요소 즉, 개인개발, 경력개발, 조직개발, Performance 관리 등으로 구성된다. 각 구성요소의 중요도는 조직의 복잡성, 조직에서 인적자원의 중요성, 인적자원을 개선하기 위한 조직의 적극성 등의 차이로 인해 조직마다 서로 다르다. 이들 네 요소는 "결과"와 "초점" 두 가지 기준에 따라 살펴볼 수 있다. HRD에서 결과는 하루에서 1년까지의 단기적인 것과 1년 이상의 장기적인 것으로 구분된다. HRD의 초점은 개인과 조직으로 나누어진다. 이것을 조합하면 4개의 HRD의 구성요소의 위치와 상호 관계가 만들어진다. 개인개발과 Performance 관리는 둘 다 즉각적인 결과를 산출하도록 계획되기 때문에 단기적 접근이다. Performance 관리가 장기간의 결과를 낳기 위한 도구라는 주장도 있지만 그 대부분이 1분기 혹은 그 이하의 짧은 기간 내에 긍정적인 결과를 창출하는 데 이용된다. 경력개발과 조직개발은 개인의 경력개발 또는 조직의 체제 변화를 위해 필요한 활동들을 통해서 개인과 조직에 영향을 미치기 때문에 장기적인 접근법이다. 이 둘은 모두 일생에 걸친 노력이다. 다른 한편, 개인개발과 경력개발은 개인의 성장과 발달에 초점을 두는 반면, Performance 관리와 조직개발은 조직의 효과성에 초점을 둔 조직 전체적인 접근법을 취한다.

첫째, Individual Development 즉, 개인개발은 새로운 지식과 기술 그리고 개선된 행동의 개발을 의미한다. 이것은 개인의 현재 업무와 관련된 수행개선을 나았다(훈련). 학습은 공식적, 비공식적인 활동을 다 포괄하지만, 대부분 비공식적인 현직훈련인 OJT를 통해 이루어진다.

둘째, Career Development 즉, 경력개발은 미래의 업무를 위한 기술개발에 필요한 개인의 흥미, 가치 역량, 활동, 그리고 과업을 파악하고 분석하는 데 초점을 맞춘다. 경력개발은 개인 활동과 조직 활동을 모두 포함한다. 개인 활동에는 경력계획 경력인식, 경력자원센터의 활용이 있다. 조직 활동은 직무공고제도, 멘토링, 경력자원센터의 개발과 유지, 경력 상담자로서 관리자의 활용, 경력개발 워크숍과 세미나 개최, 인적자원계획, 수행평가 그리고 경력경로 프로그램을 포함한다.

셋째, Organizational Development 즉, 조직개발은 수행 문제와 조직의 비효율성에 대한 새롭고 창조적인 해결방안을 만드는 데 초점을 맞춘다. 그것은 조직문화, 구조, 과정, 사명, 정책과 절차, 경영관행, 전략, 그리고 리더십 사이의 조화를 증진시키고자 한다. 그 결과로 조직은 이 요소들 사이의 긴밀성과 기능성을 높일 수 있다. 조직개발의 궁극적 목적은 조직의 자기갱신 능력과 경쟁력 제고에 있다. 그것은 조직이 스스로를 진단하여 조직의 문제와 약점을 발견하고, 조직을 개선하는 데 필요한 자원을 올바르게 투입하는 능력을 의미한다. 조직구성원들과 변화촉진자(HRD 전문가) 사이의 협력을 통해서 조직은 새롭고 그리고 끊임없이 변화하는 환경에 대응할 수 있다.

넷째, Performance Management 즉, 수행관리 또는 성과관리이다. 이 두 가지는 해석의 차이가 있어 별도로 설명하고자 한다. 먼저 수행관리는 조직의 업무수행활동 개선을 위한 체제적인 접근이다. 수행관리는 업무를 효과적이고 효율적으로 수행할 수 있도록, 그 업무에 적합한 사람이 지식, 기술, 동기 그리고 환경적 지원을 받을 수 있도록 보장하는 것을 목적으로 한다(Fuller & Farrington, 1999). 수행관리는 현재의 수행과 바람직한 수행을 파악하기 위해서 수행분석, 인과분석, 근본원인분석 방법들을 활용한다. 또한 수행관리는 동기부여체제, 조직과 업무환경, 수행평가체제, 직원의 역량 그리고 자원들이 수행에 어떤 영향을 미치는지에 대해 설명한다. 다시 말해, 수행관리는 조직의 수행 문제를 규명하고 바람직한 수행결과를 창출하는 데 유용한 해결책들을 제시하기 위한 종합적인 접근법이다.

한편, 성과관리는 전략적 계획, 수행 기준, 개인별 목표, 수행평가, 훈련, 개별 개발 등을 연결하는 관리 차원의 과정이다. Kessler(1992)는 왜 그것이 발생해야 했는지를 결정하는 것에서부터 성과관리자가 시작되어야 한다고 주장했다. 그는 성과관리가 성과를 유지 또는 향상시키고 수행평가에 있어 일관성을 촉진시키며 높은 수준의 피드백을 제공하도록 조직을 도울 수 있다고 믿었다. 또 구성원들의 개발이나 장점 기반 보상 계획에 평가를 연결시키도록 조직을 도울 수도 있다고 생각하였다. 더욱이 코칭이나 카운슬링을 위한 기초를 형성하고 평가과정 중에 개인적인 투입을 허용하며 질적, 양적인 평가의 혼합을 또한 수용한다. 나아가 성과관리는 직무 요구 및 직무가 얼마나 잘 수행되었는지를 나타내는 요인들에 대한 구성원들의 기대를 관리하도록 돕는 일련의 과정을 제공하기도 한다.

이러한 해석의 차이는 HRD 가치 성향이 어디에 있는지에 따라 다르게 나타난다고 볼 수 있다(전영욱, 2009). 영향력의 소재가 개인에 있다면 HRD 결과물로서 나타나는 Performance는 개인의 직무수행 향상으로 관찰되기 때문에 수행으로 해석되는 경향이 있고, 영향력의 소재가 조직에 있다면 HRD 결과물로서 나타나는 Performance는 조직성과의 향상으로 해석될 여지가 높다.

표 11-2. HRD 가치 성향

구분		HRD 결과물		
		직업에서의 의미	학습	수행/성과
영향력의 소재	개인	일의 유의미성 부여	개인학습 경험 제공	개인의 직무수행 향상
	조직	사회적으로 신뢰할 수 있는 조직 구축	학습시스템 구축	조직성과 향상

출처: Bates, R., Chen, H. C., & Hatcher, T. (2002). Value orientation of HRD scholars and practitioners. Human Resources Development International, 6(4), 229-239.

2 수행공학

1) 수행공학의 대두와 발전

수행공학(Human Performance Technology)은 수행 개선을 위해 수행 수준을 결정하는 문제의 원인을 분석하고, 그 분석결과를 근거로 해결책을 도출하여 궁극적으로 조직의 성과 개선을 도모하는 체계적인 프로세스이다. 수행공학 모델은 조직이 추구하는 목표를 달성할 수 있도록 시스템적 관점에서 다양한 수준과 변인을 중심으로 성과를 분석하는 방향으로 발전되어 왔다. 즉, 체계적인 성과 분석을 위해서는 지식, 스킬, 동기, 성과능력 등 개인 차원의 요인뿐만 아니라, 보상, 피드백, 핵심 프로세스, 지속적인 모니터링 등 환경 차원의 요인을 함께 고려하는 통합적인 관점이 필요하다. 이러한 관점을 반영한 것이 성과 분석 단계에서 성과에 영향을 주는 개인과 조직, 환경적인 요소를 통합적으로 바라본 ISPI 모델이다. 최근 인재개발협회(Association for Talent Development: ATD)는 ISPI 모델을 발전시켜 인재개발협회HPI모델을 발표하였다.

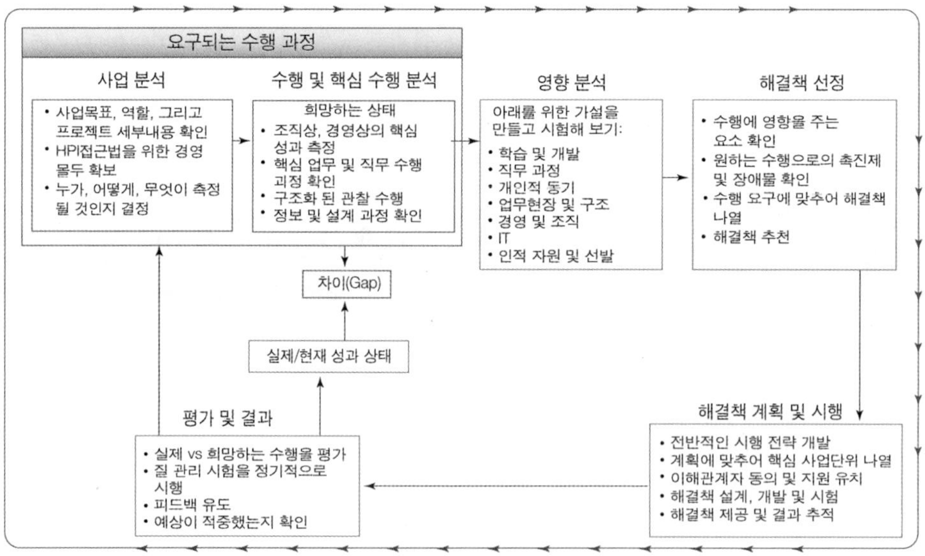

그림 11-1. ATD 인적자원 수행 향상 모델

로빈슨과 로빈슨(Robinson & Robinson, 2008)은 통합적 성과 분석 도구로 차이논리(Gaps Logic)를 제시하였다. 차이논리는 행동공학 모델을 기반으로 현재의 수행 수준과 원하는 수행 간 차이를 분석하는 모형으로 개인에 의한 원인, 환경에 의한 원인에 의하여 그 차이가 발생한다는 대전제를 갖는다. 여기서 개인에 의한 원인은 지식, 능력 및 동기 등이 있으며, 환경에 의한 원인은 자료, 도구 및 보상 등이 있다. 차이논리의 분석을 위해서는 다양한 원인들의 보다 근본적인 원인을 탐색하고, 원인별 중요도 및 영향력을 종합적으로 고려해야 한다. 이러한 종합적 차원에서의 분석을 토대로 우선적으로 해결해야 할 과제를 선별해야 하며 이것이 바로 최적화된 해결책을 모색하기 위한 가장 중요한 요소라고 볼 수 있다.

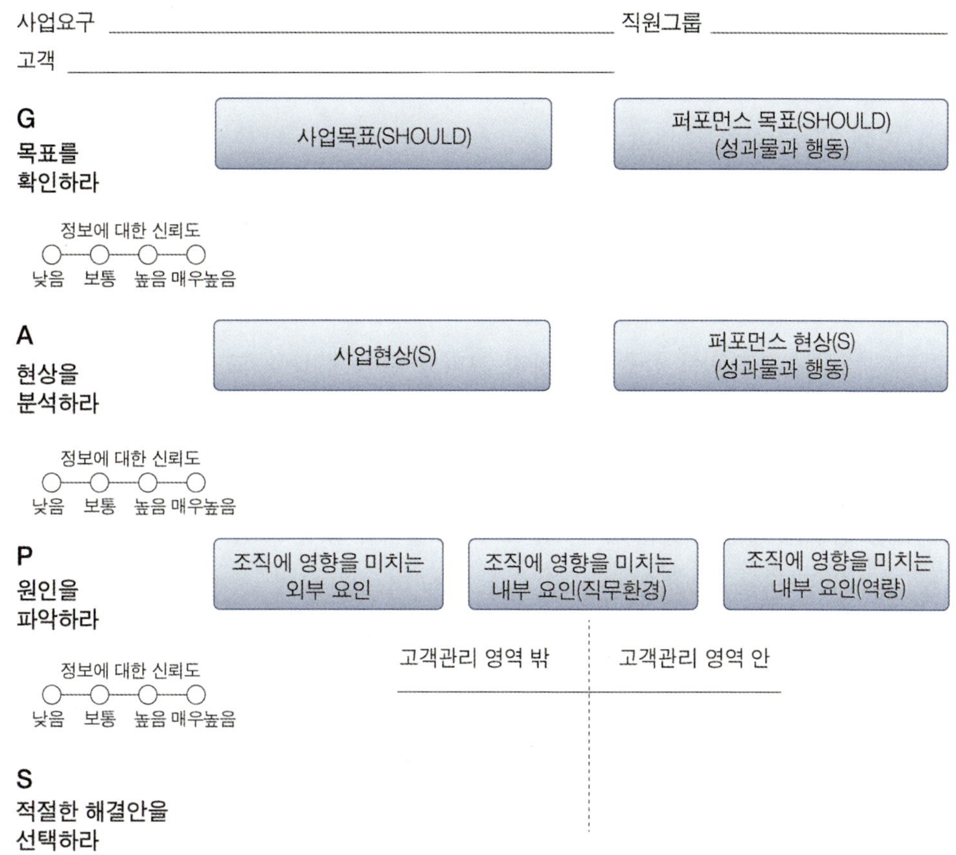

그림 11-2. 로빈슨과 로빈슨(Robinson & Robinson, 2008)의 Gaps Logic

2) 시스템 관점의 수행공학 개입방안

시스템 관점은 조직에 대한 전통적인 관점에서 탈피하여 프로세스 중심으로 조직을 분석함으로써 조직의 문제를 통합적으로 조명하는 데 유용한 도구이다. 시스템 관점은 조직의 사업을 구성하고 성과를 결정짓는 요소를 투입물(inputs), 프로세스(processes), 산출물(outputs), 그리고 문화나 맥락(culture, context)으로 구분하는데, 이는 다시 조직수준과 프로세스 수준, 팀이나 부서수준, 그리고 개인수준으로 구분될 수 있다.

첫째, 조직수준의 개입방안은 조직개발, 성과분석, 액션러닝, 그리고 리엔지니어링 등이 거론된다. 이 개입방안들의 공통된 특징은 집단적인 문제해결 과정을 내포하고 있고, 문제해결 및 개선을 위한 노력이 전체 조직에 영향을 미칠 수 있는 수준이며, 그 기간 또한 장기적이라는 점이다.

둘째, 프로세스 수준의 개입방안으로는 체계적 현장직무 교육훈련(structured on-the-job training: S-OJT)이 대표적이다. 프로세스란 조직을 구성하는 기능들을 가로지르는 일련의 업무 흐름으로, 프로세스 수준의 개입방안은 조직 내 다양한 기능 간 교류를 분석하고 교류과정을 개선함으로써 산출물의 양적 그리고 질적 향상을 도모하는 것이다.

세 번째로 팀 및 부서 수준은 대체로 작업단위 수준의 규모를 의미하며 이 수준에서 활용될 수 있는 대표적인 개입방안은 직무보조물(Job aids)을 예로 들 수 있다. 팀 및 부서수준은 업무를 세분화 했을 때 최종적으로 도달하게 되는 가장 작은 단위의 구성요소를 의미한다. 이러한 개입방안은 비용과 지속 여부에 의해 측정될 수 있는 수준의 규모이고, 계획적으로 통제되며 지속적으로 모니터링된다는 특징이 있다.

넷째, 개인수준은 프로세스를 관리하고 실천에 옮기는 조직구성원의 행위와 직접적으로 관련된 수준을 의미한다. 개인수준 개입방안의 대표적인 예로는 역량모델링이 있다. 역량모델링은 역량의 종류와 역량의 수준을 특정 조직의 업무 체계에 맞게 개발하여 성과창출을 도모하는 것이다. 이때, 조직목적달성에 필요한 구성원들의 기능, 지식 및 태도를 정의하는 일련의 과정을 역량모델링이라고 한다. 역량모델은 특정 직무나 역할을 수행하는 데 요구되는 핵심 능력을 규명할 수 있는 의사결정 도구이며, 성과를 극대화하는 데 필요한 지식, 기술, 태도 및 도구, 전략 등을 설명하는 도구가 된다(Lucia & Lepsinger, 1999).

3 성과관리

1) HRM과 성과관리

성과관리(performance management)란 효과적, 효율적인 조직의 비전 및 전략 달성을 목표로 일련의 지표를 활용하여 조직 및 개인의 성과를 체계적으로 집계·관리·환류하는 일련의 과정이다(황성준, 김진모, 2009). 따라서 성과관리는 조직의 목적과 전략에 인적자원관리의 실행과 방향을 정렬시키는 조직 경영의 한 과정인 인적자원관리와 연관이 깊다. 이는 인적자원관리의 역할이 단순히 조직구성원을 관리하는 것에서 기업 경영의 파트너로 전환되고 확대되면서 부각되게 되었다. 전략적 인적자원관리가 대두되게 된 데에는 여러 다양한 이유가 있겠지만, 기업환경이 변화하고 경쟁이 심화됨에 따라, 기업 경쟁력의 원천을 '인재'에서 찾게 된 데 있다고 볼 수 있다. 노이(Noe, 2004)는 전략적 인적자원관리의 8단계를 직무분석 및 설계(Job Analysis and Design), HR기획(HR Planning), 모집(Recruiting), 선발(Selection), 교육훈련(Training & Development), 보상(Compensa- tion), 성과관리(Performance Management), 노사관계(Employee Relations)로 제시했다. 전략적 인적자원관리는 회사의 전략과 HR의 모든 활동이 서로 연계가 될 수 있도록 인적자원관리 전략을 합치시켜 나가는 것을 의미하며, 이는 각 단계 즉, 직무분석부터 성과관리 노사관계에 이르는 단계들이 수평적인 통합을 이루는 것을 의미한다. 전략적 인적자원관리를 통해 인적자원관리는 회사의 성과 향상에 기여하고, 진정한 의미에서의 전략적 파트너가 될 수 있다.

2) 전략적 성과목표와 목표관리법

전략적 성과목표의 설정은 성과관리를 시작하는 첫 단추이자 기업이 수익을 창출하고 경쟁력을 강화하는 데 핵심이 되는 HR 활동이다. 전략적 성과목표의 구성요소는 미션(mission), 비전(vision), 전략목표(strategy objectives), 핵심성공요인(key success factors: KSF), 핵심

성과지표(key performance indicators: KPI)로 구성되어 있다. 회사, 조직, 기관의 기능이나 존립이유에 해당하는 미션에 따라 장기적인 목표와 바람직한 미래상을 의미하는 비전이 설정되고, 이를 실현하기 위한 여러 사업 부문별 단기적으로 구체화된 목표를 설정하고, 전략목표를 실현하기 위해 성과목표와 성과지표를 보다 구체화해 나가는 것으로 전략적 성과목표의 설정이 이루어진다. 조직의 미션과 비전에서부터 폭포수처럼 흐른다는 뜻에서 '캐스캐이딩(Cascading)'이라는 용어를 사용하기도 한다. 전략적 성과목표의 설정과정은 거시적으로 하향식 방식을 따르고 있지만, 구체적인 성과목표와 성과지표의 설정은 회사의 각 기능별, 부서별, 팀별, 개인별 요구를 수렴하고 반영하는 적극적인 상향식 과정을 포함하지 않는다면, 그 성과목표는 살아 있지 않은 것과 다를 바 없다.

목표관리법을 비롯하여 다양한 성과목표 설정의 방법을 활용함에 있어 유념해야 할 것은 바로 조직의 기능, 부서, 팀, 개인의 요구를 성과목표 설정 과정에 반영하는 것이다. 성과관리는 개인과 조직을 위한 관리시스템이지만, 제도적 지원과 조직구성원 간의 상호 의사소통과 합의가 필수적이다. 조직구성원의 공동 참여를 위하여 의견을 개진할 수 있는 환경을 제공해줄 수 있는 제도의 마련과 중간관리자의 리더십 역량, 코칭 마인드가 요구된다. 특히 조직, 팀, 개인 간 설정한 목표가 불일치하게 되고, 의견이 충돌하게 되면, 조직 내부에 불필요한 갈등을 야기할 수 있다. 많은 조직에서 팀장이나 관리자 리더십 역량에 성과관리 역량과 관련된 부분이 포함되어 있는 것도 같은 맥락이다. 여기에서 우리는 성과관리가 단순한 지표개발도구가 아니라는 점을 인식해야 한다. 즉, 성과관리는 조직구성원 전체가 조직의 전략을 공유함으로써 조직의 궁극적인 목표를 향해 나아갈 수 있도록 도움을 주는 커뮤니케이션 도구이자 스스로 변화해나갈 수 있도록 도움을 주는 변화관리 도구임을 명심해야 한다(Rashid, 1999).

3) 균형성과표(Balanced Scorecard: BSC)

성과관리는 조직의 전략적 목표를 달성하는 것에 본원적인 초점을 맞추고 있는데,

조직구성원들이 상위 조직의 목표를 효과적으로 달성하기 위해 자신의 속한 집단이나 개인이 달성해야 할 목표를 수립하도록 지원하고 수립된 목표에 따라 성과지표를 개발하여 조직수준에 맞는 관리 활동을 전개하도록 지원하는 것이다(황성준, 김진모, 2009).

BSC는 1990년에 재무성과 측정지표에 의존한 기존의 성과측정 시스템이 기업의 미래 가치창출에 장애가 된다는 의문에서 Harvard Business School의 교수인 카플란(Robert S. Kaplan)과 Nolan Norton 연구소의 CEO인 노턴(David P. Norton)이 Analog Devices社의 사례를 바탕으로 12개 기업 CEO와의 그룹토론을 거쳐 개념화한 성과관리 시스템이다. 이후 몇몇 연구 참가자들이 조직에 BSC를 직접 적용하면서 BSC의 유용성을 검증하였고, 카플란과 노턴(Kaplan & Norton, 2005)이 최종적인 연구결과를 1992년에 하버드비즈니스리뷰(Havard Business Review)에 기고하게 되면서 전 세계로 퍼져나가게 되었다(이찬, 임재원, 강두천, 2010).

BSC 시스템이 제대로 기능하여 높은 성과를 거두려면, 첫째, 기업의 전략과의 연계성을 유지해야 한다. 미션·비전과 관점(핵심가치), 관점과 전략목표, 전략목표와 성과지표 그리고 최종적으로 성과지표와 이니셔티브가 유기적으로 연계될 때 성과관리의 실효성을 거둘 수 있다.

둘째, 지표 간 균형을 강조해야 한다. 재무적 지표와 비재무적 지표, 결과지표와 원인지표, 장기지표와 단기지표, 내부지표와 외부지표를 모두 고려해야 한다. 대부분의 기업은 가시적인 재무적 수치만 선호해서 미래 기업가치 창출의 원동력이 되는 무형자산, 즉 인적 자산이나 브랜드 이미지나 기술력에 대해서는 간과하는 오류를 범하기 쉽다. 결과 중시와 과정 중시 관점에서도 균형을 가져야 한다. 과정에 대한 이해 없이는 원하는 결과를 지속적으로 달성할 수 없는 반면, 결과와 연결되지 않는 개선 노력은 조직의 자원 낭비를 초래할 수 있기 때문에 양쪽 모두에 관심을 기울여야 한다. 단기적 지표와 장기적 지표의 경우에도, 장단기 목표 사이의 균형을 통해 재무제표 상에 드러나는 단기적 성과는 물론 조직의 본질가치와 성장동력과 같은 장기적 성과지표도 중요시해야 한다.

셋째, 전략을 실행적인 언어로 조직구성원들에게 명확하게 전달해야 한다. 많은 기업에서 전략이 실제적인 이행으로 이어지지 못하고 구호로만 존재하는 이유는 전략을 조작적 용어나 구체적인 용어로 전환하지 못했기 때문이다. 이를 보다 구체화해서 조직구성원에게 와 닿을 수 있도록 하는 커뮤니케이션 노력이 절대적으로 필요하다. 일부 기업이 선진시스템을 도입하고도 큰 효과를 보지 못하는 이유에는 시스템만 도입하고 이를 내재화하려는 노력이 없기 때문인 경우가 왕왕 있다. BSC 시스템 도입과 동시에 조직구성원 내부, 조직구성원과 기타 주체 간 소통을 증진시키는 것이 성과관리의 효율성을 높이는 길이다.

표 11-3. 민간부문과 공공부문의 성과관리 전략 비교

구분	민간부문	공공부문
미션비전	영리추구(비전중심) 단기적인 전략 달성과제	존재이유/사명(미션중심) 중장기적 전략 달성과제
전략목표	기업 경쟁력	임무달성 효과성 정부기관 평가대응/고객만족
재무지표	이윤, 성장, 시장점유율	비용절감, 효율성
조직가치	혁신, 창조, 신용도, 인지도	공공의무, 성실, 공정, 친절도 조직역량, 고객만족
성과결과	고객만족, 수익률 증대	직무충실, 고객요구 대응/만족
이해관계자	주주, 소유주, 시장	납세자, 감사인, 입법자, 상급기관, 예산관계기고나, 인력관계기관
예산우선순위	고객요구, 사업부서 요구	지도자, 입법자, 기획인력
비밀 정당성	지적자산 보호 독점지식의 보호	국가안전 보장
주요성공요인	성장률, 매출액, 시장점유율, 유일성 첨단기술	우수관리사례, 일률성, 규모의 경제, 표준화된 기술

출처: Arveson, P. (1999). "Translating Performance Metrics from the Private to the Public Sector", Retrieved from www.balancedscorecard.org

우리나라에서는 민간기업뿐만 아니라 공공부문의 HRD에서도 균형성과표를 활용한 성과관리제도가 다양하게 추진되고 있는 실정이다. 민간기업과 공공부문은 미션이나 비전, 재무 구조에 있어 차이점이 있기 때문에 균형성과표를 달리 해석하여 활용하고 있다.

4) 성과 모니터링

성과 모니터링은 기존의 성과관리 제도의 효율성을 높이기 위한 방법으로, 최근에는 목표설정-중간점검-평가의 단계로 이루어진 지속적인 커뮤니케이션 과정인 성과모니터링이 강조되고 있다. 성과모니터링은 크게 조직수준과 개인수준으로 구분되는데, 조직수준의 성과모니터링은 성과모니터링 방법 설계, 성과모니터링 실행, 액션플랜 수립 단계로 이루어진다. 구체적으로는 첫째, 설계 단계에서는 모니터링의 대상, 항목, 절차를 설계하고, 둘째, 실행 단계에서는 계획에 따라 자료를 수집하고 점검하고 검토하며, 셋째, 액션 플랜 수립 단계에서는 성과 차이 즉, Gap을 확인하여 이에 대한 해결방안을 수립한다. 조직에 따라 단계의 명명방식이나 세부 절차에는 차이가 있으나 기본적인 프로세스는 이 틀에서 유지된다.

최근에는 개인수준의 성과 모니터링 과정이 강조되고 있다. 개인수준의 성과모니터링은 효율적인 성과관리를 돕고, 관리자와 직원 간 커뮤니케이션을 향상시키며, 성과목표 중심의 사고방식과 업무처리를 가능하게 하고, 주체적인 자기개발을 계획하고 실천하도록 돕는 것으로 알려져 있다. 개인수준의 성과모니터링에서 고려해야 할 점은 5가지로 제시된다. 첫째, 성과목표와 직무수행자의 목표가 잘 합의되고 있는지, 둘째, 직무수행자가 성공적인 직무 수행을 할 수 있는 합당한 지원이 주어지고 있는지, 셋째, 직무수행을 통해 성과 목표가 효율적으로 달성되고 있는지, 넷째, 직무수행자들의 산출물 및 결과에 대한 정보가 객관적으로 제공되고 있는지, 마지막으로 수행자가 직무수행에 필요한 역량과 여건을 갖고 있는지 확인해야 한다. 이런 점검 요소들은 조직구성원들이 달성할 수 있는 이상적인 목표를 설정하고, 점검하고, 보완하고, 지원해 주는 데 중요한 부분이다.

무엇보다 성과모니터링이 성공적으로 실행되기 위해서는 조직구성원 전체의 공감대가 형성되어 있어야 하고, 성과평가 시 발생할 수 있는 오류를 감소시키기 위한 운영체제가 형성되어 있어야 하며, 성과모니터링의 목적이 개인의 성과문제 개선뿐 아니라 전체적인 조직의 성과 창출에 있음을 분명히 해야 한다.

4 퍼포먼스를 위한 HRD 담당자의 역할

T&D에서 HRD의 개념이 논의되고 더 나아가 오늘날까지 미국을 중심으로 HRD 담당자들의 역할 구명을 위해 다양한 연구가 진행되었다. 아래 표를 살펴보면 근래까지 표명되었던 HRD 담당자들의 역할의 변화를 들여다볼 수 있다. 일부 학자들은 역할을 HRD 담당 직업의 종류 또는 분류로 해석하였다.

표 11-4. 수행공학 및 성과관리를 위한 HRD 담당자의 역할

<table>
<tr><th>연구자(연도)</th><th colspan="3">역할 구분</th></tr>
<tr><td rowspan="3">Nadler(1970)</td><td>행정담당자</td><td colspan="2">직원 개발자, 진행 프로그램 감독자,
관계 유지자(지역), 조정자(시설, 재정)</td></tr>
<tr><td>컨설턴트</td><td colspan="2">옹호자, 전문가, 자극자(질문), 변화촉진자</td></tr>
<tr><td>학습전문가</td><td colspan="2">학습 퍼실리테이터, 교육과정 개발자, 교수 전략가</td></tr>
<tr><td>Pinto & Walker
(1978)</td><td colspan="3">요구 분석 및 진단, 교수훈련 접근법 결정, 프로그램 설계 및 개발,
교보재 자원 개발, 내부 자원 관리, 외부 자원 관리,
개인 개발 계획 및 상담, 직무 수행/성과 관련 교수훈련,
집합 교수훈련, 그룹 및 조직 개발, 교수훈련 연구,
매니저 및 고객간의 관계 관리, T&D 기능 관리, 전문적 자기 개발</td></tr>
<tr><td rowspan="4">McLagan &
McCullough
(1983)</td><td>인터페이스</td><td>마케터, 전이 촉진자, 그룹 퍼실리테이터, 교수자</td><td rowspan="4">관리자</td></tr>
<tr><td>개념(구상)개발</td><td>프로그램 설계자, 교안 작성자, 이론가</td></tr>
<tr><td>연구</td><td>평가자, 업무 분석가, 요구 분석가,</td></tr>
<tr><td>리더십</td><td>전략가, 매체 전문가, 개인개발 상담자, 프로그램
운영자</td></tr>
</table>

<table>
<tr><th>연구자(연도)</th><th colspan="2">역할 구분</th></tr>
<tr><td rowspan="3">Nadler(1984)</td><td>교수학습 전문가</td><td>학습 촉진자, 교수학습 프로그램 설계자, 전략 개발자</td></tr>
<tr><td>HRD 관리자</td><td>HRD 제도 개발자, 프로그램 감독자, 관계 유지자, HRD 인력 개발자, 시설 및 재정 조정자</td></tr>
<tr><td>컨설턴트</td><td>전문가, 옹호자, 촉진자, 변화 관리자</td></tr>
<tr><td rowspan="5">Hayton(1984)</td><td>준비</td><td rowspan="5">직원 개발 교수자, 직원 개발 프로그램 담당관,
직원 개발 담당관, 직원 개발 프로그램 관리자,
직원 개발 연구 관리자, 직원 개발 관리자</td></tr>
<tr><td>교수</td></tr>
<tr><td>연구</td></tr>
<tr><td>관리</td></tr>
<tr><td>개인 개발</td></tr>
<tr><td>Laird(1985)</td><td colspan="2">행정담당자, 컨설턴트, 설계자, 강사</td></tr>
<tr><td>Varlaam & Pole (1988)</td><td colspan="2">기본 단위의 열성이 있는 교수훈련가, 고등의 열성이 있는 교수훈련가, 교수훈련 관리자, 교수훈련 제공을 위한 통합형 역할</td></tr>
<tr><td>McLagan & Suhadolnik(1989)</td><td colspan="2">행정담당자, 평가자, HRD 매니저, HRD 자료 개발자,
개인 경력개발 상담자, 교수자/퍼실리테이터, 마케터, 요구 분석자,
조직변화 촉진자, 프로그램 설계자, 연구자</td></tr>
<tr><td rowspan="4">Gilley & Eggland (1989)</td><td>관리자</td><td>평가자, T&D 관리자, 마케터, 프로그램 운영자, 전략가</td></tr>
<tr><td>학습전문가</td><td>평가자, 그룹 퍼실리테이터, 교안 작성자,
교육매체 전문가, 요구 분석자, 프로그램 설계자,
과업 분석자, 이론가</td></tr>
<tr><td>교수설계자</td><td>평가자, 교안 작성자, 교육매체 전문가, 요구 분석자,
프로그램 설계자, 과업 분석자, 전이 촉진자</td></tr>
<tr><td>컨설턴트</td><td>평가자, 그룹 퍼실리테이터, 산업개발 상담자, 강사,
마케터, 요구분석자, 전략가, 과업 분석자, 전이 촉진자</td></tr>
<tr><td>McLagan(1996)</td><td colspan="2">인적자원 전략 조언자, 인적자원 시스템 설계 및 개발자,
조직변화 컨설턴트, 조직설계 컨설턴트, 학습 프로그램 전문가,
강사/퍼실리테이터, 개인개발 및 경력 컨설턴트, 수행/성과 컨설턴트,
연구자</td></tr>
<tr><td>Rothwell(1996)</td><td colspan="2">분석자, 개입 전문가, 평가자, 변화 관리자</td></tr>
<tr><td>Piskurich & Sanders(1998)</td><td colspan="2">HRD 관리자, 분석자, 설계자, 개발자, 실행자, 교수자, 평가자,
조직변화 촉진자</td></tr>
<tr><td>Rothwell, Sanders & Soper(1999)</td><td colspan="2">관리자, 분석자, 인터벤션 선택자, 인터벤션</td></tr>
</table>

연구자(연도)	역할 구분	
Gilley, Eggland & Gilley(2002)	학습 촉진자	평가자, 조직 촉진자, 교수자료 작성자, 교수자, 교육매체 전문가, 요구 분석자, 프로그램 설계자, 직무분석가, 전이촉진자
	교수설계자	프로그램 설계자, 교수자료 작성자, 교육매체 전문가, 직무분석가, 이론가
	수행/성과 공학자	수행/성과 공학자
	HRD 컨설턴트	관계형성자, 의사소통자, 협력자, 영향력 행사자, 전략가, 문제해결자, 탐색자, 전략적 동반자, 체제연계자
	HRD 리더	전략적 사업동반자, 평가자, 조직의 학습
Bernthal et al. (2004)	교수학습 전략가, 사업 파트너, 프로젝트 관리자, 기술적 전문가 (경력계획과 핵심인재 관리, 코칭, 훈련 전달, 학습 설계, 조직의 변화 촉진, 인간 수행/성과 향상, 조직 지식관리, 학습 기능 관리, 측정과 평가 등 9개 전문분야 중 1개 이상의 전문성 보유)	
Rothwell(2006)	관리자	예산 확보 및 관리, 교육장비 선택·구매·평가, 교육담당 직원에게 리더십 및 감독권 부여, 요구파악, 교육과정 수립, 교육 실시 및 평가, 교육기획 및 성과에 관한 정보 습득 및 공유
	분석자	개개인의 업무효율 차이의 원인 규명 및 해결, 교육 요구의 파악과 이해, 업무효율 증진을 위한 영역 발견
	해결책 선택자	WLP 해결책 및 비WLP 해결책 선택을 통한 수행/성과 차이의 근본 원인 해결
	해결책 설계자 /개발자	촉진자, 교수자, 프로그램 설계자, 업무분석가, 학습자료 전문가, 미디어 전문가, 전략가, 이론가
	해결책 실행자	강의실 교육훈련 실시, 그룹 및 조직개발, 개인개발 계획 및 상담, 내부 자원 관리, 외부 자원 관리
	변화 주도자	조직원의 변화 적응을 위한 조력, 변화방향 창출, 조직원들이 변화를 수용하도록 고취, 해결책 지속적 관찰, 이해관계자들이 요구하는 결과와의 일관성 유지
	평가자	현상과 목표와의 갭 차이, 해결책의 성과목표 규명, 해결책의 목표 달성에 대한 효과성 평가, 후속 연구 분석, 조직 구성원의 해결책 납득 규명
Arets, Jennings & Heijnen(2015)	성과 문제 분석가, 성과 개선 설계자, 성과 창출 개발자, 성과 변화 주도자, 성과 결과 추적자	

예를 들면, 발람과 폴(Varlaam & Pole, 1988)은 기본 단위와 고등 단위의 열성이 있는 교수 훈련가, 교수훈련 관리자, 그리고 교수훈련 제공을 위한 통합적인 역할을 가지고 있는 사람 등으로 나누었다. 다른 학자들은 역할을 HRD 담당자의 직무 및 업무의 집단으로 해석한다. 예로 핀토와 워커(Pinto & Walker, 1978)의 경우 HRD 담당자의 역할과 그에 적합한 직업명을 제시하였다.

역할 구명에 있어 연구들의 추가적인 차이점을 들여다보면 구명을 위한 연구방식이 다르다. 핀토와 워커(Pinto & Walker, 1978), 맥라간(McLagan & McCullough, 1983; McLagan & Suhadolnik, 1989), 헤이톤(Hayton, 1984) 등은 양적 연구를 통해 역할을 구명한데 비해 내들러(Nadler, 1984), 발람과 폴(Varlaam & Pole, 1988) 등은 질적 연구를 통해 역할을 구명하였다.

표를 보면 전반적으로 HRD 분야가 여러 세대를 거쳐나가며 교수훈련, T&D, 그리고 HRD으로 오기까지 여러 변화를 거쳤지만, 그에 비해 HRD 담당자의 역할은 크게 변하지 않았다. 이는 핀토와 워커(Pinto & Walker, 1978)가 구명한 역할이 맥라간(McLagan, 1989)이 구명한 역할과 비슷한 모습을 띠고 있음을 보면 알 수 있다. 하지만 시대의 흐름에 따라 역할의 중점이 변화하는 모습은 포착될 수 있는데, 내들러(Nadler), 맥라간(McLagan)과 같은 학자의 연구에 덧붙여 그 후에 지속된 연구들의 동향을 보면 HRD 담당자 역할의 영역이 초기 교수훈련 및 개발(T&D)에서 점차 경력개발과 조직개발, 성과관리 등으로 영역을 넓혀간 것에 맞추어 개인에게의 직접적인 학습에서 개인과 조직의 성과를 강화시키는 쪽으로 확대되고 있음을 파악할 수 있다. 발람과 폴(Varlaam & Pole, 1988)을 제외하곤 전반적으로 각 시대 트렌드에 맞추어 HRD 담당자 역할의 변화를 보여주고 있다.

HRD 담당자 역할에 대해 처음 구명한 학자는 내들러(Nadler, 1970)이며, 그는 1970년 연구에서 행정담당자, 컨설턴트, 그리고 학습전문가로 HRD 담당자의 역할을 구분하였다. 맥라간(McLagan)과 내들러(Nadler)는 T&D, 혹은 HRD 분야와 이 분야 전문가들의 역할은 지속적인 변화를 거치고 있다고 주장했다. 이에 따라 내들러(Nadler)는 1964년에

HRD 훈련가의 첫 역량 모델을 개발하였지만 그 후 HRD 활동의 변화에 따라 꾸준히 수정작업을 거쳐나갔다(Nadler, 1984). 1984년에 그는 행정담당자에서 HRD 관리자로 HRD 담당자의 역할 중 일부를 바꾸었으며, 이는 내부 컨설턴트로서의 역할의 중요성이 증가하였음을 보여주었다.

이와 유사하게 맥라간(McLagan, 1983)이 진행한 연구의 가정은 HRD 담당자들의 조직 내 위치가 점점 올라가고 있다는 것이었으며, 이에 역할의 범위가 정책(제도), 전략, 그리고 조직적 문제를 해결하기 위한 도움 등 더 넓고 중요한 역할의 증대가 이루어졌다고 보았다. 그의 1983년 연구에서는 T&D를 조직개발과는 다른 분야로써 개인이 현재 및 미래 직장에서의 수행을 위해 핵심 역량을 구명하고, 평가하며, 개발하도록 도와야 한다고 보았다. 하지만 1989년 연구에서는 HRD로 구명하며 이를 개인, 그룹, 그리고 조직의 효과성의 향상하기 위한 훈련 및 개발, 조직개발, 그리고 경력개발의 통합으로 설명하였다. 그의 1996년 연구에선 수행/성과 컨설턴트로서의 역할을 추가하였다.

1989년 길리와 에그랜드(Gilley & Eggland, 1989)는 기존 내들러(Nadler)가 표명한 역할에서 교수설계자를 추가하였다. 그 후 그들의 2002년 연구에서는 학습 촉진자와 수행/성과 공학자가 추가되었다. 이에 2000년대에 들어 HRD 내에 촉진자로서의 역할과 맥라간(McLagan)의 연구와 같이 수행/성과의 중요성이 더욱 부각됨을 보여준다.

피스쿠리치와 샌더스(Piskurich & Sanders, 1998)는 HRD의 교육공학적 영향을 고려하여 HRD 담당자의 역할에 ADDIE 모형을 결합하였다. 이에 HRD 담당자의 역할로 분석자, 설계자, 개발자, 실행자, 평가자 등과 같이 구분되었다.

번탈 등(Bernthal et al., 2004)의 학자가 진행한 ASTD 역량보고서에서는 HRD 담당자의 역할로 교수·학습 전략가, 사업 파트너, 프로젝트 관리자, 기술적 전문가를 표명하였는데, 과거 타 연구에 제시된 역할과는 달리 사업 파트너가 추가되었다. 이는 HRD 분야의 변화에 맞추어 HRD 담당자의 역할이 늘어나며 내부 컨설턴트로서의 역할로 추가된 부분 중 하나인데, 사업과 산업에 대한 이해를 바탕으로 성과 향상을 위해 제언을 하는 역할을 의미한다.

로스웰(Rothwell, 2006)은 기존의 교육훈련이나 HRD를 넘어 WLP(Workplace Learning and Performance)를 주장하며, 이에 기반하여 HRD 담당자의 역할을 구명하였다. WLP는 개인과 조직의 성과향상을 목표로써 중심을 두어 전략 또는 해결책을 통한 업무현장에서의 변화를 이끌어 내고자 한다. 로스웰은 과거 다른 학자들과 함께 했던 연구들과 질적 연구를 바탕으로 WLP 기반 HRD 담당자의 역할을 구명하였는데, 성과중심으로 통합된 HRD와 비슷한 맥락을 같이 한다고 볼 수 있다.

최근 들어 기업 HRD 인터벤션의 방법으로 70:20:10 전략이 대두되면서 이에 맞추어 HRD 담당자의 역할 또한 새로 규명되었다. 아레츠, 제닝스와 헤이넨(Arets, Jennings & Heijnen, 2015; 이찬 외 역, 2016)은 기존에 피스쿠리치와 샌더스(Piskurich & Sanders, 1998)과 로스웰(Rothwell, 2006)이 제시했던 역할 중 분석가, 설계자, 개발자, 실행자, 평가자로서의 역할을 성과 향상에 중점을 두어 성과 문제 분석가, 성과 개선 설계자, 성과 창출 개발자, 성과 변화 주도자, 그리고 성과 결과 추적자로 역할을 제시하였다.

[사례] BSC 활용 기업 사례

BSC는 1990년대 후반부터 우리나라의 일부 기업들이 선도적으로 도입하면서 알려지기 시작하였고, 2000년에는 한국 BSC연구회가 창립되며 BSC에 대한 여러 연구 및 사례연구가 진행되었다. 여러 기업에서 다수의 성공적인 BSC 사례를 보여주었는데, 3가지 다른 분야 산업의 기업 사례를 들여다보도록 하자.

• 제조업-포스코

포스코는 가치 중심의 성과주의 경영을 성공적으로 수행할 수 있도록 기반이 되어줄 도구로 BSC를 도입하였다. 포스코는 2000년 BSC를 도입한 이래 1단계로 전사 및 5대 프로세스를, 2단계로 전사 및 14개 부문을 그리고 3단계에서는 부/실 단위로 BSC를 도입하여 지속적으로 BSC를 확대하고 발전시켜 왔다. 또한 포스코는 BSC 지표와 평가를 연계하였는데, 기존의 문화에서 성과 중심적인 문화로 변화를 이루는 데 있어 촉진제로 BSC를 적극 활용하고 있다. 또한 전략, 예산 등과 함께 BSC의 수립 주기를 일치시키는 등 BSC의 운영 효율성을 높이기 위해 여러 방안을 시도하고 있다.

• 서비스업-KTF

KTF는 BSC의 도입부터 성공적인 절차를 밟았는데, 그 이유는 초기 BSC 도입 목적이 명확했기 때문이다. 일차적으로 KTF는 BSC 시스템이 필요한 이유와 그 장점 및 한계를 인식한 상태에서 도입을 진행하였다. 또한 KTF의 BSC 성공 요인 중 하나는 핵심경영프로세스(Core Business Process)의 일체화인데, BSC를 성공적으로 실행하기 위해서 그에 적합한 인프라가 구축하고, 전략, 예산, 분석, 평가 등의 핵심 프로세스가 한 방향을 바라보는 'Single View' 형태를 수립하였다. 이러한 변화는 BSC를 도입에서부터 효율적이고 효과적으로 사용되는 데 기반이 되었다.

• 공공업계-KOTRA

KOTRA는 공공기관 중 앞서 BSC를 도입한 기관 중 하나이다. KOTRA는 2000년대 들어서며 내부에서 무역/투자 전문기관으로서 확고한 위상을 세우고, 수출과 투자를 구체적으로 실현시킬 수 있는 성과 창출, 그리고 능력과 실적으로 보상 받는 직장으로 변화되어야 한다는 소리가 나오기 시작했다. 원래 공공기관에서 성과 위주로 진행이 되기 어려웠던 이유는 공공부문의 성과를 측정할 수 있는 지표의 선정이 쉽지 않았기 때문인데, 이를 극복하기 위해 조직의 미션 수행에 있어 중요한 CRM(고객관계관리)과 BSC 시스템을 연계하여 운영하였다. 또한 이를 일단위로 측정하여 전 세계 구성원이 실시간으로 조회할 수 있도록 하여 구성원들의 고객 지향적 문화로 혁신할 수 있도록 만들었다.

요약 및 시사점

HRD 측면에서 퍼포먼스는 해석의 관점과 사건의 맥락에 따라 '수행' 또는 '성과'로 달리 표현된다. 관리 측면의 '성과'는 행동의 결과, 업적 또는 성취로 정의되며, 개발 측면의 '수행'은 개인과 환경의 상호작용을 통해 목적을 달성하고자 하는 행동으로 정의된다. 수행과 성과는 결코 개별적인 개념이 아니며, 조직이 이에 대해 통합적인 관점을 취할 때 효과적인 인적자원관리와 개발이 가능하다.

수행공학(human performance technology)은 수행 개선을 위해 수행 수준을 결정하는 문제의 원인을 분석하고 분석결과를 토대로 해결책을 도출하는 활동이다. 수행공학 모델은 시스템적 관점에서 조직의 사업 구성 및 성과 결정 요인을 투입물, 프로세스, 산출물, 문화, 맥락으로 구분하며 이것은 다시 조직수준, 프로세스 수준, 팀·부서 수준, 개인 수준으로 분류된다.

성과관리(performance management)란 효과적, 효율적인 조직의 비전 및 전략 달성을 목표로 일련의 지표를 활용하여 조직 및 개인의 성과를 체계적으로 집계·관리·환류하는 일련의 과정이다. 따라서 성과관리는 조직의 인적자원관리와 연관이 깊으며 전략적 인적자원관리를 위해 기업은 회사의 전략과 HR의 전 활동이 연계될 수 있도록 직무분석 및 설계, HR기획, 모집, 선발, 교육훈련, 보상, 성과관리, 노사관계 등의 8단계를 수평적으로 통합시킬 필요가 있다.

성과관리 시스템으로서 BSC가 기능하기 위해서는 기업 전략과 성과의 연계성을 유지하고 지표 간 균형을 강조하며 전략을 실행 언어로 조직구성원들에게 명확히 전달하는 과정이 필요하다. 최근에는 기존의 성과관리 효율을 높이기 위해 목표설정-중간점검-평가의 단계로 이루어진 지속적 커뮤니케이션 과정과 개인 수준의 성과 모니터링 과정이 강조되고 있다. 성공적인 성과 모니터링 실행을 위해 조직구성원 간 공감대 형성, 운영체제 형성에 힘쓰며 성과모니터링의 조직적 의미를 분명히 할 필요가 있다.

PART 04

HRD 미래와 과제

Human Resources Development

연습문제 / EXERCISE

01_ Performance의 각 관점에 따른 개념과 정의에 대하여 생각해 봅시다.

02_ 수행공학의 개입방안을 통하여 어떻게 조직성과 향상을 이룰 수 있을지 생각해 봅시다.

03_ 성과관리제도의 효율성 및 효과성을 높이기 위해 어떠한 방법이 있을지 생각해 봅시다.

04_ 균형성과표(BSC)의 효율적인 활용을 위해 조직은 어떠한 변화를 취해야 할지 생각해 봅시다.

05_ Performance의 중요성이 대두되며 HRD 담당자의 역할이 어떻게 변화를 이루었는지 생각해 봅시다.

참고문헌 / REFERENCE

신덕상, 이희수 (2009). HRD 분야 영어문헌의 이해도 증진을 위한 한국어 번역 고찰: Performance를 중심으로. **평생교육 · HRD연구**, 5(4), 171-193.

이찬, 임재원, 강두천 (2010). 공공부문의 BSC 기반 성과관리시스템의 개선 전략. **농업교육과 인적자원개발**, 42(2), 243-262.

전영욱 (2009). 대기업 인적자원개발담당자의 가치성향. **산업교육연구**, 18, 1-22.

황성준, 김진모 (2009). 성과관리 이론에 기초한 기업교육 성과지표 탐색. **농업교육과 인적자원개발**, 41(3), 2590278.

Arveson, P. (1999). Translating Performance Metrics from the Private to the Public Sector. Retrieved from www.balancedscorecard.org

Fuller, J., & Farrington, J. (1999). From training to performance improvement: Navigating the transition. Jossey-Bass/Pfeiffer.

Kaplan, R. S., &Norton, D. P. (2005). The balanced scorecard: measures that drive performance. *Harvard Business Review, 83*(7), 172.

Kessler, I., & Purcell, J. (1992). Performance related pay: objectives and application. *Human Resource Management Journal, 2*(3), 16-33.

Lucia, A. D., & Lepsinger, R. (1999). *Art &Science of Competency Models.* San Francisco, CA:

Jossey-Bass.

Noe, R. A., Hollenbeck, J. R., Gerhart, B., & Wright, P. M. (2004). *Fundamentals of human resource management* (Vol. 2). McGraw-Hill.

Rashid, N. (1999). *Managing performance in local government.* Kogan Page Publishers.

Robinson, D. G., & Robinson, J. (2008). *Performance consulting: A practical guide for HR and learning professionals.* Berrett-Koehler Publishers.

Swanson, R. A. (1995). Human resource development: Performance is the key. *Human Resource Development Quarterly, 6*(2), 207-213.

CHAPTER 12

글로벌 HRD(Global HRD)

리 상 섭

2016년 미국 경제전문지 포춘이 선정한 '2016 글로벌 500대 기업'에 한국 기업 중 삼성전자 13위, 현대자동차 84위, 포스코 173위, LG전자 180위, 기아자동차 208위, LG 디스플레이 429위 등 15개 한국 기업이 포함되었다(중앙일보, 2016). 또한, 〈표 12-1〉과

표 12-1. 한국 10대그룹의 국내 및 해외매출 비중

순위	그룹명	내수 비중			해외 비중		
		2012년	2011년	증감	2012년	2011년	증감
1	삼성	25.9	32.3	−6.4	74.1	67.7	6.4
2	현대차	51.3	52.2	−0.9	48.7	47.8	0.9
3	SK	61.4	62.4	−1.0	38.6	37.6	1.0
4	LG	38.3	42.9	−4.7	61.7	57.1	4.7
5	포스코	54.9	54.2	0.7	45.1	45.8	−0.7
6	롯데	89.4	86.8	2.6	10.6	13.2	−2.6
7	현대중	28.8	26.6	2.2	71.2	73.4	−2.2
8	GS	46.6	47.7	−1.1	53.4	52.3	1.1
9	한진	22.3	23.2	−1.0	77.7	76.8	1.0
10	한화	63.8	63.0	0.8	36.2	37.0	−0.8
합계 및 평균		44.7	47.3	−2.6	55.3	52.7	2.6

출처: 토마토뉴스, 2013

같이 2013년 조사된 2012년 한국 10대그룹의 전체 매출 중 해외 매출 비중은 각각 삼성그룹의 74.1%, 현대자동차그룹의 48.7%, SK그룹의 38.6%, LG그룹의 61.7%, 포스코그룹의 45.1%이다(토마토뉴스, 2013). 이러한 데이터를 통해 우리는 직·간접적으로 한국 기업의 글로벌화 정도와 세계 시장에서의 위상을 엿볼 수 있다. 이러한 한국 기업의 글로벌화는 단순히 한국 기업의 전체 매출 중 해외 매출 비중의 증가뿐만 아니라 한국 기업의 비한국인 임직원 수의 증가에 영향을 미치고 있다(리상섭, 최효식, 2007; 리상섭, 2012; 리상섭, 2015, 3월).

이렇게 한국 기업이 세계 무대에서 지속적인 글로벌 경쟁력을 확보하고 해외 사업을 성공적으로 수행하기 위해서는 해외 법인의 현지화를 위해 우수한 주재원과 법인장의 육성과 함께 해외 법인에 근무하는 역량 있는 현채인의 채용과 육성이 매우 중요하다(Lee, 2004, 2005; 리상섭, 최효식, 2006, 2007; 리상섭, 2012). 따라서, 한국 기업에서 한국인 임직원과 비한국인 임직원 육성을 위한 글로벌 HRD에 대한 관심이 지속적으로 높아지고 있으며, 나아가 해외 법인의 운영 주체를 한국인 주재원 또는 현채인 중심으로 운영할지에 대한 고민이 깊어지고 있다(리상섭, 최효식, 2006, 2007; 리상섭, 2012; 리상섭, 2015, 3월).

그러나 한국 기업은 본사의 임직원과 해외 법인의 주재원이 한국어를 주로 사용하는 한국인 임직원으로 구성되어 있어 한국어에 능숙하지 않은 비한국인 임직원의 한국 기업의 조직 적응과 한국인 임직원과의 의사소통이 쉽지 않다(리상섭, 2015, 3월). 또한 한국 기업의 조직문화 특수성으로 표현되는 야근 및 박봉과 진출 국가에 따라 다르나 해외에서 상대적으로 낮은 한국 국가 브랜드로 인해 역량 있는 비한국인 임직원의 채용과 육성이 쉽지 않다(Lee, 2004, 2005; 리상섭, 최효식, 2006, 2007; 리상섭, 2015, 3월; 리상섭, 2016, 2월). 따라서, 본 장에서는 최근 이슈가 되고 있는 한국 기업의 글로벌 HRD에 대하여 논의하고자 한다.

1 글로벌 인적자원개발

효율적인 글로벌 HRD 실행을 위해서는 한국 기업의 본사와 해외 법인 간의 유기적인 HRD 체계가 잘 구축되어 있어야 한다. 좀 더 구체적으로 한국 본사와 해외 법인 간의 명확한 역할 분담에 따른 HRD 제도, 조직, 담당자 등이 잘 정비되어 있어야 한다. 조직 전략과 이슈에 따른 HRD 전략을 바탕으로 한국 본사와 해외 법인이 유기적으로 각각의 HRD 주요 업무를 수립하고, 이를 수행할 적절한 HRD 담당 부서와 역량 있는 HRD 담당자 그리고 이를 지원할 구체적인 글로벌 HRD 제도가 수립되어 있어야 한다.

따라서, 한국 기업 중 상대적으로 글로벌화가 더 진행된 일부 기업은 효율적인 글로벌 HRD 수행을 위해 해외 거점 지역에 한국인 HRD 주재원을 파견하기도 한다. 또한, HRD 담당 매니저와 현채인을 채용 및 육성하며 나아가 해외 현지에 강의장 등의 시설을 포함한 인재개발원 설립 등의 글로벌 HRD 구축을 위한 다양한 노력을 하고 있다(리상섭, 2009, 11월). 특히, 한국 기업의 글로벌 HRD 구축을 위한 다양한 시도 중 하나로 결과에 대한 논의는 다양하다. LG전자, SK, SK텔레콤, 두산 등에서는 CHO(Chief Human Resources Officer: CHO) 또는 CLO(Chief Learning Officer: CLO)로 서구 선진 기업에서 근무한 경험이 있는 비한국인 임원을 경력직으로 채용한 사례도 있다(리상섭, 2009, 11월). 그러나 이러한 한국 기업의 다양한 글로벌 HRD 확립 시도와는 달리 아직까지 체계적인 글로벌 HRD가 달성되지 않아 한국 기업의 글로벌 HRD 분야에서 다양한 문제점이 공통적으로 나타나고 있다.

따라서 한국 기업의 한국인 임직원과 비한국인 임직원을 대상으로 한 HRD 제도, 조직, 담당자의 글로벌 최적화는 반드시 필요하다고 할 수 있다(리상섭, 2009, 11월). 그러므로 한국 기업의 HRD는 기존의 한국 지역에서의 한국인 임직원 대상의 육성에서 벗어나 전 세계 지역의 한국인 임직원과 비한국인 임직원의 육성을 위한 글로벌 HRD 구축이 반드시 필요하고 할 수 있다(리상섭, 2011, 8월). 글로벌 HRD 시스템 구축을 위해서는 HRD 제도, HRD 조직, HRD 담당자의 세 가지 관점에서 접근하는 것이 필요하다.

1) 글로벌 HRD 제도

글로벌 HRD 제도 구축을 위해서는 한국인 임직원과 비한국인 임직원의 육성을 위한 글로벌 HRD 원칙과 표준에 따른 육성 프로그램 등을 구축해야 한다(리상섭, 2011, 8월). 일반적으로 HRD 조직의 규모가 큰 한국 대기업의 한국 본사 및 본부의 HRD 조직은 사내 내규로 HRD 원칙, 표준 등이 정립되어 있으므로, 기존의 내용 검토를 통해 기존의 한국 본사 및 본부의 HRD 원칙과 표준 등이 글로벌 HRD 원칙과 표준 등으로 적용 가능한지 파악해야 한다. 기존의 한국 본사 및 본부의 HRD 원칙과 표준 등이 글로벌 HRD 원칙과 표준 등으로 바로 적용이 가능하면 한국 본사 및 본부의 HRD 조직과 해외 지역 총괄 및 법인의 HRD 조직과의 글로벌 HRD 원칙과 표준 등의 한 방향 정렬이 필요하다. 만약 기존의 한국 본사 및 본부의 HRD 원칙과 표준 등이 없다면 글로벌 HRD 제도 수립을 위해 글로벌 HRD 원칙과 표준 등을 수립하는 것이 필요하다.

해외 지역 총괄 및 해외 법인의 HRD 기능은 한국 본사 및 본부의 HRD의 기능보다 조직의 규모가 작고 인원수가 적기 때문에 글로벌 관점에서 한국 본사 및 본부의 HRD 전략과 한 방향으로 정렬하고, 동시에 해외 현지의 HRD 요구를 반영할 수 있는 소규모 HRD 조직 구축 또는 HRD 담당자 선임이 필요하다. 글로벌 HRD 원칙과 표준에 따른 육성 프로그램은 한국의 본사 및 본부, 해외 지역 총괄 및 법인의 한국인 임직원과 비한국인 임직원에게 동일하게 적용되어야 하며, 육성 프로그램도 글로벌 표준 공통 프로그램은 한국의 본사 및 본부, 해외 지역 총괄 및 법인의 모든 임직원이 동일하게 받아야 하며, 주문식 프로그램은 임직원이 근무하는 한국 또는 해외 현지의 특성을 반영해야 한다(리상섭, 2011, 8월). 따라서, 글로벌 HRD 제도 수립을 위해서는 한국 본사 및 본부, 해외 지역 총괄 및 해외 법인의 HRD 조직 또는 담당자가 갖추어야 할 미션, 역할, 책무 등을 구축하고 상호 연결될 수 있게 해야 한다.

(1) 글로벌 HRD 조직의 미션

글로벌 HRD 조직의 미션은 HRD 조직의 조직 내 가치를 다룬다. 따라서, 글로벌 HRD 조직의 미션은 HRD 조직의 조직 내 최종 목표에 대한 이미지를 제시하고 동시에 이를 이루기 위한 방법과 방향성을 담고 있어야 한다. 좀 더 궁극적으로는 조직 내 HRD 조직의 존재 이유에 대해 언급해야 한다. 그러므로 [그림 12-1]에서와 같이 글로벌 HRD 조직의 미션은 본사 및 본부에서 해외 지역 총괄을 거쳐 최종 해외 법인에 이르기까지 계단식으로 유기적으로 미션이 서술되어야 한다.

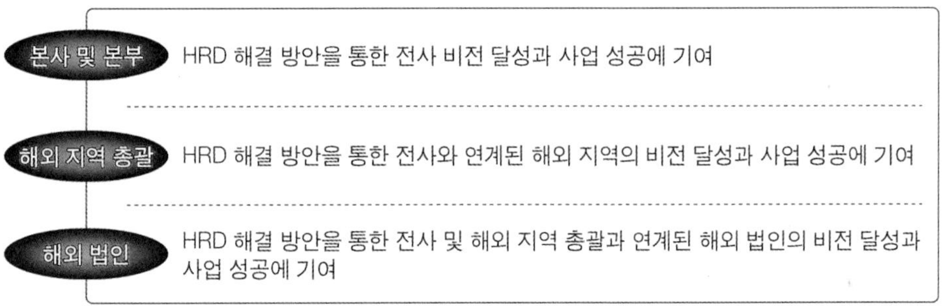

그림 12-1. 글로벌 HRD 조직의 미션 예 (출처: 저자 작성)

(2) 글로벌 HRD 조직의 역할

글로벌 HRD 조직의 미션을 수립한 후 다음 단계는 각 글로벌 HRD 조직의 역할을 유기적으로 정의하는 것이다. [그림 12-2]는 글로벌 HRD 조직의 역할이 유기적으로 연결된 예를 제시하고 있다. [그림 12-2]는 각각의 HRD 기능에 대하여 본사 및 본부, 해외 지역 총괄, 해외 법인의 역할을 구분하여 유기적으로 제시하고 있다.

첫째, 본사 및 본부 HRD 조직의 역할은 전사 HRD 총괄, 전사 HRD 담당자 역량 개발, 전사 HRD 이슈 발굴, 해외 지역 총괄 HRD 지원, 해외 법인 HRD 지원 등이다.

둘째, 해외 지역 총괄 HRD 조직의 역할은 해외 지역 HRD 총괄, 해외 지역 및 해외 법인 HRD 담당자 역량 개발, 해외 지역 HRD 이슈 발굴, 해외 법인 HRD 지원 등이다.

셋째, 해외 법인 HRD 조직의 역할은 해외 법인 HRD 총괄, 해외 법인 HRD 담당자 역량 개발, 해외 법인 HRD 이슈 발굴 등이다.

본사 및 본부	· 전사 HRD 총괄 · 전사 HRD 담당자 역량 개발 · 전사 HRD 이슈 발굴 · 해외 지역 총괄 HRD 지원 · 해외 법인 HRD 지원
해외 지역 총괄	· 해외 지역 HRD 총괄 · 해외 지역 및 해외 법인 HRD 담당자 역량개발 · 해외 지역 HRD 이슈 발굴 · 해외 법인 HRD 지원
해외 법인	· 해외 법인 HRD 총괄 · 해외 법인 HRD 담당자 역량 개발 · 해외 법인 HRD 이슈 발굴

그림 12-2. 글로벌 HRD 조직의 역할 예 (출처: 저자 작성)

(3) 글로벌 HRD 조직의 책무

글로벌 HRD 조직의 미션과 역할을 수립한 후 다음 단계는 각각의 글로벌 HRD 조직의 미션과 역할에 따른 책무를 명확히 하는 것이다. 글로벌 HRD 조직의 책무란 글로벌 HRD 조직이 어떠한 역할을 담당하고 어떠한 업무에 책임이 있는지 구체적으로 명시하는 것이다. 〈표 12-2〉는 글로벌 HRD 조직의 책무의 예를 제시하고 있다. 따라서 본사 및 본부, 해외 지역 총괄, 해외 법인 HRD 조직의 각각의 규모와 성숙도에 따라 책무를 구체화하는 것이 필요하다.

첫째, 본사와 본부 HRD 조직의 책무는 전사 HRD 전략 수립, 전사 HRD 제도 수립, 전사 HRD 육성 체계 수립, 전사 HRD 주요 업무 수립, 전사 임직원 역량 개발 정의, 평가, 육성 계획 수립, 전사 HRD 해결방안(비 교육훈련 프로그램) 수립, 개발, 운영, 전사 교육훈련 프로그램 개발, 운영, 평가 등이다.

둘째, 해외 지역 총괄 HRD 조직의 책무는 해외 지역 HRD 전략 수립, 해외 지역 HRD 육성체계 수립, 해외 지역 HRD 주요 업무 수립, 해외 지역 HRD 해결방안(비 교육훈련 프로그램) 개발 및 운영, 해외 지역 교육훈련 프로그램 개발 및 운영 등이다.

셋째, 해외 법인 HRD 조직의 책무는 해외 법인 HRD 주요 업무 수립, 해외 법인 HRD 해결방안(비 교육훈련 프로그램) 운영, 해외 법인 교육훈련 프로그램 운영 등이다.

표 12-2. 글로벌 HRD 조직의 책무 예 (출처: 저자 작성)

구 분	본사 및 본부	해외 지역 총괄	해외 법인
HRD 전략	●	●	
HRD 제도	●		
HRD 육성 체계 수립	●	●	
HRD 주요 업무 수립	●	●	●
임직원 역량 개발 정의, 평가, 육성계획	●		
HRD 해결방안(비 교육훈련 프로그램)	●	● (개발 및 운영 중심)	● (운영 중심)
교육훈련 프로그램 개발, 운영, 평가	●	● (개발 및 운영 중심)	● (운영 중심)

2) 글로벌 HRD 조직

한국 기업은 한국 지역과 해외 지역에 근무하고 있는 다수의 한국인 임직원과 비한국인 임직원의 효율적인 육성을 위해 한국 지역뿐만 아니라 해외 지역 중 전략적 거점 지역 중심으로 글로벌 HRD 조직과 시설을 구축하는 것이 필요하다(리상섭, 2011, 8월). 일반적으로 한국 기업은 한국 지역에 위치한 HRD 조직과 시설을 통해 한국 지역에 근무하고 있는 임직원과 해외 지역에 근무하고 있는 임직원을 대상으로 다양한 육성 활동을 시행하고 있다. 그러나, 해외 지역에 근무하고 있는 임직원을 대상으로 한 한국 지역에서의 인재 육성 활동은 소수의 일부 핵심 인재인 임직원을 대상으로 하고 있어 진정한 글로벌 HRD를 실현하기 위해서는 해외 현지의 다수의 비한국인 임직원과 한국인 임직원의 육성을 위해 해외 지역의 글로벌 HRD 조직과 시설의 구축이 필요하다(리상섭, 2011, 8월).

GE, 포드(Ford), 유니레버(Unilever), 엑센츄어(Accenture) 등과 같은 서구 선진기업은 자사의 글로벌 HR 조직을 데이비드 울리히(David Ulrich)가 '새로운 HR'에서 제시한 본사 HR(Corporate HR), 비즈니스 단위 HR(Embedded HR), 전문성 센터(Centers of Expertise), 운영 및 실행(Operational Executors), 서비스 센터/e-HR/아웃소싱의 4~5가지 HR 조직으로 구성하고 있다(Ulrich, 2007; 리상섭, 2009, 11월). 서구 선진기업은 이러한 글로벌 HR 조직을 바탕으로 글로벌 HRD 조직을 본사 HRD(Corporate HRD), 비즈니스 단위 HRD(Embedded HRD), 전문성 센터(Centers of Expertise), 공통 서비스 센터로 구축하고 있다(리상섭,2009, 11월). 일부 한국 기업도 이와 비슷하게 글로벌 HR과 글로벌 HRD 조직 구축을 위해 다양한 시도를 하고 있다. 따라서, [그림 12-3]과 같이 효율적인 글로벌 HRD 실행을 위해 일부 한국 기업은 글로벌 HRD 조직을 본사 HRD, 비즈니스 단위 HRD, 전문성 센터, 공통 서비스센터의 네 가지 조직으로 점차 구성해 나가고 있다(리상섭, 2009, 11월).

첫째, 본사 HRD 조직은 글로벌 HRD 조직의 전체 두뇌 역할을 담당하고, 총괄 기획을 담당한다. HRD 전략을 조직의 전략과 한 방향으로 정렬하기 위해 CEO 및 최고 경영층과 전략적 파트너 관계를 수립하며, 동시에 HR과 HRD 전략을 연계한다. 이를 바탕으로 글로벌 HRD 진단 체제를 구축하고 글로벌 HRD 정책을 수립한다.

둘째, 비즈니스 단위 HRD 조직은 한국 지역을 포함한 전 세계 지역의 사업본부, 사업부, 해외 지역 총괄, 해외 법인의 현장 요구를 수렴하고 HRD 해결방안을 실행한다. 이를 위해 사업 기획과정에 긴밀히 참여하고, 사업본부, 사업부, 해외 지역 총괄, 해외 법인의 임원 및 현장 관리자의 요구를 수렴하고 분석한다. 이를 바탕으로 최적의 HRD 해결방안을 찾아 해당 조직에 적용하고 실행한다.

셋째, 전문성 센터 조직은 각 조직별 요구에 의해 사전 정의된 영역에 대한 전문성을 갖는 조직으로 예를 들면 교육훈련 프로그램만을 개발하는 조직, 투자회수율을 포함한 레벨 1, 레벨 2, 레벨 3, 레벨 4 평가를 수행하는 조직 등을 들 수 있다. 따라서 본사 HRD와 비즈니스 단위 HRD 조직에서 요청하는 최적의 해결방안을 개발하고 제시하는 조직이다. 조직에 따라서는 전문성 센터 조직을 한국 지역 이외의 전 세계 지역에 설치하여 시간과 장소의 제약 없이 24시간 교육훈련 프로그램 디자인, 개발, 번역, 도구 개발, 평가 등과 같은 전문성을 지원한다.

넷째, 공통 서비스 센터 조직은 아웃소싱된 조직으로 일반적으로 e-HR 또는 콜센터 조직으로 구성이 된다. 전문성 센터 조직과 유사하게 시스템 구축 후 전 세계 어디에서나 필요에 따라 내·외부 고객을 대상으로 24시간 공통 서비스를 제공한다.

본사 HRD	· 전체 두뇌 역할을 담당 · 총괄기획 담당 · CEO 및 경영진과 긴밀하게 협조 · 사업 전략과 HRM 및 HRD 전략을 연계 · 글로벌 HRD 관리감독체제 구축 및 정책 수립
비즈니스 단위 HRD	· 세계 곳곳에 퍼져 있는 각 비즈니스 단위에서 현장 요구 수렴 및 HRD 해결안을 실행 · 비즈니스 기획 과정에 긴밀하게 참여 · 단위 조직의 임원과 현장 관리자의 요구를 수렴 및 분석 · 최적의 해결안을 찾아 해당 비즈니스 단위에 적용 및 실행
전문성 센터	· 각 조직별 요구에 의해 사전 정의된 영역에 대한 전문성을 가짐 · 본사와 비즈니스 단위 HRD에서 요청하는 최적의 해결안을 개발 및 제시함 · 시간과 장소의 제약 없이 내용 개발, 디자인, 번역, 도구 개발 등과 같은 전문성 지원
공통 서비스 센터	· 아웃소싱화된 조직 · e-HR과 콜센터 구성 · 전 세계 어디에서나 필요에 따라 24시간 공통 서비스 제공 · 글로벌 네트워크 및 인적, 물적 자원과 시스템 갖추어 정보를 주고받음

그림 12-3. 글로벌 HRD 조직의 최적화 예 (출처: 리상섭, 2009, 11월)

따라서, 한국 기업의 글로벌 HRD 조직을 한국 기업의 글로벌 전략에 맞추어 최적화하면 빠르게 변화하는 글로벌 시장에서 기업이 요구하는 글로벌 인재육성을 보다 효율적으로 할 수 있다(리상섭, 2009, 11월).

(1) 본사 및 본부

한국 지역에 위치한 본사 및 본부 HRD 조직이 본사 HRD 조직이며 전사 HRD의 총괄 기획을 담당하는 조직이다(리상섭, 2009, 11월). 조직의 규모에 따라 본사 밑에 있는 본부의 경우 해당 본부를 위한 본사 HRD의 조직으로써의 기능과 동시에 상위 조직인 본사를 위해 아래 설명되는 비즈니스 단위 HRD의 조직으로써의 기능을 함께 갖고 있을 수 있다.

본사 및 본부 HRD 조직은 조직의 전략적 판단에 따라 본사 HRD 조직의 역할을 수행하며 전문성 센터 조직을 한국 지역의 본사 HRD 조직의 담당자, 한국 지역에 있는 외부 HRD 전문업체, 해외 지역의 HRD 조직 담당자, 해외 지역에 있는 외부 HRD 전문업체 중 그 역할을 수행하도록 부여한다. 또한, 공통 서비스 센터 조직을 한국 지역의 외부 HRD 전문업체나 해외 지역의 외부 HRD 전문업체에 그 역할을 수행하도록 부여한다.

(2) 해외 지역 총괄 및 해외 법인

조직의 규모에 따라 본사 밑에 있는 본부 조직의 경우 상기한 내용과 같이 해당 본부를 위해 본사 HRD 조직의 기능과 함께 상위 조직인 본사를 위해 비즈니스 단위 HRD 조직의 기능을 수행한다. 따라서, 한국 지역에 위치한 다양한 한국 지역 본부 HRD, 해외 지역 총괄, 해외 법인 HRD 조직 등이 비즈니스 단위 HRD 조직이다.

다양한 한국 지역 본부 HRD를 포함한 해외 지역 총괄 HRD 및 해외 법인 HRD 조직은 비즈니스 단위 HRD 조직의 역할을 수행하며 현업의 목소리를 반영하고 HRD 해결방안을 모색한다. 본사 HRD 조직인 본사 및 본부의 HRD 조직과 밀접하게 협업하며 동시에 필요에 따라 전문성 센터 조직과 공통 서비스 센터 조직을 직·간접적으로 활용한다.

(3) 글로벌 HRD 조직 운영

기업은 국내 국면(Domestic phase), 다국내 국면(Multidomestic phase), 다국적 국면(Multinational phase), 글로벌 국면(Global phase) 순으로 발달한다(Adler, 2002). 따라서 한국 기업의 발달도 이러한 국면에 따라 단계적으로 발달하며 동시에 글로벌 HRD 조직 운영도 이러한 발달 국면에 따라 발전한다고 할 수 있다. 한국 기업의 글로벌 HRD 조직 운영은 조직의 글로벌 전략과 규모 및 글로벌 매출 등에 따라 다양하게 접근할 수 있다. 특히 해외 법인의 HRD 조직 또는 담당자는 생산 법인 또는 제조판매 법인의 경우 해외 법인의 규모가 상대적으로 커 조직의 규모에 따라 HRD 전담자의 선임도 가능하나 판매 법인의 경우 조직의 규모가 상대적으로 작아 HRD 전담자의 선임은 어려울 수 있다. 그러므로 한국 기업 중 대기업이 아닌 경우 일반적으로 글로벌 HRD 조직은 본사 및 본부의 HRD 조직과 해외 지역 총괄의 HRD 조직 또는 담당자 및 거점 해외법인 HRD 담당자로 구성될 가능성이 크다.

따라서, 조직의 글로벌 전략에 따라 글로벌 HRD 조직 구축 후 글로벌 HRD 조직의 성숙도와 담당자의 역량에 따른 단계적인 조직 운영과 해외 지역 총괄 및 해외 법인 HRD 조직 및 담당자의 지속적인 육성이 필요하다. [그림 12-4]는 해외 지역 총괄 HRD 조직의 구축 전개 방향의 예를 보여주고 있다. 해외 지역 총괄 HRD 조직 구축 전개는 크게 세 단계로 구성되어 있다.

첫째 단계에서는 글로벌 HRD 조직 구축 프로젝트를 실행하여 해외 지역 총괄 HRD 조직 구축을 시작하고 글로벌 HRD 체계를 개발하기 시작한다. 이를 수행하기 위해 본사 및 본부 HRD 조직에서 조직의 전략에 따라 해외 지역 총괄 HRD 조직 구축 계획을 확정한 후 해외 지역 총괄 HRD 주재원 및 장기파견자를 파견한다. HRD 주재원 및 장기파견자는 해외 지역 총괄 HRD 조직을 구축하고 동시에 현채인 HRD 매니저 및 구성원을 채용하여 해외 지역 총괄 HRD 조직의 현지화를 위한 노력을 시작한다.

둘째 단계에서는 해외 지역 총괄 HRD 조직과 글로벌 HRD 체계를 전개한다. 해외 지역 총괄 HRD 조직를 점차 현채인 HRD 매니저 중심으로 운영하고 HRD 주재원 및 장기파견자는 현채인 HRD 매니저와 구성원 육성을 위해 노력하며 해외 지역 총괄 HRD 조직의 조기 안착을 위해 노력한다. 동시에 해외 지역 총괄 HRD 조직의 성숙도에 따라 주재원 및 장기파견자의 귀임을 시작하고 필요시 해외 출장과 한국 지역에서 지속적으로 지원한다. 이를 바탕으로 시간의 흐름과 조직과 구성원의 성숙도에 따라 점차 해외 지역 총괄 HRD 조직과 글로벌 HRD 체계를 구축한다. 이를 통해 해외 지역 총괄 HRD 조직의 현지화를 가속화하고 주재원 및 장기파견자의 귀임을 완료한다. 이후 해외 출장 지원을 감소해 나가면서 한국 지역에서의 지원을 증가해 나간다.

셋째 단계에서는 해외 지역 총괄 HRD 조직이 자체 운영을 시작한다. 해외 지역 총괄 HRD 조직을 현채인 매니저 및 구성원 중심으로 운영하고, 본사 및 본부 HRD 조직과 협업한다.

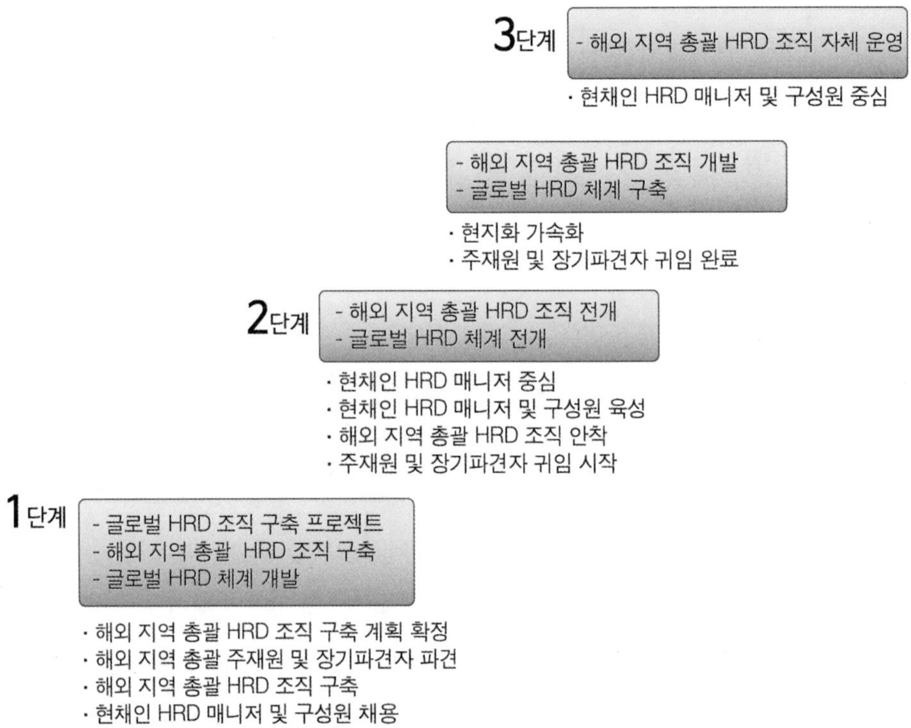

그림 12-4. 해외 지역 총괄 HRD 조직 구축 전개 방향 예 (출처: 저자 작성)

3) 글로벌 HRD 담당자

해외 지역 총괄 HRD 조직 구축 전개 방향 예에서 살펴본 것과 같이 효율적인 글로벌 HRD 조직 운영을 위한 본사, 본부, 해외 지역 총괄, 해외 법인의 글로벌 HRD 담당자의 역할은 매우 중요하다. HRD 체계와 조직이 있더라도 해외 지역 총괄 및 해외 법인의 HRD 조직 역량이 약한 원인은 한국 본사 및 본부 HRD 조직과 담당자의 부족한 글로벌 역량과 해외 지역 총괄 및 해외 법인 HRD 조직과 담당자의 부족한 HRD 역량에 있다. 한국 본사 및 본부 HRD 조직에서는 글로벌 HRD 전문가가 부족하고, 해외 지역 총괄 및 해외 법인 HRD 조직에서는 역량 있는 HRD 담당자가 부족하다. 그러므로, 한국 기업에서 글로벌 역량을 갖춘 HRD 담당자의 육성은 매우 중요하다고 할 수 있다.

(1) 본사 및 본부

효율적인 글로벌 HRD 운영을 위해 본사 및 본부의 HRD 조직은 초기 해외 지역 총괄 및 해외 법인을 지원하기 위해 가칭 글로벌 HRD 팀을 구성하는 경우가 많다. 그러나 장기적으로 본사, 본부, 해외 지역 총괄, 해외 법인으로 유기적으로 이어지는 HRD 전략을 실행하기 위해서는 따로 글로벌 HRD 팀을 구성하지 않고, 기존의 본사 및 본부 HRD 조직의 기획 팀, 온라인 팀, 리더십 개발 팀, 직무 역량 개발 팀, 가치 개발 팀, 컨설팅 팀 등에 글로벌 HRD 업무가 자연스럽게 포함될 수 있도록 조직하는 것이 필요하다. 특히, 한국인 HRD 담당자는 비한국인 임직원의 육성과 해외 지역 총괄과 해외 법인 HRD 조직과 협업 및 지원을 하기 위해 이문화 이해 역량과 다양성 관리 역량을 증진시키고, 어학 역량이 확보되어 있어야 한다(리상섭, 2011, 8월).

(2) 해외 지역 총괄 및 해외 법인

해외 지역 총괄의 HRD 조직과 담당자는 한국 기업의 글로벌 전략과 글로벌 매출 및 해외 지역 총괄의 규모에 따라 다양하게 구성할 수 있다. 해외 지역 총괄의 HRD 조직 구축의 경우 원활한 운영을 위해 이상적으로 최소 3인에서 최대 5인 이상의 HRD 담당자로 구성할 필요가 있다. 해외 지역 총괄 HRD 조직의 경우 HRD 담당자를 3인으로 구성할 경우 HRD 매니저 1인, HRD 기획, 행정, 온라인 담당자 1인, 리더십 및 직무 개발 담당자 1인으로 구성할 필요가 있다. 해외 지역 총괄 HRD 조직을 4인으로 구성할 경우 HRD 매니저 1인, HRD 기획, 행정, 온라인 담당자 1인, 리더십 개발 담당자 1인, 직무 개발 담당자 1인으로 구성할 필요가 있다. 해외 지역 총괄 HRD 조직을 5인 이상으로 구성할 경우 HRD 매니저 1인, HRD 기획, 행정 담당자 1인, 리더십 개발 담당자 1인, 직무 개발 담당자 1인, 온라인 담당자 1인으로 구성할 필요가 있다.

해외 법인의 HRD 조직은 해외 법인 중 생산 법인이나 제조판매 법인의 경우 구성원의 수가 많아 자체적으로 구축할 수 있으나, 일반적으로 판매 법인을 포함한 해외 법인은 구성원의 수가 적어 해외 법인의 자체 HRD 조직의 구축은 힘들다. 그러므로 HRD 조직 보다는 HRD 담당자를 선임하는 방향으로 접근해야 한다. 하지만 HRD 담당자의 선임의 경우 법인의 규모에 따라 HRD 전담자의 구성이 어려워 한 명의 담당자가 HR, HRD, 총무, 노사 등의 모든 업무를 담당하는 경우도 많다. 해외 지역 총괄 및 해외 법인의 현채인 HRD 담당자는 역량 개발과 글로벌 순환 근무 등을 통해 본사 및 본부의 HRD 담당자와 지속적인 네트워크 형성과 협업이 필요하다(리상섭, 2011, 8월).

4) 해외 지역 총괄 및 해외 법인 HRD 조직 진단

해외 지역 총괄 및 해외 법인의 HRD 조직 진단을 위해서는 본사 및 본부의 HRD 조직에 자체 HRD 조직 진단 모형과 도구가 있어야 한다. 기업 내 자체 HRD 조직 진단 모형과 도구가 있다면 글로벌 HRD 조직에 맞추어 해외 지역 총괄 및 해외 법인 HRD 조직의 수준에 맞게 변형한 진단 모형과 도구를 개발하여 해외 지역 총괄 및 해외 법인의 HRD 조직 수준을 파악하는 것이 필요하다. 조직에 HRD 조직 진단 모형과 도구가 없다면 영국의 Investors in People(IIP), 싱가포르의 People Developer(PD), 한국의 인적자원개발 우수기관 인증(Best Human Resource Developer) 등의 HRD 조직 진단 모형과 도구를 참조하여 자체 또는 외주를 통한 개발 후 활용하는 것도 한 가지 방법일 수 있다. 이중 한국의 인적자원개발 우수기관 인증 심사 기준을 살펴보면 다음과 같다. 〈표 12-2〉는 한국산업인력공단(2015)에서 안내가 되고 있는 한국의 인적자원개발 우수기관 인증 심사 기준이다. 인적자원관리와 인적자원개발의 두 부문으로 구성이 되어 있으며, 이 중 인적자원개발은 기획인프라, 운영, 결과의 세 가지 영역으로 구성되어 있다. 기획인프라는 HRD기획, 인프라 구축, 인적자원개발투자의 3가지 항목으로 구성되어 있고, 운영은 학습조직화, 교육 프로그램, 경력개발의 3가지 항목으로 구성되어 있으며, 결과는 결과 및 피드백, 기여도의 2가지 항목으로 구성되어 있다.

표 12-2 한국의 인적자원개발 우수기관 인증 심사 기준

부문	영역	항목
인적자원관리	기획인프라	인사계획
		인프라구축
	활용	채용
		직원관리
	평가보상	성과평가
		승진보상
인적자원개발	기획인프라	HRD기획
		인프라 구축
		인적자원개발투자
	운영	학습조직화
		교육 프로그램
		경력개발
	결과	결과 및 피드백
		기여도

출처: 한국산업인력공단, 2015.

2 본사의 해외법인 HRD 지원

효율적인 글로벌 HRD를 구축하고 운영하기 위해 한국 기업의 본사 및 본부, 해외 지역 총괄 및 해외 법인에 HRD 조직 및 담당자를 구축해야 한다. 글로벌 기업의 인적 구성은 모국인(Parent-country nationals: PCNs), 현채인(Host-country nationals: HCNs), 제3국인(Third-country nationals: TCNs)의 세 가지 인적 구조로 구성되어 있다(Briscoe, 1995, Dowling, Welch, & Schuler, 1999). 따라서 한국 본사 및 본부의 HRD 조직은 자사의 글로벌 HRD를 총괄하고 해외 지역 총괄 및 법인의 HRD 조직과 밀접하게 업무를 수행해야 하며 한국 지역의 한국인과 비한국인 임직원을 포함하여 해외 지역 총괄과 해외 법인에 근무하는 주재원과 현채인을 육성해야 한다.

그러나 주재원 육성 논의에 앞서 주재원 또는 이후에 언급하게 될 현채인 육성이 개인 역량 이슈인지 또는 조직 지원 이슈인지 명확하게 언급한 후 주재원 육성과 현채인 육성에 대하여 논의하고자 한다. 기존의 주재원의 필요 역량에 대한 연구에서는 학자마다 다양한 역량을 제시하였다. 그중 Lee(2004, 2005)는 1000여 명의 한국인 현직 주재원을 대상으로 한 연구에서 성공적인 주재원 업무수행을 위해 요구되는 주재원의 역량으로 언어, 이문화, 직무, 리더십, 가족의 5가지 역량군을 제시하였다. 이 5가지 역량군 중 가족 역량군을 제외한 나머지 4개의 역량군은 개인의 역량에 초점이 맞추어져 있다.

이후 리상섭과 최효식(2006, 2007)은 후속 연구에서 주재원의 개인 역량을 벗어나 좀 더 확장된 틀에서 주재원의 업무수행에 영향을 미치는 요인을 파악하기 위해 개인적 측면에는 역량 영역과 선호 영역, 환경적 측면에는 조직 영역과 가족 영역으로 구성하여 그 요인에 대한 연구를 진행하였다. 리상섭과 최효식(2006)의 연구는 성공적인 주재원 업무수행을 위해서는 주재원 개인적 측면의 역량 영역뿐만 아니라 개인적 측면의 선호 영역과 환경적 측면의 조직 영역과 가족 영역 또한 중요한 요인임을 확인하였다(리상섭, 2012). 즉 주재원 육성을 위해서는 개인 역량 증진을 위한 다양한 육성방법의 제공과 동시에 조직적 지원 모두 필요하다는 의미이다(리상섭, 최효식, 2006, 2007; 리상섭, 2012).

따라서 성공적인 주재원 육성을 위해서는 개인적 측면의 역량 영역인 직무 역량, 직무 공통 역량, 리더십/관리 역량, 외국어 역량, 이문화 역량뿐만 아니라 개인적 측면의 선호 영역인 직무/법인 적합성, 자신감, 환경적 측면의 조직 영역인 도구와 자원, 평가와 보상, 성과 목표와 피드백, 관계, 환경적 측면의 가족 영역인 외국어 역량, 이문화 역량, 자신감 등의 지원이 동시에 필요하고 할 수 있다.

본 장에서는 주재원의 육성과 현채인의 육성이 인재 육성과 교육훈련 프로그램에 초점이 맞추어져 환경적 측면보다는 개인적 측면의 역량 영역 개발에 좀 더 초점이 맞추어져 있다. 그러나 선행 연구에서 제시된 바와 같이 주재원 육성과 현채인 육성을 위해서는 개인 역량 증진과 조직적 지원이 모두 필요하다고 할 수 있다. 개인적 측면의 역량 영역에 초점을 맞춘 주재원 육성과 현채인 육성에 대하여 좀 더 살펴보면 다음과 같다.

1) 주재원 육성

주재원과 법인장은 그 역할과 책임에 있어 큰 차이가 있으나 본 장에서는 큰 범주에서 법인장 또는 지사장이 주재원에 포함되기 때문에 주재원 육성에 법인장과 지사장을 포함하여 설명하고자 한다. 또한, 한국 기업의 주재원은 대다수 한국인 임직원으로 구성되어 있어(Lee, 2004, 2005; 리상섭, 최효식, 2006, 2007; 리상섭, 2012), 본 장에서는 한국 기업의 한국인 주재원을 대상으로 주재원 육성을 논의하고자 한다. 주재원 육성에 대하여 논의하기 전 먼저 한국 기업의 주재원 현황과 이슈를 정리해 보면 다음과 같다(리상섭, 2015, 3월, 53-54).

첫째, 한국 기업의 충분하지 않은 한국인 주재원 후보자의 수이다(Lee, 2004, 2005; 리상섭, 최효식, 2006, 2007; 리상섭, 2012). 한국 기업은 일반적으로 한국인 주재원 후보자를 일정 수준의 어학 점수와 3년간의 고과 점수 등을 바탕으로 선발한다. 그러나 미국이나 중국과 같이 상대적으로 인력을 쉽게 확보할 수 있는 국가의 주재원 후보자는 필요한 주재원의 2~3배수의 주재원 후보자를 선발하고 관리하기도 하지만 아프리카와 중동 지역과 같은 특수 지역은 필요한 주재원의 수보다 적은 수의 주재원 후보자가 선발 및 관리되기도 한다. 따라서, 주재원 선발 단계에서 충분한 수의 주재원 후보자가 확보되지 않을 수 있기 때문에 검증된 주재원이 선발되지 않을 수 있다.

둘째, 상대적으로 한국인 주재원의 정시 파견율보다 해외 법인의 요청에 따른 수시 파견율이 높다. 한국 기업에 따라 차이가 있으나 해외 법인의 요청에 따른 주재원의 수시 파견이 정시 파견 대비 50% 이상인 한국 기업이 많다. 따라서, 검증된 주재원이 선발되지 않을 수 있으며, 수시 파견으로 인해 기본적으로 정해진 주재원 육성 프로그램을 이수하지 못하는 경우가 많다.

셋째, 다수의 팀장 경험이 없는 한국인 주재원의 파견으로 한국인 주재원과 현채인 간의 리더십 문제가 자주 발생한다(리상섭, 2012). 기업에 따른 차이가 있으나 일반적으로 한국인 주재원의 직급은 사원에서부터 부장으로 이 중 한국에서 팀장의 역할을 수행하고 주재원으로 파견된 한국인 주재원의 수는 많지 않다. 주재원의 선발이 실무 업무 능력을 기반으로 선발되기 때문에 주재원 후보자의 실무 역량은 검증이 되어 있다. 그러나 주재원 후보자의 경우 팀을 이끌어 본 리더 경험이 없어도, 해외 법인 파견 시 해당 법인의 현채인의 직속상사로 파견되는 경우가 많다. 따라서 이문화 상황에서 효율적으로 사람을 관리하고 성과를 관리하는 리더십의 부재로 인해 현채인과의 갈등 상황이 많이 발생한다.

넷째, 한국인 주재원의 부족한 이문화 이해 역량과 다양성 관리 역량이다(Lee, 2004, 2005; 리상섭, 최효식, 2006, 2007; 리상섭, 2012). 한국 기업은 주로 업무 역량에 바탕한 직무 전문성이 높은 임직원을 주재원으로 선발한다. 그러다 보니 상대적으로 다른 문화권의 현채인과 함께 의사소통하고 협업할 수 있는 역량에 대한 관심이 높지 않았고 동시에 그러한 역량을 높일 기회도 적었다. 따라서, 해외 법인에서 근무하는 한국인 주재원과 현채인 사이의 신뢰를 기반으로 한 상호 이해가 부족한 경우도 많다.

다섯째, 배우자 또는 자녀의 현지 생활 부적응이다. 아직까지 한국 기업에서 주재원 업무수행 시 배우자나 자녀의 현지 부적응에 대한 문제점 언급은 금기시 되고 있다. 하지만 현실적으로 주재원의 해외 법인 파견 후 배우자나 자녀의 해외 현지 부적응으로 인한 주재원의 조귀 귀임이 발생하는 것 또한 사실이다.

(1) 주재원 후보자 육성

상기 언급된 주재원 관련 문제점을 해결하기 위해 자사 내의 충분한 수의 주재원 후보자를 선발 및 육성하고, 최대한 정시 파견자의 수를 늘리고, 수시 파견자의 수를 줄여 한국인 주재원 파견 예정자가 해외 법인에 파견되기 전 충분히 육성될 수 있도록 해야 한다(리상섭, 2015, 3월). 또한 한국인 주재원 선발 시 어학 점수, 3년간의 고과점수 뿐만 아니라 이문화 이해 역량과 다양성 관리 역량을 확인할 수 있는 다양한 도구를 사용하여 최적의 주재원 후보자를 선발하고, 동시에 후보자의 육성 포인트를 찾아 육성하는 전략이 필요하다(Lee, 2004, 2005; 리상섭, 최효식, 2006, 2007; 리상섭, 2012; 리상섭, 2015, 3월). 그리고, 주재원 선발 시 조직 책임자 경험이 있거나 최소 1년 이상의 프로젝트 리더 경험이 있는 임직원을 주재원으로 선발하는 것이 필요하며, 나아가 해외 법인의 현지화를 위해 한국인 주재원을 현채인 리더의 부하사원이나 고과권이 없는 동료로 근무할 수 있도록 인적 구조를 조정하여 진정한 글로벌 기업으로 변화하려는 시도가 필요해 보인다(리상섭, 2012; 리상섭, 2015, 3월). 또한, 점진적으로 한국인 주재원 이외의 비한국인 주재원의 선발과 육성에도 박차를 가해야 한다(리상섭, 2015, 3월). 그리고 주재원 후보자 선발 및 육성 시 주재원 후보자의 배우자 및 자녀에 대한 배려 및 이문화 이해와 다양성 관리 관련 육성과정에 참여시키는 것도 필요하다.

(2) 주재원 파견 전, 중, 귀임 후 육성

한국 기업의 현재 한국인 주재원의 주재원 파견 전, 파견 중, 귀임 후 육성 내용을 살펴보고 앞으로 나아갈 방향을 구체적으로 살펴보면 다음과 같다.

① 주재원 파견 전 육성

한국 기업의 글로벌 전략과 조직의 규모에 따라 차이는 있으나 다수의 한국 기업은 주재원 파견 전 과정 기간을 최소 하루에서 최대 2달까지 진행하고 있다(리상섭, 2015, 3월; 리상섭, 2016, 2월). 특히, 조직의 규모에 따라 최근에는 점차 주재원이 파견되는 법인의 유형에 따라 법인, 제조판매 생산 법인, 판매 법인, 디자인 및 연구 법인 등으로 구분하여 주재원 파견 전 육성을 공통 과정과 법인별 특화 과정으로 구분하여 실시하고 있다. 주재원 파견 전 과정의 기간을 2~3일로 구성 시 주재원 파견 전 과정의 주요 내용은 이문화 이해와 다양성 관리를 바탕으로 이문화 상황에서 한국인 주재원이 다른 문화권의 임직원을 이끌 수 있는 이문화 리더십(사람관리와 성과관리)을 중심으로 구성되어 있다. 특히, 최근에는 이문화 이해와 다양성 관리 역량과 지역 연구를 분리하여 한국인 주재원이 파견 예정 지역과 파견 지역의 사람에 대한 연구를 실시하고 있다(리상섭, 2015, 3월). 파견 지역과 사람에 대한 연구를 위해 기 귀임한 주재원을 사내 강사로 초빙하여 주재원 파견 전 과정에 활용하고 있으며 동시에 적절히 외부 전문가를 초빙하여 사내외 양쪽의 관점을 반영하고 있다(리상섭, 2015, 3월).

이문화 이해와 다양성 관리 역량은 단순한 테이블 매너 또는 비즈니스 매너 역량이 아니다. 이문화 이해와 다양성 관리 역량 개발은 환경이 다르면 관점의 차이가 발생하고 이는 각기 다른 문화의 규칙으로 나타나기 때문에 자신을 둘러싸고 있는 환경, 관점, 문화 등의 영향으로 자신도 모르게 개인에게 고정된 자신의 문화적 관점이 다른 문화적 환경에서는 다르게 해석될 수 있다는 것을 진심으로 이해하고, 업무 추진 시 지속적으로 본인의 판단이 사실에 근거한 인식인지 확인하여 자신의 인식 변화를 계속해서 이끌어 내는 과정에 초점을 맞추어야 한다(리상섭, 2015, 3월; 리상섭, 2016, 2월). 최근에는 이러한 이문화 이해와 다양성 관리 역량을 증진하기 위해 다양한 진단, 동영상, 토론, 게임 활용 및 사례 연구 등으로 주재원 파견 전 과정을 구성하고 있다(리상섭, 2015, 3월; 리상섭, 2016, 2월).

또한, 최근에는 주재원 파견 전 과정의 기간을 5일 이상으로 확대하여 진행하면서 기업마다 주어진 일정에 따라 해외 지역 총괄이나 해외 법인에서 필요로 하는 직무 역량인 재무 및 회계, 인사(현채인 선발과 육성) 역량 등을 육성하고 있으며, 판매 법인으로 파견 나가는 주재원을 대상으로 글로벌 마케팅과 영업 역량 등을, 생산법인으로 파견 나가는 주재원을 대상으로 글로벌 SCM 역량 등을 육성하고 있다(리상섭, 2015, 3월). 제조 판매 법인으로 파견 나가는 주재원을 대상으로는 글로벌 마케팅과 영업 역량, 글로벌 SCM 역량 등을 육성하고 있다.

② 주재원 파견 중 육성

주재원 파견 중 육성은 주재원 파견 후 2~3년 이상 해외 법인에 주재한 주재원을 대상으로 한 과정으로 조직의 상황에 따라 다르지만 일반적으로 한국 지역에서 운영 시 2일에서 5일에 걸쳐 진행되며, 해외 지역 총괄이나 법인에서 운영 시 1일에서 2일에 걸쳐 운영되고 있다. 한국인 주재원은 해외 지역 총괄 및 법인으로 파견된 이후 본사나 본부 차원의 지속적인 관심과 육성이 필요하며, 조직의 여건에 따라 해외 현지 또는 한국 지역에서의 주재원 파견 중 육성이 필요하다. 주재원 파견 중 육성의 내용은 해당 연도에 해외 지역 총괄이나 해외 법인에서 요구하는 내용 중심으로 구성이 되는 경향이 많으며, 본사 및 본부의 변화상 또는 최근 자사의 전략 방향 등과 함께 전달이 된다. 따라서, 주재원이 해외 지역 총괄 및 해외 법인에 지속적으로 잘 적응할 수 있도록 일회성이 아닌 본사 차원의 제도적 장치와 육성체제가 필요하며, 아직 한국 기업에 잘 정착이 되지는 않았지만 한국인 주재원뿐만 아니라 주재원의 가족까지 포함하는 육성체제와 프로그램이 필요하다(리상섭, 2015, 3월).

③ 주재원 귀임 후 육성

주재원 귀임 후 육성은 한국인 주재원이 4~5년에 걸친 해외 주재원 업무를 성공적으로 마친 후 한국 지역의 본사 및 본부로 귀임한 후 주재원이 해당 조직에 역문화 충격 없이 조기 적응할 수 있도록 2일에서 3일에 걸쳐 과정이 운영되고 있다. 주재원 귀임 후 육성의 내용은 귀임 주재원이 4~5년에 걸쳐 해외에서 근무하는 동안 변화한 한국 조직 상황을 빠르게 습득하여 조직에 연착륙할 수 있도록 변화된 조직 상황 및 시스템, 신세대 임직원의 특징, 귀국 자녀의 한국 적응 등으로 구성되어 있으며, 동시에 귀임 주재원이 습득한 해외 현지의 노하우를 잘 정리하여 조직 자산화하는 내용으로 구성되어 있다(리상섭, 2015, 3월). 제도적으로 쉽게 풀 수는 없지만 주재원 귀임 후 육성에는 한국인 주재원이 한국 지역의 본사 및 본부에 귀임 후 본인이 소속될 조직과 주재원 자신의 역할에 대한 조직 차원의 배려가 필요하다(리상섭, 2015, 3월).

2) 현채인 육성

한국 기업의 지속적인 글로컬리제이션(Glocalization)을 위해서는 점차 한국인 주재원의 수를 줄이면서, 동시에 해외 지역 총괄 및 해외 법인에 다수의 역량이 검증된 현채인을 확보하고 육성해야 한다(Lee, 2004, 2005; 리상섭, 최효식, 2006, 2007; 리상섭, 2012; 리상섭, 2015, 3월). 그러므로, 해외 현지에서 한국인 주재원이 현채인과 함께 고성과 창출을 하기 위해서는 한국인 주재원과 현채인 모두의 역량을 육성하는 것이 매우 중요하다(리상섭, 최효식, 2006, 2007; 리상섭, 2012; 리상섭, 2015, 3월). 해외 지역 총괄과 해외 법인에 근무하는 현채인의 육성은 한국 지역의 한국인 임직원 육성체계와 동일해야 한다. 따라서, 해외 지역 총괄 및 법인의 HRD 조직 및 HRD 담당자의 유무와 현채인 육성 대상자의 핵심인재 여부 등에 따라 동일한 내용을 지역적으로 한국 지역 본사 및 본부에서의 육성과 해외 지역 총괄 및 법인에서의 육성으로 구분할 수 있다.

(1) 육성 대상

한국 기업의 해외 지역 총괄 및 해외 법인의 규모가 증가하고 현채인 육성 대상이 한국 지역의 임직원 육성 대상과 같이 점차 세분화 되면서 현채인의 육성 대상이 보다 구체적으로 구분되고 있다. 현채인 육성 대상을 대졸 신입 및 경력 신입, 대리/과장/차장/부장 진급자, 팀장 후계자인 과장/차장 핵심인재, 팀장인 조직 책임자, 임원 후계자인 조직 책임자 핵심인재, 임원 등으로 구분하고 있다.

(2) 육성 내용

한국 기업의 해외 지역 총괄 및 해외 법인의 현채인 대상 육성 내용은 한국 지역의 본사 및 본부의 임직원 대상 육성체계 및 내용과 동일하다. 직무 교육 이외에 이문화, 한국 기업 문화, 자사 WAY, 리더십 교육 등을 강화하고 있다. 해외 지역 총괄 및 해외 법인에서의 빠른 자사 WAY 확산을 위해 현채인 변화 관리자를 육성 후 해외 지역 총괄 및 해외 법인에서 자사 WAY 교육을 강화 하고 있다. 또한, 대졸 신입 및 경력 신입 대상으로 한 자사 비즈니스, 역사, 이문화, 한국 기업 문화, 자사 WAY를 교육하고 있으며, 일반적으로 스탭과 매니저로 구분이 되기도 하나 한국의 직급체계와 동일하게 대리/과장/차장/부장 진급자를 대상으로 진급자 교육을 점차 실시하고 있다. 팀장 후계자인 과장/차장 핵심인재를 대상으로 문제해결, 프로젝트 관리, 변화 관리 교육 등을 이론식 과정이 아닌 실제 문제해결을 통해 실행하고 있고, 팀장인 조직 책임자는 사람관리와 성과관리로 구성된 팀장 리더십을 교육하고 있으며, 점차 2~4년 차의 팀장을 대상으로 팀장 향상 교육을 실시하고 있다. 임원 후계자인 조직 책임자 핵심 인재는 Mini MBA와 실제 문제를 해결하는 과정을 실시하고 있으며 임원 리더십을 교육하고 있다. 임원 대상 교육은 한국의 임원 교육과 연계하여 실시하고 있다.

(3) 육성 장소

해외 지역 총괄 및 해외 법인의 HRD 조직 및 담당자 유무와 현채인 대상자의 핵심인재 여부에 따라 현채인의 육성 장소가 달라지고 있다. 대졸 신입 및 경력 신입 중 핵심 인재는 한국 본사 및 본부에서 육성하며, 일반 임직원은 해외 지역 총괄 및 해외 법인에서 육성한다. 대리/과장/차장/부장 진급자는 해외 지역 총괄에서 육성하며 팀장 후계자인 과장/차장 핵심 인재는 한국 본사 및 본부에서 육성한다. 팀장인 조직 책임자는 해외 지역 총괄 및 해외 법인에서 육성하고, 임원 후계자인 조직 책임자 핵심 인재는 한국 본사 및 본부에서 육성한다. 임원은 한국 본사에서 육성한다.

(4) 육성방법

현채인 육성방법은 교육 전달 주체와 방법이 점차 다양해지고 있다. 교육 전달 주체가 점차 한국인 강사에서 한국인 강사와 비한국인 강사를 포함한 강사 양성을 실시하고 있다. 또한 현채인 교육에 한국인 강사를 투입 후 순차 통역과 동시 통역을 진행하던 방식에서 점차 영어 강의가 가능한 한국인 강사를 사용하고 있으며, 최근에는 비한국인 강사가 영어 또는 현지어로 현채인 대상 강의를 하고 있다(리상섭, 2016, 2월). 또한, 교육훈련 프로그램 개발 시 기존의 한국어 교육훈련 프로그램의 번역에서 점차 영어 교육훈련 프로그램의 직접 개발 및 주요어 교육훈련 프로그램 개발로 나아가고 있다. 또한, 교육훈련 프로그램을 공통 필수와 지역에 따른 주문식 모듈로 구분하여 현지 사정에 맞는 내용, 동영상, 사례 등으로 교육훈련 프로그램을 개발 및 실시하고 있다.

한국 기업의 주재원 육성은 현채인 육성과 관련하여 많은 논란거리를 제공하고 있다. 특히, 한국 기업의 현지화에 따른 해외 지역 총괄 및 해외 법인의 한국인 주재원의 적정 인원에 대한 논란은 지금도 지속되고 있으며, 선진 글로벌 기업의 모국 출신 해외 주재원의 수와 한국 기업의 한국인 주재원의 수를 단순 비교하여 한국인 주재원의 수를 몇 년 내에 갑자기 줄여야 한다고 주장하는 의견도 많다(리상섭, 2012, 10월). 그러나 한국 기업의 적정한 한국인 주재원의 수는 해당 조직의 글로벌 전략과 글로벌화에 맞는 적정 인원을 산정해야 하는 문제이지 단순히 한국인 주재원의 수가 선진 글로벌 기업의 주재원 수보다 많다는 이유로 조직이 준비되지 않았는데 한국인 주재원의 수를 단기간에 줄이면 갑작스런 한국인 주재원의 인원 감소로 인한 부작용이 클 수도 있다(리상섭, 2012, 10월). 오히려 적정한 한국인 주재원의 인원 규모 문제는 부적격 한국인 주재원의 수를 줄여나가면서 한국인 주재원 후보자 육성과 파견 전 육성을 통해 해당 주재원에게 많은 준비와 지원을 제공하고, 해외 지역 총괄 및 해외 법인의 현채인과 조직의 현지화 성숙도에 따라 점진적으로 문제를 해결하는 것이 필요해 보인다(리상섭, 2012, 10월).

3 이문화 이해와 다양성 관리

1) 트렌드

한국 기업은 1990년대 세계화 교육을 통해 이문화 이해 교육훈련 프로그램이 본격적으로 도입되었고 2000년대 일부 한국 기업을 중심으로 이문화 이해 교육훈련 프로그램 개발을 위한 사례 개발, 사내 강사 육성, 워크숍 등이 시행되었으며, 2010년대부터 그룹 혹은 그룹 내 주력사를 중심으로 이문화 이해와 다양성 관리 역량 증진을 위한 다양한 활동이 전개되었다(리상섭, 2012, 1월). 이문화 이해와 다양성 관리 교육은 단순히 다른 지역과 문화에 대한 학습이 아니라 나와 다른 문화권에서 성장한 사람은 나와 다를 수 있다는 것을 인식하고 고성과 창출을 위해 상호 신뢰를 구축해 나갈 수 있도록 구성되어 있다(리상섭, 2011, 8월). 한국 기업과 비교하여 서구 글로벌 기업의 이문화 이해와 다양성 관리 교육훈련 프로그램은 주재원 및 가족을 포함하여 운영하고 있으며 교육과 동시에 필요시 문화 관련 진단을 수행하여 그 결과를 주재원 선발과 육성에 적절히 사용하고 있다(리상섭, 2012, 1월). 다음은 최근 한국 기업의 이문화 이해와 다양성 관리 트렌드이다(리상섭, 2013, 9월, 17).

첫째, 한국 글로벌 기업의 '이문화 이해와 다양성 관리' 교육훈련 프로그램의 적극적인 도입과 실행이다. '이문화 이해와 다양성 관리' 교육훈련 프로그램은 개인의 관점과 인식의 변화에 초점을 둔 교육훈련 프로그램이다. 교육훈련 프로그램 구성은 다른 환경의 영향을 받은 개인이 각기 다른 관점을 개발하고 이러한 관점의 차이는 문화별로 다양한 법칙과 규칙을 만든다고 설명한다. 동시에 문화는 학습을 통해 형성되며 비교적 어린 나이에 개인에게 형성되어 잘 바뀌지 않기 때문에 성인인 주재원은 자신과 다른 문화에서 성장한 사람과 협업 시 본인이 갖고 있는 개인의 관점이 항상 옳지 않을 수 있다는 사실을 지속적으로 주지시키고, 사실과 가정의 차이를 인식시켜 주는 방향으로 교육훈련 프로그램이 구성되어 있다(리상섭, 2016, 2월). 또한 교육훈련 프로그램은 학습자가 직접 참여하여 스스로 생각해 볼 수 있는 다양한 게임과 사례를 제공하여 개인의 이문화 이해와 다양성 관리 역량을 증진시킬 수 있도록 구성되어 있다. 특히 팀별 활동을 통해 타인의 다양한 의견을 듣고, 상호 의견을 수용 및 공유할 수 있는 방향으로 교육훈련 프로그램이 구성되어 있다(리상섭, 2016, 2월).

둘째, 주재원 대상 국가 간 문화 비교 진단의 실시다. 일반적인 한국 기업은 주재원을 대상으로 한 문화 비교 진단지 사용 시 고가의 진단비용과 진단을 해석할 수 있는 강사의 이슈, 조직에 맞지 않는 비주문식 진단도구와 결과로 인하여 주재원을 대상으로 한 국가 간 문화 비교진단을 잘 실시하지 않고 있다. 일부 국가 간 문화 비교 진단을 실시하는 한국 기업은 온라인 시스템 및 점수 비교 분석을 위해 주로 외부(해외)의 국가 간 문화 비교 진단지를 사용하고 있다. 그러나 최근 추세는 조직의 상황에 맞는 국가 간 문화 비교 진단지를 자체 또는 외부 전문가와 함께 개발하는 추세이다. 또한, 자사에서 발생하고 있는 작은 사례들을 개발한 후 이를 해결할 수 있는 다양한 해결 방법을 객관식으로 구성해 해외 지역별로 모범 답안을 도출하여 객관적으로 국가 간 문화를 비교하려는 등 다양한 시도가 이루어지고 있다.

셋째, 주재원 대상 이문화 민감성 진단의 실시 추세의 퇴보이다. 최근 주재원 대상 국가 간 문화 비교 진단을 넘어 한국 기업에서 시도되었던 진단 도구였으나 일부 대기업 중심으로 도입 이후 진단을 받은 교육생의 이문화 민감성 진단 결과 자체에 대한 근본 문제 제기로 인해 진단지 사용 추세가 줄고 있다. 초기 극소수의 한국 대기업이 온라인 시스템 및 점수 비교 분석을 위해 외부(해외)의 이문화 민감성 진단지를 사용하였으나 진단지 비용과 강사 수급 및 강사 양성 과정 이수 등의 이슈로 점진적으로 자체 이문화 민감성 진단지 개발 요구가 증가하고 있다. 또한 이문화 민감성 진단은 주재원 선발보다는 육성 관점에서 접근하고 있다.

2) 이문화 이해와 다양성 관리 역량 증진

이문화 이해와 다양성 관리 역량 증진을 위해서는 5단계의 선순환 과정이 요구되며, 5단계는 각각 진단, 강의, 사례 연구 및 토론, 실행 계획 수립, 지속적인 지원으로 구성되어 있다(리상섭, 2015, 3월, 55).

1단계는 '진단'으로 현재 나 자신의 모습을 파악하기 위해 국가 간 문화 비교 진단과 필요한 진단을 실시한다.

2단계는 '강의'로 문화와 이문화에 대한 정의와 설명, 국가 간 문화 비교 진단 모형 및 필요한 진단 모형에 대한 설명 후 개인의 진단 점수에 대하여 설명한다.

3단계는 '사례 연구 및 토론'으로 실제 이문화 사례를 통한 이문화 이해 및 다양성 관리 역량을 증진하고 팀 토론을 통해 타인의 다양한 관점을 수용하고 적절한 문제 해결 방법을 습득한다.

4단계는 '실행 계획 수립'으로 실제로 실행 가능한 실행 계획을 수립하고 이를 실천할 수 있는 지원 방법 등을 직속 상사에게 보고한다.

5단계는 '지속적인 지원'으로 조직 및 개인 수준에서 지속적으로 개인이 필요로 하는 항목을 조직에서 지원받고 모니터링하는 과정이다.

요약 및 시사점

본 장에서는 최근 이슈가 되고 있는 한국 기업의 글로벌 HRD에 대하여 논의하였다. 효율적인 글로벌 HRD 실행을 위해서는 한국 기업의 본사와 해외 법인의 유기적인 HRD 체계가 잘 구축되어 있어야 한다. 따라서, 글로벌 HRD 시스템 구축을 위해서는 HRD 제도, HRD 조직, HRD 담당자의 세가지 관점에서 접근하는 것이 필요하다.

글로벌 HRD 제도 수립을 위해서는 한국 본사 및 본부 HRD, 해외 지역 총괄 및 해외 법인의 HRD 조직이 갖추어야 할 미션, 역할, 책무 등을 구축하고 상호 연결될 수 있게 해야 한다. 동시에 한국 기업은 한국 지역뿐만 아니라 해외 지역 중 전략적 거점 지역 중심으로 글로벌 HRD 조직과 시설을 구축하는 것이 필요하다. 효율적인 글로벌 HRD 실행을 위해 일부 한국 기업은 글로벌 HRD 조직을 본사 HRD, 비즈니스 단위 HRD, 전문성 센터, 공통 서비스 센터의 네 가지 조직으로 점차 구성해 나가고 있으며 해외 지역 총괄 HRD 조직 구축 전개를 세단계로 진행해왔다. 효율적인 글로벌 HRD 조직 운영을 위한 본사, 본부, 해외 지역 총괄, 해외 법인의 글로벌 HRD 담당자의 역할이 중요하기 때문에 한국 기업에서 글로벌 역량을 갖춘 HRD 담당자의 육성은 매우 필요하다고 할 수 있다. 또한 해외 지역 총괄 및 해외 법인의 HRD 조직 진단을 위해 본사 및 본부 HRD 조직에 자체 HRD 조직 진단 모형과 도구가 있어야 한다.

한국 본사 및 본부의 HRD조직은 자사의 글로벌 HRD를 총괄하고 해외 지역 총괄 및 법인의 HRD 조직과 밀접하게 업무를 수행해야 하며 한국 지역의 한국인과 비한국인 임직원을 포함하여 해외 지역 총괄과 해외 법인에 근무하는 주재원과 현채인을 육성해야 한다. 최근 한국 기업의 이문화 이해와 다양성 관리 트렌드는 첫째, 한국 글로벌 기업의 '이문화 이해와 다양성 관리' 교육훈련 프로그램의 적극적인 도입과 실행, 둘째, 주재원 대상 국가 간 문화 비교진단의 실시, 셋째, 주재원 대상 이문화 민감성 진단의 실시 추세의 퇴보이다. 이문화 이해와 다양성 관리 역량 증진을 위해서는 5단계의 선순환 과정이 요구되며, 5단계는 각각 진단, 강의, 사례 연구 및 토론, 실행 계획 수립, 지속적인 지원으로 구성되어 있다

한국 기업의 글로벌 HRD를 위해서는 글로벌 HRD 시스템을 잘 구축하고 한국 본사 및 본부의 HRD조직에서 적극적으로 역량있는 한국인 주재원과 현채인을 육성해야 한다. 특히 글로벌 HRD 실현을 위해서는 역량있는 한국인 HRD 담당자와 현채인 HRD 담당자 채용과 지속적인 역량 개발이 필요하다.

[사례]

서울경제 2007년 12월 12일

LG전자, 글로벌화 속도낸다

- 내년 美교육센터 설치하면 대륙별 구축완료
- 각국 현지법인 금융업무 '사내은행'으로 통합
- 글로벌 물류시스템 가동, 외국인 임원 영입도

LG전자가 조직 전반에 '글로벌 DNA'를 이식하는 작업에 속도를 내고 있다. 특히 핵심 인재 양성과 글로벌 금융관리를 양대 축으로 삼아 해외 주요 거점별로 교육센터를 구축하는 동시에 각국 현지법인의 금융업무를 통합한 '사내은행' 시스템을 정상궤도에 올려놓기 위해 주력하고 있다.
LG전자는 12일 해외법인의 임직원 교육을 담당하는 교육센터(러닝센터)를 대륙별 주요 거점에 설치, 운영한다고 밝혔다. LG전자는 중국(베이징, 난징), 유럽(파리), 중동, 아프리카(두바이), 동남아(방콕), 브라질 등 주요 권역별로 6곳의 러닝센터를 세웠다. LG전자는 내년 중 미국 뉴저지에 북미지역 러닝센터를 추가로 설치, 구축작업을 완료할 계획이다.
회사의 한 관계자는 "지역별 러닝센터는 각 지역의 문화와 시장 특성을 반영한 교육과정을 통해 신속하고 효율적인 교육을 함으로써 현지 실정에 적합한 맞춤형 인재를 길러내는 것을 목표로 하고 있다"고 설명했다.
.... (중간 생략)
외국인 임원 영입 작업에도 가속도가 붙고 있다. 남용 부회장 취임 이후 다양한 마케팅 전문가 영입에 공을 들이고 있는 LG전자는 최근 다국적 제약회사인 화이자 동북아 지역 대표를 맡았던 더모트 보든 부사장을 최고 마케팅담당 임원(CMO)으로 영입했다. LG전자는 마케팅에 이어 구매, 공급망관리(SCM), 인사(HR) 등에서도 외국인 고위 임원을 영입할 계획이다. 또 80여명에 달하는 해외법인장 가운데 30% 정도를 현지인으로 채택하는 방안도 추진하고 있다.
남 부회장은 "8만여명의 직원 가운데 3만명 정도를 글로벌 톱 클래스 수준으로 끌어올리고 300여명의 임원급 핵심인재를 육성하면 세계 어느 기업과도 어깨를 겨룰 수 있다"며 영입된 외국인 임원들이 한국 본사에서 글로벌 스탠다드와 문화를 빠른 시간 안에 전파할 수 있을 것"이라고 설명했다.

연습문제 / EXERCISE

01_ 글로벌 HRD 조직의 책무를 HRD 전략, HRD 제도, HRD 육성 체계 수립, HRD 주요 업무 수립, 임직원 역량 개발 정의, 평가, 육성 계획, HRD 해결방안(비 교육훈련 프로그램), 교육훈련 프로그램 개발, 운영, 평가 측면에서 본사 및 본부 HRD, 해외 지역 총괄 HRD, 해외 법인 HRD로 구분하여 유기적으로 개발 후 팀원들과 공유해 봅시다.

02_ 한국 지역의 본사 및 본부 HRD 담당자와 해외 지역 총괄 및 해외 법인의 현채인 HRD 담당자의 필요 역량을 생각해 보고 이러한 필요 역량을 개발하기 위한 방법에 대하여 토론해 봅시다.

03_ 한국 기업의 주재원의 필요 역량을 생각해 보고 이를 바탕으로 한국인 주재원 육성 체계도 및 주재원 후보자, 파견 전, 파견 중, 귀임 후 육성 과정을 일정별로 구성해 보고 팀원과 토론해 봅시다.

참고문헌 / REFERENCE

리상섭, 최효식 (2006). 한국인 주재원 업무수행결과에 영향을 미치는 요인 분석: A사 중심으로. *Andragogy Today: Interdisciplinary Journal of Adult and Continuing Education, 9*(3), 83-105.

리상섭, 최효식 (2007). 한국 글로벌 기업의 해외 법인에 근무하는 현채인의 관점에서 본 한국인 주재원의 필요 역량 분석. **직업교육연구**, 26(1), 119-138.

리상섭 (2009, 11월). 글로벌 HRD 조직의 최적화. **월간인사관리**, 243, 17.

리상섭 (2011, 8월). 글로벌 기업의 임직원 육성을 위한 글로벌 HRD 구축 방안. **월간HRD**, 252, 24.

리상섭 (2012). 한국인 주재원의 필요 역량에 대한 한국인 주재원과 현채인의 인식 차이 분석. **지식융합**, 2, 160-188.

리상섭 (2012, 1월). 한국 글로벌 기업의 이문화 이해 교육 트렌드. **월간인사관리**, 269, 17.

리상섭 (2012, 10월). 해외 법인의 한국인 주재원: 줄여야 하는가?. **경영계**, 400, 50-51.

리상섭 (2013, 9월). 한국 글로벌 기업의 주재원 육성 트랜드. **월간HRD**, 277, 16-17.

리상섭 (2014, 12월). 한국 글로벌 기업의 주재원 육성. **월간인사관리**, 304, 17.

리상섭 (2015, 3월). 조기 귀국하는 해외 주재원 그들이 실패하는 이유는?. HR Insight, 718, 52-55.

리상섭 (2016, 2월). 이문화 이해해야 글로벌 리더: 실무 맞춤형 '미니 MBA'를 활용하다. **동아비즈니스리뷰**, 1(194), 63-69.

서울경제 (2007). http://economy.hankooki.com/lpage/industry/200712/e2007121217225447580.htm

중앙일보 (2016). http://news.joins.com/article/20352046

토마토뉴스 (2013) http://www.newstomato.com/ReadNews.aspx?no=386145

한국산업인력공단 (2015) http://www.hrdkorea.or.kr/3/1/2/2

Adler, N. J. (2002). *International dimensions of organizational behavior* (4th ed.). Cincinnati, Ohio: South-Western.

Briscoe, D. R. (1995). *International human resource management.* Englewood Cliffs, New Jersey: Prentice Hall,

Dowling, P. J., Welch, D. E., & Schuler, R. S. (1999). *International human resource management: Managing people in a multinational context.* Cincinnati, Ohio: South-Western College Publishing.

Lee, S. S. (2004). A needs analysis from the persecutive of Korean expatriates working for a Korean global corporation. University of Texas at Austin, Unpublished doctoral dissertation.

Lee, S. S. (2005). A needs analysis from Korean expatriates with expatriate working experience of 1 year or less in a Korean global corporation. *Andragogy Today: Interdisciplinary Journal of Adult and Continuing Education*, 8(1), 57-93.

Ulrich, D. (2007). The new HR organization. *Workforce Management*, 86(21), 40-44.

CHAPTER 13

HRD 트렌드(HRD Trend)

이 찬

1 과거 HRD 패러다임의 한계

인재전쟁을 방불케 할 정도로 기업 성공의 핵심요인으로 부상한 인재육성은 미국에서만 연간 78조 원이 투자되고 매년 약 4% 정도씩 성장을 하며, 직원들의 보수 대비 평균 2.4%가 투입되는 분야이다. 인적자원개발(HRD)은 전 세계적으로 약 195조원이 투자되고 있는 거대한 산업이다. 국가 전체적으로 교육분야에 관심이 높은 우리나라도 한 해 HRD 분야 예산에만 약 6조 원이 넘는 금액을 편성할 정도로, 날로 치열해지는 경영환경 속에서 국가와 기업, 그리고 모든 기관에서 생존을 위한 필수불가결한 수단으로 HRD를 활용하고 있는 것이다. 기업의 측면에서는 인재를 확보하고 육성시키는 전략이 그 기업의 생존과 직결되는 문제이므로 인적자원의 확보와 육성은 기업의 사활이 걸려 있는 과제라고 해도 과언이 아니다. 이는 무한경쟁시대의 경영환경 속에서 대한민국 제일의, 그리고 세계 최고의 기업들과 어깨를 겨루기 위해 반드시 필요한 일이기 때문이다.

그러나 한국뿐만 아니라 전 세계적으로 HRD 분야에 그늘이 드리우고 있다. HRD가 과연 효과가 있느냐, 리엔지니어링 등 경영의 다른 방법론 대비 효율적이냐라는 근본적인 질문들이 해결되지 못한 채 적체되고 있기 때문이다. 이는 HRD 개입기법이 효과성을 확인하고 보고하기까지 걸리는 시간이 길고 전이 단계가 복잡성을 갖고 있기 때문이기도 하지만, 기본적으로 과거 HRD 패러다임이 갖는 한계점이 그 원인으로 지적될 수 있다.

1) 문제해결식 접근의 한계

조직의 결핍, 위협을 해결하거나 개선하게 되면 변화를 관리할 수 있다고 보는 문제해결적 접근법은 그동안 많은 조직 내 문제를 해결하고 경영 상황을 개선하는 데 활용되어 왔다. 하지만 이러한 관점이 남용되면서 조직 내의 긍정적 시각이 마비되는 상황에 이르렀다. 조직 환경 내에서 냉소와 비판이 지배적 언어가 되고 비판적 대화와 사고방식이 습관화 되었다. 이러한 부정적 시각과 관점은 당면한 현실을 보는 올바른 잣대로 여겨지며, 조직의 현 상황과 현실을 긍정적 시각으로 보는 사람들을 '비현실적', '순진한', '낙천적'인 부류로 간주한다는 한계점을 지니고 있다(Watkins & Cooperrider, 2000).

과거 HRD는 교육학적으로는 행동주의, 인지주의, 전통적 구성주의의 대안을 찾지 못하는 우를 범했다. 기업을 경영함에 있어 개인개발, 조직개발 등 HRD 개입을 실시하면서 문제해결식 접근 위주로 현상을 바라보게 되었는데, 이는 인적자원의 학습을 기획할 때 전통적 교육 철학에 의거해서 세부 개입기법을 형성했다는 것을 방증한다. 개인이 가진 문제점, 조직이 가진 문제점에 주된 초점을 맞추고 있었던 것이다. 이러한 관점에 따라 현상을 해결하고자 하는 것은 내부적인 문제의식 공유와 조직 내 상존하는 아이디어 수렴에 당위성을 부여한다는 장점이 있겠지만, 인간 심리와 인간 행동을 자발적으로 발현시키지는 못한다는 단점이 있다.

따라서, 이에 대한 대안으로 제시되고 있는 것이 바로 사회적 구성주의(social construnctivism)와 사회적 연결주의(social connetivism) 철학이다(Downes, 2005; Siemens, 2005; Vygotsky, 1978, 1992). 우리는 현재 이 시점에 인간 대 인간, 인간 대 기계의 연결이 자유롭고 지식과 정보 공유에 대한 제한이 '0'에 가까운 시대에 살고 있다. 이러한 시대에는 개인 및 조직이 가진 문제점을 파헤쳐 적은 정보량을 수정하여 얻는 힘의 총량보다는 개인 및 조직이 가진 장점을 혼합, 융합, 통섭하여 얻는 힘의 총량이 더 커지게 된다. 바야흐로 개인 및 조직에게 있어 긍정 기반, 강점 기반 시대가 도래한 것이다. 개인과 조직을 바라보는 긍정적인 시각의 저변 확대, 즉, 문제해결식 접근으로부터의 탈피는 학습 주체의 성장과 발전을 기본 가정으로 하는 인적자원개발 철학과 일치되어 시너지 효과를 창출할 수 있을 것이다.

2) HRD의 학습자 주체성 부족

HRD의 주체로는 경영자, 제공자, 벤더, 그리고 학습자 등이 있다. 조직에서 경영전략의 관점으로 HRD를 바라보는 경영자, HRD 조직 및 담당자 등에 해당하는 HRD 제공자, HRD 프로그램의 부분 혹은 전체를 아웃소싱하여 이를 담당하게 되는 벤더(vendor), 그리고 학습의 주체인 학습자가 존재한다. 앞서 1장에서 살펴본 바와 같이 과거 HRD 패러다임은 제 1세대 훈련개발(Training & Development), 제 2세대 인적자원개발(HRD), 제 3세대 인간성과향상(HPI), 제 4세대 일터학습과 성과(WLP), 제 5세대 일터학습자(Workplace Learner), 제 6세대 학습 및 성과(Learning & Performance) 등의 관점까지 발전되어 왔다. 이러한 발전의 과정에서 훈련, 개발, 학습, 성과 등의 객관물에 대한 관점만 변화하였을 뿐 학습자의 주체성이 강조되지 못했다. 인적자원의 동기 측면에서 맥그리거의 X이론[8]에 근거한 인간 관점을 고수하고 있기 때문에, 관리 감독자와 운영자 역할을 종속시키지 않고는 HRD를 논하지 않았던 것이다.

즉, 과거 HRD 패러다임에서는 HRD 제공자 또는 벤더가 주도하는 학습이 발생하였기 때문에 학습자의 주체성이 부재되는 한계를 지니고 있었다. 과거 경영환경이 안정적이고 적은 경쟁이 존재했던 시절에는 조직구성원들이 조직의 내·외부적 변화에 안

8) X이론 : 인간은 본래 일하기를 싫어하고 지시받은 일밖에 실행하지 않는다. 경영자는 금전적 보상을 유인으로 사용하고 엄격한 감독, 상세한 명령으로 통제를 강화해야 한다.
Y이론 : 인간에게 노동은 놀이와 마찬가지로 자연스러운 것이며, 인간은 노동을 통해 자기의 능력을 발휘하고 자아를 실현하고자 한다. 경영자는 자율적이고 창의적으로 일할 수 있는 여건을 제공해야 한다.

주하기 용이했던 반면, 근래의 경영환경에서는 외부적인 환경 변화 또는 내부적인 환경 변화의 속도가 매우 빠르기 때문에 학습에 민첩해야만 경쟁우위를 점할 수 있게 되었다. 따라서 변화된 시대에는 HRD 제공자뿐만 아니라 이와 관련되어 있는 경영자, 제공자, 벤더, 학습자 등 모든 주체들이 상호작용하여 HRD 주체로서의 역할을 인식할 필요가 있다.

3) 역량기반 접근의 한계

기존 인간의 역량, 즉 직무능력의 향상을 주로 추구하였던 HRD 기법은 일시적으로 업무 성과와 개인의 외향적 능력의 향상 효과를 거둘 수 있었다. 하지만, 여러 가지 외적 환경 요소들의 변화와 인간의 정보처리 능력의 한계에 의하여 그 효과는 시간이 지날수록 줄어들 것이고, 결국 기존 외향적 능력과 비슷한 수준으로 회귀할 것이라고 하였다. 그간의 HRD 접근들은 하나의 인격체로서의 개인을 개발시키기보다는, 단순 그들의 지식, 기술, 능력 등을 개발시킴으로써 조직의 전반적 성과 향상을 꾀하는 데 초점을 맞추었다. 그러나 최근 HRD 영역에서 개인에 내적 능력에 대한 이론과 실천의 제반이 중요한 이슈가 되는 이유는 HRD 영역에서도 업무를 수행하고 성과를 내는 주체인 인간이 연구의 중요한 초점이 되어야 한다는 반성적인 시각이 부상했기 때문이다. 따라서 인간 중심의 관점으로, 직무수행과 관련된 역량뿐만 아니라 동기, 창의성, 몰입 등의 인간의 내적 능력의 개발과 향상을 통한 자연스러운 역량개발을 유도해야 한다.

2 새로운 HRD 패러다임의 모색

HRD의 다학제적(Multidisciplinary), 간학문적(Interdisciplinary) 성격으로 인해 새로운 HRD 패러다임은 여러 학문 분야의 발전과 궤를 같이 하며 영향을 주고받는다. 특히, 인적자원의 내재적 · 외연적 특질을 탐구하는 측면에서 심리학, 인간의 바람직한 변화를 꾀하는 측면에서 교육학, 인적자원을 통한 경영의 효과성과 효율성 제고 측면에서 경영학 등의 분야는 HRD에 깊게 관여하고 있다. 따라서 다음에서는 HRD 패러다임 변화에 영향을 미치고 있는 세 영역을 중점적으로 고찰하고, 세 분야에서 두각을 나타내고 있는 글로벌 리더 및 미래학자들의 관점을 빌어 변화된 HRD 패러다임에 따른 HRD 트렌드는 무엇인지 알아보고자 한다.

1) 새로운 HRD 패러다임의 영향 요인

(1) 교육학적 영향

① 자기주도학습 · 자기조직학습환경(SOLE)

학습자 스스로 학습목표를 설정하고 학습과정 및 전력, 학습자원을 결정하여 학습을 수행하고 학습 결과를 스스로 평가하는 일련의 학습과정을 말한다. 자기주도성은 e러닝에서 가장 중요한 교수 · 학습방법 중 하나라고 할 수 있다. 즉, 개별 학습자가 필요에 따라 자신의 학습 과정을 선택하고 학습과정에서 주도적인 역할을 수행할 수 있도록 하는 자기주도학습이 대두되고 있다.

특히, 교육공학적으로는 자기조직학습환경에 대한 관심이 두드러진다. 자기조직학습환경(Self-Organized Learning Environment)은 1990년 후반 미트라 교수의 '벽에 난 구멍(Hole in the wall)' 실험에서 태동되었다. 전통적 교육방식에 대한 대안으로, 학생들이 스스로 선정한 문제를 인터넷을 활용하여 동료와 협조해가며 자율적으로 해결하는 학습방식이다. 이때 교수자의 역할은 탑다운(top-down)식 가르침이 아닌 격려와 감탄을 제공하는 촉진자(facilitator)의 역할이다. 이러한 교육공학적인 변화의 움직임은 HRD 분야에서도 감지되고 있다. 사회적인 방법으로 자율적으로 학습할 수 있도록 환경을 제공하는 자기조직학습환경의 효과성이 논의되고 있는 것이다.

(2) 심리학적 영향

• 긍정심리

긍정심리학은 사람들이 가장 가치 있고 생산적이며 행복한 삶을 누릴 수 있도록 돕는 것이, 결점을 고치고 고통과 장애를 치유해 온 심리학의 전통적인 관심만큼이나 중요하다는 믿음에 뿌리를 두고 있다(Lopez & Snyder, 2009). 인간은 근본적으로 동기를 지니고 있으며, 긍정 정서와 부정 정서의 독립적인 관계를 지니고 있음을 특징으로 한다. 즉, 개인이 주관적으로 경험하는 다양한 긍정적 심리상태를 충족시키기 위해 인간의 행복과 성장을 지원하는 긍정심리 관점이 대두되고 있다.

(3) 경영학적 영향

• 긍정조직

긍정조직행동(positive organizational behavior, POB)는 '오늘날 조직의 성과 향상을 위해 측정될 수 있고, 개발가능하며, 효과적으로 관리될 수 있는 인적 자원의 긍정적인 강점들과 심리적 역량들에 대한 연구와 응용'이라고 정의된다. 효과적 관리와 개발이 가능한 긍정적 요인과 심리적 역량들을 통해 조직구성원의 행위를 개선하고, 탁월한 성과를 낼 수 있다고 주장한다. 긍정적 조직행태가 모든 조직에서 공통적으로 발견되며, 조직성과와 효과성에 긍정적 영향을 미친다는 보편적인 긍정성을 전제로 하는 긍정조직행태가 대두되고 있다.

2) HRD Trend 변화

(1) 교육훈련 설계 : 창의성 개발을 위한 교육훈련 설계

Sir Ken Robinson은 『Out of mind』, 『The element』 등의 저술로도 이미 국내 독자들에게도 널리 알려진 바 있으며, 영국 엘리자베스 2세 여왕으로부터 교육예술부문의 기사 작위를 받은 영국 인적자원 분야의 글로벌리더이다. 그는 자신의 저서를 통해서 연구했던 개인과 조직의 '교육혁명과 창조성 발현'을 강조한다.

교육혁명은 창조성이라는 단어에서 시작한다. Ken Robinson 경은 창조성이 타고난 특성이 아니라 마치 문해 능력처럼 개인이 익힐 수 있는 능력이기 때문에 각자가 배운 창조성을 어떻게 하면 보다 효율적으로 발현시킬 수 있는지가 중요하다고 언급한다. 그리고 이러한 창조성을 극대화한 지점을 의미하는 엘리먼트(Element)를 찾기 위해서는 다음과 같은 세 가지 성찰과정을 소개한다.

첫 번째, 개인은 스스로 자신의 능력 범위가 어디인지 살펴보아야 한다. 두 번째, 가지고 있는 능력들은 서로 유기적으로 연결되어 있다는 것을 이해해야 한다. 세 번째, 내가 가진 능력은 아직 발현되지는 않았지만, 앞으로 더 성장할 수 있는 잠재성을 가지고 있다는 것을 자각해야 한다는 것이다. 이러한 성찰 과정은 통해 엘리먼트가 더 많이 그리고 더 자주 발현될 수 있게 하는데, 이는 이전에 미하이 칙센트미하이(Mihaly Csikszentmihalyi)가 제시였던 '몰입'과도 관련된 개념이다. 몰입해서 일하다가, 충만한 상상력이 떠올랐을 때를 상상해 보자. 그때가 비로소 창조적인 결과가 나오는 엘리먼트의 순간인 것이다. 따라서 엘리먼트를 발현하기 위해서는 몰입하는 시간을 갖는 것이 필요하다.

그렇다면 조직의 관점에서는 개개인의 창조성을 위해서 어떠한 활동이 요구될까? Ken Robinson 경은 개인이 엘리먼트에 도달한 경험이 있는지를 질문함으로써 창조성 있는 인재를 선발하는 것이 우선시 되어야 한다고 강조한다. 그리고 선발된 인재들은 획일적인 사고를 공유하는 군중(crowd)이 아닌, 서로의 개성을 존중하고 서로의 엘리먼트를 이룰 수 있도록 상호 협력하는 부족(tribe)처럼 조력하는 모습이 요구된다고 한다. 다시 말하자면 부족의 구성원처럼 서로의 역량을 통해 시너지 효과를 발휘하고 집단 지성을 창출해야 한다는 것이다.

이를 위해 HRD 담당 부서에서는 단순 집합교육에서 탈피하여 구성원 간의 엘리먼트를 촉진할 수 있는 조직문화를 구축하는 것이 필수적이다. 요약해 보면 기업은 개인의 엘리먼트를 극대화하고 이를 부족(tribe)단위로 확산시켜 조직 창조성으로 연계시켜 집단지성을 창출해야 한다는 중요한 시사점을 우리에게 안겨주고 있다. 그리고 구성원의 창조적 결과물은 산출물로써 보상을 받고 활용할 수 있는 체계까지 마련해야 한다는 것을 창의성 개발을 위한 교육훈련 설계의 강조점으로 둔다.

한편, 컨설팅 회사의 CEO이며, 그래피티 아티스트, 스피드 페인터, 작가, 연설가이기도 한 에릭 왈(Erik Wahl)은 "나를 가두는 사슬에서 벗어나 내면의 창의성과 열정을 재발견해야 한다"라고 주장한다. 그는 다양한 직업을 가지고 있는 만큼 풍부한 창의성을 지니고 있는 그는 '아티스트 기업가'라고 불린다. 그는 『Unchain the Elephant』, 『Unthink』 등의 저서에서 창의성을 강조하고 있으며 이는 더 나은 성과를 달성하기 위한 방법임을 주장하였다.

모든 사람은 예술가와 같은 창의성을 가지고 있으며, 자신의 한계를 극복하여 숨은 창의성을 발현해야만 한다는 맥락에서 창의성과 혁신은 우리 모두가 이루어낼 수 있는 것임을 이야기하고 있다. 그는 창의성 발현을 위해 'Unthink(생각하지 않는 상태)'를 강조하였는데, 이는 비판적 사고와 창의적 사고 사이에 있는 영역이다. 즉, 논리적인 사고를 벗어나는 것 혹은 다른 방향으로 생각을 바꾸어 기존의 논리를 생각하지 않는 상태를 의미한다. 예를 들어, 현재 A의 상태에서 B의 목표로 도달하길 원한다고 가정할 때 창의성이 발현되지 않은 상태에서는 제한적으로 설정한 B라는 목표에 도달하는 것에만 그칠 수 있으나, 창의성이 발현된 상태에서는 B의 목표가 아니라 C라는 또 다른 목표에 도달할 수도 있다는 것이다. 그는 단기적인 목표나 성과를 설정하기보다는 더 넓은 시야에서 현상을 목도해야 한다는 점을 창의성의 발현조건으로 제시하고 있다.

그러나 에릭 왈은 창의성이 손쉽게 발현될 수 없음을 인지하고, 과연 어떤 조건에서 창의성이 효과적으로 발현될 수 있을까에 대한 고민 끝에 입체파 화가인 파블로 피카소의 이름을 따 "PICASSO"라는 창의성 발현 조건을 정리하였다.

Provocative	자극적인	자극적인 행동을 실행해 보아라.
Intuitive	직권적인	현재의 지식보다 직관을 믿어라.
Convicted	소신있는	자신의 신념을 따르도록 하라.
Accelrated	빠른 속도의	빠른 아웃풋, 간결한 메시지, 즉각적인 영향력을 목표로 하라.
Spantaneous	자발적인	자발적으로 행동하라.
Surrendered	포기할 줄 아는	열정을 위해 불필요한 것은 버려라.
Original	독창적인	대담하고, 특별하며, 자유롭게 일하라.

그림 13-1. 창의성 발현의 조건

도전적인 행동을 실행해 보는 Provocative(자극적인), 현재의 지식보다는 자신의 직관적 인식을 믿는 Intuitive(직관적인), 스스로의 신념을 따르는 Convicted(소신 있는), 속도감 있는 아웃풋, 간결한 메시지, 즉각적인 영향을 목표로 하는 Accelerated(빠른 속도의), 자발적으로 행동하는 Spontaneous(자발적인), 열정을 위해 불필요한 것은 과감하게 놓을 줄 아는 Surrendered(포기할 줄 아는), 대담하고 특별하며 자유로운 Original(독창적인) 등이 6가지 PICASSO 조건이다.

조직 단위의 창의성을 개발하기 위한 교육훈련 설계로는 혁신적 리더십의 효과를 주장한다. 계속되는 도전과 위협에 직면하는 오늘날의 불확실한 경제상황에서는 새로운 아이디어와 솔루션을 제시하는 능력이 중요하게 여겨지고 있는데, 이때 필요한 것이 창의성이며 그것은 혁신적 리더십을 전제로 한다는 것이다. 혁신적 리더십이란, 정서적인 연결을 구축하고, 몰입의 문화를 창조하며, 혁신적인 프로세스 및 생산성을 도출해 내는 것을 의미한다. 이는 조직의 전략 제시 및 솔루션 실행의 프레임워크와 동기부여를 제공하여 창의성을 발현하는 데 도움을 준다.

Wahl 그룹은 목표를 성취하는 데 있어 돌파구(breakthrough)가 되는 아이디어 제시를 강조하며 조직 및 고객에 대한 정서적 몰입, 특별한 경험 및 경험의 내재화 강조 등의 방법을 중요시하고 있다. 예술가의 삶에 대해 이해할 때 비로소 예술에 대해 관심을 가질 수 있듯, 조직구성원과 정서적으로 몰입되어 있을 때 개개인의 구성원을 다른 관점에서 바라볼 수 있게 된다는 것이다. 따라서 그들을 이해함으로써 그들의 창의성을 개발할 수 있도록 지원할 수 있다고 주장한다.

한편, 창의성을 개발할 수 있는 방법에 대해서도 언급하였는데, 우뇌 운동 활성화, 두려움에 대한 관리, 올바른 기업문화 확립 등의 방법을 제시했다. 첫째, 비즈니스 상의 문제는 논리적인 분석이나 이미 증명된 솔루션으로도 해결할 수 없는 경우가 종종 있으므로 독창적인 아이디어를 도출하기 위해서는 우뇌를 활성화시킬 수 있는 그림 그리기, 공상하기, 춤추기 등의 훈련이 필요하다는 주장이다. 둘째, 새로운 아이디어를 실행하는 데 있어 발생하는 두려움(Fear)을 극복해야 한다고 하였다. 셋째, 리더는 자신의 아이디어를 표현하는 직원에 대해 격려하는 문화를 확립해야 한다고 주지하였다.

창의성에 대한 개발이 요구될 때, 우리는 모든 조직구성원이 잠재적으로 창의성을 보유하고 있다는 믿음을 갖고 창의성 발현의 개입기법들을 실행해 나가야 할 것이다. 그중 하나가 PICASSO 요소에 대한 강조이다. 물론 PICASSO 조건 및 창의성 개발방법 외에도 혁신적 리더십과 창의성을 지지하는 조직문화 또한 뒷받침되어야만 한다. 한꺼번에 많은 변화, 전면적인 개편을 바라는 것은 요행일 것이다. 그러나 Erik Wahl이 제시한 방식을 적용하고 발전시키려는 노력을 지속한다면 결국 조직의 혁신, 조직의 성과에 기여하는 자양분이 형성될 수 있을 것으로 기대된다.

(2) 교육훈련 방법: 놀이기반 교육훈련 방법

John Seely Brown은 그의 저서 『The Sustainable Edge』, 『The Power of Pull』, 『The New Culture of Learning』에서 조직 간 네트워크를 활용한 학습 환경과, 놀이의 학습문화를 통한 혁신의 창출을 소개함으로써 '기술변혁과 새로운 학습문화의 구축'을 주장한다. 그가 바라보는 Big Shift는 안정적이고 예측가능한 구조에서 역동적이고 불확실한 구조로의 변화함에 따라 지식을 단순히 습득하고 관리하는 것에 초점을 두고 있던 것으로부터, 지식의 창출에 참여하는 방향으로 이동하는 것을 의미한다. 이는 지식 자체의 형태 측면에서는 명시적인 지식에서 암묵적인 지식으로의 변화를 의미하며, 이러한 Big Shift 시대의 학습전략은 네트워크 및 연결성, 그리고 놀이 중심의 학습문화라고 볼 수 있다.

John Seely Brown이 제언하는 비즈니스 네트워크의 생태계는 허브(hub)가 있고, 허브를 감싸고 있는 스포크(spoke)가 있다. 이러한 스포크와 허브 간에 연결고리를 가지고 유기적으로 네트워크를 확립해야만 비로소 다차원적인 상호작용이 가능해진다는 것이다. 따라서 기존에 가지고 있던 직무 연계성에 기반한 유관부서 간의 협업구조에서 탈피하여 허브를 중심으로 다양한 부서 간 네트워크를 가지고 협업을 해 나가는 형태를 추천한다.

그러므로, Big Shift 시대의 기술 및 사회변화의 흐름을 파악하고, 조직 내 새로운 네트워크(Connectedness) 형태를 통한 자원의 획득과 활용방안을 모색하며, 지식 획득 및 창출을 위한 자발적인 참여와 상호작용을 촉진하는 놀이(Play) 중심의 학습을 지향함으로써 자생적 학습환경 및 문화를 구축하는 것을 중요하게 다루고 있다. 즉, 향후 HRD 담당자는 기술 및 사회 변화의 흐름을 파악하고, 그 안에서 우리가 가지고 있는 네트워크의 자원들을 어떻게 하면 다차원적으로 커뮤니케이션 채널을 확보하여 활용할 수 있는지를 고민하는 것이 학습에 관련된 부서의 중요한 역할 중 하나라는 것을 시사해주고 있다. 그리고 궁극적으로는 이를 획득 및 창출할 수 있도록 즐길 수 있게끔 놀이에 기반한 HRD를 구현하는 것도 요구된다.

(3) 교육 공학 : 자기구조화학습환경

자기구조화학습환경(Self-Organized Learning Environment: SOLE)'은 학습자가 본래 가지고 있는 호기심을 촉진하여 스스로 학습하게 만드는 환경을 말한다. 이 개념은 'Build a school in the cloud' 강연으로 TED Prize를 수상한 영국 뉴캐슬 대학교의 교수 수가타 미트라(Sugata Mitra)로부터 등장하였다. 그는 교육공학 전공 교수로, 1999년 인도 뉴델리 빈민가에서 진행한 'Hole in the Wall' 프로젝트를 통해 SOLE이라는 개념을 만들고 미래의 이상적인 학교를 구축해야 한다고 주장하여 명성을 얻었다.

'Hole in the Wall' 프로젝트는 수가타 미트라가 인도 뉴델리 빈민가에 있던 자신의 사무실 옆 벽면 구멍에 컴퓨터를 설치하여 밖에서 컴퓨터 화면을 볼 수 있고, 조작할 수 있도록 조치한 후 아이들을 관찰한 것에서 시작되었다. 이 실험은 빈민가에서 태어나 컴퓨터와 인터넷을 한 번도 접한 적이 없고, 사용할 줄도 모르던 아이들이 벽에 설치된 컴퓨터를 이리저리 만지고 조작해 보며 스스로 사용법을 터득하게 되고, 서로 사용법을 알려주며 컴퓨터의 더 많은 기능을 활용할 수 있다는 학습의 결과를 보여주었다. 이 놀라운 결과에 그는 실험지역과 대상을 확대하여 같은 결과를 확인하였는데, 이를 통해 인간이 학습을 하는 것은 자기구조화의 결과이며, 학습자 스스로 교육과정을 구조화하게 한다면 보다 효과적인 배움이 일어난다는 결론을 얻게 되었다. 수가타 미트라는 이를 '자기구조화학습환경'이라 지칭하였다.

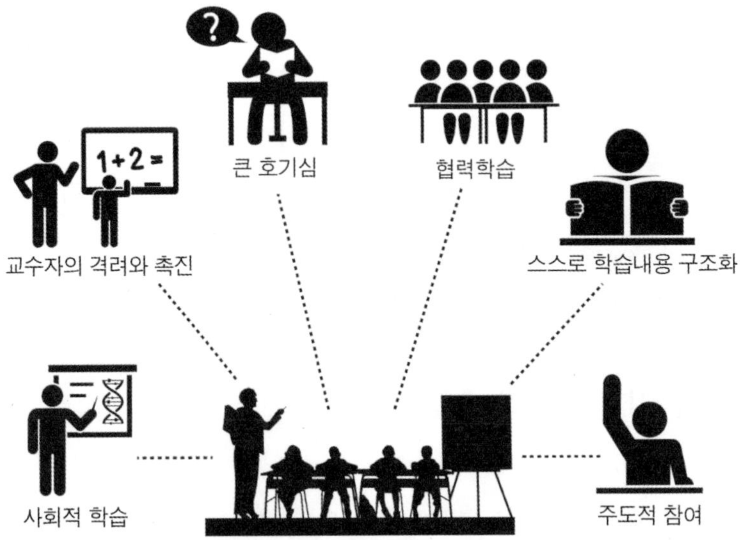

■■ 그림 13-2. SOLE의 구성요소

SOLE과 유사한 개념에는 플립러닝, 협력학습, 자기주도적학습(Self-directed Learning environment) 등이 있다. 이 중에서 SDL은 거의 동일한 의미로 발전된 개념이라고 생각할 수 있지만 두 환경은 교수자의 역할과 학습방법에서의 분명한 차이점을 갖는다.

첫 번째 차이점은 교수자의 역할이다. 특별한 역할을 갖지 않는 SDL환경 속에서의 교수자에 비해 SOLE 속에서의 교수자는 학습자의 호기심을 이끌어내는 질문자, 격려자, 촉진자로서의 역할을 수행한다. 이는 SOLE에서 이루어지는 학습의 질문, 탐구, 검토 세 단계 과정에 따라 요구되는 역할이다. 각 단계별 교수자의 기대 행동은 다음과 같다. 질문 단계에서 교수자는 하나 이상의 주제를 연결한 열린 질문으로 학습자의 탐구의지와 비판적 사고를 유발할 수 있는 질문을 해야 한다. 그 후 탐구 단계에서 교수자는 학습자 그룹을 구성해 주고, 다양한 학습 매체를 제공함으로써 학습자들이 협력하여 학습내용을 습득할 수 있도록 유도해야 한다. 마지막 검토 단계에서 교수자는 학습자들이 협력학습을 통해 이해한 학습내용과 과정을 서로 공유할 수 있도록 촉진하는 시간을 마련해 주어야 한다.

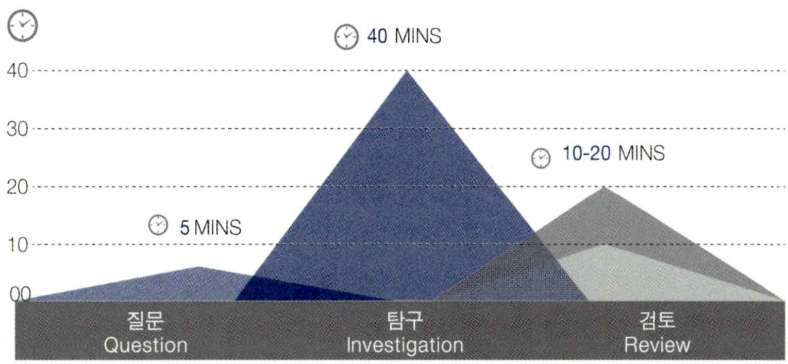

그림 13-3. SOLE의 단계

SOLE과 SDL 환경의 두 번째 차이점은 학습방법인데, 이는 앞서 설명한 교수자의 역할이 단서가 된다. SOLE에서의 학습방법은 세 가지 요소 즉, 학습자로 하여금 형식 학습이 아닌 온라인을 통해 자유롭게 놀면서 정보를 탐색하게 하는 인터넷과 테크놀로지, 학습자 스스로 궁금한 것을 찾아 이해하게 하는 자기교수, 팀을 구성하여 학습자 스스로 학습한 내용을 동료들에게 다시 전달하고 서로 가르치게 하는 협력학습의 결합이다. SDL 환경의 학습방법이 자기교수에 초점이 맞춰져 있다는 것에 비추어 볼 때 학습방법 면에서 보다 확장된 개념이라 할 수 있다.

수가타 미트라가 주장한 SOLE은 아이들의 활발한 지적 호기심이 바탕이 된 실험결과로부터 나온 개념이다. 일부 연구자들은 SOLE 구축이라는 것이 새로운 것을 알고자 하는 욕구가 넘치는 어린 아이들에게만 해당될 수 있는 것이라고도 주장한다. 조직적 차원에서 조직구성원들을 학습시키기 위해 SOLE을 구축해도 성인의 지적 호기심은 아동에 비해 낮기 때문에 스스로 학습하려 하지 않는다는 것이다. 물론 페다고지적인 입장에서 연구를 수행하면 그러한 결과가 나타날 수도 있다. 그러나 이 가정은 조직이 열린 질문보다는 명확한 학습 주제를 던져주고 해당 내용을 학습하기를 바라기 때문에 생기는 기우일 수 있다. 성인학습자들도 스스로 알고 싶었던 주제에 대해 학습할 기회가 주어진다면 아동 못지않게 탐구의 의지를 불태우는 경우가 발견된다. 따라서 조직의 HRD부서가 자기구조화학습의 질문, 탐구, 검토 세 단계에서의 교수자로서의 역할을 적절히 수행하고, 전사적 차원에서의 학습조직 구축에 앞장선다면 성인학습자 집단인 기업의 조직구성원들에게서도 자기구조화학습이 나타날 수 있을 것이다.

(4) 평가, 측정, 성과관리 : 긍정 기반 목적의식

Social change agent로서 활동하고 있는 Kevin Carroll은 개인뿐만 아니라 팀, 조직에게 잠재력을 극대화하기 위한 놀이와 창조성을 일깨우기 위한 영감을 주는 긍정 기반 목적의식 발현을 주장한다. 그는 Kevin Carroll Katalyst / LLC Consultancy 등을 설립하였고, 과거 Nike사에 스카우트되어 일하는 동안 다른 사람들의 잠재된 창조성을 발현시키는 촉매의 역할을 해서 'Catalyst(촉매)'의 'C'를 Kevin의 'K'로 바꾼 'Katalyst'라는 별명을 얻었다. 미국 내의 여러 TED 강연에서 놀이를 통한 창조성 발현에 대해 강연하였고, 2013년 미국의 유명 경제잡지인 〈SUCCESS〉 지가 선정한 세계를 바꾼 19인에 선정된 바 있다. Kevin Carroll은 그의 저서들에서 놀이를 통해 개인의 창조성을 깨우고 삶의 목표로서 자신의 빨간 고무공을 끊임없이 좇아야 한다고 주장하였다. Kevin Carroll은 처음 『Rules of the Red Rubber Ball(빨간 고무공의 법칙)』이라는 책으로 널리 알려졌으며, 이외에도 빨간 고무공의 법칙을 일에 적용한 『The Red Rubber Ball at Work』와 Nike에서 다른 사람의 잠재된 창조성을 끌어내었던 방법을 소개한 『Think outside of your blocks』 등을 통해 놀이와 함께 일의 효율성을 극대화시키고 개인의 창조성을 이끌어내는 방법에 대해 탐구하였다.

그렇다면 Kevin Carroll이 말하는 빨간 고무공이란 무엇을 의미하는 것일까? Kevin Carroll의 저서를 탐독하고 그 의미를 반추해 보면, 빨간 고무공이란 개인의 숨겨진 잠재력, 꿈과 열정, 삶의 방향 등을 의미한다. 개개인의 빨간 고무공은 어디로 튈지 모른다는 점에서 삶의 불확실성을 의미하고, 물리적으로 존재하는 물체를 좇는다는 점에서 명확한 방향성을 의미하며, 자신만의 숨겨진 잠재력을 발견할 수 있게 한다는 점에서 개인의 잠재력을 의미한다.

조직구성원이 빨간 고무공을 발견하고 그것을 좇을 수 있도록 돕는 것이 바로 커리어코칭이라고 할 수 있다. 조직 내에서 잘 기획된 커리어코칭은 궁극적으로 조직 전체의 성과를 향상시킬 수 있는 출발점이 된다. 긍정적인 에너지를 주는 코치와 관련하여 Kevin Carroll은 CEO의 개념을 새롭게 제시한다. CEO는 본래 독자들이 알고 있듯 최고경영자(Chief Executive Officer)라는 의미이지만, Kevin Carroll은 CEO를 Chief "Encouraging" Officer, 즉 최고격려자라는 의미로 제시하고 있다. 그는 조직에서도 조직구성원들이 자신만의 빨간 고무공을 좇을 수 있도록 이를 격려해 주는 커리어코칭을 지원해야 한다고 역설하였다.

조직 내의 커리어코칭 활성화를 위해서는 개개인의 열정에 대해 긍정적으로 코칭해 줄 수 있는 문화 형성이 선행되어야 한다. 이러한 문화는 상하고하를 막론하고 서로 격려를 줄 수 있는 문화를 말한다. 특히, 커리어코칭을 시스템화할 때에도 부정적인 에너지를 주는 주변인물(Discouragers[9])을 배제하여 설계해야 한다.

Kevin Carroll이 주장하는 바를 두 가지로 요약하면 다음과 같다. 첫째, 조직구성원이 일 자체를 놀이로 여길 수 있도록 여건을 조성해줌으로써 자신이 잘 할 수 있고 하고 싶은 욕구를 갖고 있는 빨간고무공을 발견할 수 있도록 해야 한다. 둘째, 조직구성원 개인이 빨간 고무공을 발견했다면 그것을 향해 지치지 않고 달려갈 수 있도록 성공적인 경력개발을 지원해야 한다. 이와 같은 지원이 이루어질 때, 조직구성원의 잠재력이 수면 위로 떠오르게 되며, 각자가 일에 흥미와 욕구를 가지고 몰입할 수 있도록 해야 비로소 목표에 의한 조직 관리가 이루어질 수 있다는 것이다. 이는 MBO(Management by objectives)로 알려져 있는 인사관리의 기법과도 같은 맥락인데, HRD의 평가, 측정, 성과관리에 있어 긍정기반의 문화를 구축하기 위해서 적극적인 관리가 필요한 영역이라고 할 수 있다. 종래에 실시해 오던 평가 사정(assessment)식의 접근으로는 HRD의 긍정적인 효과를 배가시키는 데 한계가 있을 것으로 예상되기에 개인의 목적의식을 자원으로 실시되는 새로운 개념의 조직 성과관리가 등장할 때이다.

(5) 리더십 개발 : 멀티플라이어 리더십

Liz Wiseman은 Wiseman 그룹의 CEO이자 Nike, Gap, Oracle 등 수많은 기업에서 리더십 컨설팅을 진행한 리더십 개발의 전문가이다. 대표 저서로는 조직의 리더가 발현해야 할 5가지 특성을 제시한 『Multiplier』가 있는데 이 개념은 전통적인 리더십 행태의 약점을 꼬집고 새로운 시대의 멀티플라이어가 되기 위해서는 어떤 조건을 갖추어야 하는지 재조명한다.

멀티플라이어는 우리 조직의 구성원들을 더 똑똑하게 만들고 조직구성원으로부터 지성과 능력을 더 부활시키고 이끌어 냄으로써 조직의 성과를 창출하게 하는 리더를 의미한다. 그녀는 이러한 멀티플라이어의 특성으로 재능자석(Talent Magnet), 해방자(Liberator), 도전자(Challenger), 토론자(Debate Maker), 투자자(Investor)의 다섯 가지 특성을 소개하고 있다.

---

9) 존 고든의 저서 『에너지버스』에서는 이러한 조직구성원을 에너지뱀파이어라고 칭함

이러한 리더는 아마 우리나라 기업의 많은 CEO들이 되고자 하는 모습일 것이다. 이에 그녀는 멀티플라이어가 되기 위해 3가지 전략을 제안한다. 우선, 본인의 리더십을 파악하고 가장 낮은 특성은 개선하고 가장 우수한 특성은 더 높은 다음 단계로 끌어올리려는 노력하라는 것이다. 두 번째로는 멀티플라이어와 대비되는 리더로 제시된 디미니셔(Diminisher)처럼 조직구성원들에게 세세하게 관여하기보다는 신뢰를 형성하고 믿어주는 마음가짐으로 생각을 바꾸는 것이다. 그리고 끝으로 세 번째는 약 한 달 동안 한 가지 실천사항을 골라서 멀티플라이어에 도전해 보는 것이다. 결국, Liz Wiseman이 제시하고자 했던 멀티플라이어 리더십은 결국 우리 구성원들의 집단지성을 창출시키고 이를 조직의 성과로 연동시키기 위한 하나의 메시지라고 볼 수 있다.

(6) 경력개발 : 주관적 경력성공

Arianna Huffington은 55세의 나이로 온라인 미디어인 〈허핑턴 포스트〉를 설립한 후, 6년 만에 허핑턴포스트를 미국 내 최대의 온라인 미디어로 성장시킨 주역이다. 전 세계 많은 젊은이들과 기업가들의 롤모델이기도 한 Arianna Huffington은 2012년 저서 『담대하라, 나는 자유다』 및 2014년 저서 『제 3의 성공』에서 여성으로서 담대하고, 자유롭게 자신의 길을 걸어가도록 독자들에게 조언한 바 있다. 저서에서 Arianna Huffington은 과로와 수면 부족으로 실신했던 자신의 경험이 이 책을 쓰게 된 계기라고 설명하며, 성공을 재정의할 필요성에 대해 설명하고 있다. 그리고 성공을 재정의하는 과정에서, 허핑턴은 조직구성원의 복지 강화를 통해 조직의 성과를 향상시킬 것을 강조한다.

이러한 주장은 그녀가 설립한 허핑턴포스트의 정면에 그대로 드러난다. '건강이 곧 부'라는 슬로건을 내 걸고 직원들의 재충전에 상당한 가치를 두고 있음을 드러내고 있는 것이다. 하지만 그렇다고 해서 조직의 성과를 놓치고 있는 것은 결코 아니다. 그녀는 직원들의 재충전을 통하여 생성되는 창조성을 통해서 조직의 전반적인 성과를 향상시키는 데 주력한다. 허핑턴리더십의 핵심은 조직의 성공을 재정의하고 이를 실천하는 일련의 과정에서 리더 역시 창조적이어야 하며, 조직구성원들이 창조적 역량을 키울 수 있도록 도와주는 조력자 역할을 수행해야 한다는 점이다.

Arianna Huffington이 이러한 경영철학을 갖게 된 데에는 결정적인 계기가 있다. 2007년 4월에 그녀가 과로로 인하여 실신하는 사건이 발생한 것이다. 그녀는 그때의 상태를 '소진(Burnout)'이라고 이야기했다. 최근 국내의 많은 HRD 연구자들이 소진에 대한 연구를 진행하고 있는데, "소진"이라는 단어는 미국의 심리학자 프로이덴베르거에 의하여 처음으로 정의되었다. 프로이덴베르거에 따르면 소진은 과도한 업무나 학업에 지쳐 자기혐오감, 무기력증, 불만, 비관, 무관심 등이 극도로 커진 상태를 일컫는다. 벨기에의 철학자, 파스칼 샤보는 과도한 업무로 인한 소진을 '문명의 질병'이라고 칭하기도 했다.

Arianna Huffington은 이러한 소진의 원인이 조직성과를 판단하는 근거가 종래의 객관적 경력성공이 돈과 권력을 기준 삼았기 때문이라고 설명한다. 따라서 조직구성원이 "소진"의 상황에 처하지 않게 하기 위해서 우리는 돈과 권력이라는 낡은 잣대를 과감히 버려야 한다는 것이다. 그녀는 재정의 되어 마땅한 새로운 잣대를 웰빙, 지혜, 경이, 베풂 등 4가지로 설명한다. 첫째, 웰빙은 건강을 돌봐야 한다는 것을 의미한다. 이는 재충전을 통하여 조직성과의 기반이 될 수 있는 창의력의 발판을 만드는 것이라 할 수 있다. 둘째, 지혜는 우리 각자가 스스로의 내면을 깊숙이 바라보는 데에서 닦을 수 있는 덕목이다. 가끔은 테크놀로지로부터 이격되어 자신의 내면을 바라보아야 한다고 그녀는 주장한다. 셋째, 경이는 삶에 대한 경이로움을 느껴보는 것이다. 우리는 삶이 얼마나 즐겁고 내 주변이 아름다운지 천천히 놀라볼 필요가 있다. 넷째, 베풂은 내가 할 수 있는 일을 하는 것이다. 그녀는 대단한 베풂을 이야기하지는 않는다. 오히려 각자의 소명을 다함으로써 전파될 수 있는 나눔의 즐거움을 말한다.

그렇다면, 현재 우리가 직면한 조직환경에서 Arianna Huffington이 주장하는 네 가지 덕목을 어떻게 실천할 수 있을까? HR부서는 조직구성원의 소진에 대해 경영진의 충분한 이해를 구하고, 조직구성원에게 적합한 복지를 제공해야 할 것이다. 조직구성원이 충분히 재충전할 시간을 가짐으로써 그 시간 속에서 건강을 증진시킬 수 있게 도와야 한다. 또한, 테크놀로지에 천착되어 근무하는 환경에서 벗어나 자기 내면을 고찰할 수 있는 시간을 제공함으로써 여기서 얻은 긍정적인 에너지를 웰빙, 지혜, 경이, 베풂 등의 자기 가치와 일치시킬 수 있도록 하는 인터벤션을 마련하여야 한다. 이러한 활동은 조직구성원이 자신의 가치와 조직의 가치를 한 방향으로 일치시켜 궁극적인 조직성과 창출에 기여하게 될 것으로 기대된다. 즉, 주관적 경력성공은 개인 측면에서만 강조되는 개념이 아니라, 인적자원 분야의 총체적이고 근원적인 기본 요건이 되어가고 있는 것이다.

주관적 경력성공에 대해 관심이 지속되는 가운데 '월스트리트 저널(Wall Street Journal)'이 선정한 세계적인 여성 재계 리더 5위에 랭크된 중국계 미국인 안드레아 정(Andrea Jung) 또한 주관적 경력성공에 대해 강조하고 있다. 그녀는 제너럴 일렉트릭 사외이사, 애플 고문단, 에이본 프로덕츠 회장, 그리고 최근 그라민은행 최고경영자 겸 이사로 일하며 얻은 경험을 바탕으로 주관적 경력성공, 여성 리더십과 사회의 지속가능한 성장의 관계에 대하여 설파하였다.

안드레아 정은 회사의 개혁은 개인의 혁신으로부터 시작되기 때문에 창조적 혁신을 원하는 기업은 개인이 자아의 가치를 명확히 파악하고 가시화 할 수 있도록 조력해야 한다고 주장한다. 또한 개인은 현실에 안주하여 자기계발을 게을리 한다면, 조직에서뿐만 아니라 사회에서도 도태되는 냉혹한 비즈니스 환경에 처해 있으므로 항상 자아 인식과 개발활동을 게을리 하지 말아야 한다는 점을 강조하였다. 저서에서도 이러한 어조가 그대로 반영되어 나타나는데, 2008년에 출간한 『Beyond the Merely Feasible』에서 직무 상황에 처했을 때, 몰입과 열의를 다해 끝까지 책임지는 자세가 요구됨을 견지한 것이 대표적이다.

여성 전문 화장품 회사인 에이본 프로덕츠에서 그녀의 활약은 전설로 통용된다. 타 업계 출신의 여성임원이었던 그녀는 에이본 프로덕츠가 어려움에 봉착한 시점에 부임하였고, 회사에 객관적 시야를 제공해 마케팅 방식의 변화를 이끌어내고자 노력하였다. 품질 및 디자인의 고급화, 제품 구조 조정 그리고 젊은 소비자를 겨냥한 호기심을 자극하는 구전 마케팅이 그 예이다. 그 이외에도 방문판매에 국한되어있던 판매방식을 네트워크 기반 판매방식으로 변모시켜 판매자와 잠재적 구매자 사이의 벽을 허물었으며 단순판매에만 집중하였던 과거의 판매원 교육방식을 맞춤형 뷰티 컨설턴트 육성 교육방식으로 대체하였다. 그 결과 그녀의 재직기간 동안 에이본 프로덕츠는 100개국으로 진출하는 대반전을 이뤄낼 수 있었다. 이후에도 그녀는 끊임없이 긍정적 변화를 이끌어내고 있다. 그녀는 사회적 기여의 일환으로 여성과 그들의 가족에게 닥친 경제적 문제를 해결할 수 있도록 소액융자, 직업교육 그리고 경제적 지원 등을 돕는 국제기구를 만드는 것이 자신의 목표라고 밝혔는데, 이는 많은 여성 직장인들의 귀감이 되고 있다.

성공한 여성 임원, 경력전환의 대표적인 성공사례라 할 수 있는 안드레아 정에게서 주목해야 할 점은 외부에서 관찰되는 '성공'보다 내부에서 피어오르는 '성공'이라 할 것이다. 친절, 도움, 동정심 및 타인에 대한 높은 관심이라는 여성의 행동양식은 조직 내의 변화를 주도하는 데 있어서 효과적이다. 뿐만 아니라 안드레아 정은 여성 특유의 공감능력으로 관계지향형 리더십을 구사하며, 제한된 자료를 기초로 단시간 내에 섬세한 상황판단을 내리는 등 기존의 경직된 조직구조 개혁에 긍정적 영향을 미치는 인물로 정평이 나 있다. 이와 같은 그녀의 성공으로 인해 유능한 여성 인적 자원에 대한 관심이 급증하고 여성 임원에 대한 긍정적 시각이 형성되었다는 것은 노동시장에서 성주류화(Gender mainstreaming)의 쾌거라 할 수 있다. 향후 우리나라 산업 현장에서 유리천장을 깨뜨리고 여성 리더 개발을 촉진하여 양성평등을 이뤄낸다면 범사회적 시너지 효과를 가져올 수 있을 것으로 기대된다. 한편, 경력개발 차원에서의 주관적 경력성공의 중요성 인식은 남녀를 막론하고 행복한 직장생활의 대전제가 될 것으로 보인다.

(7) 조직개발 : 역발상의 조직개발 기법

McChrystal은 아프가니스탄의 연합군 사령관 출신으로 jetBlue Airways, Navistar, Yellow Ribbon Fund의 이사로 재직하고 있으며 조직에 혁신적인 조직개발 솔루션을 전파하고 있다. 특히, 현재의 격변하는 조직 환경 속에 리더십의 방향성을 제시하는 데 주안점을 두고 있다. 미국 내 베스트셀러로 잘 알려진 『My share of the Task』는 이미 국내의 독자들에게도 널리 소개가 되어 있다. McChrystal은 이 저서를 통해 리버스멘토링을 통한 리더십 발현의 중요성을 역설하고 있다.

2011년 그는 TED에서 'Listen, learn, ... then lead'라는 주제로 강연을 하였는데, 연단에서 그는 실전에서의 리더십 경험을 공유하고 조직구성원들로부터 많은 의견을 청취해 더 많은 것을 배우려고 노력해야 한다고 강조하였다. McChrystal이 강조하는 리버스멘토링을 이해하기 위해서 리더십 역량을 개발시키는 주 요소로 꼽히는 '멘토링'을 먼저 이해해야 한다. '멘토링'은 조직에 대한 경험이 풍부한 선배가 후배를 지도하고 조언해 주는 활동이다. 멘티(프로테제)는 경력개발을 통한 자신감 향상을 토대로, 조직커뮤니케이션 강화에 기여하고 멘토는 리더십 역량 강화를 통해 회사로부터 인정을 받게 된다. 또한 사람들이 회사를 떠나는 근본적 이유가 되는 고질적 상사-부하 불통관계를 개선시켜 구성원의 이직률을 감소시킨다.

리버스멘토링은 임원이나 경영진이 자신의 부하와 1 : 1관계를 형성하면서 멘토링을 받게 되는 역발상의 멘토링이다. 리버스멘토링 관계를 갖기 위해서는 전통적인 접근법과는 다른 접근방법을 취해야 한다. 전통적인 멘토링 접근법이 Top-Down 방식으로 선임자가 후임자에게 지도나 조언을 해주는 방법이라면 리버스멘토링 접근법은 Bottom-Up 방식으로 후임자가 선임자에게 조언과 코칭을 제공 하는 방식으로 전환되어야 한다. 이러한 접근법을 기반으로 멘토링의 대상을 조직생활을 하는 모든 사람으로 확장시킬 수 있다. 최근 혁신을 주도하는 HRD 현장에서는 젊은 사원을 리버스멘토로 선발하여 경영진 멘티에게 IT 기술을 전파하는 방식으로 리버스멘토링이 조심스럽게 도입되고 있다.

이러한 리버스멘토링을 조직 내 자리 잡게 하기 위해서 크게 5가지 요소가 뒷받침되어야 한다. 첫째, 명확한 지침을 가져야 한다. 리버스멘토링의 대상, 과정, 시간, 기대결과 등을 구체적으로 제시하여야 한다. 둘째, 멘토와 멘티를 매칭할 때 세심한 주의를 기울여야 한다. 멘토링의 특성에 맞게 같은 부서에서 일하는 선후배의 조합은 반드시 피해야 한다. 멘토와 멘티가 솔직한 생각을 말하는 데 있어서 방해가 되기 때문이다. 셋째, 인프라 구축이다. 구성원들에게 리버스멘토링을 정상적으로 수행할 수 있게 해주는 물적 자원의 공급뿐만 아니라, 멘토의 멘토링 역량 강화를 위한 구조화된 트레이닝이 진행되어야 한다. 넷째, 리버스멘토링의 목표를 모니터링 할 수 있는 평가 지표의 설정이다. 리버스멘토링의 효과성을 검증하기 위한 지표 선정이 요구되기 때문이다. 마지막으로 다섯째, 파일럿을 통한 리버스멘토링의 도입이다. 처음부터 정규 프로그램이 되는 것보다 파일럿 프로그램을 통해 효과성을 검증한 후 도입되는 것이 보다 타당하다.

현재 Deutsche 텔레콤, 펩시와 같은 Global leading company들이 리버스멘토링의 도입을 파일럿의 형태로 진행하고 있다. 리버스멘토링의 역사가 오래되지 않음을 고려해 볼 때, 이런 글로벌 대기업의 선진 사례는 여러 국내 기업에게 경각심을 주기에 충분하다. 이 회사들의 리버스멘토링은 처음에는 HR부서에 한정된 작은 프로그램으로 시작하여 회사 전체의 프로그램으로 자리매김하고 있다. 결과적으로는 조직구성원 간 건강한 관계의 증대를 통해 조직적 자원의 경쟁우위를 높여 기업의 성공에 기여하게 될 것으로 기대된다.

리버스멘토링의 철학은 비단 조직활성화를 위한 멘토링 제도에만 국한된 것은 아니다. 앞선 10장 조직개발에서 조직개발 방법론으로 1) 개인 차원의 교육훈련 및 교육훈련 이외의 활동, 2) 집단 차원의 팀빌딩, 프로세스 컨설테이션, 집단 내 직무설계 변화, 3) 조직 차원의 사업전략의 변화, 조직구조의 변화, 조직문화의 변화, 학습조직 구축과 지식경영 등에 대해 살펴본 바 있다. 우리나라 기업 현장에서 개인, 집단, 그리고 조직 차원의 조직개발 활동은 현재 하향식(Top down) 접근이 주류를 이루고 있다. 단시간 내에 경제개발을 이루어낸 국가 차원의 추진력 특성과 강한 위계적 조직문화를 갖는 기업 특성이 혼합됨으로써 나타난 조직개발 특징이라고 볼 수 있다. 그러나, 향후 HRD가 개입하게 될 조직개발의 방향은 리버스멘토링에서 벤치마킹할 수 있듯 역발상의 순을 따라야 할 것이다. 그것이 조직 내 정보가 적은 통제를 받는 현재의 변화된 분위기에서 더욱 자연스럽다. 더욱이 우리 사회, 우리 기업 문화에서 다소 낯선 상향식(Bottom-up) 접근은 노동시장의 절반 이상을 차지하고 있는 Y세대에게 거부감 없이 받아들일 수 있는 메커니즘으로 작동할 것으로 기대된다.

3 제 7세대 HRD 패러다임: 놀이기반 HRD

1) 놀이기반 HRD(Play-based HRD)

(1) 호모루덴스

호모 루덴스(Homo Ludens)는 유희의 인간을 뜻하는 용어이다. 인간의 본질을 유희라는 관점에서 파악하는 인간관이다. 문화사를 연구한 호이징가에 의해 창출된 개념으로 유희라는 말은 단순히 논다는 말이 아니라, 정신적인 창조활동을 가리킨다. 풍부한 상상의 세계에서 다양한 창조활동을 전개하는 학문, 예술 등 인간의 전체적인 발전에 기여한다고 보는 호모 루덴스적 관점은 HRD 분야에도 영향을 미치게 되었다.

(2) 교육, 훈련, 개발, 학습 그리고 성과와 놀이

학교조직에서 일반적으로 발생되는 '교육'과 달리 일터에서 발생된다는 관점에 따라 일터에서 습득한 지식 및 기술을 즉각적으로 활용한다는 의미에서 '훈련'이라는 개념이 사용되게 되었다. 또한 학습을 통해 개인 및 조직이 성장하는 것을 뜻하는 '개발'의 개념을 사용하고 있으며 언급된 세 가지의 개념인 교육, 훈련, 개발의 공통적인 측면으로서 '학습'이라는 개념을 사용하고 있다. 각 개념들은 유사한 것처럼 보이나 기본관점, 인간관, 이론적 배경, 이에 기반한 HRD 담당자의 역할 등이 다르기 때문에 교육, 훈련, 개발, 학습 측면에 따른 HRD 패러다임이 등장하게 되었다.

그러나 이전의 패러다임에서 강조하던 훈련, 학습과는 달리 HRD는 궁극적으로 개인의 업무수행과 기업의 성과로 이어져야 한다는 비판이 등장하면서 HRD는 학습의 결과에 중심을 두게 되었다. 성과 자체는 유용한 개념이기는 하나 교육 그 자체는 아니기 때문에 교육의 내적 과정이 없으며 교육의 외적 산출물에 더 가깝다는 비판에 따라 HRD의 지향점이 개인과 조직의 성과로 간주하는 것이 과연 정당한지에 대한 새로운 의견이 대두되었다. 이에 따라 가시적인 성과보다는 미래에 발현할 잠재력으로서 가치를 더 강조하게 되었다. 조직은 단순히 단기적인 성과를 높여 이익을 극대화하는 것을 넘어, 조직구성원의 일하는 방식, 노는 방식을 바꾸기 위해 노력하고 있고, 결국 인간의 본질인 놀이에 초점을 맞추게 되었다. 향후에도 조직들은 즐거움, 창의성, 놀이성 등을 기반으로 한 활동을 통해 인적자원의 잠재력 향상에 초점을 맞추어 HRD 활동을 전개하게 될 것이다.

(3) 제 7세대 HRD 패러다임 제안

호모 루덴스적 인간관 및 HRD 패러다임의 변화에 발맞추어 제 7세대 HRD 패러다임은 놀이기반 HRD라고 할 수 있겠다. 인간의 본질인 놀이의 초점을 맞추어 어떻게 하면 즐겁게, 창의성을 가지고 인적자원의 발전에 기여할 수 있는가에 대해 초점을 맞추는 것이 핵심이라고 할 수 있다.

그림 13-4. HRD 패러다임의 새로운 변화, 제 7세대 HRD: Play-based HRD

2) 놀이기반 HRD의 미래

(1) 긍정탐구

AI는 1984년 데이비드 쿠퍼라이더(David Cooperrider)가 전미경영학회(Academy of Management)에서 처음 정식으로 발표한 개념이다. AI(Appreciative inquiry, 이하 AI)는 우리말로 강점탐구, 긍정혁명, 긍정적 탐문, 강점기반 조직개발 등으로 번역할 수 있다. AI는 단어 뜻 그대로, 구성원들이 조직의 이상적인 모습을 스스로 떠올리게 하고 이를 실현하기 위한 다양한 조직개발 프로세스를 의미한다.

(2) 게임기반학습

게이미피케이션(Gamification)은, 게임(Game)과 -화(化, -ification)의 결합에서 알 수 있듯이, 게임이 아닌 것을 게임처럼 만드는 것이다. 문제를 해결하거나 사용자의 참여도와 충성도를 증가시키기 위해서 "게임이 아닌 곳에 게임 디자인 요소를 도입(Use of game design elements in non-game contexts)"하는 것이 게이미피케이션이다. 이에 게임기반학습은 게임으로 무엇인가를 가르치는 것이 아니라 게임의 매체적 특성을 활용해서 게임적인 환경으로 학습을 최적화 하는 것을 의미한다.

(3) MOOCs

온라인 공개강좌(영어: Massive Open Online Course: MOOC)는 웹 서비스를 기반으로 이루어지는 상호참여적, 거대규모의 교육을 의미한다. 비디오나 유인물, 문제집이 보충자료가 되는 기존의 수업들과는 달리, 온라인 공개강좌는 인터넷 토론 게시판을 중심으로 학생과 교수, 그리고 조교들 사이의 커뮤니티를 만들어 수업을 진행하는 것이 특징이다. 온라인 공개강좌는 원격교육이 진화한 형태이다. 초기 온라인 공개강좌의 핵심은 평생학습, 열린교육 그리고 상호 유대였다. 그러나 오늘날에는 이러한 특징 중 일부만 가지고 있으면서 개방성을 지닌 교육방침을 온라인 공개강좌라고 통칭한다.

PART 04

HRD 미래와 과제

(4) 플립러닝

2010년 처음 등장한 거꾸로 교수법(flipped learning)은 주로 학교 장면에서 사용하는 교수법으로, 학습자들이 온라인 강의 동영상을 통해 사전 학습을 한 후 교실 내 수업에서 교수자 및 학습자 간 토론, 심화학습 활동 등의 상호작용적 학습활동으로 이루어진 교수법이다. 이것은 상호작용 및 협력 학습활동을 기반으로 하며, 과제활동과 교수(instruction)를 전환하여 지식의 전이를 도모하였다는 점에서 교육 전문가들에게 매력적으로 다가온다. 이제는 일터에서 교육훈련을 담당하는 HRD 전문가들이 관심을 갖게 되었다. 효과적인 지식의 전이를 통해 성과 향상에 기여하길 바라는 기업의 입장에서, 그리고 교육훈련 프로그램을 통해 학습한 내용을 자신의 실제 직무에 빠르게 적용하길 원하는 조직구성원의 입장에서도 부합하기 때문이다. 따라서 성인학습자들의 몰입을 이끌고 지식 전이를 촉진시키는 효과적인 교수법으로서 거꾸로 교수법은 학교뿐만 아니라 일터에서도 성과를 높이기 위한 훈련방법으로 적용할 수 있다.

요약 및 시사점

과거 HRD는 행동주의, 인지주의, 전통적 구성주의 철학에 기반하여 문제해결식 접근 위주로 인적자원 현상을 바라보았다. 문제해결식 접근법은 조직 내의 결핍, 위협을 해결하고 변화를 관리하여 경영 상황 및 조직 내의 문제를 개선하는데 요긴하게 활용되었으나, 이러한 관점의 남용은 조직 환경 내의 냉소와 비판을 야기하고 긍정적 시각을 마비시켰다. 이에 대한 대안으로 사회적 구성주의, 사회적 연결주의 철학이 제시되면서 개인 및 조직이 가진 장점을 혼합, 융합, 통섭하는 긍정 기반, 강점 기반의 시대가 도래하게 되었다.

HRD의 주체로는 경영전략의 관점으로 HRD를 바라보는 경영자, HRD 조직 및 담당자에 해당하는 HRD제공자, HRD 프로그램의 부분 혹은 전체를 아웃소싱하여 살피는 벤더, 학습의 주체인 학습자가 존재한다. 과거 HRD 패러다임은 HRD 제공자 혹은 벤더가 주도(vendor-driven)하는 학습이었으므로 학습자의 주체성이 부재되는 한계를 지니고 있었다. 하지만 근래의 경영환경은 내·외부적 변화가 빠르고 학습에 민첩해야만 경쟁우위를 점할 수 있는 구조로 변화하고 있기 때문에 변화된 시대에는 경영자, 제공자, 벤더, 학습자를 비롯한 모든 HRD 주체들이 상호작용하여 전략적 역할을 인식할 필요가 있다. 이러한 점에 입각해 HRD는 그 어느 때보다 빠른 변혁의 시기를 맞이할 것으로 보인다.

HRD는 다학제적, 간학문적 성격으로 인해 인적자원의 내재적·외연적 특질을 탐구하는 심리학, 인간의 바람직한 변화를 꾀하는 교육학, 인적자원을 통한 경영의 효과성과 효율성을 제고하는 경영학의 영향을 받는다. 최근 각각의 학문에서 자기주도학습 및 자기조직학습환경, 긍정심리, 긍정조직 등 다양한 관점들이 대두됨에 따라 HRD의 새로운 패러다임들이 등장하였다.

그 대표적인 예로 놀이기반 HRD를 들 수 있는데, 놀이기반 HRD는 인간의 본질이 유희, 즉 정신적 창조활동에 있다는 호모루덴스적 관점에 근거하여, 어떻게 하면 즐거운 일터에서 자발적으로 창의적 성과물을 생산하는 인적자원을 양성할 수 있는가에 초점을 맞추고 있다. 이상적인 놀이기반 학습으로는 구성원들이 조직의 이상적 모습을 상상하고 이를 계획적으로 실현하는 긍정탐구, 도전적인 환경으로 학습을 최적화하는 게임기반 학습, 웹 서비스를 기반으로 거대 규모의 대중 교육을 실시하는 MOOC, 학습자의 사전 학습 및 교실 내 상호작용과 심화 학습활동이 결합된 플립러닝 등을 꼽을 수 있다.

연습문제 / EXERCISE

01_ 전 세계적으로 관심 받고, 투자가 활발히 이루어지는 거대한 산업이지만 그만큼 효율성과 효과성에 논란이 되는 HRD의 과거 패러다임이 갖는 한계점이 어떤 것이 있는지 생각해 봅시다.

02_ 새로운 HRD 패러다임의 영향요인이 어떠한 것이 있는지 생각해 보고, 각 요인의 영향에 대해 논의해 봅시다.

03_ HRD trend의 변화에 대해 어떠한 것들이 있는지 팀원과 논의해 보고, 각 변화가 주는 시사점에 대해 생각해 봅시다.

04_ 제 7세대 HRD 패러다임으로 어떠한 HRD가 제안되었는지 생각해 보고, 새로운 패러다임과 과거의 패러다임 간의 차이점이 무엇일지 의논해 봅시다.

05_ 놀이기반 HRD가 실생활에서 어떠한 모습으로 보일지 생각해 보고, 각 접근방법의 차이점에 대하여 의논해 봅시다.

참고문헌 / REFERENCE

Brown, J. S. (2013, May). The Entrepreneurial Learner. In W. McFarland (Chair), *2013 International Conference & Exposition*. Symposium conducted at the meeting of American Society for Training & Development, Dallas, TX.

Carroll, K. (2014, May). Play! Follow Your Own Red Rubber Ball. In S. Harring (Chair), *2014 International Conference & Exposition*. Symposium conducted at the meeting of American Society for Training & Development, Washington D.C.

Huffington, A. (2014, May). Redefining Success: The Third Metric That Can Benefit Your Bottom Line. In S. Harring (Chair), *2014 International Conference & Exposition*. Symposium conducted at the meeting of American Society for Training & Development, Washington D.C.

Jung, A. (2015, May). Leading a Global Business. In N. Pritchard (Chair), *2015 International Conference & Exposition*. Symposium conducted at the meeting of Association for Talent Development, Orlando, FL.

McChrystal, S. (2014, May). CrossLead: Lessons on Leadership. In S. Harring (Chair), *2014 International Conference & Exposition*. Symposium conducted at the meeting of American Society for Training & Development, Washington D.C.

Mitra, S. (2015, May). Learning and Creativity in the age of the Cloud. In N. Pritchard (Chair), *2015 International Conference & Exposition*. Symposium conducted at the meeting of Association for Talent Development, Orlando, FL.

Robinson, K. (2013, May). Leading a Culture of Innovation. In W. McFarland (Chair), *2013 International Conference & Exposition*. Symposium conducted at the meeting of American Society for Training & Development, Dallas, TX.

Wahl, E. (2015, May). Discuss Creativity and Innovation. In N. Pritchard (Chair), *2015 International Conference & Exposition*. Symposium conducted at the meeting of Association for Talent Development, Orlando, FL.

Wiseman, L. (2013, May). The Multiplier Effect. In W. McFarland (Chair), *2013 International Conference & Exposition*. Symposium conducted at the meeting of American Society for Training & Development, Dallas, TX.

찾아보기

■ 0-9

■ A-Z

저자 소개

이 찬 chanlee@snu.ac.kr

현, 서울대학교 농산업교육과 산업인력개발학 전공 교수

전, LG 전자 서비스 미국 법인 HRD팀 리더

LEGO Korea 인사팀 Specialist

리상섭 sangseub@dongduk.ac.kr

현, 동덕여자대학교 일반대학원 교육컨설팅학과 및 교양교직학부 교수

전, 동덕리더십센터 센터장

LG 전자 본사 인재육성팀 차장

신제구 jegooshin@hanmail.net

현, 서울과학종합대학원 리더십과 인적자원개발 전공 교수

전, IGM세계경영연구원 상무

크레듀 HR연구소장

KB국민은행 인재개발원팀장

현대경제연구원 인재개발원 책임연구원

이성엽 hicoach@ajou.ac.kr

현, 아주대학교 평생교육원 원장

아주대학교 교육대학원 평생교육 및 HRD 전공 교수

전, KB국민은행 평생학습기업추진팀장

전기석 coachleader@cnu.ac.kr

현, 충남대학교 군사학부 교수

전, 고려대학교 세종캠퍼스 교양교직 교수

현대자동차그룹 인재개발원 리더십개발팀장

인적자원개발론 HRD 이론과 실제

1판 1쇄 발행 2017년 1월 25일
1판 4쇄 발행 2025년 2월 28일

지 은 이 | 이 찬·리상섭·신제구·이성엽·전기석
발 행 인 | 박철용
발 행 처 | 양서원
주 소 | 경기도 파주시 직지길 522 파주출판도시
전 화 | 031-955-8000(代)
팩 스 | 031-955-8005
홈페이지 | www.yswpub.co.kr
이 메 일 | yswgroup@naver.com
출판등록 | 1987년 11월 24일 제406-2003-037호

ISBN 978-89-994-0579-2

정가 20,000원